Dr. GÜLSEREN BUDAYICIOĞLU, üç çocuklu bir memur ailesinin ilk çocuğu olarak Ankara'da doğdu. TED Ankara Koleji'nden mezun olduktan sonra Ankara Üniversitesi Tıp Fakültesi'ne girdi. Öğrenciliği boyunca bir yandan da TRT televizyonlarında spiker ve sunucu olarak çalıştı. Psikiyatri ihtisasını yaptığı Hacettepe Üniversitesi'nde on yıl öğretim görevlisi olarak hizmet verdi. Yıllarca muayenehane hekimliği yaptıktan sonra 2005 yılında Türkiye'nin ilk psikiyatri merkezi olan ve halen Ankara ve İstanbul'da hizmet veren Madalyon Klinik'i (Madalyon Psikiyatri Merkezi) kurdu.

Bu arada *Madalyonun İçi, Günahın Üç Rengi, Hayata Dön* ve *Kral Kaybederse* adlı kitapları yayınlandı.

İki çocuk annesi olan Budayıcıoğlu, halen Madalyon Klinik'in başkanı olup bir yandan da psikiyatri bilimini hikâye ve romanlarla insanlara ulaştırmaya devam ediyor.

www.facebook.com/drgbudayicioglu
www.twitter.com/drgbudayicioglu
drgbudayicioglu@madalyonklinik.com

Psikiyatr Dr.
Gülseren Budayıcıoğlu

Madalyonun İçi

Bir Psikiyatrın Not Defterinden

Remzi Kitabevi

MADALYONUN İÇİ / Gülseren Budayıcıoğlu

Yayına hazırlayan: Yasemin Aktaş
Kapak tasarımı: Ömer Erduran

ISBN 978-975-14-0993-5

BİRİNCİ BASIM: Ağustos 2004
OTUZ BEŞİNCİ BASIM: Ekim 2020

Kitabın bu basımı 10.000 adet yapılmıştır.

Remzi Kitabevi A.Ş., Akmerkez E3-14, 34337 Etiler-İstanbul
Sertifika no: 10705
Tel (212) 282 2080 Faks (212) 282 2090
www.remzi.com.tr post@remzi.com.tr

Baskı ve cilt: Seçil Ofset, 100. Yıl Mah., Matbaacılar Sitesi
4. Cad. No: 77 Bağcılar-İstanbul
Sertifika no: 44903 / Tel (212) 629 0615

Bu kitabı, sevgili annem
Nezahat KAVAS'a
armağan ediyorum.

İçindekiler

Bu Kitabı Neden Yazdım?

Yıllardır Ankara'da ruh doktoru olarak çalışıyor ve her gün yeni insanlar tanıyor, farklı sorunlar dinliyorum... Psikiyatri bilimi, kendini tüm dünyada insanlara kabul ettirebilme mücadelesini sonunda kazandı. Gelişmiş ülkelerde artık herkesin bir avukatı ve bir de ruh doktoru yani psikiyatrı var. Türkiye, her konuda olduğu gibi bu alanda da son yıllarda büyük aşama kaydetti. Eskiden sadece çok ağır ruh hastaları doktora getirilirken, şimdi artık günlük yaşamda zorlanan birçok insan psikiyatrlara koşuyor. Ruh doktorları hastalarına randevu vermekte zorlanır oldu. Özellikle gençler bu konuya büyük bir ilgi gösteriyor. İnsanlar hem kendilerini tanımak, sorunlarını bir uzmanla paylaşmak hem de insan psikolojisiyle ilgili pek çok şeyi merak edip öğrenmek istiyor.

Ülkemizde maalesef henüz insanlarımızın sağlık sigortası yok. Yani parası olmayan, istediği doktora gidemiyor. Üniversite hastaneleri ve devlet hastaneleri bu konuda ellerinden geldiğince insanlara yardım etmeye çalışsa da, psikiyatri hassas bir alan. Dışarıda onlarca kişi beklerken, doktorlar hastalarına beklenen ilgi ve şefkati gösteremiyor. Dolayısıyla hastalar daha çok özel doktorları tercih ediyor. Zaten psikiyatrlar tüm dünyada hastanelerden çok, özel muayenehanelerde hasta kabul ederler. Hal böyle olunca, psikiyatra gitmek isteyen, bu konuda yardıma muhtaç pek çok insan ya bütçesini çok zorlayarak özel doktorlara gidiyor ya da sorunlarıyla baş başa kalıyor. Üstelik ruh doktoruna bir kere giderek sorun hallolmuyor. İnancım o ki; insanlarımızın sağlık sigortası olsa, biz psikiyatrlara yetişemeyeceğimiz kadar hasta gelecek ve insanlarımız çok daha sağlıklı, verimli, başarılı ve mutlu olacak.

Ancak günümüz koşulları içinde özellikle gençler kendilerine yeni çıkış yolları arıyorlar. Bu konuyu merak ediyor, araştırıyorlar, okumak ve öğrenmek istiyorlar. Bana değişik nedenlerle başvuran pek çok insan bu konuda onlara kitap önermemi istiyor. Tüm dünyada insan psikolojisiyle ilgili birçok kitap yazılıyor ve bunlar büyük okuyucu kitleleri tarafından merakla ve zevkle okunuyor. Ülkemizde de son yıllarda bu alanda pek çok kitap yazıldı.

Ancak bu kitapların hemen hepsi insanlara psikiyatriyle ilgili teorik bilgiler veriyor. Psikiyatri zaten oldukça soyut ve anlaşılması zor bir bilim dalı. Toplumun her kesiminin ilgisini çeken bu konuda, okuyan herkesin kolayca anlayabileceği, aradığını bulabileceği, bir solukta bitirmek isteyeceği bir kitap yazmak istedim, çünkü insanımız bu kitaplarda kendini arıyor.

Bugüne kadar binlerce hastam oldu. Masamın yanı başındaki klasör dolabında binlerce hayat hikâyesi var. Bazen hastalarımın gözleri o dolaba takılır ve her biri orada yazılanları çok merak eder. En çok da kendileriyle ilgili olarak yazılanları okumak isterler. Teorik olarak hastalık tanımlarını değil, bizzat yaşananları ve insanların bu durumlar karşısında ne yaptığını, ne hissettiğini, sonra ne olduğunu bilmek, duymak isterler. Görünmez adam olup doktorla hastasının konuştuklarına tanık olmak hemen hepsinin en büyük merakıdır.

Bir ruh doktorunun hem kendisini hem hastalarını hem de onlara nasıl yaklaştığını teşhir etmesi, binlerce kişinin gözleri önüne sermesi o kadar kolay bir iş değil. Kitap okunurken daha iyi anlaşılacağı gibi, bizim işimiz, enfeksiyonu olan bir hastaya antibiyotik vermeye benzemiyor. Çok daha soyut bir iş yapıyoruz. Psikoterapi iki insan arasında kurulan sıcak ve yakın bir ilişki biçimidir. Terapist bir yandan hastasını ve onun sorunlarını tanımaya ve anlamaya çalışırken, bir yandan da onun yaşamına girmek, etkilemek ve etkilenmek durumundadır. Yani bu ikili bir süreçtir ve terapisti de en az hastası kadar etkiler ve zorlar. Terapistlerin, hastalarını önceden bilinen, sistematik, kesin hatları ve kuralları olan evrelerden geçirip baştan beri bilinen bir hedefe doğru yönlendirdikleri sanılabilir. Ancak bu sık görülen bir durum değildir. Aksine terapistler de sık sık yalpalar ve el yordamıyla, göz karanlığıyla, kendi bilgi ve deneyimlerine dayanarak bir yön ve çıkış bulmaya çalışırlar.

Görüldüğü gibi psikoterapi kesin hatları olmayan, içten, doğal, doğruları oldukça belirsiz, ancak yanlışları buna göre daha belirli ve objektif bir ilişki biçimidir... Bazen doktorun küçücük bir mimiği bile karşısındaki hastayı olumsuz etkileyebilir ya da o anki ruh hali hastayla ilişkisini bozabilir. Bu konuda her ruh doktorunun kendine has bir yöntemi, bir tarzı vardır. Yani psikiyatri bilimi, uygulamada bir çeşit sanattır.

Türkiye'de ruh hekimliği yapmanın, zengin Batılı ülkelere göre oldukça büyük farkları ve zorlukları var. Hekimliğin diğer dalları gibi, ruh doktorları da birçok imkânsızlıklar içinde çalışmak ve bir şeyler yapmak zorundalar. Özel çalışan bir ruh doktoru olarak, size başvuran hastaları bir an önce tanımak, teşhis koymak ve ne yapacağınıza bir an önce karar vermek zorundasınız. Her hastayı tekrar tekrar muayenehanenize çağıramazsınız. Dolayısıyla hastaları istediğiniz gibi araştıramaz, aklınıza gelen her tetkiki hastadan isteyemezsiniz. İlaç yazarken bile hastanın bunu alıp alamayacağını düşünmek zorundasınız. Çoğu zaman bir-iki görüşmede sorunu çözmek ve hastayı rahatlatmak gibi bir sorumlulukla karşı karşıya kalırsınız. Hacettepe Üniversitesi'nden ayrılıp özel çalışmaya başladığım ilk yıllar bunun sancısını çok çektim. Bir büyük kurumun bünyesi içinde doktorluk yapmakla tek başına, hastanın bütün sorumluluğunu alarak doktorluk yapmak arasında çok büyük farklar olduğunu yaşayarak öğrendim.

İlk günler keyfim kaçtı, moralim bozuldu. Meğer bir üniversite hastanesinde çalışmak ne kadar kolaymış. "Haftaya yine gel, şu testleri yaptıralım, ayrıca şu şu tetkikleri de yapalım, hatta bu konuyu hocalarımla tartışalım ya da daha olmazsa sizi hastaneye yatırıp inceleyelim," gibi lükslerin bir anda bitiverdiğini gördüm. Bütün bunların altından kalkmak ve Türkiye şartlarında ne gerekiyorsa onu yapmak ilk günler o kadar kolay olmadı. Ancak ülkemizde bunu yapan pek çok doktor gibi ben de zamanla kendimi daha çok zorlayarak daha pratik olmayı öğrendim.

Bu konuya ilişkin oldukça çarpıcı bir anım var. Bir süre önce Almanya'da yaşayan genç bir Türk kadını bana annesini getirdi. İlk seansta onları her zaman olduğu gibi dikkatle dinledim, sorular sordum, muayene ettim ve ikinci seansın sonunda bunun muhtemelen beyinde yavaş yavaş gelişen bir hastalık olduğunu, daha önceden çekilmiş olan beyin filmlerinde ve tomografilerde görülmeyeceğini, kesin teşhis için çok uzun ve maliyeti çok yüksek tetkikler gerektiğini, tam teşhis konsa bile bu hastalığın kesin tedavisinin henüz bulunmadığını ancak bazı ilaçların, bu hastalığın ilerlemesini yavaşlatabildiğini söyleyerek ellerine muhtemel tanıyı, ilacı ve kullanma şeklini yazarak gönderdim.

Bir zaman sonra bana Almanya'da büyük bir beyin hastalıkları merkezinden bir mektup geldi. Mektupta özetle şunlar yazılıydı: "Şu tarihte, daha önce sizin tarafınızdan iki kez görülen bir hasta merkezimize başvurdu, haftalarca aşağıda yazılı tetkikler yapıldı ve sonunda şu teşhisle kendisine şu ilacı tavsiye ettik. Ancak hastaya daha önce sizin tarafınızdan aynı teşhisin konduğunu ve aynı ilacın önerildiğini hasta sahibinden öğrendik. Bu konudaki yönteminizi merak ettik. Bizimle bir süre çalışmak üzere sizi merkezimize davet ediyoruz."

Mektubu okuyunca güldüm. Ülkemizde sadece ben değil, bütün meslektaşlarım bu koşullarda çalışıyor. Pek çok hastada çok ayrıntılı, maliyeti çok yüksek bu tetkikleri istemek ve sonuçlara bakarak kolayca teşhis koyuvermek gibi bir lüksümüz yok. Cevap olarak buna benzer şeyler yazdım onlara. Psikoterapide de hastalarımızı aylarca haftada iki-üç seans çağıramadığımızdan sorun ne olursa olsun, bunu bir an önce anlamak ve bir şeyler yapmak zorunda olduğumuzu da...

Terapide öncelikle hastanın kendisiyle ilgili sorunlar ve yaşadığı olumsuzluklar karşısında kendi sorumluluğunu görmesi sağlanmalıdır. İnsan sorunlarının sebebini tamamen dışarıda arar ve bu konuda sorumluluk almak istemezse, terapinin bir yararı olmaz. İnsanların çoğu, sorunlarının sebeplerini çevrede, yani yakın ilişki içinde oldukları insanlarda, aile ve iş çevrelerinde arar. Bu nedenle terapide doktoru en çok zorlayan konuların başında bu gelir. Her birimiz kendi yaşam biçimimizin sorumlusu ve yaratıcısı olmak zorundayız. Sonuç olarak terapi süreci, iç çatışmalara rehberlik edecek olan sorgulayıcı bir benlik bilincinin ve kaygının oluşturmasını sağlamaya çalışır. Bir gün ölüp gideceğini ve her şeyin geçici olduğunu bilerek yaşayan ve hayatında sürekli bir anlam arayan biz insanlar bu anlamı, anlamlı şeyler yaparak bulabiliriz.

Her ne kadar psikiyatri bilimi de artık müspet ilimler grubuna dahil olmuş ve ruhsal hastalıkların pek çoğu ilaçlarla tedavi edilir hale gelmişse de, hasta-hekim ilişkisi ve psikoterapiler hâlâ önemini korumaktadır. İşte psikiyatride sanat burada başlar ve bu sanat doktordan doktora çok farklılıklar gösterir. Ayrıca bunun doğrusu ya da yanlışı halen bilimsel toplantılarda tartışılmakta ve Freud'dan başlayarak günümüze kadar geniş bir yelpaze içinde gelişmeye devam etmektedir.

Dr. Irvin Yalom bütün içtenliği ve samimiyetiyle hastalarıyla yaptığı psikoterapi seanslarını en ince detaylarıyla yazdı.(*) Onu çok eleştirenler ya da benim gibi alkışlayanlar oldu ama en önemlisi büyük bir okuyucu kitlesi.Yalom'u okudu ve ondan çok şey öğrendi. Ancak o kitaplarda biz yokuz. Irvin Yalom doğal olarak kitaplarında kendi insanını yazmış. Bizler 600 yıl dünyaya hükmetmiş bir imparatorluğun çocuklarıyız. Her ne kadar Türkiye Cumhuriyeti genç bir devletse de bizim köklerimiz çok eskilere dayanıyor.

Köklü milletlerin, yine köklü alışkanlıkları; örfleri, âdetleri, töreleri olur. Bizden olmayan birinin bizi anlamasını ve anlatmasını bekleyemeyiz. Bizler aile bağları güçlü, birbirlerine bağımlılık derecesinde düşkün, büyüklerine saygılı, küçüklerine sevgili bir milletiz. Biz çocuklarımızı 18 yaşına geldiğinde sokağa bırakamayız. Yaşlılarımıza evin başköşesinde yer verir ve onlara kendimiz bakarız. Özgürlük anlayışımız bile onlardan çok farklıdır. Birbirimizi hem çok sever, hem çok müdahale ederiz. Namus için cinayetler işleriz. Kol kırılır yen içinde kalır, kan tükürür, kızılcık şerbeti içtik deriz. Çabuk kızar, çabuk unutur, çabuk seviniriz. Onlar bizi anlamaz, anlayamazlar, onun içindir ki yurtdışında yaşayan Türkler, her tür bedensel sorunlarına oralarda çare bulurken, ruhsal sorunları için memlekete koşarlar.

Avrupa Birliği'ne girmeye hazırlandığımız şu günlerde itiraf etmeli veya gururla söylemeliyiz ki, ne bugün ne de yarın bu farklılıklar ortadan kalkacak. Geçmişte biz onları nasıl oldukları gibi kabul ettiysek, bugün de onlar bizi olduğumuz gibi kabul edecektir. İşte bütün bu nedenlerle ben de, 30 yıllık birikimimi sizlerle paylaşmayı biraz da görev gibi kabul ediyorum. Madem bu işi yaparken hem insanlara bir şeyler vermeye çalışıp hem de onlardan çok şey öğrendim, öyleyse bunu, merak eden ve bu konuya ilgi duyan herkesle paylaşmalıyım. Hele Türkiye gibi bu konuya aç, duyguları çok güçlü, ateş gibi insanların yaşadığı bir ülkede, birinin bunu yapması, kendi insanından bazı kesitleri onlara tanıtması gerekiyor. Bu kadar büyük ve uzun süren bir ekonomik krize rağmen, insanlar yaşamak için gerekli ihtiyaçlarından vazgeçip psikiyatrlara koşuyorsa ülkemizde böyle bir kitaba olan ihtiyacın su götürmez bir gerçek olduğu ortadadır.

Beni yazmaya en çok teşvik eden sevgili hastalarım oldu. Bana âdeta yazmamı istedikleri kitabın tanımını yaptılar. "Bilimsel dil iste-

(*) Irvin Yalom, *Aşkın Celladı*, Remzi Kitabevi.

miyoruz, roman gibi, hikâye gibi, burada anlatılanları, konuşulanları, hissedilenleri ve sonrasını yazın," dediler hepsi. Üniversite mezunu, meslek sahibi, eğitimli, kültürlü kesim kadar, belki ilkokula bile gidememiş ama bu konuyu merak eden, kendini ve sorunlarını bu kitaplarda arayan hastalarım istiyordu bunu benden.

Yazmaya karar vermek benim için o kadar kolay olmadı, çünkü psikiyatri uçsuz bucaksız, derya gibi bir bilim. Bir şeyler karalayabilmek için bile önce doymak, sonra da bunları hazmetmek gerekiyor. Galiba otuz yıl sonra artık doydum ve yavaş yavaş bazı şeyleri hazmetmeye başladım. Yani eğer yazacaksam artık vakit geldi diye düşündüm.

Bu kitapta ülkemiz koşullarında psikiyatri uygulamalarının örneklerini sunmaya çalıştım. Bunlar klasik bir psikoterapi örnekleri olmayabilir. Ancak yazdıklarımın hepsi gerçek, yaşanmış ve benim belleğimde yer etmiş vakalardır. Ülkemizde yaşayan her kesimden insanın ve onların sorunlarının hikâyesidir. Psikiyatride en sık rastlanan hastalıkların ve sorunların, gerçek yaşamdan alınmış haliyle ve aynen yaşandığı ve hissedildiği gibi, direkt aktarımıdır. Depresyonlar, fobiler, panik ataklar, şizofreniler, histeriler ve daha pek çok hastalığın bilimsel tanımı değil bunların nasıl yaşandığıdır. Ve bütün bu sorunlar, hastalar ve hastalıklar karşısında Türkiye şartlarında bir ruh doktorunun duyguları, düşünceleri, yapabildikleridir.

Bu öyküler tamamen gerçek öykülerdir, ancak hastaların gerçek kimliklerini kullanmamak için bazı değişiklikler yapmak zorunda kaldım. Farklı isimler, yerler ve meslekler kullandım ve karakteristik özelliklere yer vermedim. Öykünün özüne sadık kalmak kaydıyla onların olabildiğince tanınmalarına engel olmaya çalıştım. Zaten amacım asla onları teşhir etmek olamazdı. Hikâyeler, hasta ile doktor arasında aynen yaşandığı gibi aktarıldı. Bilimsel dile yer verilmedi ve sonunda yorum çoğu kez okuyanlara bırakıldı. Amacım, psikiyatrlara gelemeyen, ülkemizin şartları nedeniyle bu imkânlara sahip olamayan ancak bu konuya ilgi duyan her kesimden insana biraz olsun ışık tutabilmek. İnanıyorum ki her birimiz bu öykülerde kendimizden bir şeyler bulabileceğiz...

Saygılarımla
Psikiyatr Dr. Gülseren Budayıcıoğlu

Cinini Çıkardım – 1

Ankara'ya yağmur yağıyor. Bütün şehir sanki gri ve kirli bir tülle örtülüvermiş. Meşrutiyet Caddesi'ndeki muayenehanemde, yedi kat yüksekten şehre bakıyorum. Her taraf nasıl da kalabalık. Koca koca otobüsler, arabalar ve insanlar. Herkesin acelesi var. Oradan oraya koşturan bu insanlar nefes aldıklarının, yaşadıklarının, var olduklarının farkındalar mı acaba? Buradan bakarken bazen aşağıdaki insanlara imrendiğim de oluyor. Onlar şimdi, fark etmeseler bile hayatın tam ortasındalar, yaşıyorlar. Ya ben? Ben odamdaki masamda otururken biraz hayatın dışındayım sanki. Kendimi değil, başkalarının hayatını yaşıyorum. Çok severek, büyük bir heyecanla seyredilen bir film gibi. İşte yine gong çaldı, bakalım bugün neler görecek, neler duyacak ve neleri paylaşacağım? Şimdi artık kendi hayatım ve sorunlarımdan yavaş yavaş uzaklaşıyorum. Başka dünyalara yelken açmaya hazırım artık. Masama doğru geçerken sevgili sekreterim Tuna giriyor içeri:

— Yeni bir hasta bekliyor, oldukça sıkıntılı bir genç hanım. Yanında babası var. Zor zaptediyor kızı. Adı Rezzan. Bir an önce içeri alalım yoksa tutamayacağız... Eyvah, yine ortalık karıştı galiba, isterseniz siz bir bakın...

— Tamam Tuna, geliyorum.

Tuna'yla salona doğru yöneliyoruz. Şu anda içeride başka hasta yok. Sarışın, soluk yüzlü, ince, zarif bir kız salonun tam ortasında ellerini kollarını sallayarak bağırıp duruyor. O kadar hızlı konuşuyor ki, söyledikleri kolay anlaşılmıyor ama çok öfkeli olduğu belli. Babası kızını susturmaya çalışıyor, ancak ona her dokunduğunda kızın öfkesi biraz daha artıyor. Sonra aniden çantasını babasına doğru savuruyor. Adam sendelerken Tuna çevik bir hareketle yakalıyor onu. Çantanın tokası yüzünü yırtmış, hafifçe kan sızıyor. Babası korku ve şaşkınlıkla bakıyor kıza. Orta yaşlı, kır saçlı, gri takım elbise giymiş, kibar görünüşlü bir adam. Kız sanki birinden kaçıyor gibi salonda koşturmaya başlıyor. Kızın uzun sarı saçları var. Günlerdir hiç taranmamış gibi yüzüne ve omuzlarına dökülmüş. Panik içinde. O sırada sehpanın üzerinde duran vazoyu kapıyor, tam babasına fırlatmak üzereyken beni görüyor. Göz göze geliyoruz. Şimdi sağ eliyle vazoyu havaya kaldırmış, bu sefer bana fırlatmaya hazırlanıyor. Şu anda hepimizi düşman gibi görüyor. Yapacağımız en küçük hata hepimize pahalıya mal olacak. Ben hemen kızın babasının durduğu tarafa yöneliyorum:

— Şimdi lütfen herkes otursun. Hepiniz sakin olun. Beyefendi, Tuna Hanım sizinle ilgilenecek.

Sonra kıza doğru dönüyorum;

— Merhaba, ben Doktor Gülseren.

Ona elimi uzatıyorum. Bir süre öylece bakıyor yüzüme, sonra yavaş yavaş elinde tuttuğu vazoyu aşağıya doğru indiriyor, nereye koyacağını bilemiyor, ona sehpayı işaret ediyorum. Vazoyu yerine koyunca elini uzatıp benim elimi sıkıyor.

— Sizi o mu gönderdi?

— Hayır, ama böyle ortalıkta konuşmamız doğru olmaz, gelin benim odamda konuşalım.

— Böyle ortalıkta olmaz, olmaz, olmaz. Her yerde gözü var onun. Yüzlerce gözü var. Cinini çıkardım, o zaman kızdı, çok kızdı. Asacaklar beni. Devlet Güvenlik Mahkemesi'nde yargılayacaklarmış. Bana dokunmayın, sakın dokunmayın, sonra size de kızar! Benim yüzümden babamı da asacaklar. Dokunma diyorum, anlamıyor. Geri zekâlı. Assınlar da gör!...

— Aslında babanızı korumaya çalışıyorsunuz galiba?

— Öf be çok şükür, biri beni anladı. Kaç gündür bunu ona anlatamıyorum. Türkçe konuşuyorum ben Türkçe! Başımız belada, ayılın artık, kış uykusuna mı yattınız? *Are you sleeping, are you sleeping, brother John.* Adam zıvanadan çıktı, gebertecek hepimizi! Evimizin içine kadar girdi, şimdi de gözetliyor bizi. Her şeyi duyuyor, dikkatli konuşun. Sonra demedi demeyin...

— Tamam, ama ben ne olduğunu tam anlayamadım. Çok karışık anlattınız. Gelin odamda konuşalım.

O kadar otoriter bir sesle konuşuyorum ki, beni takip ediyor, karşımdaki koltuğa oturup etrafı incelemeye başlıyor.

— Siz doktor musunuz?

— Evet.

— Ne doktorusunuz?

— Ruh doktoruyum.

— Yani ben deli miyim?

— Bilmem, ama biraz gergin ve sıkıntılı gördüm sizi. Üstelik anlattıklarınızdan hiçbir şey anlamadım. Neler oluyor Allah aşkına, şunu baştan anlatsanıza.

— Yapabileceğiniz bir şey yok, ben söyledim bunu onlara ama kimse beni anlamak istemiyor. Bizim şu ara çok ciddi sorunlarımız var. Benim sıkıntım da uykusuzluğum da bundan. Ama anlamak istemiyorlar beni.

— Ne gibi sorunlar?

— Sizin bu konuda yapabileceğiniz bir şey yok.

— Belki de haklısınız ama anladığım kadarıyla ailenizle bu sorunları istediğiniz gibi konuşamıyor, paylaşamıyorsunuz. Belki bir şey yapamasam bile ben sizi dinleyebilirim.

— Her şey herkese anlatılmaz ki...

— Doğru, ama ben herkes değilim. İnsanlar en gizli sırlarını anlatmak için özel olarak gelirler ruh doktorlarına.

— Ama belki burayı da dinliyordur. Ya size anlattıklarımı da duyarsa...

Başını sağa sola çevirip gözleriyle odayı taramaya başlıyor.

— Kim duyarsa?

— Aman, boşverin. Cinini ortaya çıkardım adamın. Meğer cini varmış. Bir tek ben fark ettim bunu. Ama şimdi durum çok kötü. Benim başıma gelenleri bir bilseniz. Rezil etti beni herkese. Kimbilir daha neler yapacak. Sadece beni cezalandırsa buna da razıyım ama ailem de nasibini alacak bütün bunlardan. En çok da babam için üzülüyorum...

— Kim bu adam?

— Siz hiçbir şey bilmiyorsunuz ki, her şeyi baştan anlatmam gerekecek.

— Tamam baştan başlayalım öyleyse.

— Ben iki yıldır bakanlıkta çalışıyorum. Orada çalışan aptal bir adam var, bana âşık oldu. Köylünün teki. Adam kafayı taktı bana. O da benim gibi mühendis ama dünyadan haberi yok. Benim hoşlandığım bir başkası vardı, meğer o beni aldatacakmış. Ben ne bileyim... O her şeyi biliyor. Mitçi midir nedir? Benim düşündüklerimi bile biliyor. Ben kafamdan geçiriyorum, o bana yüksek sesle cevap veriyor. Geçen gün yine böyle benim düşüncelerimi okurken birden elini kulağına doğru götürdü ve hafifçe kaşıdı kulağını. O zaman anladım her şeyi...

— Neyi anladınız?

— Neyi olacak, cini olduğunu. Siz hiç *Alaaddin'nin Sihirli Lambası*'nı okumadınız mı?

— Okudum.

— Kulağını kaşıyınca cin çıkıyormuş meğer. Ama bunu benim anladığımı fark etti, yüzü bir anda allak bullak oldu. O gün eve gelince işyerinden bir kız arkadaşımı cep telefonundan aradım ve "Bu adamın cini varmış, bugün ben onun cinini çıkardım," dedim. "Saçmalama," dedi, bana inanmadı. Anneme de söyledim, o da inanmadı bana. Cafer meğer benim cep telefonlarımı dinliyormuş. Bunu başkalarına söylediğimi anlayınca çok kızdı... Halbuki onlar inanmadılar bana.

— Nereden anladınız size çok kızdığını?

— Beni cezalandırmaya karar verdi. Önce benim yataktaki görüntülerimi filme aldı.

— Nasıl yaptı bunu?

— Nasıl yaptığını ben de tam olarak bilmiyorum ama galiba cep telefonumu kamera olarak kullandı ve bu filmleri işyerimde çalışan herkese gösterdi.

Aniden yüksek sesle ağlamaya başlıyor, sonra yüzüne bir gülümseme yayılıyor. Sağ bacağını sürekli titretiyor. Saçları yüzüne dağılmış, gözlerini görmekte zorluk çekiyorum. Saçları terden ıslanmış. Gözleri mavi galiba ve tuhaf bir pırıltı var bakışlarında. Arada bir bana bakıyor ama beni gördüğünü sanmıyorum. Kendi kendine mırıldanır gibi konuşuyor. Parmağında mavi taşlı bir yüzük var. Yüzüğü bir çıkarıp bir takıyor. Yüz hatları ve duyguları sürekli değişiyor. Bazen sıkıntısı iyice artıyor, bazen o tuhaf gülümseme yayılıyor yüzüne ve sanki birisiyle konuşur gibi başını öne arkaya hafifçe sallıyor.

— Demek filme alıyor sizi?

— Her yerde, belki burada bile... Herkes gördü her yerimi.

— Bunu nereden anladınız?

— Herkesin bakışlarından bu filmleri gördükleri belli oluyor. Orası benim yatak odam, çıplak da gezerim, sağımı solumu da açarım, donumu da çıkarırım... Hatta belki mastürbasyon da yaparım ama hiçbir mahremiyetim kalmadı. Bütün özel hayatımı gözler önüne serdi. Bir kızın en mahrem yeri televizyonlarda gösterilirse ne olur?

Ben şimdi ne yapacağım, bir daha o işyerine nasıl giderim, oradaki insanların yüzüne nasıl bakarım!

— Adınızı bile söylemediniz bana.

— Rezzan.

— Rezzan Hanım sizin kafanız çok karışmış.

— Hayır, benim kafam karışık filan değil. Siz de anlamayacaksınız beni... Karışık olan, olaylar. Eskiden ne kadar sakin bir hayatım vardı benim. Şimdi halime bakın, elin köylüsü ne işler açtı başıma... Bir de işe son gittiğim gün benim yanımda bir arkadaşına, "Dün gece televizyonda yayın aniden kesildi," diyor. Hem bu kadar şey yap, hem de ilişkiyi pat diye bitir.

— Bunu tam anlayamadım.

— Yani bana diyor ki "Senin artık her yerini herkes gördü, kirlendin sen, orta malı oldun ve ben artık seni istemiyorum... İlişkimiz kesildi," diyor. O gece yarısı evinden telefonla aradım onu. "Sen ne demek istiyorsun bana, beni istemenin başka yolları vardı, neden bunu benimle açık açık konuşmadın?" dedim. Bana abuk sabuk cevaplar verdi. Ne demek istediğimi güya anlamamış. Bir sorun varsa yarın işyerinde konuşuruz filan dedi. Ben o gece onu defalarca aradım. Hep yüzüme kapattı telefonu. Hem bu kadar iş çevir hem de, "Siz ne demek istiyorsunuz, gece yarısı beni neden rahatsız ediyorsunuz," de. Bari beni bu kadar çok istiyorsun, benim için çevirmediğin dolap kalmadı, bunu biraz olsun erkekçe yap. Ben şimdi ne yapacağım bilmem ki. Üstelik bana kimse inanmıyor. Siz de inanmadınız değil mi?

— Rezzan Hanım sizi gerçekten anlamaya çalışıyorum ama anlattıklarınız çok karışık şeyler. Ayrıca bazılarını siz bile anlayamıyorsunuz. Üstelik bugün sizi çok sıkıntılı görüyorum.

— Bir kerede bütün bunları anlayamadınız tabii, haklısınız. Her şey o kadar karışık ki... Ben bile bazen işin içinden çıkamıyorum ama çok zor durumdayım. Bir şeyler yapmam gerekiyor.

— Bence bu ara bir şeyler yapmak için acele etmeyin. Biz sizinle bütün bu olanları yeniden düşünelim. Ama önce sizin dinlenmeniz, uyumanız ve biraz kafanızı toparlamanız gerek, yoksa bu işlerin içinden çıkamayacağız. Size biraz ilaç vereyim ister misiniz?

— Ne ilacı?

— Şu ara sizin rahat uyumanızı sağlayacak ve bu sıkıntıyı biraz olsun hafifletecek ilaçlar.

— Hayır, ilaç istemem, ben hasta değilim.

— Ben de size hastasınız demedim ama siz biraz toparlanın ki, bu olayların altından kalkabilesiniz.

— Bu adam benim peşimi bırakmadıkça ilaç ne işe yarayacak ki?

— Siz daha rahat ve sağlıklı olursanız, sorunların üstesinden gelmeniz daha kolay olur.

— İyi peki. Verin ilacı bari, ama ağır bir şey vermeyin. Uyuşturmasın beni.

— Tamam, sadece geceleri yatarken bir tablet alacaksınız. Bu benim kartım, sizi haftaya yine bekliyorum. Bu konuları daha sakin kafayla bir kere daha konuşalım.

— Tamam, gelirim. Hiç olmazsa dinlediniz beni... Sizce bugün burada konuştuklarımızı da dinledi mi bu adam?

— Sanmıyorum.

— Siz onu tanımıyorsunuz, size bir kötülük etmese bari. Sizce bu adam beni seviyor mu?

— Çok zor bir soru. Ben henüz olayları tam anlayamadım ama ben size sorayım aynı soruyu?

— Vallahi hiç bilemiyorum. İlk günler beni deli gibi sevdiğinden eminim. Belki de dünyada hiçbir erkek bir kadını bu kadar çok sevmemiştir. Zaten ne yaptıysa bu yüzden yaptı.

— Bunu nasıl fark ettiniz?

— Geçen gün bir arkadaşına, "Benim yaptığım yemeği hiçbir erkek yapamaz," dedi. Aklı sıra bana mesaj gönderiyor.

— Nasıl bir mesaj?

— Canım bunda anlaşılmayacak ne var. "Seni benim kadar hiçbir erkek sevemez," diyor.

— Peki bütün bunları neden size açık söylemiyor?

— İşte orasını ben de anlayamıyorum. Sanırım çekiniyor benden. Onu reddedeceğimden korktu.

— Peki bu konuda haklı mı? Sizin de ona bir ilginiz var mı?

— Baştan pek yoktu ama beni ne kadar çok sevdiğini ve istediğini hissedince, ben de ondan etkilendim galiba ama bu konuda yine de kafam karışık.

— Evet bu ara kafanız karışmış, bu doğru. Birkaç gün rahat uyursanız belki bir daha ki sefer bunları daha etraflı konuşuruz sizinle.

— Tamam, her şey karmakarışık. Sonra konuşuruz.

— Haftaya yine bekliyorum sizi. İlacınızı almayı unutmayın sakın.

— Tamam, tamam.

Bana veda bile etmeden, başı önünde çıkıyor odadan. Hemen arkasından babası giriyor içeri.

— Nasıl Doktor Hanım? Ne oldu benim kızıma?

— Kızınız gerçekten hasta, onu bana hemen getirmekle çok iyi etmişsiniz. Bana biraz Rezzan'ı anlatır mısınız?

— Ah benim kızım, dünyanın en iyi kızıdır o. Bugün beni neredeyse dövecekti, siz de gördünüz. Halbuki biz bugüne kadar onun yüksek sesini bile duymamıştık. Ne kadar iyi huylu bir çocuktur bilseniz. Benim kızım iki yıl önce üniversiteyi dereceyle bitirdi ve mühendis oldu. Ben devlet memuruyum, birkaç yıl önce emekli oldum. Annesi ev hanımıdır. Biraz titiz bir kadındır eşim. Evde rahat bırakmaz bizi. Her şey onun istediği gibi olacak yoksa kıyamet kopar. Ama Rezzan bir gün bile itiraz etmedi annesine. Kendi halinde çalışkan, terbiyeli bir çocuktur. Öteki genç kızlar gibi gezmeyi, tozmayı pek sevmez.

— Neden?

— Neden mi? Pek alışmadı galiba çocuk bunlara. Dedim ya annesi biraz titizdir diye. Böyle şeylere izin vermez bizim hanım. Kız da akşamları odasına çekilir, kitabını okur...

— Başka kardeşi var mı Rezzan'ın?

— Kardeşi mi? Yok, yok. Bir tane işte. Elimizde bir o var. O da böyle oldu. Ne yapacağız biz şimdi?

— Rezzan'ın hiç arkadaşı yok mudur?

— Yok galiba, bizim eve kimse gelip gitmez. Annesi izin vermez eve arkadaş getirmesine. Belki işyerinde merhaba dediği arkadaşları vardır.

— Peki ya sizin ve eşinizin arkadaşı var mıdır?

— Yok, bizim de yoktur. Eve gelen giden olmaz. Dedim ya bizim hanım misafir sevmez.

— Peki Rezzan nasıl yaşar, ne yapar?

— Okuldan mezun olunca bu işe girdi. Sabah gider, akşam gelir. Sonra da odasına çekilir.

— Hafta sonları, işe gitmediği günler ne yapar?

— Ne yapsın, evinde oturur, dinlenir. Ne olsa bütün hafta çalışıyor.

— Hiç dışarı çıkmaz mı, sinemaya bile gitmez mi?

— Gitmiyor galiba.

— Demek gitmiyor galiba. Peki evde ilişkiler nasıldır?

— İyidir, kavga gürültü olmaz. Bizim hanım konuşmayı pek sevmez. Akşamları o örgü örer, ben televizyon seyrederim, Rezzan da odasında kitap okur.

— Yani kimse kimseyle konuşmaz mı?

— Canım her gün ne konuşalım? Önemli bir şey olursa konuşuruz tabii.

— Peki bir genç kızın iş ya da okul dışında evden hiç çıkmaması, hiç kimseyle arkadaşlık etmemesi ve evde bile konuşmaması sizce normal mi?

— Ama bu yeni olmadı ki, benim kızım hep böyleydi. Ah bizim hanım ah, hepsi onun yüzünden.

— Peki biraz da hastalıktan bahsedelim. Ne zaman hastalandı?

— Tam olarak bilmiyoruz onu. Akşamları odasına çekildiği için bir tek yemekte görüyorduk yüzünü. Son günlere kadar bir şey fark etmedik. İki-üç gün önce akşam yemeğinde fısıltıyla konuşmaya başladı. "Bizim evi dinliyorlar, onun için yavaş konuşuyorum, dikkatli olun," dedi. Güya evin her yanına kamera yerleştirmişler, televizyonda bizi gösteriyorlarmış. Abuk sabuk konuşmaya başladı. Asacaklarmış, keseceklermiş. Bizim dünyadan haberimiz yokmuş. Arada bir İngilizce konuşuyor. Önce şaka yapıyor sandım. Hanım da ben de anlamadık. "Saçmalama," dedik. Sonra baktık bizimki çok ciddi. Tuhaf tuhaf hareketler yapıyor, sanki birisiyle konuşuyor. İki gece hiç uyumadı. Sabaha kadar evin içinde gezdi ve kendi kendine konuştu. Bir ara ben kalktım, bir de baktım mutfaktan ekmek bıçağını almış, kolunu kesecek. "Kestim artık, yeter kestim artık," diyor bir yandan. Hemen koşup bıçağı aldım elinden. O zaman anladım durumun çok ciddi olduğunu. Bu kız belki bir gün bizi de keser. Sizden hemen randevu aldım ve zorla buraya getirdim.

— Kızınız çok hasta.

— Demek hasta ha? Hasta, evet. Bunu biliyorum. Bizim yüzümüzden, değil mi?

— Ben öyle bir şey demedim.

— Ah ben ne yapacağım şimdi. Hanım bir yandan, kız bir yandan.

— Eşiniz nasıl?

— Nasıl olsun, her zamanki gibi. Bön bön bakıyor yüzüme. Dünya yıkılsa umurunda olmaz onun. Yeter ki her yer temiz olsun. O da ayrı bir konu. Her neyse, şimdi Rezzan'a ne yapacağız. Böyle birdenbire ne oldu bu kıza? Düzelir mi peki?

— İnşallah efendim. Kendisine bir ilaç yazıp verdim. İlaca itiraz etmedi.

— İşte bu iyi. Çünkü bizim zorumuzla asla ilaç filan almaz. Demek ilacı kullanacak.

— Onu hastaneye yatıralım ister misiniz?

— Yok, olmaz, ne hastanesi. Kızımı tımarhaneye mi yatıracağım. O koskoca mühendis. İyi bir işi var. Tımarhanede yatmış dedirtmem. Evde tedavi olmaz mı?

— Olur, ama dikkatli olmalısınız. Hem kendine hem de size zarar verebilir.

— Bunlar nasıl benim başıma geldi, inanamıyorum. Tamam, ben bu işi üstüme alıyorum. Gerekirse sabaha kadar uyumam, bakarım kızıma. Bu ilaç ne işe yarayacak?

— Kızınıza bu hastalığın tedavisinde kullandığımız bir ilaç verdim. Onun bozulan düşünce sistemini düzeltmeye çalışıyorum. Umarım haftaya bana daha iyi gelecek.

— Haftaya tekrar mı geleceğiz? Peki kendisi bunu kabul etti mi?

— Evet, kabul etti. Dedim ya kızınızın tedaviye uyumu çok iyi.

— Aman öyle olsun Doktor Hanım. Siz ne zaman gerekli görürseniz gelsin. Peki bize ne tavsiye edersiniz, biz ona nasıl davranalım?

— Öncelikle sakin bir ortam ona iyi gelir. Kafası zaten çok karışık, bir de biz onun kafasını karıştırmayalım. Ona pek soru sormayın, istemedikçe televizyon bile seyretmesin. Yakın, ilgili ve şefkatli davranın ve hiçbir konuda üzerine gitmeyin.

— Tamam, tamam. Bunların hepsini yaparız. Yeter ki o iyi olsun. Kızım düzelirse size minnettar olurum Doktor Hanım.

— İnşallah efendim. Bunu ben de çok isterim. Elimden geleni yapacağımdan emin olun. Ancak bu durumda işe gidemez.

— Önemli değil, zaten iki gündür işe gitmiyor. Bir doktor arkadaşımdan hemen bir rapor alırım ben.

— En az yirmi günlük olsun rapor.

— Tamam, o kolay. Yirmi gün sonra iyi olsa bari. Sağ olun Doktor Hanım. Haftaya görüşmek üzere öyleyse. Hoşça kalın.

Elimi sıkarken saygıyla eğiliyor ve gözleri nemli odadan çıkıyor. Bütün bu yaşananların hüzünlü tortusu çöküyor kırmızı koltuklu, küçük odama…

İnternette Aşk Başkadır

Ferah ve aydınlık yerleri severim, onun için muayenehanem son derece geniş ve aydınlıktır. Kocaman bekleme salonum, renklerini doğanın yeşil ve mavi renklerinden almıştır. İnsanlar orada beni beklerken rahat etsinler, huzur bulsunlar isterim. Gelenleri sevgili sekreterim Tuna karşılar. Tuna dünyanın en tatlı, en güler yüzlü kadınıdır. Her yanından sevgi ve şefkat fışkırır. Yıllardır hep rejimdedir ama fazla kilolarından hâlâ kurtulabilmiş sayılmaz. Görüşme odasına girmeden, gelenlerin çoğu streslerinin yarısını Tuna'ya bırakıp öyle gelirler içeri.

Benim odama gelince... Küçük ve koyu rengin çok kullanıldığı sıcacık bir odadır benimki. Geniş mekânlarda insanlar kolay kaynaşamazlar. Kırmızı perdelerim, kırmızı deri koltuklarım ve yerdeki kalın, şarap rengi halım odayı sıcacık, ateş gibi yapar. Salonda hastalarımın ne kadar rahat ve huzurlu olmasını istersem, benim odama girdiklerinde de o kadar canlı ve enerjik olmalarını beklerim Ayrıca günde on-on iki saat kaldığım o küçük odada benim de sürekli canlı ve heyecanlı olmam gerekiyor. Muayenehanemin her yanı değişik masa lambaları ve abajurlarla doludur. Bu kırmızı, romantik, duygu dolu odada hastalarım ilk beş dakikadan sonra kendilerini hayatın tüm baskılarından kurtulmuş, özgür, yargısız, tarafsız, sevgi ve huzur dolu bir havuzun sıcak sularında hissederler. Her seferinde onlarla birlikte ben de girerim o sıcacık havuza.

İşte yine güzel bir ilkbahar sabahı. Saat on bir ve ben yürüyerek, Ankara'nın muhteşem baharını koklayarak gelmişim muayenehaneme. Tuna sabah kahvemi yapar yapmaz ilk hastamı alacağım içeri... Kafamdaki bütün sorunlar ve düşünceler yavaş yavaş terk ediyor beni. Kendi hayatımla ilişkim kopuyor. Artık hazırım yeni insanlarla yepyeni dünyaları gezmeye. Sağlıklıyım, yaşıyorum ve bunun farkındayım.

Tuna kahvemi getiriyor.

— Teşekkürler Tunacığım. Kimi alacaksın içeri?

— Jale Hanım bekliyor, hazırsanız hemen göndereyim.

— Hazırım canım, hemen gelsin.

Jale'nin dosyasını çıkarıyorum. Son olarak geçen yıl gelmiş bana. Hafifçe vurulan kapıdan giriyor Jale.

Bu kızı bu kadar hayat dolu, bu kadar güzel ve çekici kılan nedir acaba diyorum kendi kendime. Geçen yıl depresyon nedeniyle gelmiş, uzun bir tedavinin ardından hastalığı düzelmiş, yeniden hayata kaldığı yerden devam etmişti, ama o zamanlar soluk yüzlü, zayıf, çelimsiz dikkat çekmeyen herhangi biriydi. Sonbaharın o kapalı, bulutlu, gri havasına benziyordu. Ama şimdi sanki aniden güneş açmış, tabiat canlanmış ve her taraf rengârenk oluvermiş. Gözlerinden hayat fışkırıyor etrafa oluk oluk pozitif enerji yayılıyor. İnsanların ruhsal durumları, fiziki görüntülerini ne kadar çok etkiliyor. Mutluluk insanları ne kadar güzelleştiriyor.

— Merhaba Jale, ne kadar hoş görünüyorsun. Neler oldu sana böyle?

— Sorma Doktor Hanım başıma gelenleri, sizden sonra neler oldu neler. Şu halime bakın. Dayak yemekten her yanım mosmor oldu.

Kollarında ve bacaklarındaki morlukları gösteriyor bana. Şaşırıyorum. Gerçekten durumu çok kötü. Ama vücudundaki ezikleri gösterirken bile gülüyor. Bu nasıl dayaksa, ona çok iyi geldiği belli! Ya da öyle şeyler yaşanmış ki, ruhu öyle beslenmiş ki, dayak bile artık ona vız geliyor.

Jale, iç dünyası çok zengin ama bunu dışarı pek fazla yansıtamayan bir kız. Üç-dört yıl öce evlenmiş. Eşi, kendisinden daha üstün meziyetlere sahip; yakışıklı, zeki ve işinde başarılı bir adam. Birbirlerine büyük bir aşk ve tutku duyarak evlenmişler. Jale kocasına hayran. Bu, çok hayranlık duyduğu adamın, ondan daha güzel kızlar dururken, onları değil de kendisini seçmesi ona gurur veriyor.

Duygusal, romantik, hassas ve kırılgan bir kız. Evlenmeden önce pek çok hayaller kurmuş. Herkesinkinden farklı olacakmış bu evlilik ve birbirlerine duydukları bu aşk ve tutku hiç bitmeyecekmiş. "Hiçbir gelin benim kadar yükseklerde uçmamıştır," diyordu. Birbirlerini seven bu iki kişi pek fazla sorunla karşılaşmadan evlenmişler. Onlar ermiş muradına, biz çıkalım kerevetine ama masal burada bitmemiş. Balayı ve bunu izleyen ilk zamanlar güzel geçmiş. Her ikisi de gündüz işe gidiyor, akşamları koşarak eve dönüyorlarmış. Hayat çok güzelmiş, evlilikse muhteşem. Sonra hamile kalmış Jale. Pek sevinmişler. Kemal o dönem eşiyle çok ilgilenmiş. Sonra bir oğulları olmuş. Artık üç kişilik bir aile olmuşlar. Pek sevmişler küçük oğullarını. Ama bebeğe bakacak kimse olmadığından Jale bir yıl ücretsiz izin almış.

Eve kapanmış. Çocuk bakmak o kadar da kolay bir iş değilmiş. Yemek, bulaşık, çamaşır, bebeğin bakımı, uykusuzluk... çabuk yorulmuş Jale. Eşi akşamları eve geldiğinde elinden geldiği kadar yardımcı olmaya çalışıyor ama yine de Jale'nin yüzünü güldüremiyormuş. Ev giderek sessizleşmiş, hava giderek soğumuş ve kara bulutlar kaplamış her yanı.

Görünüşte her şey yolunda gibiymiş, elle tutulur bir sorunları yokmuş, ama o güzelim aşkları sürekli kan kaybediyormuş. Bunu ikisi de görüyor ama akan kanı durduramıyorlarmış bir türlü. Zaten pek becerikli bir ev hanımı olmayan Jale bütün bunların altından kalkamamış. Canı saçını bile taramak istemiyor, bebek yüzünden hiç dışarı çıkamıyor, arkadaşlarıyla görüşemiyor ve morali giderek bozuluyormuş. Artık eşi de Jale'yle yeterince ilgilenmiyor, cinsel yaşamları da gün geçtikçe azalıyormuş.

İşte tam da o sıralar, o nefret ettiği düşünce gelivermiş aklına: "Kemal artık beni sevmiyor." Bu düşünce içini ürpertiyor, zaten zayıf ve içe dönük kişiliğini delip geçiyormuş. Artık her akşam eşini gizli gizli, sinsi sinsi izliyor, her yaptığı, her söylediği şeyden bir anlam çıkarmaya çalışıyormuş.

Kemal ise giderek sararıp solan, içine kapanan, bakımsız, moralsiz ve tüm çekiciliğini kaybeden eşine nasıl davranacağını bilemiyor, ona ev işlerinde ve bebek bakmada yardımcı olmak dışında, elinden başka bir şey gelmiyormuş. Sonunda birbirlerine iki yabancı gibi olmuşlar. Onları bağlayan tek şey küçük oğullarıymış.

Sonunda yatağa düşmüş Jale. Yemiyor, içmiyor, konuşmuyor, gülmüyor ve sürekli kilo kaybediyormuş. Doktorlar, hastaneler, tetkikler birbirini izlemiş. Hasta olmasına hastaymış ama doktorlar bu hastalığın adını bir türlü koyamamışlar. Jale sabun gibi erimeye devam ediyormuş. Sonunda doktorların değil, Kemal'in aklına gelmiş. "Sakın psikolojik olmasın," demiş ve eşini bir psikiyatra gitmeye ikna etmiş.

İşte birkaç yıl önce bu halde gelmişti Jale bana. Bir deri bir kemik, sararmış solmuş, ayakta zor duran, mutsuz, umutsuz, artık yaşamı anlamlı bulmayan ve "Bu hastalık beni öldürse de kurtulsam," diyen acınası bir kız. İlk günler sürekli ağlıyor, "Demek her aşk bitermiş," diyerek eski günlere özlem duyuyor, eşinin artık onu sevmediğini düşünüyor ve onu kaybetmenin matemini tutuyordu. Tedavi bazı şeylere gerçekten iyi geldi. Öncelikle ölümcül kilo kaybı durdu. Kaybettiği kiloları geri aldı. Ağlamalar, sıkıntılar, uykusuzluklar kayboldu. Aylardır yattığı yataktan çıktı ve yavaş yavaş kaldığı yerden hayata geri döndü. Tedavi süresince eşi bir kez aramadı, sormadı ve gelmedi.

Belki de Kemal de sıkılmıştı bu hayattan. Çocuk doğalıberi ev karmakarışık ve düzensizdi. Ne kadar yardımcı olmaya çalışsa da hiç yüzü gülmeyen, renksiz, bakımsız, mutsuz bir kadınla yaşamak muhtemelen onu da sıkıyor, eşinden gün geçtikçe uzaklaşıyordu. Bu kısırdöngüyü durdurmaya ikisinin de gücü yetmiyordu.

O ara bir daha haber alamadım ondan. Ve şimdi dayaktan her yanı mosmor olmuş bu kadın, asla benim bıraktığım o mutsuz kadın değil.

Hadi anlat bakalım diyorum. Sana dokunan sihirli değnek nedir?

Gülerek başlıyor konuşmaya. Sesi bile değişmiş bu kadının. Cıvıl cıvıl taptaze bir ses bu.

— Bir süre önce çalıştığım işyerinde genç, yakışıklı, konuşkan, sempatik bir delikanlı işe başladı. İşleri öğretmem için benim yanıma verdiler onu. Çok güzel bir ilişki başladı aramızda. İkimiz de birbirimizden çok hoşlandık. Aslında o benden 7-8 yaş küçük, genç bir çocuk ama ruhlarımız uyuştu, frekanslarımız tuttu. Giderek arkadaşlığımız gelişti. Artık işyerinde her dakikamız beraber geçiyor, öğlen yemeklerine bile birlikte çıkıyorduk. İşimizi birlikte yapıyor, vakit buldukça bol bol konuşuyor, gülüşüyorduk. Aramızda bir elektrik oluştu. İş arkadaşlarımız bile artık bunun farkındaydı ve bu yakınlıktan duydukları rahatsızlığı her hareketleriyle belli ediyorlardı. Ama umurumda değildi hiçbir şey. Aslında aramızda söze dökülmüş bir şey yoktu. Sadece bu beraberlik ikimize de iyi geliyordu.

Delikanlının işe başladığı ilk günden itibaren onu eşime anlatıyordum. Onu ve bütün yaşadıklarımızı, tek tek kelimesi kelimesine naklettim ona. Kemal, ben ilişkimizi ona coşku ve heyecanla anlattıkça beni dikkatle dinliyor, Murat'la yaşadığım bu flört kokan ilişkiden rahatsız oluyor ve bana ısrarla ondan uzak durmamı tembihliyordu.

— Kemal'in uzun süredir kaybolan ilgisini yeniden kazanabilmek için mi yaptın bütün bunları?

— O zaman neden böyle yaptığımı kendim de bilmiyordum. Hayatın akışına bırakıvermiştim kendimi. Neden, niçin diye sormadım bile kendime. Ama Kemal'de başlayan huzursuzluk hoşuma gitmişti. Üstelik çok uzun süredir devam eden kış uykusundan uyanıyor gibiydim. Canlanmış, dirilmiştim. Yüzüme renk gelmiş, yeniden giyinmeye kuşanmaya kendime bakmaya başlamıştım. Kemal bendeki bu değişikliği fark ediyor, bir yandan içindeki huzursuzluk, bir yandan da bana olan ilgisi giderek artıyordu. Ben de yeniden güzel, alımlı ve erkeklerin ilgisini çekebilen bir kadın olmanın keyfini çıkarıyordum. Aslında kötü bir şey yapmıyor, kocamı aldatmıyordum. Kendimi suçlu hissetmem için hiçbir neden yoktu. Gizli bir şey de yapmıyordum. Murat'la herkes gibi güncel şeyleri konuşuyorduk ve konuştuğumuz her şeyi kocam biliyordu.

Sonunda eşimin kesin talimatlarıyla bu ilişki bitti. Ben başka bir bölüme geçtim, Murat'a da arkadaşlığımızın yanlış anlaşılabileceğini söyledim konu kapandı. Artık onunla hemen hiç görüşmüyorduk ama kocamın yine de içi rahat değildi. Bunu hissedebiliyordum.

Bir gün işyerime bir mektup geldi. Hayatımda aldığım en güzel aşk mektubu. İmza yoktu altında. Murat'tan gelmiş olamazdı. Zaten "Beni tanımıyorsunuz ama ben sizi tanıyor ve çok seviyorum," diyordu yazan. Mektubu alıp eve götürdüm. Eşimle defalarca okuduk ve kimden gelmiş olduğu konusunda hiçbir tahmin yapamadık. Bu sefer hem Kemal'in hem de benim huzurum kaçmıştı. Geceleri uyuyamıyordum. Beni bu kadar yücelten, bu kadar çok seven erkek kimdi acaba? Artık akşamları eve geldiğimizde yine pek konuşmuyor, kendi iç dünyalarımızda gezinmeyi tercih ediyorduk. Aramızda tuhaf bir gerginlik başlamıştı.

Yine bir gün işyerimdeki bilgisayara bana o müthiş aşk mektubunu yazan adamdan mesaj geldi. Bana olan aşkını anlatıyordu yine. Heyecanlandım. Ben de ona "kim olduğunu" sordum. Bu sefer kendinden bahsetmeye başladı. O da evliymiş, ama evliliği iyi gitmiyormuş.

İşte asıl hikâye böyle başladı. Bana ondan mesaj geldiğini eşime söylemedim. Belki de söyleyemedim. Korktum ondan. Bana çok kızacağını, hatta beni suçlayacağını düşündüm. Ayrıca bu adamla konuşmak, dertleşmek, hayatı paylaşmak hoşuma gidiyordu. Birbirimizi çok iyi anlıyorduk. Sorunlarımız benziyordu. O da büyük bir aşkla evlenmişti, ben de. Ve şimdi ikimiz de yalnızdık. Hiç bitmez sandığımız aşklar bitmiş geriye sürdürmek zorunda kaldığımız kuru, yavan ilişkiler kalmıştı.

Evliliğin ilk günlerinde eve, kocasına koşarak gelen ben, artık her sabah işime koşarak gidiyor, sabırsızlıkla ondan gelecek mesajları bekliyordum. Aşka ve sevgiye susamıştım. İhtiyacım olan her şeyi veriyordu bu adam bana. İlişkimiz giderek derinleşiyor, güzelleşiyordu. Yolda görsem tanımayacağım bu adama sırılsıklam âşık olmuştum.

Akşamları ise evde tam bir sessizlik vardı. Kocam da ben de üzerimize düşenleri yapıyor, çocuğumuzla ilgileniyor ve sonra iki yabancı gibi yatağımıza giriyorduk. Birbirimize dokunmayı unutmuş gibiydik. Bu, aylarca böylece devam etti. Ben yine de hayatımdan memnundum. Beni ayakta tutan tek şeyin, bu sanal ilişki olduğunu biliyor ve onu kaybetmek istemiyordum. O ise artık gerçek dünyada da beni yanında istiyor, ısrarla, "Buluşalım," diyordu. "Sana yakın olmak, sana dokunmak istiyorum, gel artık," diyordu.

Onu tanımak, ona yakın olmak benim de rüyalarımı süslemeye başlamıştı. Hep onunla beraber olacağımız günleri hayal ediyor ama bir yandan da korkuyordum. Ben evli bir kadındım. Üstelik küçük bir çocuğum vardı. Kemal'den başkasını sevmek aklımın ucundan bile geçmezdi. Ben kocasını deli gibi seven, ona hayran bir kadındım. Bana neler olmuştu, anlayamıyordum. Geceleri uyuyamıyor, ne yapacağıma bir türlü karar veremiyordum. Sonunda ısrarlarına daha fazla karşı koyamadım ve onunla buluşmayı kabul ettim.

O gece heyecandan ve korkudan sabaha kadar uyuyamadım. Benim huzursuzluğum Kemal'e de geçti. Sabaha kadar ikimiz birden yatakta döndük durduk. Sabah erkenden kalktım. Banyo yapıp itinayla giyindim, Kemal'in ilk evlilik yıldönümümüzde hediye ettiği ve uzun süredir kullanmadığım parfümümü sürdüm ve koşarak çıktım evden. Öğlen Kızılay'da bir pastanede buluşacaktık. O beni nasıl olsa tanıyordu. Ben de onu gri takım elbisesi ve kırmızı kravatından tanıyacaktım. Uzun boylu, esmer, yakışıklı biriydi hayal ettiğim adam. Öğlen bir türlü olmadı, vakit geçmek bilmiyor, yüreğim giderek daralıyordu. Aklıma sık sık Kemal ve oğlum geliyordu. hâlâ kararsızdım. "Yanlış yapıyorsun," diyordu içimden bir ses. Keşke onunla ömür boyu mesajlaşsaydık ve hiç tanımasaydık birbirimizi. Ama daha fazla, "hayır," dersem artık onu kaybedecektim. Ve onu kaybetmeyi göze alamıyordum. Sonunda ayaklarım birbirine dolanarak yüreğim ağzımda buluşma yerine gittim. İşte en arka masada gri elbiseli, kırmızı kravatlı, uzun boylu, esmer ve yakışıklı bir adam masada yalnız oturmuş beni bekliyordu. "Tam da hayal ettiğim gibi," dedim içimden. Ona doğru yaklaşırken yavaşça başını çevirdi, göz göze geldik. Kocam Kemal'di o, gözlerinden ateşler saçarak bana bakıyordu. Bir süre ikimiz de öylece kalakaldık. Sonra Kemal hırsla kalktı, beni kolumdan sürükleyerek götürdü oradan.

"Demek geldin, bir ümit vardı içimde gelmez diyordum, ama geldin işte, kötüsün sen, bir daha asla güvenmeyeceğim sana. Bittin artık sen," diyordu. Beni eve sürükleyerek çıkardı. Sonra dövmeye başladı.

Kemal gibi bir adam karısını dövecek, olur şey değil. Karısını dövecek dünyadaki son erkekti o. Ama acımasızca dövüyordu beni. Bense hiç kendimi korumuyor, bütün bunları zaten hak ettiğimi düşünüyordum. Kocamı hiç öyle görmemiştim. O an beni öldüreceğini sandım. Korktum ama hiç tepki göstermedim, karşılık vermedim. Kaderime razı oldum. Beni hastanelik edene kadar dövdü, sonra ağlamaya başladı. Yaptığından çok büyük pişmanlık duyduğu belliydi. Sonra sarıldı bana. Kucağına alıp yatağımıza götürdü ve sabaha kadar sevişti benimle. Sanki birbirimizi yeniden bulmuş gibiydik. İkimiz de birbirimizi ne kadar sevdiğimizi, ne kadar özlediğimizi söylüyor ve sevişmeye doymuyorduk.

Sabah olunca büyü bozuldu. İkimiz de mahcup, suçlu çocuklar gibiydik. Yediğim dayaktan her yanım ağrıyordu. İşyerinde yine zaman bir türlü geçmek bilmedi. Kafam karmakarışık olmuştu. Demek aylardır bilgisayarda yazıştığım, içimi döktüğüm, kocamı şikâyet ettiğim adam kocamın ta kendisiydi. O da benden şikâyet ediyor, o evde ne kadar mutsuz ve yalnız olduğunu söylüyordu. Ve sürekli bana duyduğu aşkı anlatıyordu. Bütün bunları sadece beni denemek, ne kadar güvenilmez olduğumu kanıtlamak için mi yapmıştı? Tahminleri doğru çıkmış ve sonunda benim onu her an aldatmaya hazır, güvenilmez, kötü bir kadın olduğumu ispatlamıştı. Bana bakarken gözlerindeki öfkeyi görüyordum ama ya sonrası. Ancak deli gibi seven bir adam öyle sevişirdi. Demek ki o da beni hâlâ aşkla, tutkuyla seviyordu. Bunu nihayet anlamak, hatta emin olmak rahatlatmıştı beni. Kocamın güvenini kaybetmiştim ama onun beni sevmediği şeklindeki korkularım da kaybolmuştu. Tuhaf duygular içindeydim. Akşam sanki ilk kez gidiyormuşum gibi gittim eve. Kemal benden önce gelmiş, çocukla oynuyordu. Kafasını hiç kaldırmıyor, ben yokmuşum gibi davranıyordu. Yine kaybetmiştim onu. Yine iki yabancı gibiydik. Sekiz-on gün bu böyle devam etti. Sinir sistemim yine giderek geriliyor bu ilişkisizliğe, bu sessizliğe dayanamıyordum. Sonunda ölmeye karar verdim. Yapabileceğim bir şey kalmamıştı. Sizin geçen sefer verdiğiniz ilaçlardan evde kalan ne varsa içtim. Çocuğum annesiz kalacaktı, en çok buna üzülüyordum ama onun zaten iyi bir annesi yoktu. Kötü bir annenin çocuğuydu o. Kocamsa ölünce belki beni suçlamaktan vazgeçer, hatta belki de üzülürdü. Onun, benim için üzülmesini istiyordum...

— Ya sen ve senin hayatın?

— Kendim önemli değildi, kendi gözümden de düşmüştüm. Kendime saygım kalmamıştı. Diğer arkadaşlarıma bakınca kendime olan kızgınlığım daha da artıyordu. Kimsenin şartları benden daha iyi değildi ama onlar mutluydular. Kocaları, çocukları, işleri arasında yuvarlanıp gidiyorlar, bazen mutlu, bazen şikâyetçi, bu hayatın üstesinden gelebiliyorlar, benim gibi yıkılmıyorlardı. Ben zayıftım ve yenilmiştim. Yaşamayı hak etmiyordum. İlaçları alınca bir huzur çöktü içime sanki ödevlerini yapmış, iç huzuruyla yatmaya hazırlanan bir öğrenci gibiydim. Yatar yatmaz uyudum. Yirmi dört saat sonra hastanede açtım gözümü, ölmemiştim. Kemal başucumda bekliyordu. Gözleri dolu dolu bana bakıyor, sanki özür diliyordu benden. İki gün sonra çıktım hastaneden. Eşim etrafımda pervane oluyor, bana prensesler gibi bakıyor ama hiç dokunmuyordu. Konuşmuyorduk. O konu açılacak diye ödümüz kopuyordu. Sağlığım düzelince işe başladım. Eve geldiğim ilk akşam yine bu sessizliğe dayanamayınca, saldırdım kocama. Avazım çıktığı kadar bağırıyor ve vuruyordum.

"Yeter artık, ölmeme bile izin vermiyorsun, ne istiyorsun benden," diye. Ve yine dövmeye başladı beni ama bu sefer farklıydı, ben de ona vuruyor, evde ne var ne yok her şeyi kırıyor ve hiç utanmadan, sıkılmadan avazım çıktığı kadar bağırıyordum. Bütün apartman başımıza toplandı. Bu iki sessiz, efendi görünüşlü insanı bu halde görmek hayrete düşürmüştü hepsini. Ev savaş alanına dönmüştü. Zavallı çocuk bu gürültüye uyanmış, bir yandan da o bağırıyordu. Komşular gidince yatağa zor attık kendimizi, yine çılgın gibi sevişmeye başladık. Ve bu hep böyle sürdü gitti. Bir süre sonra apartman sakinleri alıştılar artık bu gürültüye. Kimse bizi ayırmaya gelmez oldu. Birkaç kez semt karakolundan polisler geldi. Komşularımızı rahatsız ettiğimiz için bizi uyardılar, ama ne çocuğumuzun ağlaması, ne komşuların şikâyetleri, ne de polisler durduramadı bizi.

Her akşam eve geliyor, bir süre çocuğumuzla oynuyor, yemeğimizi yiyor, ortalığı topluyor, çocuğu yatırdıktan sonra, en doğal şey gibi birbirimizle kıyasıya kavga ediyor, evi savaş alanına çevirdikten sonra yatıp çılgın gibi sevişiyor ve sabah hiçbir şey olmamış gibi kalkıp işimize gidiyorduk. Aslında bu durumdan ikimiz de pek şikâyetçi değildik ama evde küçük bir çocuk var, ona yazık oluyor. Ve sonunda işte yine karşınızdayım. Kemal de biliyor size geldiğimi. Bu sefer ikimiz birden kafayı bulduk galiba. Yardım edin bize.

Bazen muayenehanede hastalarımdan dinlediğim hikâyeler filmlerde seyrettiklerimden de, kitaplarda okuduklarımdan da daha ilginç oluyor. Demek ki yaşananlar yani gerçekler, insan beyninin hayal edebileceğinden daha karmaşık ve daha heyecan verici.

Jale bana bakıp gülüyor.

— Sizi bile şaşırttım galiba.

Ben de gülüyorum.

— Evet, şaşırttın beni. Anlattıkların çok ilginç. Demek dayak yemekten, dövüşmekten, avaz avaz bağırmaktan, herkese rezil olmaktan pek şikâyetçi değilsin.

— Tam bilmiyorum.

— Gören de senin dayak yemekten zevk aldığını sanacak. Gençleşmiş, güzelleşmişsin. Alımlı bir kadın olmuşsun. Üstelik gözlerinden hayat fışkırıyor. Neden böylesin Jale?

— Bunu iltifat olarak mı kabul edeyim?

— Hayır, nedenini düşünelim birlikte. Bak sana dayakla ilgili hemen aklıma geliveren yine hastalarımdan dinlediğim bir-iki anı anlatayım. Yıllar önce Anadolu'nun küçücük bir köyünden genç, mahzun bakışlı bir kadın gelmişti. Kocasıyla sorunları varmış. Eşinin artık onu eskisi gibi sevmediğinden, ilgilenmediğinden yakınmış ve şöyle demişti: "Beni artık dövmüyor bile." Hiç unutmadım bunu. Demek ki dayak bazı kadınlar için kocanın sevgisinin, ilgisinin bir göstergesi olarak kabul ediliyor.

Yine bir süre önce bazı sorunları nedeniyle bana ünlü bir boşanma avukatı geliyordu. Eşinden sürekli dayak yediği için ayrılmak isteyen bir bayan müvekkili ile aralarında bir ilişki başlamıştı.

"Bu adam bir canavar, bir kadın nasıl böyle dövülür anlayamıyorum," diyordu. Sonunda kadın o canavardan ayrıldı ve avukatıyla evlendi. Kısa süre sonra avukat yine geldi. Bu sefer şöyle diyordu:

"Bu kadın dövülmez Doktor Hanım öldürülür, canavar olan meğer adam değil kadınmış. Şimdi ben onu eski kocasından daha beter dövüyorum. Her şey aklıma gelirdi de bir kadını böyle dövebileceğim aklıma gelmezdi. Zira boşuna dememişler ölen mi öldüren mi diye..."

İşte böyle şimdi gelelim sana. Sence neler oluyor size?

— Deprem oluyor bizim evde.

— Gel şu depremi masaya yatıralım bakalım. İçinde neler varmış birlikte görelim. Sen bunca dayağa rağmen mutlusun, keyiflisin çünkü seviyor ve seviliyorsun. Öyle mi?

— Evet. Artık Kemal'in de beni sevdiğinden hiç kuşkum kalmadı. Ben onun için önemliyim. Son yıllarda bunu bana hiç belli etmiyordu.

— Buna çok önem veriyorsun.

— Hem de çok.

— Geçen seferki depresyonunun asıl nedeni buydu değil mi?

— Evet... O beni sevmezse susuz kalmış çiçeklere dönüyorum. Kuruyorum, yaşam gücüm kalmıyor.

— Şimdi su çok bol galiba.

— Evet, ama bu suya kavuşmak bana çok pahalıya mal oldu. Kocamın sevgisini tekrar kazanayım derken bu sefer de güvenini kaybettim.

— Kocan sana güvenmemekte haklı mı?

— Haklı galiba. Bunu söylerken çok utanıyorum. Ben kendimi aklı başında, kocasına bağlı, namuslu bir kadın sanırdım. Pek öyle değilmişim. Bütün bu yaşadıklarıma kendim de şaşıyorum. O buluşmaya gittiğim adamın kocam olabileceği hiç aklıma gelmemişti. Düşünsenize adam bana kendini tarif ediyor, giyeceği elbiseyi, takacağı kravatı bile söylüyor, olaya kendimi o kadar kaptırmışım ki, o sabah koşarak evden çıkarken kafayı kaldırıp kocama bakmak aklıma gelmiyor. Kimbilir beni orada beklerken nasıl acı çekti kocam. Ve ben oraya gittim. O adam kocam değil de bir başkası çıksaydı neler olurdu neler yaşanırdı hiç bilemiyorum. O yüzden haklı Kemal. Ben kötüyüm.

— O yüzden yediğin dayakları hak ediyorsun öyle mi?

— Tabii ya.

— Kendini suçlu hissediyor ve cezayı arayıp buluyorsun. Böylece hak ettiğin cezayı çekince rahatlıyorsun. Dostoyevski'nin *Suç ve Ceza* adlı kitabını okudun mu?

— Okumuştum ama tam hatırlayamadım şimdi.

— Romanın kahramanı Raskolnikov tefecilik yapan bir kadını toplumu kurtarmak için öldürür. Geride hiçbir iz bırakmaz. Ama sonra vicdanıyla hesaplaşmaya başlar. Vicdanı onu rahat bırakmaz ve sonunda gidip teslim olur. Huzuru ve mutluluğu Sibirya'da cezasını çekmekte bulur. Sen de dayak yiyerek vicdanını mı rahatlatmaya çalışıyorsun?

— Neden olmasın. Belki de o yüzden bu kadar rahatım.

— Dayak yerken neler hissediyorsun?

— Ne mi hissediyorum... canım yanıyor.

— Başka?

— Tuhaf bir zevk alıyorum desem beni anlar mısınız?

— Anlamaya çalışırım. Sevişirken hissettiğine benzer bir şey mi?

— Orgazm gibi mi?

— Psikolojik orgazm desek?

— Bilmem, içim rahatlıyor yüreğimdeki sızı diniyor.

— O nasıl bir sızı?

— Ancak kocam beni dövünce beni bir süre bırakan kötü bir sızı işte.

— Suçluluk duyguların mı acaba?

— Belki de.

— Kocanı aldattığını, kötü bir kadın olduğunu düşünüyorsun. Bu da içini sızlatıyor.

— Evet, aynen öyle.

— Cezanı çekince duruyor.

— Duruyor. Beni rahat bırakıyor.

— Sanki ancak bundan sonra kocanla sevişme hakkını tekrar kazanıyorsun.

— Nasıl da bildiniz. Sizinle konuştukça anlıyorum ki tam da böyle hissediyorum. O beni dövmezse gecelerimiz o kadar güzel geçemez. Sanki o dayakların sonunda bize sihirli bir değnek dokunuyor. İkimiz birden değişiveriyoruz.

— Yeniden birbirine deli gibi âşık iki sevgili oluveriyorsunuz.

— Sanki başka bir boyuta geçiyoruz.

— Demek değişen sadece sen değilsin kocan da değişiyor.

— Beni dövünce üzülüyor.

— Sadece üzülüyor mu? Kocan sana öfkeli. Aldatıldığını düşünüyor. Seni dövünce öfkesi geçiyor. Seni cezalandırınca rahatlıyor. Böylece galiba o da yeniden seni sevme ve sevişme hakkını kazanıyor.

— Öyle mi oluyor? Bunlar aklıma gelmemişti benim. Demek yediğim bunca dayak boşa gitmemiş.

— Yani alan razı veren razı. Peki sen hep böyle dayak mı yiyeceksin?

— Ben de şimdi bunu düşünüyordum. Bu böyle devam etmemeli. Neden bu hallere düştüğümüzü anladım ama nasıl durduracağımızı hâlâ bulamadım.

— Gel şimdi beraber düşünelim. Bu akşam eve gittiğinde sen kavga çıkarmasan ne olur?

— Benimle hiç konuşmaz.

— Yani seni dövmez ama başka türlü cezalandırır.

— Nasıl yani?

— Seninle konuşmaz, ilgilenmez ve ilişki kopar.

— Evet. Sevişmez de.

— Emin misin?

— Tıpkı eskisi gibi olur.

— Yani tüm ilişkileriniz yine biter.

— Biter.

— İlişkiyi bu kavgalar başlatıyor. Yani sen başlatıyorsun. Eşin de seni buna zorluyor. Dayakla doruğa çıkıyor, cinsellikle doyuma ulaşıyor. Sonra da kısa ama doyurucu, dinlendirici bir uyku ve huzur, öyle mi?

— Aynen öyle. Üç-dört saatlik uyku ikimize de yetiyor. Yoksa günlerdir süren bu eziyete dayanamazdık. Ama çocuğumuz var. Bu böyle devam etmemeli.

— Tabii etmemeli. İlişkiniz sağlıksız, patolojik bir hal almış. Peki bu konuştuklarımızdan bir şey çıkarabildin mi? Neden durduramıyorsunuz bunu?

— Eski ilişkisiz, yalnız günlerimize geri dönmeyi ikimiz de istemiyoruz.

— Doğru, tamamen doğru. Üstelik kavgalar ve şiddet cinsel dürtülerinizi artırıyor.

— Olabilir.

— İki kişi düşünün ki birbirlerini çok sevsinler, cinsel olarak birbirlerine çok uygun olsunlar, üstelik evli olsunlar ama...

— Ama apartman komşularını çileden çıkaracak kadar çok kavga etsinler, birbirlerini yesinler.

— Ya da kavga etmezlerse başka türlü ilişki kurmayı bilmedikleri için, duygularını yüreklerine gömüp iki yabancı gibi olsunlar.

— İlişki kurmayı bilmiyoruz ha?

— Bilmiyorsunuz. Kavga da bir ilişki biçimidir ama bunun çok daha sağlıklı yolları var.

— Evet konuşmayı beceremiyoruz.

— Eskiden konuşur muydunuz?

— Evlenmeden önce birkaç yıl çıktık ama zamanımız hep çok kısıtlıydı. Benim ailem çok tutucudur. O yüzden kaçarken göçerken ne kadar konuşulabilirse, biz de o kadar konuşuyorduk. Ve bu konuşmalar hep birbirimize olan aşkımızı, sevgimizi anlatan şeylerdi. Sonra evlendik. Konuşmak için çok vaktimiz oldu ama bu sefer de biz bunu beceremedik.

— Ve buna ilk isyan eden sen oldun.

— Nasıl?

— Ağır bir depresyona girerek. O ilişkisizlik neden olmadı mı ilk depresyonuna?

— Evet, öyle oldu. Bu benim için çok önemli.

— Sonra yine düğmeye basan sen oldun.

— Düğmeye basan mı?

— Yani olayları ilk başlatan.

— Evet, kocamın başta hiç suçu yok.

— Yok mu? Her şey yolunda gitseydi yani kocan seninle konuşmayı becerebilseydi yine de bütün bunlar yaşanacak mıydı? Sevgisizlikten, ilgisizlikten olmadı mı her şey? Murat'la kurduğun o garip ilişkiyi kelimesi kelimesine kocana neden anlattın? Ona uzun süredir unuttuğu SEN'i hatırlatmaya, onu uyandırmaya çalışmıyor muydun?

— Evet öyle yapıyordum.

— O çocuktan hoşlandın mı?

— Evet, bir kediden ya da bir elbiseden nasıl hoşlanırsanız öyle hoşlandım ondan. Ama bana daha cazip gelen şey, akşamları bunu tek tek kocama anlatmaktı.

— Böylece onun dikkatini çekebildin. Yani burada pek ciddi bir suç yok.

— Pek yok, çünkü Murat'la gerçekten hiçbir şey yaşamadık.

— Peki ya ikinci olay.

— Onda suçluyum. Olayı kocamdan gizledim. Ve gerçekten etkilendim. Ve en kötüsü onunla buluşmaya kalktım.

— Ama çok etkilendiğin o adam, seni etkileyebilmek ve buluşmaya ikna edebilmek için elinden geleni yapan kocan çıktı.

— Evet, ama bu beni kurtarmıyor, çünkü gidip gitmemeyi ciddi ciddi düşündüm. O gece sabaha kadar yatakta dönüp dururken, meğer o da korkunç bir ıstırapla yarını bekliyor, onun için de uyumuyormuş. Bunu Kemal'e yapmamalıydım. Kocam mı, o mu dedim. Sonunda o kazandı ve ben Kemal'i bırakıp ona gittim.

— Yapma Jale. O adam sanki başkasıymış gibi konuşma. Seni etkileyen, heyecanlandıran, âşık olduğun kişi kocan KEMAL. Ama Kemal'in iki yüzü var. Bir yüzü seninle ilişki kurmuyor, sana duyduğu sevgiyi, tutkuyu, aşkı belli etmiyor. Hiçbir şeyi paylaşmıyor. İkinci yüzü ise bütün bunları tam da senin istediğin gibi yapıyor. Ama dikkat et bunları yazarak ifade edebiliyor. Aynı adamın bu ikinci yüzünü tercih etmen doğal değil mi? Bundan o da hoşlanmasa, haz almasa bunu aylarca sürdürür müydü?

— Doğru, bundan hoşlanmasa bu kadar güzel yazabilir miydi?

— Yazamazdı. İşte sen de, sana bu kadar içten yazan ve seni gerçekten seven bu adamı bir kere daha sevdin.

— Sevdim.

— Sonunda kocanla kocana ihanet ettin. Ama ortada geçek bir ihanet yok. Bu olsa olsa bir düşünce suçu. Artık düşünce bütün demokratik ülkelerde suç olmaktan çıktı.

— Düşünce suçu ha? Evet aslında ona ihanet etmedim.

— Peki, seni bu suça kim teşvik etti, Kemal'in de bu işte payı yok mu?

— Evet, ikimiz de bir şeyler sakladık birbirimizden. O mektubu beni denemek için yazdı.

— Sen de o mektubu götürüp verdin ona. Ama bununla yetinmedi. Sana yazmaya devam etti.

— Sonrasını söylemedim ona.

— O da bunları yazanın kendisi olduğunu söylemedi.

— Evet o da söylemedi.

— Sonra da konuşmayı beceremeyen bu iki kişi yazışmaya devam etti.

— Çok mutluydum o zamanlar.

— Neden devam etmiyorsunuz yazışmaya?

— Devam mı edelim. Sahi mi söylüyorsunuz?

— Neden olmasın belki o zaman bu morluklar olmadan, canınız acımadan sürdürebilirsiniz bu beraberliği.

— Neden hiç aklımıza gelmedi. Harikasınız siz. Ona neler neler yazacağım. Ona anlatmak istediğim o kadar çok şey var ki.

Sanki tek ayağının üzerinde sekerek gitti Jale. Sevinçten ve mutluluktan uçuyordu. Şu kadınlar ne garip mahluklar. Duygusal durumları ne kadar çabuk değişebiliyor. Küçücük şeylerden nasıl da hemen etkileniveriyorlar. Bir anda dünyanın en mutsuz en kederli, en suçlu insanı iken, nasıl da kolayca gökyüzünün en üst katına çıkabiliyorlar. Sevgileri, tutkuları uğruna neleri göze alabiliyorlar. Onlar için yaşamın temel şartı *Sevilmek. Aşk*'la *Tutku*'yla sonsuza kadar *Sevilmek* ve asla *Vazgeçilmemek*. Her şeyi affedebilirler ama *Sevilmeme*'yi *Asla*.

Sevgisiz bir dünyada kadınlara yer yok. Bir kadın olarak onları ne kadar iyi anlıyorum bilseniz. Kadınlar varolmaya devam ettikçe dünyamızdan sevgi hiç eksik olmayacak. Canları, kanları pahasına bile olsa...

Çöp Apartman – 1

— Doktor Hanım, Orhan Hoca'nın gönderdiği hastada sıra. Adı Gülben Kahraman.

— Tamam Tuna, buyursun, bekliyorum.

30 yaşlarında genç bir hanım giriyor içeri. Siyah, kısa saçlı, beyaz tenli, oldukça güzel ama gergin ve utangaç bir havası var. Hoş geldiniz, diyerek elimi uzatıyorum, elimi sıkmakta kısa bir tereddüt geçirdikten sonra tokalaşıyoruz. Bu narin ve güzel hanımın elleri sert ve kuru. Oturmasını işaret ediyorum, yine bir tereddüt geçirdikten sonra hafifçe koltuğun ucuna ilişiyor. Benimle göz göze gelmek istemiyor.

— Hoş geldiniz Gülben Hanım.

— Şey efendim, bende şey var. Orhan Bey beni size yolladı. Bütün tetkikler yapıldı, her şey normalmiş. Aslında ben deli filan değilim ama size gelmem gerekiyormuş, nedenini ben de anlamadım. Siz şimdi bana anamı, babamı, çocukluğumu filan soracaksınız. Benim öyle sorunlarım yok. Sadece şey var.

Bana ilk kez gelen hastaların çoğu, benim onları deli zannedeceğimi düşünürler. Bu genç hanımın ayrıca bana söylemekten çekindiği, utandığı bir sorunu var demek ki. İnsanlar en çok cinsel sorunlarını anlatmakta zorlanırlar. Bakalım bunun altından ne çıkacak...

— Gülben Hanım ben önce sizi biraz tanıyabilir miyim? Evli misiniz?

— Yok değilim.

— Çalışıyor musunuz?

— Hayır, ev kızıyım.

— Demek hiç evlenmediniz?

— Evlenmedim, aslında çok isteyenim oldu ama kısmet değilmiş.

— Ailenizle birlikte mi oturuyorsunuz?

— Evet, babam ve iki kız kardeşim.

— Ya anneniz?

— Annemi kaybettik.

— Peki, demek üç kardeşsiniz.
— Evet.
— Siz en büyükleri misiniz?
— Yok, ben ortancayım.
— Diğer kardeşleriniz de bekâr mı?
— Evet, henüz hiçbirimiz evlenmedik.
— Sizin aile evlenmeyi pek sevmiyor galiba?
— Kısmet.
— Onlar çalışıyor mu?
— En küçüğümüz okudu, o çalışıyor.
— Çok güzel bir hanımsınız, ama galiba biraz zor beğeniyorsunuz?
— Zor beğenmekten değil, olmadı işte. Biraz da şey yüzünden.
— Evet, şu şeyi artık bana da söyleseniz.
— Orhan Hoca size bir mektup gönderdi, onu size vereyim.

Çantasından bir zarf çıkarıp uzatıyor. Orhan Bey'in yazdığı kısa bir not var içinde. "Enürezis Nokturna'sı olan hastanın organik yönden bir sorunu bulunamamıştır. İlgilerini rica ederim. Sevgiler. Not: İyi ki ben psikiyatr değilim. Allah yardımcın olsun." Demek bana bir türlü söyleyemediği sorunu gece işemeleriymiş ve Orhan Hoca'yı çok yormuş. Zaten özellikle cerrahlar bizim hastalarımıza hiç tahammül edemezler.

— Şimdi anladım sorununuzun ne olduğunu. Ne zamandan beri var?
— Çok eski. Çocukluğumdan beri.
— Zor hastalık, değil mi?
— Hastalık bu, değil mi?
— Başka ne olabilir ki?
— Ne bileyim, bizimkiler bazen mahsus yaptığımı söylüyor.
— Mahsus mu?
— Cahil hepsi. Tetkikler de normal çıkınca öyle sandılar.
— Çocukluğunuzda bu nedenle doktora göründünüz mü?
— Pek sayılmaz.
— Neden?
— Bilmem, ben doktora gitmeyi sevmem, zaten buraya da zorla geldim.
— Kimin zoruyla?
— Neriman getirdi beni buraya.

— Neriman kim?

— Kız kardeşim, dışarıda bekliyor.

— Peki siz neden gelmek istemediniz?

— Doktorların halledebileceği bir şey gibi gelmedi bana. Bir sürü tetkik yaptılar, onlar da normal çıktı. Sizinle konuşarak neyi çözeceğiz yani?

— Konuşarak pek bir şeyi çözemeyeceğimiz belli. Siz istemedikçe ben size yardımcı olamam. Üstelik dokununca her şeyi düzeltiveren bir sihirli değnek henüz icat edilmedi.

Gülben Hanım öfkeyle bakıyor yüzüme, sonra ellerini yüzüne kapatıp yüksek sesle ağlamaya başlıyor. Bana çok kızdığı belli ama belki şimdi biraz daha açık konuşur benimle.

— "Pis Südüklü," derler bana evde. "Pis Südüklü".

— Kim der?

— Hepsi. En çok da annem derdi. Bir tek Neriman öyle demez. Sizce ben de bir gün temizlenebilir miyim?

— Tabii, neden olmasın, ancak bunu gerçekten istemeniz lazım. Bu konuda sizi pek istekli görmedim. Kaç yaşındasınız?

— 31.

— Ve bu yaşa kadar hiç doktora gitmediniz, neden?

— ...

— Ümidiniz mi yok?

— Biraz öyle.

— Ailenize çok kızıyorsunuz gibi geldi bana.

— Yok canım, onlar da öyle söylüyor. Bize inat işiyorsun sen diyorlar. Benim için sizi arayan oldu mu?

— Hayır, neden arasınlar?

— Size beni anlattılar mı diye merak ettim de.

— Hayır, siz anlatsanız daha doğru olmaz mı?

— Ben ne anlatayım? İşte söyledim, çocukluğumdan beri her gece yatağı ıslatıyorum. Akşam sekizden sonra bana hiçbir şey içirmezler ama yine de ben gece yatağı ıslatmayı beceririm.

— Demek becerirsiniz. Peki Gülben Hanım, biraz da başka yönlerinizi anlatın bana. Nasıl birisiniz siz?

— Nasıl olacak, normal biriyim işte.

— Evet, normal birisiniz ama normal insanlar da birbirlerinden farklı olurlar biliyorsunuz. Mesela akşama kadar neyle vakit geçirirsiniz?

— Hep evdeyim, iş-güç, derken akşam oluyor.
— Hiç sokağa çıkmaz mısınız?
— Pek çıkmam. Hem çıksam nereye gideceğim?
— Arkadaşınız filan yok mu?
— Yok, herkes evlendi gitti. Ailem çok muhafazakârdır, küçükken hiçbirimize izin vermezlerdi. Şimdi artık verseler de gidecek bir yer kalmadı.
— Size gelen giden olur mu?
— Yok, bize de pek gelen giden olmaz.
— Ya komşular, onlarla görüşür müsünüz?
— Pek komşumuz kalmadı. Kiracıların çoğunu çıkardık.
— Apartman size ait öyleyse.
— Evet, babam varlıklı bir adamdır.
— Peki kiracıları neden çıkardınız?
— Ev dar geldi, bir kısım eşyayı oralara koyuyoruz. Bunların benim yatağı ıslatmamla ne ilgisi var Allah aşkına? Bunun bir ilacı filan yok mu?

Orhan Bey haklıymış diyorum içimden. Bu hasta beni de çok yoracak. Böyle giderse ona pek fazla yardımcı olamayacağım. Kendi bir şey anlatmadığı gibi, benim sorularıma da doğru dürüst cevap vermiyor. Sürekli savunmada. Keşke benimle daha açık konuşabilse.

— İlaç dediniz değil mi? Evet, ilacı var. Şimdi size vereceğim ilacı gece yatmadan önce bir tablet alacaksınız.
— Ne işe yarayacak bu ilaç?
— Sizin uykunuzu hafifletmeye çalışacağım. Yani çişinizin geldiğini hissedebileceksiniz.
— İyi, tamam, verin ilacı.

İlacı yazıp eline veriyorum. Reçeteyi alıp çantasına atıyor. Gitmek üzere ayağa kalkıyor.

— Şu ilacı bir deneyelim bakalım. Hadi öyleyse ben gidiyorum, hoşça kalın.

Arkasını dönüp gidiyor. Çok bilinmeyenli matematik sorusu gibi. Aile içinde yoğun sorunlar var galiba. Benimle açık konuşabilse ne iyi olurdu. İlacı kullanacağını da sanmıyorum. Neriman'ın baskısıyla gelmiş ve tedaviye direnci çok yüksek. Yapabileceğim bir şey var gibi gelmiyor bana.

Cinini Çıkardım – 2

"Sergiyi bugün sadece bir ana kız gezdi, Türkiye'de el sanatlarına rağbet çok az. Herkes bir resim tutturmuş gidiyor," diyor telefonda Varol Bey. Bankadan emekli olduktan sonra gemi maketleri yapmaya başlamış. Gemiciler derneğinden bu gemilerin ölçekli planlarını alıyor ve küçücük bir odada, saatlerce çalışıyor. Evleri zaten küçük. Geniş bir mekânda çalışma şansı yok. O küçücük oda tıka basa dolu, çünkü gemi yapmak öyle kolay bir şey değil. Pek çok alet edevat gerekiyor. Bazen on-on iki saat o küçük odadan çıkmadığı oluyor. Bundan pek şikâyeti yok, ah bir de sırtı ağrımasa. Saatlerce masa başında eğilerek çalışmaktan sırtı ağrıyor. Ama gemi bitip de cam fanusun içine yerleşince ağrı mağrı kalmıyor.

Bazen bir gemi için bir yıl çalıştığı oluyor. Titiz bir adam, öyle her şeyi beğenmiyor. Gemiye takacağı küçücük bir parça için günlerce dolaşıyor. Sitelerdeki mobilya mağazalarından, Hergele Meydanı'nda kurulan hurdacı ve eskici pazarından, bazen de kadınlar için süs eşyası satan dükkânlardan malzeme topluyor. Örneğin geminin dümenini ve yine gemilerde kullanılan zinciri, bir kolyeden elde etmiş. Yaptığı gemi bitince, önce göstermek üzere bana getirir.

Geçen yıl 17. yüzyıl İngiliz kalyonu yapmıştı. Geminin gövdesinde kullandığı ceviz ağacını kurtlanmasın, çürümesin diye iki ay zeytinyağına yatırmış. Geçenlerde bir yıldır üzerinde çalıştığı Abdülmecit'in saltanat kayığını getirmişti. Tam bir sanat harikası. İnsan bakmaya doyamıyor. Kayığın arka tarafında dört direkli, üstü kapalı oturma yeri var. Abdülmecit'in oturduğu bu alan kırmızı ipek kadifeyle kaplanmış. Kenarında sarı yaldızlı saçakları var. Kayığın gövdesi sarı yaldız boyalar ve kabartmalarla süslenmiş.

"Bu işin en büyük düşmanı toz," diyor Varol Bey. "Onun için cam fanuslarda muhafaza ediyorum. Sergi açtım ama ne alan var ne satan. Almalarından vazgeçtim, bari görmeye gelseler. Gerçi gemiler pahalı, bunu sadece meraklısı alır. Geçen ay İstanbul'da Dolmabahçe Sarayı'nın içinde Uluslararası Gemi Maketleri Sergisi açıldı. Bir insanın neler yapabildiğini görmek için o sergiyi gezmek gerekiyor. Bir Rus yedi yıl uğraşmış bir kalyon yapmak için. Zonguldaklı bir doktor iki metre boyunda *Yavuz Zırhlısı*'nı yapmış, görmeye değerdi doğrusu."

Varol Bey bana "depresyon" nedeniyle başvurmuştu, depresyona benden çok gemilerin faydası oldu. Şimdi artık bu negatif enerji, gemilerle pozitif enerjiye dönüyor. Üzerinde çalıştığı maket bittiğinde eminim Varol Bey'in sırtı bile ağrımıyor. "Eğer bu hastalığı geçirmeseydin, bugün bu gemiler olmayacaktı," diyorum. Gülüyor.

Rezzan salonda sırasının gelmesini bekliyor. Şimdi onu içeri alacağım. Dün babası beni telefonla aradı ve bu haftayı biraz daha iyi geçirdiğini, geceleri uyuduğunu, düzenli yemek yediğini ve eskisi kadar sıkıntılı görünmediğini söyledi. Bütün bunlar iyi haberler. Bakalım düşünce sistemi ne âlemde, şimdi göreceğiz.

— Tuna Rezzan Hanım buyursun, bekliyorum.

— Tamam efendim, hemen gönderiyorum.

Kapıyı hafifçe vurarak içeri giriyor Rezzan, sarı saçları yine taranmamış, yüzüne gözüne dökülüyor. Ayağa kalkıp elini sıkıyorum, belli belirsiz bir gülümseme yayılıyor yüzüne.

— Merhaba Rezzan, ne var ne yok, nasılsın geçen haftadan beri?

Ona oldukça yakın ve samimi davranıyorum. Biraz da yüzündeki gülümsemeden cesaret aldım. Bu yakınlığın hoşuna gittiğini hissediyorum. Konuşmaya başlarken artık çok daha rahat.

— Teşekkür ederim Doktor Hanım, daha iyiyim. Gerçekten ilaç sıkıntılarıma iyi geldi galiba. Geceleri uyuyabiliyorum artık ama biliyorsunuz benim çok ciddi sorunlarım var. Bunları ilaçla çözemeyeceğimizi size söylemiştim. Bu adam işin peşini bırakmıyor. Evin her yanına kameralar yerleştirmiş. Artık tuvalete bile rahat giremiyorum. Soyunmak ya da tuvalete girmek için akşam olmasını bekliyorum. Karanlıkta kameralar kayıt yapamaz, değil mi?

— Bu konularda bilgim çok az.

— Gerçi bu adamın çok üstün yetenekleri var. Kameralar çekemezse cinini gönderir. Ondan kendimi nasıl koruyacağımı bilemiyorum. Televizyondan bile bizim evi gözetliyor. Bütün Türkiye benim yatak odasında çekilmiş görüntülerimi izliyor. Ailem ve ben herkese rezil olduk. Bütün akrabalar ve tanıdıklar seyretmiştir beni. En çok da annem ve babam için üzülüyorum. Onların bu işte hiçbir günahları yok.

— Peki senin ne günahın var?

— Geçen hafta size biraz bahsetmiştim ama çok az anlatabildim. Olaylar öyle karışık ki... Aslında benim günahım çok ve bu adam bunların hepsini biliyor. Beni Devlet Güvenlik Mahkemesi'nde yargılatacak. İdamla yargılanacağım. Bütün bant kayıtları elinde olduğu için yargıçlar kolayca karar verebilecekler. Her şeyi ince ince düşünmüş. Kimbilir kaç zamandır bunların hesabını yapıyor.

Hay Allah diyorum içimden, sanrı(*) sistemi, yani gerçekdışı düşünceler benim sandığımdan daha organize. Kendi kendini nasıl da köşeye sıkıştırıyor. Suç ve günah diye kabul ettiği şeyler kimbilir ne kadar küçük yanlışlardır.

— Peki ama nedir senin suçun? Ayrıca idam cezası biliyorsun Türkiye'de yasalarla kaldırıldı.

— Siz bu adamı tanımıyorsunuz. Onun her yerde eli kolu var. Tahmin ediyorum MİT'de çalışıyor ve orada çok yetkili. İsterse yasaları bile değiştirir. Benim günahlarıma gelince... Hangisini söylesem bilmem ki... Benim ortaokulda bir matematik öğretmenim vardı. Bizim eve ders vermeye gelirdi. Yaşlı ama yakışıklı bir adamdı. Ders sırasında bazen vücuduma dokunur, beni okşardı. Ben de bunlara hiç ses çıkarmazdım. Hatta bir seferinde göğüslerimi okşadı. Belki benim de hoşuma gitmiştir. Daha doğrusunu söylemek gerekirse bundan hoşlandığımı bu adam biliyor.

— Nasıl bilebilir?

— Biliyor işte. O her şeyi biliyor. Benim ahlaksız bir kız olduğumu anladığı için benden vazgeçti zaten. O tam bir Anadolu çocuğu. Onun kitabında böyle ahlaksız şeylere yer yok. Beni saf ve temiz bir kız zannettiği için sevmiş ama sonradan nasıl biri olduğumu anlayınca nefret etti benden.

— Sen gerçekten ahlaksız bir kız mısın?

— Sizce değil miyim?

— Bence değilsin. Sen değil, asıl ahlaksız olan bunu sana yapan öğretmen. Eğer ortada bir suç varsa bu tamamen öğretmene ait. Üstelik sen o zamanlar henüz çok genç bir kızmışsın.

(*) Sanrı: Gerçeğin yerini alan ve asıl gerçek olduğuna inanılan ve değiştirilemeyen düşünce ve inançlar.

— Evet ama yine de bunlardan hoşlandığım gerçek. Ancak çok ahlaksız bir çocuk, öğretmeninin göğüslerini okşamasından hoşlanır.

— Ben böyle düşünmüyorum. Kendini suçlarken ne kadar acımasızsın.

— Beni teselli ediyorsunuz.

— Seni neden teselli edecekmişim? Ben sadece bu konudaki düşüncelerimi söylüyorum ama eğer istemezsen sadece seni dinler ve kendi düşüncelerimi kendime saklarım.

— Hayır hayır, öyle yapmayın. Ben sanki beni teselli etmeye çalıştınız sandım. Demek beni suçlu bulmuyorsunuz. Ama o buluyor.

— O değil, asıl sen suçluyorsun kendini. Keşke biraz daha hoşgörülü olabilsen.

— Benim hoşgörülü olmam neyi değiştirir ki artık... Zamanında düşünecektim bunları. Zaten işe de torpille girdim. O bunu da biliyor. Üstelik benim bomboş bir kız olduğumu, aslında hiçbir şey bilmediğimi hemen anladı. Ben o okulu nasıl bitirdim şaşıyorum. Pek kopya filan da çekmezdim ama... Babam orada da torpil yapmıştır belki...

— Bunları nereden çıkarıyorsun Rezzan. Sen okulu dereceyle bitirmedin mi?

— Öyle sanıyordum ama galiba bütün bunlarda bir karışıklık var. İşte bu adam her şeyin doğrusunu biliyor ve elinde kanıtlar var. Beni mahvetmek için elinden geleni yapacak. Geçen akşam yine telefonla aradım onu. Benimle konuşmuyor. Defalarca özür diledim beni affetmesi için ama hiç yanaşmıyor.

— Ne diyor sana?

— Önce "Benden neden özür diliyorsunuz, ne demek istiyorsunuz," filan diyor, sonra da yüzüme telefonu kapatıyor. Benimle açıkça konuşmuyor. Onu rahatsız ediyormuşum. Öyle diyor bana.

— Gece yarısı onu defalarca arayarak gerçekten rahatsız etmiş olmuyor musun?

— Ay ne kadar safsınız Doktor Hanım, ayol o adam uyur mu hiç? Sabaha kadar kameraların başında beni gözetliyor. Aklı sıra beni uyutacak. Aslında kalbi kırıldı, benim sesimi duymaya bile tahammülü yok. Belki de beni hâlâ çok seviyor. Bütün bunları onun için hazmedemedi. Acaba bu akşam yine arayıp teklifini kabul ettiğimi, onunla evlenmeye hazır olduğumu söylesem, beni Devlet Güvenlik Mahkemesi'ne vermekten vazgeçer mi?

Bu kızı ne yapıp edip durdurmam gerekiyor çünkü böyle devam ederse yakında polisle başı derde girecek çünkü hiç bilmeden Rezzan'ın sanrı sistemine giren, hatta başrol oynayan bu adam, olanlara daha fazla dayanamayıp polise başvuracak. Ya da işyerine durumu bildirecek ve belki de Rezzan'ın iş hayatı bitecek. Sanırım artık bunları sadece benimle konuşuyor ve ailenin, işin bu denli ciddiyetinden haberi yok. Babasıyla tekrar konuşmalıyım.

— O adamı tekrar aramasan daha iyi olacak gibi geldi bana çünkü seninle konuşmaya niyeti olsaydı, şimdiye kadar telefonlarına cevap verir, en azından telefonu yüzüne kapatmazdı. Sen onu böyle gece yarıları aradıkça, sana kızıyor galiba.

— Haklısınız. Çok üzerine gittim. Öyle çaresizim ki... Beni kimse anlamıyor. O da benimle konuşmuyor. Tek başıma, yapayalnız kaldım. İyi ki siz varsınız, hiç olmazsa sizinle konuşabiliyorum. Acaba kendime bir avukat mı tutsam?

— Ne için?

— Mahkemede beni kim savunacak?

— Henüz böyle bir şey yok ki, hem bu ara senin moralin çok bozuk ve kafan karmakarışık. İnsan kafası böyle karışıkken doğruyu yanlışı birbirine karıştırabilir. Bütün bu anlattıkların, korkuların ve düşüncelerin bu karışıklığa bağlı olabilir. Hiçbir şey için acele etme.

— Yani size anlattıklarımın hiçbirine inanmadınız mı?

— Bak Rezzan ben seni anlamaya çalışıyorum, bunu görüyorsun değil mi? Ama sen de beni biraz olsun anlamaya çalışsana. Henüz senin bile anlayamadığın, işin içinden çıkamadığın bu bilmeceyi benim hemen anlayabilmem mümkün mü? Ya bu anlattıklarının hepsi hastalığa bağlı yanlış algılamalar ve düşüncelerse? Böyle bir ihtimali neden yok sayıyorsun?

— Hangi hastalıktan söz ediyorsunuz, benim deli olduğumu mu ima ediyorsunuz? Yani her şey yalan ve sahte mi, hepsini ben mi uyduruyorum? Hem neden böyle yalanlar uydurayım ki? Keşke öyle olsa?

— Sahi öyle olmasını ister miydin?

— Yani deli olmayı mı?

— Buna neden delilik diyorsun? Sen üniversite mezunu, zeki, yetenekli bir kızsın.

— Eğer ben bir deliysem bütün bunlar neye yarar ki? Ben deli demişim, bir başkası akıl hastası demiş, siz doktorlar da buna psikoz demişsiniz, ne fark eder?

— Psikoz tıbbi bir terimdir, sandığımdan daha bilgili bir kızsın sen.

— Ama çok yanılıyorsunuz, ben hasta filan değilim. Bütün bunlar sizin başınıza gelseydi, benden beter olurdunuz.

— Bak buna hiç itirazım yok, doktorlar da hasta olabilir ama madem ben doktorum ve sen de bana geliyorsun, bunu birlikte araştırmalıyız. Demek ki önümüzde iki seçenek var. Ya bütün bu anlattıkların doğru, ya da sen hastasın. Eğer sen hastaysan ve ben bunu anlayamaz ve seni tedavi edemezsem sana yazık olmaz mı?

— Bana zaten yazık oldu da kimse görmek istemiyor. Aslında yazık filan olmadı. Başıma ne geldiyse hepsini de hak ettim. Asarlarsa assınlar. Kimseden korkmuyorum, sadece ailem için üzülüyorum.

— Kimse seni asamaz. Ne asabilir ne de Devlet Güvenlik Mahkemesi'ne verebilir. Türkiye Cumhuriyeti'nin yasaları var ve kimse bu yasaları kafasına göre değiştiremez. Üstelik bu yasalar her birimize eşit olarak uygulanır. Anlattıklarının bir kısmı doğru olabilir ama bu bölümüne kesinlikle itiraz ediyorum.

— Asamaz ha? Bundan emin misiniz?

— Evet, eminim.

— Peki öyleyse bana neden, "Asılacaksın," diyor. "Donunu bayrak direğine çekeceğim," diyor. Belki de beni korkutmak istiyor. Düzinelerce iç çamaşırı aldım kendime. Bayrak direğine çekileceğine göre, kirli ve adi bir çamaşır olsun istemiyorum. Bir de göğüslerim meselesi var. Öğretmenin okşadığı yerler çürüyecekmiş. Her gün bakıyorum, arada bir sızlıyor ama daha tam çürümedi.

— Rezzan kendine haksızlık ediyorsun.

— Neden? Ben mi istiyorum çürümesini? Adam yemekte, gözümün içine baka baka, "Bu sene şeftalilerin hepsi çürümüş," diyor. Göğüslerim demek bu sene içinde çürüyecek. Renginde değişme başladı bile. Çok acır mı çürürken?

— Göğüslerin çürümeyecek. Sen bu adamın her sözünü yanlış anlıyorsun. Hastasın Rezzan ama göreceksin zamanla her şey düzelecek, ilaçlar sana iyi gelecek. Yeniden eski Rezzan olacaksın.

— Yeniden eski günlere dönmek istediğimi kim söyledi?

— Yine eskisi gibi sağlıklı ve başarılı olmak istemez misin?

— Ben hiçbir zaman herkes gibi sağlıklı ve mutlu olmadım. Bir zamanlar sadece başarılıydım ama şimdi anlıyorum ki o zaman da başarılı filan değilmişim, bana öyle gösteriyorlarmış. Gerçekleri şimdi daha iyi anlıyorum. Merak etmeyin, verdiğiniz ilacı bir süre daha kullanacağım, belki çürümeye bir faydası olur. En azından belki daha az canım yanar. İlginize teşekkür ederim. Bana yardım etmek istediğinizi anlıyorum ama inanın benim yüzümden sizin de başınız derde girecek. Buranın dinlendiğini biliyorsunuz. Sizi de banda alıyorlar. Bütün konuştuklarımız kaydediliyor. Bunu size ilk gün söylemiştim. Ama siz korkmuyorsunuz. Bakalım, göreceğiz. Vaktimiz doldu galiba, ben artık gideyim.

— Artık o adamı aramak yok, sakın unutma.

— Tamam, aramam.

— Akşam aldığın ilacı artık iki tablete çıkaralım.

— İkisini birden mi alayım?

— Evet, yatarken ikisini birden.

Yine bana veda etmeden gözlerinde tuhaf bir gülümsemeyle odadan çıkıyor. Çok garip ama bu kız iyi olmak istemiyor. Kendine kurduğu bu yalancı dünyadan çıkmayı, yeniden eski günlere dönmeyi hiç istemiyor. Böyle bir hastayı tedavi etmek ne kadar zor. Henüz geçmişini hiç araştıramadım ama pek hoş şeyler bulmayacağım belli. Asılacağını zannederken bile bu sahte dünya ona daha cazip geliyor. Çünkü bu kadar önemli olmasa bütün dünya her an onu gözetler, onu izler mi? O artık herhangi biri değil, ölesiye sevilen ve şimdi de ölesiye nefret edilen çok farklı biri. Bu acımasız hastalığın ona en büyük armağanı işte bu. Yalan da olsa insana önemli ve değerli olduğunu hissettiriyor. Kenarda köşede kalmış, kimsenin fark etmediği, ilgilenmediği, sevmediği, değer vermediği ve önemsemediği biri olmak yerine, sonunda assalar bile bütün dünyanın televizyonlarda izlediği, gözlediği, önemsediği, sevdiği ya da nefret ettiği biri olmayı istiyor. Sevmek, sevilmek, heyecanlanmak, özetle, yaşamak istiyor…

Çöp Apartman – 2

— Tuna kimi alıyoruz?

— Neriman Kahraman. Hani geçen gün bize gelen Gülben Hanım vardı ya, işte onun kız kardeşi. Zaten Gülben'i buraya o getirmişti.

— Tamam Tuna, buyursun bekliyorum.

Güleç, aydınlık ve güzel yüzlü genç bir hanım giriyor içeri. Uzun boylu, beyaz tenli, kumral, hafif topluca... Bana gülümseyerek elini uzatıyor, tokalaşıyoruz. Karşımdaki kırmızı koltuğa oturur oturmaz konuşmaya başlıyor;

— Gülseren Hanım geçen hafta size ablamı getirmiştim, hatırlarsınız. Gülben Kahraman. Bu sefer de kendim için geldim. Aslında biz tüm aile size gelmeliyiz. Bana kalırsa evde herkes hasta, en sağlamı benim diyebilirim ama bu evde yaşamak zaten başlı başına bir hastalık sebebi. Son günlerde iyice daraldım, artık kimseye tahammülüm kalmadı. Ben devlet memuruyum, ağır ve çok sorumluluk isteyen bir işim var. Akşama kadar işte çok yoruluyorum. Akşam eve gelince biraz huzur istiyorum ama nerde? Sanki ev değil nazi kampı. İstediğin gibi oturamazsın, kalkamazsın. Hafta sonu derseniz evde çalışmaktan canım çıkıyor. Pazartesi sabahları işe gidince bütün vücudum sızlıyor. Bana yazık değil mi?

— Neriman Hanım tam anlayamadım, neden bu kadar çok yoruluyorsunuz?

— Neden mi? Ayol ben yapmasam kim yapacak. Yine evde sırtımıza giyecek çamaşır kalmadı. Babam yaşlı ve hasta. Şekeri var, tansiyonu yüksek. Sürekli doktor kontrolünde. Doğru dürüst bakıma ihtiyacı var. En çok da ona üzülüyorum. Zaten babam olmasa bu evde bir gün bile durmam ama ona kıyamıyorum.

— Neriman Hanım ben anlattıklarınızdan pek bir şey anlamadım. Sizin evde neler oluyor? Yanlış hatırlamıyorsam ablalarınız çalışmıyor, yani ikisi de evde. Onlar ev işi yapmazlar mı?

— Ah benim ablalarım. Bütün bu rezillik onların yüzünden değil mi? Gülben size neler anlattı bilmiyorum ama anlatması gerekenlerin hiçbirini söylemediğinden eminim. Zaten buraya zorla, benim hatırım için geldi.

— Neden, kendisi bu illetten kurtulmak istemiyor mu?

— İnat işte. Bugüne kadar onları ben bile anlayamadım. Başka bir dünyada yaşıyorlar sanki. Bir şeyleri değiştirmek için hiçbir çabaları olmadığı gibi, benim gayretlerime de engel oluyorlar. Onlar zaten bitmiş ama böyle giderse beni de bitirecekler.

— Neriman Hanım şunu baştan anlatsanız.

— Haklısınız Gülseren Hanım ama hangi birini anlatayım bilmiyorum ki.

— İsterseniz kendi sorunlarınızdan başlayın.

— Benim bütün vücudumda sivilce gibi bir şeyler çıktı. Dairenin doktoruna gösterdim, psikolojik dedi, bir psikiyatra başvurmamı söyledi, ben de size geldim. Kollarıma bakarsanız görürsünüz.

— Evet görüyorum, ne zaman çıktı bunlar?

— Geçen hafta. Bazen daha da artıyor, bazen de hafifliyor. Ben aslında neden çıktığını biliyorum.

— Bunu ben de öğrenebilir miyim?

— Geçen ay babam yine hastalandı, bir süre hastanede yattı, şekerini düşürünce çıkardılar. Tabii birkaç ziyaretçi geldi eve ve bizim evin düzeni iyice bozuldu. Bütün bunlar biliyorum ki yine benim başımda patlayacak. Sinir oldum. Sabah bir kalktım ki, bütün vücudumu sivilceler basmış. O ev artık altı ayda bile temizlenmez ama olsun pis evde daha rahat ediyoruz. Nasıl olsa pis diye kurallar azalıyor. Sadece mutfak temiz.

— Ne oldu sizin eve, neden pislendi?

— Ne de olsa insanlar girdi çıktı.

— Bilmece gibi konuşuyorsunuz Neriman Hanım.

— Sizi kızdırdım galiba ama inanın niyetim bu değil. Bizim evi anlatmak öyle kolay mı sanıyorsunuz? Peki öyleyse başlıyorum. Mutfak temiz çünkü, mutfağa girmeden önce her şey banyoya konur, akar suyun altında üç kez yıkanır, sonra mutfağa girebilir. Sonra bu bulaşıklar tek tek yine akar suyun altında üç kez sabunlanır, üç kez durulanır, sonra da bulaşık makinesine atılır.

— Bütün bunlardan sonra bir de bulaşık makinesine atılıyor ha, peki sırtınıza giyecek çamaşır kalmamış, o neden?

— Çünkü çamaşır yıkamak bizim evde çok büyük hadisedir.

Önce bütün leğenler üç kez toz deterjanla ovulur, sonra içlerine temiz su doldurulur. Her bir çamaşır önce tek olarak sırayla o leğenlerde sabunlanır ve üç kez akar suda durulandıktan sonra çamaşır makinesine atılır. Sonra leğenlerdeki sular dökülür, yine her biri toz deterjanla ovulur, yeniden su doldurulur ve ikinci parça aynı işlemi görmek üzere leğene atılır. Ha sahi bu arada şeyi unuttum, her seferinde çamaşırı yıkayan kişi her leğendeki işi bitince ellerini dirsek hizasına kadar deterjanla yıkar.

— Bütün bunlar tek parça çamaşır için mi?

— Evet, mesela bir fanilanın çamaşır makinesine girebilmesi için geçen süre, eğer ben yıkarsam bir saat, ablalarım yıkarsa iki-üç saati bulur. Bu yüzden kimse kolay kolay çamaşır değiştirmez ve kirlilerimizin renkleri siyaha yakındır. Ne yapsanız onları ağartamazsınız. Böyle olunca bir de çamaşır suyunda bekletmek gerekir. Eh, akşama kadar bu hızla ancak iki gömlek bir fanila yıkayabilirsiniz.

— Peki Gülben'in ıslattığı çarşaflar ne oluyor?

— Onlar yıkanmak üzere çöp torbalarına dolduruluyor, ağızları sıkıca bağlanıyor ve boş dairelerden birine konuyor, sırası gelince yıkanmak üzere.

— Peki sıra onlara gelebiliyor mu?

— Vallahi şimdiye kadar gelmedi, bundan sonrasını bilmem.

— Nasıl yani, yıllardır bütün çarşaflar torbalarda duruyor mu?

— Çoğu duruyor. Daha doğrusu torbaya girip de sonradan yıkanan çarşaf hiç olmadı ama bazen babam yeni çarşaf almamakta çok direnirse aynı gün yıkanıyor.

— Peki torbadaki çarşaflar yıllardır zaten kokmuş ve çürümüştür, onlar neden atılmıyor?

— Bizim evde hiçbir şeyi atamazsınız. Atılacak her şey çöp torbalarına özenle yerleştirilir, ağızları bağlanır ve atılmadan önce iyice kontrol edilmek üzere boş dairelere dizilir.

— Daireler onun için mi boşaltıldı?

— Gülben mi söyledi dairelerin boşaltıldığını?

— Evet.

— Onun için tabii. Önceleri bizim evin boş duran odalarına konuyordu. Onlar tıka basa dolunca sıra kiracıları çıkarmaya geldi.

— Eviniz kaç metrekare?

— 200. Dört oda bir salon.

— Kaç daire boşaltıldı?

— Üç, birinde de biz oturuyoruz. Geriye giriş katındaki iki daire kaldı. Şimdilik orada kiracılar oturuyor.

— Peki baban bunlara nasıl izin veriyor?

— Adamcağız ne yapsın, bizim iki cadı evde idareyi ele almış, kimse gık diyemiyor.

— Gık demenin cezası ne?

— Kıyamet kopar, avazları çıktığı kadar ağlar ve bağırırlar. Adamcağız rezillikten korkuyor.

— Peki salon pis dedin. O ne demek?

— Salona ziyaretçiler girip çıktı ve orası bizimkilerin gözünde kirlendi. Artık orada rahatça oturabilir, her yere dokunabilir, döküp saçabilirsiniz. Ama oradan evin temiz bölümlerine giremezsiniz. Örneğin mutfak temiz. Salondan çıkıp oraya girebilmeniz için, doktorların ameliyata girerken giyindiği gibi baştan ayağa kadar özel giysiler giyeceksiniz. Yoksa orası da kirlenir.

— Ne olur kirlenirse?

— Mutfak da kirlenirse bizim evde hayat tamamen durur, yemek bile yiyemezsiniz.

— Peki kirlenen yerleri neden temizlemiyorsunuz?

— Oraları temizlemek kolay mı? Mesela salonun temizlenmesi aylar sürer. Koca salonun tek tek her yeri defalarca silinecek, ovulacak ve her seferinde kullandığınız su ve bez değişecek. Aman Gülseren Hanım, çok iyi anlamadığınızın farkındayım. Çünkü bizim evde mantık yoktur.

— Sen nasıl yaşıyorsun bu evde, yoksa sen de mi onlar gibisin?

— Henüz tam değil. Benim de pek normal olduğum söylenemez tabii ama ben onlar kadar değilim. Zaten inşallah ilk fırsatta çıkacağım o evden.

— Senin çıkmana itiraz eden var mı?

— Olmaz olur mu? Ama bana sökmez onların edepsizlikleri. Babam olmasa bir gün durmayacağım ama ben de gidersem ölür o zavallı.

— Ablaların bütün bunların hastalık olduğunu görmüyorlar mı?

— Hayır, asla, bunları hastalık olarak kabul etmiyorlar. Gülben'i gördünüz işte. Hiç olmazsa gece işemeleri dursun diye size getirdim onu. Hem o iyileşse bile en büyük ablam evdeki düzenin değişmesine asla izin vermez. Sizin anlayacağınız işimiz çok zor. Ben size yine geleceğim, daha anlatacak çok şey var. Ayrıca bu evde kafayı bozmamak için benim çoktan size gelmem gerekiyordu. Biliyorum çok konuştum ama bütün bunları ilk kez birine anlatıyorum. Nasıl anlatayım ki, el âlem deli der bize.

— Tamam Neriman Hanım, Ben hemen sizi biraz rahatlatmaya çalışayım. Bu yazdığım ilaçları lütfen düzenli alın, merak etmeyin pek uyku filan yapmaz yani çalışmanıza engel olmaz, sizi yine bekliyorum.

— Tekrar görüşmek üzere Gülseren Hanım. Her şey için teşekkürler.

Neriman oflayıp puflayarak çıkıyor odadan. Ne garip bir aile ve ne biçim bir ev orası. Demek 200'er metrekarelik üç daire ağzına kadar çöp torbalarıyla dolu. Koca daireler bu torbaları muhafaza edebilmek için boşaltılıyor. Bu aile benim tahmin ettiğimden daha patolojik galiba. Atılamayan binlerce çöp torbası yıllardır duruyor. Onlar çoktan çürümüş ve kokmuştur. Mahalle acaba kokudan rahatsız olmuyor mu? Belki de torbaların ağızları sıkıca bağlı olduğundan koku henüz yayılmadı. Daha önceden çöp evlerin varlığını duyuyordum ama hiç çöp apartman duymamıştım. Şimdiden o evde yaşayan iki kişiyi tanıyorum. Neriman da Gülben de son derece güzel ve zarif genç kızlar. Üstelik giyim kuşamlarında ve genel görünümlerinde, bir çöp evden çıktıklarına dair hiçbir kanıt yok. Neriman anlatmasa, bunu asla tahmin edemezdim. Yılların tecrübesi bile burada işe yaramadı.

Çanlar Kimin İçin Çalıyor?

Yine akşam olmuş. Bir gün daha su gibi akıp gitmiş. Şimdi lambaları yakmam gerekiyor. Abajurlardan yayılan yumuşacık ışıklar, içime dolan hüznü yok ediyor. Yorgunum ama akşamı da seviyorum ben. Bütün gün odama insanların biri girip biri çıkmış. Sanki çok acıkmış da, birbirinden lezzetli yemekleri tıka basa yemiş gibiyim.

Tuna giriyor içeri.

— Randevusuz bir hasta var. Durumuna bakınca geri çevirmedim. İki-üç saattir hiç konuşmadı öylece oturuyor. Şimdi onu içeri alabilir miyim?

— Tabii buyursun.

— Adı Yiğit'miş. Başka bilgi alamadım.

— Tamam gelsin.

— Ama biraz garip. İsterseniz kapı açık kalsın.

— Neden, korktun mu?

— Bilmem. İçerde çok sakin oturuyor ama çok iriyarı ve insan ona bakınca biraz ürperiyor. Siz de dikkatli olun.

— Tamam. Gönder şimdi.

Tuna biraz endişeli dışarı çıkıyor. Halbuki bunlara alışkındır. Demek ki onu bile endişelendiren biri var dışarıda.

Birazdan koridordan siyah, kocaman bir gölge odama doğru yaklaşıyor. Tam karşımda hiç hareket etmeden duruyor. Çok uzun boylu. Üzerinde siyah dik yakalı bir kazak ve siyah ceket var. Dev gibi bir genç adam. Saçı sakalı birbirine karışmış. Sol kulağında küçük bir küpe parlıyor. Saçları omuzlarına inmiş kirli ve yağlı. Bakışları bomboş. Hiçbir şey görmeden boşluğa bakıyor gibi. Yüzü bir resim karesi kadar donuk ve ifadesiz. Bütün özensizliğine rağmen son derece düzgün yüz hatları var, yakışıklı, karizmatik bir genç. Kilise duvarlarını süsleyen İsa ikanolarını andırıyor.

Ben de ayağa kalkıyorum. "Hoş geldiniz," diyorum. Cevap vermiyor, öylece bakmaya devam ediyor.

— Yiğit Bey, şöyle buyrun. Adınızın Yiğit olduğunu sekreterimden öğrendim.

— ...

— Ayakta kalmayın. Buyrun şöyle.

Yavaşça oturuyor koltuğa. Ellerini koltuğun iki yanına koyuyor. Şimdi tunçtan yapılmış bir heykele benziyor. Ben de oturuyorum. Gerçekten dikkatli olmalıyım. Belli ki ağır bir hasta. Üstelik yalnız gelmiş. Bilgi alma ya da yardım isteme şansım da yok. Dikkatli bakınca 23-24 yaşlarında olduğunu tahmin ediyorum. Korkutucu görüntüsüne rağmen okumuş-yazmış, kültürlü biri olduğu hissediliyor.

— Sizi dinliyorum Yiğit Bey.

— ...

— Bana biraz kendinizden bahsedin.

— Beni tanımadınız mı?

Sesi kalın ve yumuşak. Bu ses beni biraz rahatlatıyor.

— Daha önce tanışmış mıydık?

— Beni görür görmez tanıdığınızı biliyorum. Üstelik gerekli saygıyı da gösterdiniz. Buna memnun oldum. Ama korkuyorsunuz benden.

— Korkuyor muyum?

— Evet, ama korkmayın. Ben iyilerin yanındayım.

— ...

— Size bir zarar vermeyeceğim. Hatta isterseniz yardım ederim size. Ama lütfen beni tanımıyormuş gibi yapmayın.

İşim zor galiba. Kendisini tanıdığımdan çok emin. Belli ki çok ünlü biri olduğunu düşünüyor. Ona davranışlarımı çok saygılı buldu ve bunu, onu tanıdığım şeklinde yorumladı. Dikkatli olmalıyım. Ağzımdan çıkacak her kelimeyi farklı algılayabilir.

— Bana biraz Yiğit'ten bahseder misiniz?

— Benim bundan önceki adım Yiğit'ti.

— Yiğit kaç yaşında?

— 23. Ama şimdi yaşı yok.

— Ankara'da mı oturuyorsunuz.

— Evet, üç-dört yıldır.

— Aileniz burada mı?

— Hayır.

— Siz burada ne yapıyorsunuz?
— Tıp fakültesinde öğrenciyim.
— Demek meslektaş olacağız.
— …
— Kaçıncı sınıftasın?
— Dört.
— Nerede kalıyorsun.
— Otelde.
— Ne zamandan beri?
— Bir aydır.
— Daha önce nerede kalıyordun?
— Yurtta.
— Neden otele geçtin?
— Yurtta olmadı. Anlaşamadık. Daha doğrusu beni anlamadılar. Onlar başka bir dünyanın insanları.
— Otelde daha da yalnız kalmadın mı?
— Olsun, ben artık kimseyi istemiyorum.
— Okula devam ediyor musun?
— Hayır, on gündür okula da gitmiyorum. Benim artık başka görevlerim var.
— Ne tür görevler?
— …
— Bu soruya cevap vermek istemiyorsun. Peki ne yapıyorsun?
— Hiç, düşünüyorum.
— Ne düşünüyorsun?
— Bundan sonraki görevlerimi. Yapmam gereken çok şey var. Madem bu görev bana verildi.
— Ne zaman verildi bu görev sana?
— On gün kadar önce
— Nasıl oldu bu?
— Otelde aynaya bakıyordum. Birden odaya yeşil bir ışık sızdı. Işık bir süre odada dolaştıktan sonra içime doğru girdi ve kayboldu. O zaman içime bir rahatlık yayıldığını hissettim. Aylardır süren sıkıntılarım bir anda kayboldu. Aynada onun gözlerini gördüm. Bana gülüyordu. Daha önce bunu fark etmemem ne aptallık.
— Daha önce nasıl fark edebilirdin?
— Yıllardır bunun belirtileri varmış zaten ama ben anlayamamışım. Ben diğer insanlardan hep çok farklıydım.

— Diğer insanlardan farklıydın demek?

— Çok farklıydım. O yüzden kimseyle yakın arkadaşlık kuramadım. Daha doğrusu ne ben onlar gibi olabildim, ne de onlar beni anlayabildiler.

— Demek o gün içinde bir rahatlama oldu?

— Çok. Kabıma sığamıyordum, içim patlayacak gibi oluyordu. O ışık gelince sıkıntım bir anda kayboldu.

— Belki de bir hastalığın habercisiydi.

— Ne?

— O sıkıntı.

— Bana inanmıyor musunuz?

— Seni anlamaya çalışıyorum.

— Sizce ben hasta mıyım?

— Olabilir.

— Sizin inanıp inanmamanız durumu değiştirmez.

— Peki buraya neden geldin?

— Bir kız arkadaşım vermişti bana adınızı. Ne zamandır gelmek istiyordum. Kısmet bugüneymiş.

— Bana gelmeyi neden istedin?

— İçim çok sıkılıyordu.

— Ve çok yalnızdın.

— Öyle.

— On gündür otelden hiç çıkmadın mı?

— Çıkmadım.

— Yemek yedin mi?

— Yemek mi?

— Yoksa yemek yemek hiç aklına gelmedi mi?

— Artık yemesem de olur.

— Demek on gündür yemiyor, içmiyor, kimseyle konuşmuyorsun? Uykular nasıl? Uyuyabiliyor musun?

— Hayır. On gündür bir dakika bile uyumadım.

— Yakınlarını da mı aramadın?

— Niye arayacakmışım?

— Hasta ve yalnızsın. İyi bir bakıma, sevgiye, şefkate ihtiyacın var. Yalnız olmaz.

— Yalnız olmazmış. Peki yirmi üç yıldır oldu da şimdi mi olmuyor?

— Yani yirmi üç yıldır hep yalnız mıydın?

— Yalnızdım. Çok çabaladım ama olmadı. İnsanlar iyiyi değil kötüyü istiyorlar. Ailem hep iyi çocuk olmamı istedi. Ama arkadaşlarım o iyi çocuğu hiç sevmediler. Beni sürekli kötü olmaya teşvik ettiler. Çok uğraştım ama kötü olamadım. Sonunda kötü taklidi yapmaya başladım. Karate kurslarına gittim. Kavga ettim, öğretmenlerle alay ettim, küfrettim. Herkesi eleştirdim, aşağıladım.

— Daha mı iyi oldu böyle yapınca?

— Daha iyi oldu. Arkadaşlarım o zaman beğendiler beni. Eskiye göre daha çok yakınlık gösterdiler. Kızlar benimle daha fazla ilgilenmeye başladı. Ama bu sefer de ailem karşı çıktı buna. Eski cici çocuğu özlediler. Kızdılar, hoşlanmadılar bu halimden. "Sen böyle değildin, ne oldu sana," diye sızlanıp durdular.

— Eski Yiğit nasıl bir çocuktu?

— Terbiyeli, efendi, çalışkan, temiz, dürüst, saygılı.

— Gerçekten bu kadar mükemmel miydin?

— Öyleydim.

— Annen baban o zamanlar çok memnundu senden öyle mi?

— Benimle gurur duyuyorlardı. Öğretmenlerim öve öve bitiremezdi beni. Herkese örnek gösterilen ideal çocuktum ben. Sınıflar iftihar ve teşekkürle geçilir, okullar birincilikle bitirilirdi.

— Böyle olmak nasıl bir duygu?

— Çok güzel, çok kötü. Evde annemin babamın yanında çok iyi hissederdim kendimi. Ama dışarı çıkıp arkadaşların yanına gidince işler değişirdi. Beni hiç sevmez ve aralarına almazlardı. Uzaydan gelmiş bir yaratık gibiydim onlar için. Gerçekten de onlardan farklıydım.

— Nasıl farklar?

— Bir kere çok güzeldim ben. Bir erkek çocuğun bu kadar güzel olması iyi değil. Kızlar güzel olmalı. Mahallenin cici çocuğu. Kimseyle kavga etmeyen üstünü kirletmeyen, derslerine çalışan, hiçbir şeye itiraz etmeyen, az konuşan, terbiyeli tuhaf bir çocuk işte. Sadece büyükler sever böylesini.

— Haklısın, anne babaların idealindeki çocuk.

— Diğer çocuklara örnek gösterilince onların bana olan öfkesi iyice artardı.

— Tabii ya. Çocukları en çok kızdıran şey başkalarıyla kıyaslanmaktır.

— Sonradan haklı olabileceklerini anladım. Herkes benim gibi olmak zorunda değildi ki? Önceleri beni aralarına almayarak cezalandırıyorlardı. Sonraları benimle alay etmeye, dalga geçmeye başladılar. Çok zor geldi bana. Çok üzüldüm. Çok ağladım. Ailemse beni böyle olmaya zorlamayı sürdürüyor, ne kadar yalnız ve mutsuz olduğumu görmezden geliyorlardı. Onlara göre doğru olan bendim. Bütün çocuklar kötü, ben iyiydim. Yapayalnız ve iyi olmak insana uymuyor. Sonra ben de kötü olmaya karar verdim. Lisenin son yıllarında yavaş yavaş değiştim. Artık sınıfın elebaşısı bendim. Yapılan her isyanın altından ben çıkıyordum. Ailem bu duruma şaşıp kaldı. Bu sefer isyan etme sırası onlara geldi. Evde kavga gürültü hiç eksik olmuyordu. Onlar üstüme geldikçe ben işi daha da azıtıyordum. Okuldaki disiplin kurulları sadece benim için toplanır oldu. Okul psikologları bana nasihat etmekten yoruldu. Ama hiçbiri bunları neden yaptığımı anlayamadı. Bense bunu anlayamayan aileme ve okul yöneticilerine hayret ve dehşetle bakıyordum. Sizce beni anlamak o kadar zor muymuş?

— Seni anlayabilmeleri için önyargılarından kurtulmaları gerekiyor.

— İşte bu önyargıdan hiçbiri kurtulamadı. Arkadaşlarım ise beni bu yolda alabildiğince destekliyorlardı. Artık yalnız değildim ama kötüydüm. İşte ilk o zaman içimdeki kavga başladı. *İyi* ile *Kötü*'nün kavgası.

— Çünkü iyi olunca arkadaşlarını, kötü olunca aileni ve toplumu kaybettin.

— Öyle oldu. Bir türlü iki tarafı birden kazanamıyordum. Lise bitince ailemden uzakta okumaya karar verdim. Belki böylece evdeki kavga gürültü biraz azalırdı. Tıp fakültesini kazanıp buraya geldim.

— Neden tıp fakültesi?

— Çünkü ne yaparsam yapayım, içimdeki iyi hep duruyordu. İnsanlara yardım edersem beni daha kolay kabul edeceklerini düşünüyordum.

— Tıp fakülteleri çok yüksek puanla öğrenci alıyor. O kadar haylazlığa rağmen orayı nasıl kazandın, kursa filan gittin mi?

— Gitmedim, derslere göz ucuyla baksam yetiyordu. En haylaz dönemlerimde bile notlarım hiç düşmedi çünkü okumayı, öğrenmeyi çok seviyordum. Her fırsatta kitap okurum ben. Dünya, evren fizik gibi konular çok ilgimi çeker. Teolojiye de meraklıyım. Bütün din kitaplarını okudum ama beni rahat bırakmadılar ki...

— Kim onlar?

— Kim olacak, ailem, toplum, bütün insanlar. Hep benimle uğraştılar ama ben onlardan bir türlü vazgeçemedim. Taa ki on gün öncesine kadar.

— Şimdi vaz mı geçtin?

— Evet. Artık kimse uğraşamayacak benimle. Artık ben onlarla uğraşacağım.

— Nasıl yani?

— Sizler için buradayım.

— Bütün insanları mı kastediyorsun?

— Evet, bütün inananları. Yoksa siz ateist misiniz? Tanrı'ya inanmıyor musunuz?

— Ateist değilim. Din bilgisine ben de meraklıyımdır. Bu konuda çok kitap okudum.

— İncil'i de okudunuz mu?

— Evet, okudum.

Ürpertici bir gülümseme yayılıyor yüzüne, sonra sesi biraz daha boğuklaşarak yeniden konuşmaya başlıyor.

— İçeri girer girmez tanıdınız beni. Bunun için teşekkür ederim. Doğru yere gelmişim. Bu benim insanları ilk ziyaretim. Sakın korkmayın benden. Hazreti İsa'nın bugüne kadar kime zararı dokunmuş ki size dokunsun. Hatta eğer isterseniz yardım ederim size.

Kendisini peygamber sandığı kesinleşti. Şimdi bir an önce bu konudan uzaklaşmamız gerekiyor.

— Üniversite yıllarından hiç söz etmedin.

— Hangi kimlikle fakülteye başlayacağımı önceleri bilemedim. Çok değişik yerlerden gelen akıllı, çalışkan gençlerle bir aradaydım ama bir türlü onlarla istediğim gibi ilişki kuramıyordum. *İyi*'yi mi yoksa *Kötü*'yü mü oynamam gerektiğini bilemedim. Yalpalayıp durdum. Bir süre çok efendi, temiz, çalışkan, çok okuyan, kültürlü, yakışıklı çocuk oldum. O dönem daha çok kızlarla yakınlaşabildik. Ama erkekler hoşlanmadı bu efendi çocuktan. Kızlarla arkadaşlık etmek güzeldi ama yetmedi bana. İç dünyaları çok fakirdi. Ders, okul, güzellik ve erkekler. Bunun dışına çıkamıyorlardı. Benimse içimde koca bir dünya vardı. Bu dünya benim için çok değerliydi. Sanki tek hazinemdi benim. Bu çok değerli hazineyi, bunu hiç anlamayan kişilerin görmesini istemiyordum. Örneğin Rambrant'ın çok değerli bir tablosunu, bundan hiç anlamayan birine göstermek ne ise, dünyamdaki hazineleri bu küçük kafalı, hayal yoksunu kızlara göstermek benim için oydu.

— İnsanları çok mu aşağılıyorsun, bana mı öyle geldi?

— Aşağılamıyorum. Ama maalesef gerçek bu. Üstelik isteseler kendilerini geliştirip zenginleştirebilirlerdi. Hiç uğraşmamışlar bunlarla. Neyseler öyle kalmışlar. Belki de çoğu benden daha zeki ve akıllıdır. Eğer bilgiyle, düşünceyle, hayalle geliştirmezsen akıl ve zekâ neye yarar ki. Dedim ya hiç uğraşmamışlar kendileriyle. Hamlar, olgunlaşmamışlar, cahiller, bilmiyorlar, araştırmıyor, merak etmiyorlar. Bense içimdeki, birbirinden değerli eserlerin bulunduğu bu sergiyi birileri gezsin, görsün istiyordum. En ünlü sanatçılar bile eserleri görülsün, bilinsin ve beğenilsin ister. Bunun gibi bir şey işte. Bu nedenle arada bir, bunu biraz da olsa anlayabilecek kişilerin, daha çok kızların gezip görmesine izin veriyor, duydukları hayranlık için için hoşuma gidiyor ama başka türlü bir ilişki kurulamadan kızlar sergiden ayrılıyordu.

— Bunlar aşk arayışları mıydı?

— İlişki arayışlarıydı. Tabii aşk ilişkilerin belki de en güçlüsü ama olmadı, olamadı. Bir numara büyük geldim onlara.

— Bu bir megalomani mi?

— Sanmıyorum. Yersiz bir beğeni değil bu. Megalomani olsun. Ben de hayranlıkla gezebileceğim bir sergi bulmayı isterdim doğrusu. Ama bulamadım. Onlarla beraber olmak ise benim için bir aşağı sınıfa inmek gibi bir şeydi. Kendimden vazgeçmeliydim.

— Peki nasıl çözdün bu bilmeceyi?

— Çözemedim. Giderek yalnızlaştım. Son bir hamle daha yaptım. Saçlarımı uzattım, gitar çalmaya başladım, kulağıma küpe taktım.

— Dikkat çekmeye çalıştın yani?

— Öyle sayılır. Ama o da tutmadı.

— Bütün bunlar insanlarla ilişki kurmak uğruna galiba.

— Galiba ama özünde ne ben değişebildim ne onlar. Yalnızlık kaderimmiş benim. Meğer ta o zamanlar deniyorlarmış beni. Bu noktaya gelmek kolay olmadı. Çok acılar çektim.

— Yalnızlık herkes için zor ve sıkıcıdır.

— Sıkıcı, zaten sıkıntılarım öyle başladı. Önce uykularım bozuldu. Sabahlara kadar uyuyamaz oldum. İçimdeki sıkıntı giderek büyüyor artık günlük yaşamı sürdüremiyordum. Okula gitmek, ders çalışmak, beni anlamayan bu insancıkları görmek istemiyordum. Bir süre sonra buna daha fazla dayanamayacağımı fark edince otele geçtim. İnsanların arasında yalnız kalmaktansa gerçek ve somut yalnızlık bana daha iyi geldi. Artık iç dünyamda rahatça, uzun uzun geziniyor, dış dünyada olup bitenler ise beni hiç mi hiç ilgilendirmiyordu. Kendimi hissettikçe bazı şeyleri daha iyi görmeye başladım.

— Neydi bu gördüklerin?

— Neden ve niçinlerin cevapları gelmeye başladı. Zaten başkalarından farklı olduğumu biliyor, hissediyordum ama bunu bir türlü yorumlayamıyordum. İçimdeki sıkıntı ise artık bir volkana dönüşmüştü. Her an patlayabilirdim. Sanki patlarsam dünya yerinden oynayacak evrendeki düzen bozulacaktı.

— Demek sıkıntın bu kadar güçlüydü?

— Sahi anlıyor musunuz beni?

— Evet, o kadar güzel anlatıyorsun ki...

— Peki ötekiler niye anlamadı öyleyse.

— Bunları onlara da anlattın mı?

— Tabii ki hayır... Bunları ilk kez birine anlatıyorum. Beni anladığınıza memnun oldum. Zaten bunu hissetmesem anlatamazdım size.

— Güvenine teşekkür ederim.

— Ama unutmayın ki bu sonsuz bir güven değil.

— Yani dikkatli olmalıyım, her an bana güvenmekten vazgeçebilirsin öyle mi?

— Öyle sayılır.

— ...

— Size saygısızlık etmek istemem ama siz olsanız siz de böyle yapardınız. Bulunduğum konum bunu icap ettiriyor.

— Bulunduğum konum derken neyi kastediyorsun?

— Neyi kastettiğimi biliyorsunuz. Ne yapmak istediğinizi anlamıyorum.

— Bak Yiğit, sana olabildiğince açık konuşuyorum. Niyetim gerçekten sana yardım etmek. Öncelikle hastasın, bunu kabul etmeni istiyorum.

— Yani bana inanmıyorsunuz ha?

— Sana inanmıyorum demedim. Bütün söylediklerini dikkatle dinledim. Çok zor, sıkıntılı ve acı dolu günler yaşamışsın. Kaç zamandır aç, susuz ve yalnızsın. Kafan karma karışık olmuş. Öncelikle senin sağlığınla ilgilenmeliyiz.

— Sizce ben hasta mıyım?

— Sen ne düşünüyorsun? Hasta değilim diyebilir misin?

— ...

— Bak, kalkıp bana gelmişsin. Zihninin bir tarafı hâlâ çok sağlıklı. Hastalığın en yoğun zamanında bile sana doğru yolu gösteriyor. Bunu çok önemli buluyorum.

— Demek şu anda ben çok hastayım.

— Evet çok hastasın.

— Bana inandığınızı sanmıştım.

— Sana inanıyorum. Söylediğin her şeyi inanarak söylediğini biliyorum. Ama kafan o kadar karışmış ki hangilerinin gerçek hangilerinin hayal olduğunu ayırmak zorlaşmış. Tedaviyle sen düzeldikçe göreceksin kafan netleşecek. O zaman bir kere daha beraber düşüneceğiz. Gerçeği birlikte anlayacağız.

— Gerçek on gün önce geldi ve o gerçek artık hiç değişmeyecek. Siz inanmasanız bile.

— İsa olduğun gerçeği mi?

— Sizi daha saygılı olmaya davet ediyorum. Bana "kendini peygamber zanneden" bir deli muamelesi yapmayın sakın.

— Sana hiç saygısızlık ettim mi Yiğit?

— Bana Yiğit demekten de vazgeçin. Kim olduğumu bildiğinize göre.

— Peki, ona da peki ama şimdi ne yapacağız? O zaman sen karar ver ne yapmamız gerektiğine.

— Ben gideyim o zaman. Yeteri kadar zamanınızı aldım.

— Nereye gideceksin? Otele mi?

— Evet.

— Yine aç susuz ve yalnız olmaya mı?

— Benim için bu yalnızlık artık farklı bir boyut kazandı.

— Kendinle ilgilenmiyorsun. Sağlığına dikkat etmiyorsun. Aç susuz insan ne kadar yaşayabilir ki. Yakında doktor olacaksın. Bunları herkesten daha iyi biliyorsun. İsa bile yemek zorunda. İsa bile hasta olabilir.

— ...

— Bak ben doktorum, bana gelenlere elimden geldiği kadar yardım etmeye çalışıyorum ama ben de bazen hasta oluyorum. Yardım istemem, ilaç almam gerekiyor.

— Tabii siz de insansınız.

— Evet, ben de insanım, sen de.

— …

— Neden gülüyorsun?

— Siz insansınız, hem de iyi bir insan.

— Ya sen, İsa da bir insan değil mi sence?

— Beni kendinizle kıyaslamayın. Ayıp oluyor.

— Tüm peygamberler aslında çok mütevazıdır, öyle değil mi?

— Öyle, ama bunun da bir ölçüsü var.

— Ben o ölçüyü aşıyor muyum? Sadece sana yardım etmek istiyorum. Aslında şu anda vaktimiz doldu deyip senin gitmene izin verebilirim ama ikimiz de bunun yanlış olduğunu biliyoruz.

— Bana izin filan veremezsiniz.

— Yoruldum. Biliyor musun sabahtan beri bu masadan hiç kalkmadım. Akşam oldu ve ben artık yoruldum. Hadi artık izin ver de sana yardım edeyim.

— Peki, izin veriyorum.

— Tamam, memnun oldum. Önce birer çay içelim. Madem ikimiz de yorgunuz.

Çaylarımız gelene kadar ikimiz de susuyoruz. O da, ben de yorgunuz. Çayın yanına bisküvi istiyorum. Çünkü Yiğit'in bir şeyler yemesi gerekiyor. Sonra da becerebilirsem ona ilaç vereceğim. Ayrıca bir an önce ailesine ulaşmam gerekiyor.

— Çayı beğenmedin mi yoksa, neden içmiyorsun?

— Buraya gelen herkese çay ikram eder misiniz?

— Hayır.

— Peki öyleyse neden bana çay içiriyorsunuz?

— Aklından yine neler geçiyor? Bunun altında kötü bir niyet aramıyorsundur umarım.

— Benimle neden daha açık konuşmuyorsunuz?

— Sana çay ve bisküvi ikram ettim. Çünkü kaç gündür bir şey yiyip içmemişsin. Kan şekerin düşmüştür. Üstelik ilaç alman gerekiyor ve aç karına ilaç alamazsın. Yeteri kadar açık oldu mu?

— Bana siz mi ilaç vereceksiniz?

— Evet. Ben ruh doktoruyum ve senin ilaç alman gerektiğini düşünüyor ve bunu sana açıkça söylüyorum. Bunu kabul eder ya da etmezsin.

— İlaç almayacağım.

— Bana neden izin vermiyorsun? Şu ana kadar hep sen beni sorguluyorsun. Sana inanıp inanmadığımı soruyorsun. Şimdi sıra bende. Bana neden güvenmiyorsun? Senin güvenini sarsacak ne yaptım? Buraya sen geldin. Ben seni değil, sen beni buldun. Ve şimdi de işimi yapmama izin vermiyorsun.

— Tamam izin vereceğim. Ne türlü ilaçlar vereceksiniz bana?

— Seni rahatlatacak ve bu geceyi uyuyarak geçirmeni sağlayacak türden ilaçlar.

— Ben uyumak istemiyorum.

— Ama yaşamak için uyumak zorundayız. Benim olduğum kadar sen de kendine birazcık saygılı olabilsen.

— Kendime saygılı olmalıyım.

— Evet, kendine saygı göstermelisin. Şimdi iç bakalım çayını.

Gözleri boşluğa doğru dalıyor. Hiç konuşmadan bekliyorum. Onu huzursuz edecek en küçük bir hareket zaten karışık olan kafasını iyice dağıtabilir. Sonra yavaşça çayı eline alıp bisküvileri büyük bir hızla yemeye başlıyor.

— Şimdi biraz daha iyi misin?

Başını sallıyor. Gözlerinde uzak bir gülümseme hissediyorum. Hemen çekmeceden ilaçları çıkarıp uzatıyorum. Avucuyla ilaçların hepsini birden ağzına atıp bir çırpıda yutuyor. Sonra ondan ailesinin telefonunu alıyorum. Yanında ailesiyle görüşüyorum. "Hemen geliyoruz," diyorlar. Bir anda yıkılıyor aile. Onların bu hali içime dokunuyor. Yıllarca emek ver, yedir içir, büyüt ve sonra bir gün bir telefonla bütün hayallerin, umutların, emeklerin yerle bir olsun. Berbat bir şey. Onlarla çok kısa konuşuyorum. Yiğit'in etkilenmemesi gerekiyor. Ben bütün bunları yaparken o bir heykel gibi oturuyor karşımda. Bu olanlar onu hiç ilgilendirmiyor gibi sessiz ve ilgisiz.

— İşte oldu, artık gidebilirsin. Bu benim kartım. Üzerinde telefon numaram var. Bir sorun olursa beni ara. Zaten yarın ailenle birlikte bekliyorum seni. Yarın daha güzel olacak.

Yavaşça kalkıyor yerinden.

— İsa'dan korkmuyor musunuz?

— Yanlış yapmadıkça korkmam gerekmiyor.

— Sakın yanlış yapmayın.

— Güven bana. Yanlış yapmıyorum.

Gidip gitmemekte kısa bir tereddüt geçiriyor. Sonra yine ürkütücü bir gülümseme yayılıyor yüzüne. Yine hayal dünyasında gezindiği belli.

— Madem okudunuz söyleyin bakalım İncil'de sözü edilen yedi ölümcül Günah nelerdir?

— Beni imtihan mı ediyorsun?

— Evet. İnanmak istiyorum.

— 1. açgözlülük, 2. hırs, 3. tembellik, 4. gurur, 5. şehvet, 6. kıskançlık, 7. öfke. Oldu mu?

— Tamam siz de meraklısınız bu işlere yani, yarın yine gelirim.

— Bana teşekkür etmeyecek misin?

— Edeceğim, yarın.

— Peki, yarın görüşmek üzere, hoşça kal.

Başını hafifçe sallayarak dönüp gidiyor.

Arkasından bakıyorum. İri gölgesi koridorda kayboluyor. Bu kadar zeki ve yetenekli ol, hayatla bu kadar mücadele et ve sonunda bu hale gel. Ne biçim bir yazgı bu. Bu çocuğu acaba girdiği o kör kuyudan çıkarabilecek miyim? Yani İsa olmaktan vazgeçirebilecek miyim? İsa olmaktan vazgeçse bile, bu hayatta aradığını bulabilecek mi?

Şizofren hastaların genellikle çok zengin ve renkli bir iç dünyaları vardır. Diğer insanlar ve hasta yakınları, o dünyada neler olup bittiğini hiç bilmedikleri için, hastaların bazı söz ve davranışlarından hiçbir şey anlamaz, onların saçma sapan konuştuğunu zannederler. Dışardan bakıldığında böyle görünse de bütün bunların genellikle kendi içinde bir anlamı vardır. Kimileri Yiğit'te olduğu gibi peygamberdir, kraldır, başbakan ya da devlet başkanıdır. Yani herkesten üstün, güçlü ve kudretlidir. Veya istihbarat birimlerinin peşinde koştuğu, sürekli izlediği, öldürmek, yok etmek istediği bir insandır. Bütün dünya onun peşindedir, yani gerçek dünyada bir türlü kazanamadıkları önem ve itibarı bu hastalık onlara kazandırmıştır.

Bu hastalar genellikle zeki, hırslı, beklentileri yüksek, yetenekli kişilerdir. Ancak sosyal ilişkiler konusunda zayıftırlar ve kendilerine hiç güvenmezler. İnsanlarla yakın ve dostça ilişkiler kuramazlar. Bu da onları giderek yalnızlığa iter. Toplumdan, ihtiyaç duydukları ilgi ve desteği alamazlar. Çok hassas ve duyarlı olduklarından, en küçük bir şeyden alınır, kırılır ve küserler. Diğer insanlar bu çok kırılgan, bazen çok tepkili, bazen de hiç tepki vermeyen, içine kapalı insanlarla uğraşmayı sevmezler. Böylece ortaya tam bir sosyal başarısızlık çıkar.

Toplumda aradığı desteği ve başarıyı bulamayan bu kişiler giderek içe kapanır ve gerçek yaşamda elde edemediği itibarı iç dünyalarında aramaya başlarlar. Düşünce ve hayallerin giderek yoğunlaştığı bu dönem, kişi için çok sıkıntılı ve ıstıraplıdır. Çünkü ne gerçek dünyadan tam kopabilmiş, ne de gerçeğin yerini almak üzere yaratılmaya çalışılan sanrı dediğimiz gerçek dışı düşünceler tam yerine oturabilmiştir. Her şey karmakarışıktır. Gerçekle, gerçek olmayan iç içe geçmiştir ve kişi hangisine inanacağını tam bilmemektedir.

Ruhsal çatı, bütünlüğünün bozulacağını, parçalanacağını, yani gerçeklerden kopacağını hissettikçe, bu parçalanmaya mani olmaya çalışmaktadır. Bir yandan sevilme, sayılma, önemsenme isteği karşılanmadığı için hayal kırıklığı yaşanması, bir yandan da ruhsal çatının tüm savunma hatlarıyla sağlıklı kalmaya direnmesi, kişinin kendi kendisiyle karşı karşıya gelmesine ve tam bir içsavaş yaşamasına neden olmaktadır. Bu savaşın sonunda savunma hatları yavaş yavaş yıkılır ve ortaya çıkan ağır bunaltı ve sıkıntı öyle dayanılmaz boyutlara gelir ki, en şiddetli sancıların bile önüne geçebilir. Kişi o dönemde çatlayacağı, parçalanacağı ya da kontrolünü kaybedip etrafındaki her şeye, herkese kendisine bile zarar verebileceğinden korkar. Sonunda ruhsal çatı parçalanır ve savaş biter. Beynin biyokimyası bile değişir.

Ruhsal parçalanmayla birlikte sıkıntı giderek azalır. Ve gerçek olmayan düşünceler, hayal ve düş, gerçeğin yerini alır. Artık kişi gerçek dünyadan tamamen kopmuş ve hastalığa teslim olmuştur. Böylece gerçek dünyadaki hayal kırıklıkları, başarısızlıklar ve yalnızlıklar sona ermiş, onun yerini sahte, yalancı ve yapay bir dünya almıştır. Bu patlama sırasında başta duygular olmak üzere kişi büyük yara alır.

Artık, sağlıklı insanlar için çok önemli olan beğenilmek, temiz ve bakımlı olmak, güzel giyinmek, para kazanmak gibi şeyler onu hiç ilgilendirmemektedir. Çünkü o, başka bir mücadelenin içindedir. Bazı hastaların sanrı sistemleri çok iyi yazılmış film senaryolarına benzer. Her şey son derece sistematik ve mantıklı bir yapıdan oluşur. Her ayrıntının bir nedeni ve anlamı vardır. Sadece çıkış noktası gerçek değildir, yani örneğin Yiğit'te olduğu gibi, sadece İsa olduğu düşüncesi yanlıştır.

Dış dünyadaki olaylar bu yapıyı daha da renklendirir ve hareketlendirir. Yani bir anlamda sanrılar, çevrede yaşanan olaylarla beslenir. Artık sokakta çalınan kornadan, ağlayan bir bebeğin sesi, okunan ezan, çalınan müzik, insanların söyledikleri, kapıcının tavrı, gazete ya da TV'den yayınlanan haberlere kadar her şey bu sisteme hizmet eder.

Yiğit'te on gün süren yoğun sıkıntının ardından savaşı hastalık kazanmış ve o, kendini İsa Peygamber ilan edince, nihayet önemli, başarılı ve saygın olabilmiş, savaşı kazandığını zannederken kaybetmiş. Benim odama girdiğinde, her hastada yaptığım gibi onu ayağa kalkarak karşılamamı, ona saygılı ve ilgili davranmamı, ona, (yani İsa Peygambere) gösterilen özel bir ilgi şeklinde yorumladı ve böylece sanrı sistemi daha ilk günden dış dünyadan beslenmeye başladı. Artık bütün çanlar onun için çalmaktadır. Gerçek olduğuna sonuna kadar inandığı bu yalancı dünyada önemli, başarılı ve saygındır. Yaşamı bir anlam kazanmış, önemli bir misyon üstlenmiş, kendini aniden büyük bir mücadelenin içinde buluvermiştir.

Bu tür hastalar, günlük hayatta karşılaştıkları en küçük ayrıntıları bile kendilerine göre yorumlamakta, olaylar onları kimi zaman köşeye sıkıştırmakta, korkutmakta, acı çektirmekte, kimi zaman ise aradıkları zaferi onlara getirmektedir. Ancak sonuç ne olursa olsun, değişmeyen tek şey kişinin değeri ve önemidir. Başlarına geldiğini sandıkları her şey onların ne kadar değerli ve önemli olduğunu bir kez daha vurgulamakta, kanıtlamaktadır. Çekilen bunca acılar işte bu yüzdendir.

Peygamber, başbakan, kral ya da prens olmak kolay değildir. Dünyadaki bütün gözler onun üzerindedir. Kimileri onu kıskanmakta, kimileri ise ona gıpta etmektedir. Düşmanı çoktur, hatta bazen bütün dünya onlara düşman olmuştur. Yıllar önce köyden bir delikanlı getirmişlerdi. İlk eşini hamileyken öldürmüş, hasta olduğu anlaşılınca ceza almadan salıverilmişti. O da peygamberdi ve bir gece "karısının, düşmanları tarafından kaçırılıp tecavüz edildiği ve bebeğin başkalarından olduğu" şeklinde kulağına sesler gelmiş ve bu yüzden öldürmüştü eşini. Sonra bütün uyarılarıma rağmen yeniden evlendirdiler onu çünkü aldığı ilaçların etkisiyle o sıralar epeyce düzelmişti. Köy yerlerinde, kullanılan ilaç bitince bırakılır. Bir süre sonra eşi hamileyken yine hastalandığını ve ikinci eşini de öldürdüğünü gazetelerden okudum.

Bazen de o kadar önemlidirler ki, dünyadaki bütün istihbarat birimleri her an onları izlemekte, yaptığı her hareketi bir bir değerlendirmektedir. Radyolar, televizyonlar her gün ondan bahsetmekte, bunu bazen açıkça, bazen de şifreli biçimde yapmaktadırlar. ("Cinini Çıkardım" bölümündeki Rezzan vakasında olduğu gibi.) Hastalığın şiddetine göre hayal görme (görme halüsinasyonları), olmayan sesleri işitme (işitme halüsinasyonları) gibi daha birçok belirti bu tabloya eklenebilir.

Kişi, iç dünyasında bunları yaşarken, insanlar bu garip konuşma, tavır ve davranışları bir türlü anlayamamakta ve yavaş yavaş onu bir "Akıl Hastası ya da Deli" olarak damgalamaya hazırlanmaktadır. Kimileri ondan korkarken, kimileri acımakta ama hepsi de onu dışlamaktadır. Artık o, kendilerinden biri değildir. Kimi güler, dalga geçer, kimi uzak durur, kimi de merakla izler.

"Yalnızlık Tanrıya mahsustur." Bu insanları hasta eden, biyolojik yapılarındaki yatkınlığın yanı sıra, içine düştükleri korkunç *yalnızlık*'tır. Bundan kurtulmak için yarattıkları hayal dünyalarında ise yalnızlık bitmiştir ve bütün dünya artık onlarla uğraşmaktadır. Kimsenin ilgilenmediği bir *hiç* olmaktan kurtulmuş, herkesin peşinde koştuğu bir *mit* haline gelmişlerdir.

Kendimizin farkına vardığımız günden itibaren hepimiz, önemli, sevilen ve sayılan insan olmak isteriz. Bu, vazgeçemediğimiz, içgüdüsel bir tutkudur. Bu tutkuyu doyuramadığımız sürece mutsuz oluruz. Hayatımız boş ve anlamsız olur. Yaşama bağlılığımız giderek azalır. Uzun lafın kısası küseriz. Bütün sağlıklı insanlar bununla başaçıkmanın bir yolunu arar. Kimileri bu doyumu iş ve mesleki başarıda, kimileri aşkta, kimileri sanatta ya da ailesinde, çocuklarında evinde, kimileri bilimde ya da yardım kuruluşlarında bulur. Hepsinde amaç aynıdır. *İyi-önemli-başarılı-sevilen* ve *sayılan* olmak. Din kitapları dahil, bütün kitaplar bizi buna zorlar. Şizofreni hastası da insandır. Ve hepimizde olduğu gibi onun içi de bu tutkuyla doludur ancak bunu başaramaz. Bütün gayretine rağmen, zekası, yetenekleri, okullardaki yüksek başarısına rağmen toplumun onu bir türlü içine almadığını, kabul etmediğini görür. Bu yüzden başkalarını suçlar. Halbuki bu, başkalarının suçu değildir. İlişki kuramayan bizzat kendisidir. Zekidir, başarılıdır, yeteneklidir, çalışkandır, bilgilidir ve iyidir ancak bunu insanlarla paylaşmayı, başkalarıyla duygusal alışverişi beceremez. Çevresindeki insanlar çabuk sıkılır ondan. Bir robotla, yani duyguları olmayan ama her şeyi bilen bir robotla ne kadar arkadaşlık edilebilirse, onlarla da ancak o kadar ilişki kurulabilir.

Bütün bunların sonunda yarattıkları hastalıklı hayal dünyasının içinde yıllarca gezer dururlar. İlk zamanki heyecan ve fırtına giderek azalır, renkler solar, bağlantılar kopar, nedenler, niçinler sorulmaz olur. Geriye yer yer kopmuş, silinmiş, solmuş bir eski filmin parçaları kalır. Artık o, her şeyi bilen ama hissedemeyen bir robot bile değildir. Çünkü ilgileri ile birlikte bilgileri de azalmıştır. Üzülmeyi, şikâyet etmeyi, mutsuzluğu bile bilmediğinden, artık onun için sessiz ve durgun olan bu dünyada âdeta bir taş gibi öylece bekler. Ne acı, ne sevinç, ne keder ve ne de heyecan duyan beyninin karanlık dehlizlerinde dolaşır durur. Sanki ruhunu kaybetmiş, zaman durmuş, mekân değişmiştir. Karmakarışık bir rüyada gibidir. Ölümü, ruhsuz bedeninin yok olacağı günü beklediğini bile bilmeden.

İşte Yiğit arkasını dönüp giderken, eğer tedavide başarılı olamazsak, bir heykeltıraşın elinden çıkmış kadar kusursuz, ayaklı bir kütüphane kadar bilgili bu genç adamın durumu içimi ürpertiyor. Hastalık yeni başlıyor. Tedaviyi reddetmeyecek kadar sağduyusu güçlü. Aile de destek verirse... inşallah...

Ertesi gün Yiğit'in ailesi apar topar Ankara'ya geldi. Annesi de babası da perişandı. Her ikisi de eğitimli ama bunun yanında kuralcı, disiplinli ve mesafeli insanlardı. Yiğit'i hemen bir hastanenin psikiyatri kliniğine yatırdık. Bir aydan fazla kaldı hastanede. Taburcu olduğu gün bana yeniden geldi. Saçı, sakalı kesilmiş, yüzünün rengi düzelmişti. Durgundu. İlk geldiği gün edemediği teşekkürü o gün etti. Ne tür bir hastalık geçirdiğinin farkındaydı. Ne de olsa o da bir tıp fakültesi öğrencisi, üstelik çok okuyan, bilen bir gençti. Hastalığın adı onu korkutuyordu. Benimle uzun uzun hastalığı tartıştı. İlaçları çok düzenli kullanması gerektiğini biliyordu.

Daha sonraki yıllar bana gelmeye devam etti. Tedaviye hiç ara vermeden devam ediyor. Ama hâlâ yalnız. Okulu zamanında bitirdi. O şimdi bir doktor.

Çanlar onun için çalmıyor artık...

Cinini Çıkardım – 3

Rezzan üç aydır evde, yoğun bir ilaç tedavisi görüyor ve henüz işe başlayamadı. İlaçlar ona vız geliyor, hastalıklı ve gerçekdışı düşüncelerde ciddi bir gerileme olmadı. Halen düşündüklerinin tamamen gerçek olduğundan son derece emin. Hatta gerçekdışı olaylar arasında artık daha mantıklı bağlantılar kuruyor. Hastalık akut dönemden çıkarak yavaş yavaş kronikleşiyor, yani Rezzan'a iyice yerleşiyor. Ona ne zaman "hasta" olduğunu söylesem, ilişkimiz gerginleşiyor ancak yine de randevulara hiç aksatmadan geliyor çünkü bu konuyu şimdilik sadece benimle konuşuyor. Zaten hiç arkadaşı yok ve ailesi "bu zırvalıkları" dinlemek istemiyor ve onu hemen susturuyor.

Hasta olduğunu söylemediğim sürece bana güveniyor ve düşüncelerini benimle paylaşmaktan memnun. Biraz olsun toparlanamazsa işe başlayamayacak. Aile bundan çok korkuyor. Bence de haklılar. Eğer bu kız işinden de koparsa, evde, dört duvar arasında çürüyüp gidecek. Aslında eğer sanrı sistemini yani gerçekdışı düşüncelerini biraz sınırlayabilirsem, işyerindeki diğer insanlara yansımasını biraz olsun durdurabilirsem, işini yapmaya devam edebilir. Bakalım başarabilecek miyim? Bugün Rezzan'ın annesi ve babasıyla görüşeceğiz. Babasını birkaç kez gördüm ama annesini ilk kez göreceğim. Aslında buraya gelmeyi pek istemedi. Benim ısrarlı davetlerim üzerine geliyor.

— Tuna ben hazırım, aileyi içeri alabilirsin.

— Tamam efendim, hemen gönderiyorum.

Kapı hafifçe vuruluyor ve önce Rezzan'ın babası giriyor içeri. Kapıyı sonuna kadar açıp kenara çekilerek, eşine yol veriyor. Siyah, bol düğmeli, eski model elbisesi, muntazam taranmış kısa ve beyazlanmış saçları ve ifadesiz yüzü dikkatimi çekiyor. Ellerini namaz kılar gibi göğsünün üzerinde üst üste tutuyor. Belli ki elimi sıkmak istemiyor. Ayağa kalkıp yer gösteriyorum. Hiç konuşmadan karşımdaki kırmızı koltuklara oturuyorlar. Anne dimdik, âdeta bir heykel gibi oturuyor karşımda. Zamanında güzel bir kadınmış çünkü Rezzan gibi onun da yüz hatları çok düzgün ve gözleri mavi. Ancak ölü mü canlı mı belli değil. Bu yüz üzgün bir insanın yüzü de değil. Yüzünün bütün kasları sanki donmuş gibi. Rezzan yaşında bir kızı olduğuna göre, en az 50 yaşında ama tek bir kırışık ya da çizgi bile yok yüzünde. Böyle ifadesiz yüzleri görmeye alışkınım ben. En çok "şizofreni" hastalarında rastlarız buna. Annenin ruh sağlığı anlatıldığından daha bozuk galiba. Önce baba başlıyor konuşmaya;

— Efendim, işte bizim hanımı getirdim size. Tanıştırayım önce, Eşim Nevin.

— Hoş geldiniz Nevin Hanım.

— Hoş bulduk.

— Eşim pek sokağa çıkmaz, bugün buraya gelmemiz hayli zor oldu. Dün geceden beri çok gergin ve heyecanlı. Neyse geldik işte.

— Nevin Hanım hiç sokağa çıkmaz mısınız?

— Çıkmam, ev bana yetiyor.

— Ne yaparsınız evde, nasıl vakit geçiriyorsunuz?

— İyi bir ev hanımının işi bitmez.

— Demek siz iyi bir ev hanımısınız.

— Evet, öyleyim.

Hiç de alçakgönüllü değil, üstelik benimle pek dostça konuşmuyor. Sanki onu buraya çağırmakla büyük bir suç işlemişim gibi davranıyor bana. Bir kere daha buraya gelmeyeceği kesin, o nedenle ondan olabildiği kadar çok şey öğrenmeliyim.

— Ben yine de merak ettim. Rezzan'ın nasıl bir evde yaşadığını öğrenmek istiyorum. Sizin evin kurallarını biraz anlatır mısınız bana?

— Düzenli bir evimiz vardır. Yıllardır eve gelen bir yardımcım var, benim âdetlerimi iyi bilir. Sabah sekizde gelir, birlikte bütün evi tozdan kurtarırız. Her şeyin yeri bellidir. Çok mecbur kalmadıkça eve yeni bir şey almayız. Çünkü evde her şey temiz.

— Yeni bir şey almayız ne demek? Eşyalar eskiyince ne yapıyorsunuz?

— Eski de olsa idare ediyoruz, hiç olmazsa temiz olduğunu biliyorum.

— Peki ya giysiler?

— Ben pek almam ama Rezzan alıyor. Benim bundan çok rahatsız olduğumu bildiği halde alır. Eve gelince bunları yardımcım ayrı bir yerde yıkar ve sonra Rezzan giyer.

— Yani yeni giysiler mutlaka yıkanıyor.

— Evet, aksi halde onların üzerindeki toz bütün eve dağılır.

— Peki ya eşiniz?

— Onun elbiselerini de yıkarız.

— Temizleyicilere pek güvenmiyorsunuz galiba?

— Evet, güvenmiyorum.

— İşinizin neden bitmediğini şimdi daha iyi anlıyorum. Çok titiz bir hanımsınız. Kaç zamandır böylesiniz?

— Aslında hep böyleydim ama kızım öldükten sonra bunlar biraz daha arttı.

— Hangi kızınız?

— Rezzan'ın ablası.

— Ben Rezzan'ı tek çocuk zannediyordum. Ne zaman kaybettiniz kızınızı?

— Çok oldu.

— Sizi üzmek istemem ama bu konuyu öğrenmem gerekiyor, neden öldü kızınız?

— O Rezzan gibi değildi, asi bir çocuktu. Eve arkadaş getirmek ister, sık sık sokağa çıkmak ister ve bizim evin kurallarına pek uymazdı. Derslerinde de pek başarılı değildi. Anne olarak onun geleceği beni kaygılandırırdı. Sonra bir gün kendini evin balkonundan attı.

Aman Allah'ım... Demek o sağlıklı bir genç kızdı ve bu kadının kurallarına ve eziyetlerine dayanamadı. Arkadaşlarıyla ilişkisine bile izin vermemiş. Nevin Hanım'ın baştan beri benden hoşlanmadığı belli ama galiba artık ben de ona kızmaya başlıyorum. Bir psikiyatrın en yapmaması gereken şey işte bu. Duygusal davranmamalıyım.

— Demek intihar etti. O günü bana anlatabilir misiniz?

— Afet yine her zamanki gibi dışarı çıkmak istiyordu. Bir arkadaşının doğum günü varmış. Günlerden cumartesiydi. Rezzan odasında ders çalışıyordu. İbrahim alışverişe çıkmıştı. "Göndermezseniz evden kaçarım," dedi bana. Ben de odasına kilitledim. Bir süre kapıları yumrukladı, sonra sesi kesildi. Meğer odasının balkonundan atmış kendini. Komşular haber verdiler. Çok asi bir kızdı, sonunda kendi başını yedi.

Kızının intiharında kendi payını hiç görmüyor mu bu kadın? Üstelik ne kadar da sakin sakin anlatıyor! Bu arada Rezzan'ın babası cebinden çıkardığı beyaz bir mendille gözlerindeki yaşı siliyor. Hiç konuşmadan eşinin anlattıklarını dinliyor.

— Peki Rezzan ne yaptı o zaman?

— Önce o koştu aşağı. Biz sekizinci katta oturuyoruz. Ablasının başına ilk o varmış. Sonra eşim geldi. Düşer düşmez ölmüş. Kötü günlerdi onlar. Kendi evladını toprağa vermek zor. Bu dünyada asiydi ama öbür dünyada rahat etti kızım. Meleklerin katında yer verdiler ona. Şimdi artık içim huzurlu. İyi bir görevi var orada.

— Nasıl bir görev?

— Neyse, bu konuda konuşmak istemem, kızımın huzuru bozulabilir. Ben onun mezarına bile hiç gitmedim. "Gelmeyin sakın," diyor. Zaten o zamandan beri evden pek çıkmadım.

Nihayet baba konuşmaya başlıyor.

— Efendim bu konuyu biz yıllardır hiç konuşmayız. Âdeta yasakladık kendimize. Nevin o günden sonra çok gerekmedikçe sokağa çıkmadı. Bu üzerindeki elbise, belki siz de fark etmişsinizdir, ta o yıllardan kalmadır. Yeni bir şey almadı. Afet'le ilgili olarak ilk kez konuşuyor ve bu konudaki düşüncelerini ben de ilk kez duyuyorum. Kimse bize başsağlığına bile gelmedi. Nevin istemedi. Sanki hiç böyle bir şey olmadı, Afet diye biri hiç yaşamadı gibi davrandık. Rezzan o zaman ortaokul öğrencisiydi. Bu olay cumartesi günü oldu, Rezzan pazartesi günü hiçbir şey olmamış gibi okuluna gitti. Hiç ağlamadı ve hiçbir şey sormadı. Afet'in odası hâlâ aynen durur. Her gün temizlenir, tozu alınır. Ama Nevin'den başka kimse girmez o odaya. Kapısı hep kapalıdır.

— Evet efendim, anlıyorum. Zor günler yaşamışsınız. Nevin Hanım neden o günden sonra hiç dışarı çıkmadınız? Bir çeşit yas mı bu?

— Hayır, yas tutmamı kızım istemiyor.

— Rezzan mı?

— Hayır, Afet.

— Afet mi?

— Evet, Afet.

— Kızınızla sanki konuşuyor gibisiniz.

— Konuşuyoruz tabii, sık sık haberleşiriz.

— Nasıl?

— Ben anlarım onun ne istediğini. Kızım yaşarken pek anlaşamıyorduk ama şimdi birbirimizi daha iyi anlıyoruz.

— Ben bu konuyu tam anlayamadım, yani ölümünden sonra Afet'le nasıl haberleştiğinizi.

— Kızım da özel bir insandı, ben de öyleyim. O hep dışarı çıktığı için hem kendi kirlenirdi, hem evimizi kirletirdi. Ben ona bunları zamanında anlattım ama beni o zaman anlamadı. Zaten o yüzden onu çağırdılar. Şimdi orada tertemiz kızım. Tabii artık çok iyi anlaşıyoruz.

Bu kadının ruh sağlığı belli ki kızından daha kötü. Demek Rezzan böyle bir anneyle büyüdü. Babası İbrahim Bey neden bunlardan bana hiç bahsetmedi acaba? Ayrıca bu kadar ağır bir hasta ile o nasıl yaşadı? Yan gözle İbrahim Bey'e bakıyorum, şaşkın ve tuhaf gözlerle o da eşine bakıyor. Sanki Nevin Hanım'ı ilk kez görüyor ya da dinliyor gibi. Ne tuhaf bir aile. Yine de kendini balkondan atan o gencecik kızda kalıyor aklım. Herhalde bir tek o dayanamadı bu ortama. Bence o sağlıklıydı. Yazık olmuş o kıza. Nevin Hanım eşinin ve Rezzan'ın dışarı çıkmasına nasıl izin veriyor acaba?

— Peki, eşiniz ve Rezzan işe gittiklerine göre, onlar da dışarı çıkıyorlar.

— Mecbur olmadıkça ikisi de çıkmaz sokağa.

— Peki bir arkadaşına ya da gezmeye herhangi bir yere gidemez mi Rezzan?

— Kendisi gitmek istemiyor, ben karışmam.

— Ama Afet'in çıkmasını istemiyordum dediniz.

— Benim sözümü dinlemeyenin başına neler geldiğini gördü.

— Kızınız sizin sözünüzü dinlemediği için mi öldü yoksa tam tersi dışarı çıkmasına izin vermediğiniz için mi?

— Onu çağırdılar dedim ya. Siz anlamazsınız bu işlerden. Bunlar sizi aşar.

Bu sırada İbrahim Bey araya girerek eşini sakinleştirmeye çalışıyor. Gerçekten ileri gittim galiba. Aslında bir anneye böyle şeyler sormamam gerekirdi. Karşımdaki kadın çok ağır hasta. Ben de daha sakin olmalıyım. Ne kadar hasta olduğunu fark ettiğim halde bu kadına kızmaktan kendimi alamıyorum. Kızının ölümünden onu sorumlu tutuyorum. Halbuki duygularımı kendime saklamalıyım. Derin bir nefes alıyorum ve yeniden başlıyorum konuşmaya.

— Affedersiniz Nevin Hanım, sizi üzdüm galiba, biz en iyisi yine Rezzan'a dönelim. Demek o mecbur olmadıkça dışarı çıkmaz? Peki eve arkadaş getirebilir mi?

— Hayır, eve kimseyi istemem.

— Rezzan nasıl bir çocuktu?

— Çalışkan, terbiyeli ve uslu bir çocuktu. Bana hiç karşı gelmedi. Ablası gibi asi değildi.

— Ablası ile ilişkileri nasıldı?

— Ablası çok kızardı Rezzan'a. "Sen ne biçim bir kızsın, ölüsün sen," derdi ama şimdi Rezzan yaşıyor, kendisi öldü.

— Neden öyle derdi sizce?

— Onun da kendisi gibi olmasını isterdi. Ama Rezzan bana benzemiş. Ağırbaşlı, düşünceli bir çocuktu o.

— Peki Rezzan'ın hastalığıyla ilgili olarak ne düşünüyorsunuz?

— Nazar değdi kızıma. Belki de bizi çekemeyen birileri büyü yapmıştır. Ben uzun süredir dışarı çıkmadığım için kimin yaptığını kestiremiyorum. Ama eminim ki kızımın güzelliğini, aklını ve zekâsını çekemeyen birçok arkadaşı vardır çalıştığı yerde. Zaten ben onun çok hasta olduğunu sanmıyorum. İlk zamanlar uyumuyordu, evde gezinip duruyordu. Şimdi iyi. Artık pek zırvalamıyor.

— Kızınız sizinle konuşur mu?

— Eskiden pek konuşmazdı Rezzan. Ben çok konuşanı sevmem, zaten kendim de az konuşurum. Hasta olduğu ilk günler çok konuştu, çok zırvaladı. Şimdi yine eskisi gibi pek konuşmuyor.

— Sizce düzeldi mi?

— Doktor olan sizsiniz ama bana kalırsa düzeldi.

— Peki efendim, şimdilik benim soracaklarım bunlardı. Sizin bana sormak istediğiniz bir şey var mı?

— Ne zaman işe başlayacak?

— Henüz tam düzelmedi kızınız.

— İyi, tertemiz evinde oturuyor. İşten atmazlarsa biraz daha otursun öyleyse. Biz ona çok iyi bakıyoruz. Her gün pırıl pırıl sofrası önüne geliyor. Canı ne isterse onu pişiriyoruz. Evi tozdan kurtarıyoruz. Ondan bir şey istediğimiz yok. Yeter ki iyi olsun.

— İnşallah efendim.

— Kızım son aylarda arada bir berbere gidiyordu. Acaba oralarda kirlenmiş olabilir mi?

— Hiç sanmıyorum.

— Ben de sanmam. Rezzan temiz. Ben yine de Afet'e bir sorayım, bakalım o ne diyor.

Bu sırada yine İbrahim Bey söze giriyor;

— Nevin sen bugün ne biçim konuşuyorsun, öyle abuk sabuk.

— Abuk sabukmuş, siz anlamazsınız bunları. Herkes kendi işine baksın. Hem sen beni buraya zorla "konuş," diye getirmedin mi? İşte ben de konuştum. Madem anlamıyorsun, bari sus.

Nevin Hanım ayağa kalkıp bana veda bile etmeden, yine kollarını göğsünün üzerinde kavuşturarak dışarı çıktığında, hâlâ konuşmaya devam ediyordu. İbrahim Bey de ayağa kalkmış, bir yandan koşar adımlarla eşinin arkasından giderken, bir yandan da bana, "Sonra görüşürüz Doktor Hanım," diyordu.

Demek bu konuşmalar onu da şaşırttı. Bunlar evde hiç konuşmazlar mı acaba? Yoksa eşinin bu kadar hasta olduğunu o da ilk kez burada mı fark ediyor? Bu nasıl bir aile böyle? Benim de kafam karıştı. Hemen başka bir hasta alamayacağım içeri. Ben en iyisi bir kahve daha içeyim...

Kelebeğin Ömrü

— Gülseren Hanım, Dr. Nüvit Hanım bir hasta gönderdi, "mümkünse hemen alıverin," diye rica etti. Şimdi onu gönderiyorum.

— Tamam Tuna, bekliyorum.

Kapı vuruluyor ve içeri üç hanım giriyor. İkisinin ağlamaktan gözleri kızarmış. Biri ise şaşkın şaşkın etrafına bakınıyor. En yaşlı olan, elime bir kâğıt uzatıyor. Nüvit Hanım'ın bana yazdığı bir mesaj bu. Okuyunca ben de donup kalıyorum. Hastaya konan teşhis çok kötü. Hemen hemen hastalığın son aşamasına gelinmiş. Tıbbın çaresiz kaldığı bir hastalık bu.

Demek gözü yaşlı iki hanımın durumdan haberi var ve içlerinde en genç olanı çok kısa bir süre sonra ölecek. Ve maalesef neler olduğunun henüz farkında değil. Doktor ona gerçekleri söyleyememiş. Bana neden yolladığını şimdi daha iyi anlıyorum. Ona durumu benim anlatmamı istiyor. Ne berbat bir iş bu böyle. Bu genç hanıma yakında öleceğini söylememi istiyorlar benden.

Başımı kaldırınca bana şaşkın gözlerle bakan gencecik kadınla göz göze geliyoruz. Karşımdaki koltuğa oturmuş, bekliyor. Diğer iki hanım ayakta duruyorlar. İkisi de gözlerindeki yaşı tutmaya çalışıyor. "Siz hanımefendinin neyi oluyorsunuz?" diye soruyorum. Biri annesi, biri de ablasıymış. Sonra onları odadan çıkarıyorum.

Şimdi odada ikimiz yalnızız. Keşke böyle durumlarda bu kadar çok etkilenmemeyi becerebilsem. Yıllardır bu işi yapıyorum ama bu konuda hiç yol alamadım. Genç kadının yüzüne baktıkça içimdeki sıkıntı artıyor. Acıyorum, üzülüyorum, içim daralıyor. Halbuki benim görevim bu tip hastalara üzülmek değil, onlara yardım edebilmek. İçimden geldiği gibi davranmalıyım, hissettiğimi söylemeliyim. Kızcağız bana şaşkın şaşkın bakmaya devam ediyor. Soğukkanlı görünmek için öyle çaba sarf ediyorum ki…

— Efendim adınızı alabilir miyim?

— Adım Şule. 34 yaşındayım, bekârım. Bir bankada çalışıyorum.

Aslında benim şu anda ciddi bir şikâyetim yok. Ağrım, sızım yok. Zaten doktora gitmeyi de sevmem. Sadece karnımda bir şişlik var ve bu şişlik giderek arttı. Hatta geçen ay arkadaşlarla seyahate gitmiştik, çok güzel bir geziydi. Arkadaşlarımın bazıları "Hamile misin?" diye dalga geçtiler benimle. Öyle olunca ben de mecburen fark edilmesin diye bol şeyler giymeye başladım. Şimdi de öyle. Bakın!

Üzerindeki bluzu kaldırınca karnındaki şişliği görüyorum. Gerçekten de karnı altı-yedi aylık hamile gibi. Sesi ince ve konuşurken titriyor. Kendini televizyon programında gibi hissediyor galiba. Ben hâlâ ona bakmaya devam ediyorum.

— Sonra geceleri yatamaz oldum bu şişlikten. Mecburen doktora gittik. Bir haftadır yapmadıkları tetkik kalmadı. Sonra da, "Hemen ameliyat olman gerekiyor," dediler. Yarın hastaneye yatacağım. Her şey o kadar hızlı gelişti ki, ben de ne olduğunu anlayamadım. Annemle ablam panikte. Onlar çok korktular. Bana çaktırmadan ağlayıp duruyorlar. Bana kimse bir şey söylemedi. Siz bari ne olduğunu söyleyin. Kötü bir şey mi?

— Sizin bir tahmininiz var mı?

— Kötü bir şey olmasa annemle ablam bu kadar paniklemezdi. Hem ameliyat filan diyorlar, korkuyorum.

— Daha önce hiç ameliyat oldunuz mu?

— Yok canım, ben doğru dürüst doktora bile gitmedim. Korkarım ben öyle şeylerden.

— Onun için mi karnınız giderek şiştiği halde buna baktırmak hiç aklınıza gelmedi?

— Galiba ondan. "Gitsem şimdi başıma iş açarlar," dedim. Haklıymışım, baksanıza beni hemen ameliyat etmek istiyorlar. Bu nasıl bir ameliyat, çabuk düzelir miyim?

— Bu büyük bir ameliyat Şule Hanım.

— Yani hemen düzelmem ha?

— Evet, maalesef öyle.

— Peki bu ameliyatın ölüm riski var mı, yani masada kalabilir miyim?

— Pek sanmıyorum, her ameliyatın bir riski vardır tabii ama bu risk yüksek değil.

— Annemlere diyorum ki, "Hastalığımı herkese söylemeyin," ne de olsa ben bir genç kızım. Henüz evlenmedim, kısmetim kapanır, hasta diye alan olmaz sonra. Ama demek büyük bir ameliyat ve ben hastaneden hemen çıkamayacağım. Bu ara bankada da işler öyle yoğun ki, benim uzun süre raporlu olmam arkadaşlarımı çok zor durumda bırakacak. Bizim müdür rapor alana hep kızar. Keyfimizden rapor almıyoruz ki, hastayız işte. Neyse ben ameliyat olacağıma göre, bunun sudan bir bahane olmadığını anlar herhalde.

Bankadaki işlerini, müdürün kızıp kızmayacağını düşünüyor. Sanki apandisit ameliyatı geçirecekmiş gibi yani... Sonra bakışlarındaki korkuyu görüyorum. Aslında her şeyin farkında ama henüz bunları bilinçlendirmek istemiyor, henüz buna hazır değil.

— İşinizi seviyorsunuz değil mi?

— Ben çalışmayı severim. Kaç yıldır bu bankadayım, ilk kez rapor kullanacağım. Daha geçen seneki izinlerim duruyor.

— Bekârım dediniz, bir erkek arkadaşınız var mı?

— Yok, bugüne kadar da pek olmadı. Tutucu bir çevrede yetişmişiz. Öyle şeyler bize göre değil. Eş dost aracılığıyla isteyenler oldu, onları da ben beğenmedim. Zaten bankadan dışarı çıkamıyoruz ki... Akşama kadar çalış, sonra koşarak eve gel. Yeni bir çevre yok, yeni arkadaşlar yok. Kim görecek de isteyecek beni.

— Evlenmeyi istiyor musunuz?

— Pek değil. Olsa da olur, olmasa da. Ben annemle oturuyorum. Babam öldü, ablam da evlendi. Şimdi ben de evlenirsem kadıncağız yalnız kalacak. Hem annem bana çok iyi bakar. Akşam bankadan yorgun argın gelirim, sıcak yemeğim önümde. Evli olsam o saatten sonra bir de evde koşturacağım. Ben halimden memnunum.

— Bugüne kadar nasıl bir hayatınız oldu, halinizden hep memnun muydunuz?

— Öyle sayılır, hırslı biri değilim ben. İyi bir ailem ve iyi bir işim var. Bankadan arkadaşlarla fırsat buldukça gezeriz. Yani şikâyet edecek bir durumum yok.

— Ne mutlu size. İnsanın geçmişine bakıp da böyle diyebilmesi çok önemli.

Sesim giderek yumuşuyor, artık ona daha yakın davranıyorum, galiba önce benim rahatlamam gerekiyor. Ben korkmazsam o da daha az korkacak.

— Şu ameliyat kafamı karıştırıyor. Ölmek için henüz çok gencim. Sizce de öyle değil mi?

İşte oldu. Ruhunun derinliklerinde ilk günden beri zaten var olan, o çok iyi bildiği gerçek bir çırpıda dökülüveriyor dudaklarından.

Öleceğini biliyor. Ya ben, ben bilmiyor muyum öleceğimi. Hepimiz, bütün insanlar bilmiyor muyuz bu gerçeği ve hepimiz sanki böyle bir gerçek yokmuş gibi yaşamıyor muyuz? Farkımız ne? Bir doktor gözüyle onun en fazla üç ayı var, ya benim? Üç gün mü, üç ay mı, yoksa yıllar mı? Eğer ben üç ay sonra öleceksem, bunu bilmek ister miydim? Evet, ben bilmek isterdim, beni kandırsınlar istemezdim. Belki çok korkar, belki çok üzülür, belki de kahrolurdum ama bu duygular sonunda beni terk eder, gerçeğe teslim olurdum.

Şimdi yıllar önce, Hacettepe'de çalışırken yaşadığım bir başka olay geliyor aklıma. Beyin cerrahisi bölümünden konsültasyon istemişlerdi. Genç ve çok güzel bir hanım beyin tümörü tanısıyla ameliyata alınmış. Ameliyattan sonra aynada kendini görünce kliniği birbirine katmış, odasına her girene eline ne geçerse fırlatmıştı. Bütün klinik korkudan kadına yaklaşamaz olmuş ve sonunda psikiyatriden konsültasyon istenmişti.

Oraya gittiğimde hemşireler yüzüme acıyarak bakmışlar, yanıma müstahdemlerden birkaç adam vermeyi önermişlerdi. Çünkü daha kapıyı açtığınız anda yüksek sesle küfretmeye başlıyordu. Üzerimden beyaz doktor önlüğünü çıkardım, kapıyı birkaç kez vurup girdim içeri. Saçlarını ameliyat nedeniyle kazımışlardı ve gözlerinden biri şişmiş ve morarmıştı. Halbuki zamanında bu kadının çok güzel olduğu söylenmişti bana. Odaya son derece kararlı girmiş ve bir sandalye çekerek yanına oturmuştum. Önce yüzüme şaşkın şaşkın bakmış, sonra küfretmeye başlamıştı. Hayatımda hiç böyle küfürler duymamıştım. Çok canım sıkılmış hatta kızmış ama hiç tepki vermeden oturmaya ve ona bakmaya devam etmiştim.

Bir süre sonra küfretmekten yorulmuş ve ağlamaya başlamıştı. Ağlamamak, gerçekle yüzleşmemek için küfrediyordu zaten. Sonra benim de gözlerim dolmuş, onunla saatlerce konuşmuştuk. O da aynı soruyu sormuştu bana;

"Ölmek için çok genç değil miyim?"

O zaman ben de çok gençtim ve ona, "Evet, ölmek için çok gençsiniz," diyememiştim. Halbuki tam da gerçek buydu. O ölüyordu ve bunu benimle paylaşmak istiyordu. Ruhunun derinliklerindeki bütün duvarları, engelleri yıkmış, gerçeği görmüş, onu tanımış, bilmiş ve bunu benimle konuşmak, paylaşmak istemişti. Bense doktordum ama ondan daha çok korkuyordum. Onun duvarlarını yıkmasına, gerçeğin ta kendisini korkmadan, kaçmadan, bir şeylerin ardına sığınmadan görmesini sağlamış ama tam da bunları konuşmaya sıra gelince bunu göze alamamış ve şöyle demiştim ona;

"Çok genç olduğunuz, çok hasta olduğunuz doğru ama, kimin ne zaman öleceğini ancak Tanrı bilir."

Çok klasik, basmakalıp bir cümleydi bu ve teselli kokuyordu. O ise benim onu teselli etmemi değil, korkmadan, cesaretle gerçekleri söylememi bekliyordu. Ölümü, ölümden korkmayan, bunu doğal kabul eden biriyle konuşmak, kendi korkularını paylaşmak istiyordu.

"Ben de bir zamanlar güzel bir kadındım, ölüm hiç aklıma gelmiyordu ama bak şimdi ne hale geldim. Ölüyorum, ama unutma sen de bir gün öleceksin. Tanrı ne yaptığını bilseydi beni bu yaşta bu hale getirmezdi. Tanrı'nın da, senin de...." Bana çok kızmış, benimle bir daha konuşmayı kabul etmemiş ve birkaç hafta sonra da ölmüştü.

Çok üzülmüş, kendimi tekrar tekrar sorgulamış ve bunu hocalarımla defalarca konuşmuştum. O günden sonra hiçbir hastamı teselli etmeye çalışmamış, zor da olsa onlara gerçekleri göstermeye çalışmıştım. İşte yıllar sonra yine aynı soruyu, yine çok genç bir kadın soruyor bana ve ben yine korkuyorum. Ama artık korkularım doğruyu bulmamı engellemeyecek. Üstelik hayat insana yaşayarak pek çok şeyi öğretiyormuş.

— Evet, çok gençsiniz.

Şule bir süre öylece yüzüme bakakalıyor. Aniden korkunç bir olaya tanık olmuş gibi, gözbebekleri giderek büyüyor ve bir resim karesi gibi donuyor yüzü. Sonra elleriyle yüzünü kapatıp öylece kalıyor, ağlayamıyor bile. Sonra fısıltı gibi soruyor bana.

— Ama öleceğim, değil mi?...

— Hepimiz bir gün öleceğiz Şule Hanım. Ölüm sadece size değil, bir gün hepimize gelecek. Bunu hem biliyor, hem de bilmek, düşünmek ve kabul etmek istemiyoruz.

— Ölüm nasıl bir şey acaba, şimdiye kadar hiç ölü görmedim ben. Babam öldü ama hastanedeydi, hiçbirimiz yanında değildik. İnsan kendini hiç ölmeyecek zannediyor. Ben ölümü değil de yaşlılığımı düşünürdüm hep. Annem de ölürse yapayalnız kalırım, yalnız ne yaparım, ihtiyarlarsam bana kim bakar derdim. İşte o zaman evlenmediğime üzülürdüm. İyi ki evlenmemişim. Bu işin hiç çaresi yok mu?

— Hepimizin bir kaderi var.

— Hani bir şarkı var. "Herkes kendi kaderini yaşar," diye. Benim kaderim kötüymüş demek.

— Öyle mi, bugüne kadar çok keyifli ve huzurlu yaşamışsınız. Bu çok önemli, değil mi?

— Öyle ama çok kısa.

— Kelebeğin ömrü ne kadar biliyor musunuz?

— Bilmem, azdır herhalde.

— Yirmi dört saat en fazla. Kelebek, ne güzel olduğunu ne de ömrünün kısalığını biliyor. Kısacık ömrünü gerektiği biçimde yaşıyor sadece.

— Yani onlar benden de şanssız.

— Dünyamız milyarlarca yıldır var. Üzerinde aşağı yukarı on bin kuşak insan yaşamış. İnsan ömrü şimdi giderek uzuyor ama örneğin Osmanlı padişahlarının bile pek çoğu 30'lu yaşlarda hayata veda etmişler. Bir çıban bile o zamanlar insanı öldürebiliyormuş. Yani o padişahlar sizce şanssız mıymış?

— Padişah olmuş ama dağdaki çoban kadar bile yaşayamamış. Yıllarca sürünmektense, az ama öz yaşamış onlar. Aslında aynı şey belki benim için de söylenebilir. "Hızlı yaşa, genç öl, cenazen yakışıklı olsun." Ama işin kötüsü ben hızlı da yaşamadım. Para biriktirmeye uğraştım hep. İlerde lazım olur sandım. Ne aptalmışım. Keşke o paraları çatır çatır yeseydim. Daha yapmadığım öyle çok şey var ki... Biraz daha zamanım olabilse!

— Olacak, bu ameliyatı onun için yapıyorlar.

— Peki ne kadar?

— Onu bilemiyorum.

— Ama pek uzun değil galiba?

— Galiba.

— Peki çok acı çeker miyim?

— Hiç sanmıyorum. Ameliyatın ikinci nedeni de bu. Siz acı çekmeyin diye yapılıyor bu ameliyat.

— Acı çekmek istemiyorum. Peki ölüm nasıl bir şey, siz doktorsunuz, bilirsiniz.

— Bir düşünür ölümle ilgili olarak şöyle der, "Ölüm varsa biz yokuz, biz varsak ölüm yok."

— İnsan ölürken acı çeker mi?

— Hayır, genellikle ölüm anında acı çekilmez. Ölümden önce hastalıklar nedeniyle acı çekilir, sizin böyle bir döneminiz olmayacak çünkü biraz önce de söylediğim gibi, bu ameliyat siz acı çekmeyesiniz diye yapılacak.

— Öleceğimi anlar mıyım?

— Bunu gerçekten bilmiyorum.

— Çok ihtiyarlasaydım, ölümden yine bu kadar korkar mıydım?

— Daha çok korkardınız. Siz o kadar cesursunuz ki...

— Demek beni cesur buldunuz. Bu kadar korkarken mi?

— Ölüm bundan daha cesur nasıl karşılanır Şule Hanım. Bu dünyayı bırakıp gitmeyi kim ister ki... Geçen gün şu pencereden aşağı bakıyordum. Yüzlerce insan ortalıkta koşturup duruyor. Elli yıl sonra bu insanların çoğu yaşamıyor olacak. Yüz yıl sonra hiçbiri kalmayacak dedim içimden. *Çocuklardan Tanrı'ya Mektuplar*, diye bir kitap var, okudunuz mu?

— Okumadım.

— Çocuklardan biri şöyle yazmış Tanrı'ya; "İnsanların ölmelerine izin verip yenilerini yapmak yerine, neden elindekileri tutmuyorsun?"

— Ne kadar ilginç, çocuk kafası işte ama galiba tam da biz yetişkinlerin sorması gereken bir soru bu. Niye ölüyoruz acaba? Madem öleceğiz, neden geliyoruz bu dünyaya?

— Bunlar çok önemli sorular, bu konuda ciltler dolusu kitap yazılıyor ama yine de kimse net cevap veremiyor bu sorulara. Size ilginç gelebilecek bazı bilgiler vereyim, bir çiftin yani bir karı kocanın, yaşamı boyunca bir buçuk trilyon farklı çocuk yapabilme kapasitesi varmış. Dr. Tahir Ceylan'ın bir yazısında okumuştum. Siz iki kardeştiniz değil mi?

— Evet, iki kardeşiz.

— Demek ki bir buçuk trilyonda iki şans varmış ve bunun birini ablanız, birini de siz kazanmışsınız. Bu, Milli Piyango'dan büyük ikramiye kazanmaktan çok daha zor.

— Bir buçuk trilyondan iki çıkarsa kaç kalır? Demek onlar dünyaya bile gelememiş.

— Gelememiş ya, siz dünyaya gelmeyi başarmış ve tam otuz dört yıl sağlıklı, huzurlu ve sevgi dolu bir ortamda yaşamışsınız. Bunu küçümsemeyelim.

— Doğru, aslında bu dünyaya hiç gelmemek de vardı. Yüz yıl sonra sokakta gezen insanların hiçbiri kalmayacak ha?

— Kalmayacak, yerine yenileri gelecek.

— Yüz yıl daha yaşasam, ölümden yine korkacaktım.

— Korkacaktınız.

— Siz de korkuyor musunuz?

— Evet, ben de korkuyorum.

— Ölmek istiyor musunuz?

— Hayır, hiç istemiyorum ama öleceğimi biliyorum.

— Ben de...

— Dünyada yaşayan tüm canlıların ortak sorunu bu. Doğuyor, az ya da çok yaşıyor sonra da ölüyorlar.

— Ne hüzünlü, değil mi?

— Evet, çok hüzünlü Şule Hanım. Diğer canlılardan biz insanların en önemli farkı, öleceğini bilerek yaşamasıdır. Ama diğer canlılardan öyle büyük farklarımız var ki, buna değer doğrusu.

— Evet, peki ya günahlar ne olacak? Ben acaba günahkâr biri miyim?

— Hiç de günahkâr birine benzemiyorsunuz.

— Günahsız insan olur mu, kimbilir benim de ne çok günahım vardır.

— Haklısınız, günahsız insan olmaz. Tanrı'ya inanıyor musunuz?

— İnanıyorum tabii. Namaz kılmadım ama her sene orucumu tutar, fitremi zekâtımı veririm.

— Tanrı'yla aranız nasıldır?

— Bilmem ki, acaba beni cezalandırmak için mi bu hastalığı verdi bana?

— Tanrı yarattığını sever, onu korur, kollar ve hoş görür. Siz Tanrı'yı seviyor musunuz?

— Sevmez olur muyum, hep şükrederdim ona. Beni aç açık bırakmadı. İyi bir ailem oldu. Beni sevdiler, üzerime titrediler. Ne kadar üzüldüklerini görmediniz mi?

— Gördüm ve sizi çok sevdiklerini hemen anladım. Siz de onları seviyorsunuz değil mi?

— Hem de çok. Annem, ablam benim her şeyimdir. Benden önce onlara bir şey olsa, deli olurdum.

— Sevgi karşılıklıdır. Siz onları seviyorsunuz, onlar da sizi. Siz Tanrı'yı seviyor, ona şükrediyorsunuz, o da sizi seviyor. Tanrı en çok sevmeyi bilenleri sever.

— Çok şükür Allah'ıma.

— Siz üstelik çok çalışkan birisiniz. Yıllardır canla başla çalışmışsınız. Tanrı çalışanları da sever.

— Yani beni erkenden öldürerek cezalandırmıyor ha?

— Ölüm hepimiz için Şule Hanım. Er veya geç, onunla buluşacağız. Keşke bütün insanlar onu sizin gibi tevekkülle karşılayabilse.

— Ölünce nereye gideceğiz acaba?

— Geldiğimiz yere.

— Geldiğimiz yere mi? Biz nereden geldik ki?

— Otuz dört yıl önce neredeydiniz?

— Otuz dört yıl önce ben yoktum ki!

— İyi ya, bir süre var olup sonra tekrar yok olacağız. Hepimiz ölümden sonra nereye gideceğimizi merak ediyoruz, ama daha önce neredeydik, neydik, bunu merak eden yok. Doğmadan önceki halimize geri döneceğiz. Orada ne üzüntü, ne sıkıntı, ne korku var. Doğmadan önceki halinizden korkuyor musunuz?

— Neden korkacakmışım, o zaman ben yoktum.

— Güzel, demek ki sonrasından da korkmamız için bir sebep yok, çünkü yine aynı yere gideceğiz.

— Ne tuhaf şeyler konuştuk bugün sizinle. Sizi ilk kez görüyorum. Annemle bile konuşamayacağım şeyleri konuştuk burada. Şu koltuğa oturduğumda canım çok sıkkındı. Kafam karmakarışıktı. İçimde acayip bir sıkıntı vardı. Sanki bir uçurumdan aşağı düşüyormuşum ama bir türlü yere inemiyormuşum gibiydi. Benimle kimse konuşmaya cesaret edemedi. Onlar korktukça, ben daha çok korktum... Hem bir şey olduğunu biliyorsunuz, hem de hiçbir şey yokmuş gibi davranıyorlar size. Şimdi ayaklarım yere değdi. Paramparça olurum sanıyordum, olmadım. İçimdeki sıkıntı yok oldu. Şimdi sadece üzgünüm. Çok üzgünüm... Ama şu son söyledikleriniz çok tuhafıma gitti, geldiğim yere geri dönüyorum. Ne kadar doğru. Eskiden de yoktum, yine yok olacağım. Demek ki gideceğim yer pek yabancı sayılmaz.

— Dünya varolalı milyarlarca yıl olmuş. Sen bu milyarlarca yılın otuz dört yılında dünyaya misafir gelmişsin ve şimdi tekrar eski yerine geri dönüyorsun. Babanın misafirliği bitmiş ve o da geri dönmüş.

Sonra annen, ablan, diğer sevdiklerin, arkadaşların sırayla geri dönecekler.

— Evet, herkes misafirliği bitince geri dönecek. Krallar, kraliçeler, sultanlar bile kalamamış bu dünyada. Yüz yıl yaşasam yine bitecek ve ben yine korkacaktım. Şimdi eve gidince, boy abdesti alıp dua edeceğim.

— Çok iyi olur.

— Tövbe edeceğim, af dileyeceğim ondan.

— Tanrı ondan af dileyenleri her zaman affetmeye hazırdır.

— Siz de arada bir Tanrı'yla konuşur musunuz?

— Sık sık yaparım o işi.

— Rahatlar mısınız?

— Evet, her zaman rahatlarım.

— Bu dünyayı bırakıp gitmek ne kötü. Belki de bir daha baharı göremeyeceğim. Kapkaranlık bir mezara atacaklar beni. Ben karanlıktan korkarım.

— Uyumayı sever misiniz?

— Evet, bir zamanlar okul, sonra iş derken uykuya hiç fazla zaman ayıramadım. Pazar sabahları öğlene kadar uyumak isterdim hep.

— Yani uyumayı seviyor ve uyumaktan korkmuyorsunuz. Ölüm sonsuz bir uykudur. Rahat uyuduktan sonra nerede uyuduğunuz önemli mi? Orada ne karanlık var ne de korku.

— Bedenim, ellerim, yüzüm çürüyecek. Yok olacağım.

— Aslında hem yok olacağız, hem olmayacağız. Ünlü fizik kuramını unutma, vardan yok olmaz, olamaz. Sadece başka bir boyuta geçeceğiz. Geldik, gördük ve gidiyoruz.

— Gidiyorum...

— Yalnız değilsiniz, her gün yüzlerce bebek doğarken, hiç yaşamadan ölüyor... Ayrıca yüzlerce insan da ölüyor. Yüz yıl sonra sokakta gezen insanların hepsi değişmiş olacak.

— Kimi pat diye kalpten gidecek, kimi trafik kazasından. Evvelki sene bizim şubede çalışan bir arkadaşımız karısı ve çocuğu ile birlikte yaz tatilinden dönerken trafik kazasında öldü. Ne kadar üzülmüştük ona. Benimle yaşıttı. Öyle pat diye gitmek galiba daha kötü ama acı çekmem inşallah.

Önce sessiz, derinden gelen hıçkırıklarla, sonra ciğerlerinin bütün gücüyle, yüreğini boşaltırcasına haykırarak ağlamaya başlıyor. Sessizce bekliyorum. Ağlamak için bundan daha önemli ne olabilir ki...

Bu güzelim dünyayı bırakıp giderken ben de böyle ağlayabilecek miyim acaba? Onunla konuştukça benim korkularımın da azalmaya başladığını hissediyorum. Ölmek için ne kadar genç. Ağlamakta ne kadar haklı. Ölüm karşısında nasıl da çaresiz insanlar. Ve her şeye rağmen ne kadar doğal ve ne kadar güçlü. Gözlerimde biriken yaşları ona göstermemeye çalışıyorum ama görüyor. Yavaş yavaş duruluyor, sonra kalkıp boynuma sarılıyor.

— Teşekkür ederim.

— Teşekkür etme, seninle konuşmak bana da iyi geldi. Biliyorsun bu sadece senin değil, hepimizin, tüm yaşayanların ortak kaderi. Belki de sadece yaşayanların, canlıların değil, var olan her şeyin ortak kaderi. Hiçbir şey değişmeden aynı kalmıyor, her şey değişiyor. Dağlar, denizler, ağaçlar, çiçekler, hatta koskoca dünyamızın kendisi bile sürekli değişiyor. Dünya, ay, gezegenler, hepsi dönüyor ve dönerken aşınıyor, değişiyor.

— Doktor Hanım, ölüm beni artık korkutmuyor, buna ben bile inanamıyorum. Çocukken ablam başına bir çarşaf geçirir, öcü geliyor diye beni korkuturdu. Ben de içini göremediğim bu garip şeyden önce çok korkar, sonra ablam başından çarşafı çıkarıp "Cee," diye bağırınca önce bir çığlık atar, sonra da kahkahalarla güler ve ondan neden korktuğuma kendim de şaşardım. Siz bugün ölümün üzerindeki çarşafı kaldırdınız. İçini görünce korkmanın ne kadar anlamsız olduğunu fark ettirdiniz bana. Korkmuyorum ama çok üzgünüm. Hani çok güzel bir tatil yaparsınız, tatil bitip geri dönme zamanı gelince insanın içine garip bir hüzün çöker ya, işte öyle bir şey. Şimdi artık gideyim. Ameliyattan sonra eğer az da olsa zamanım kalırsa ve hastaneden çıkabilirsem, size yine geleceğim. Şu koltuğa otururken, korkak, küçük, çaresiz bir çocuktum. Şimdi büyüdüm, kocaman oldum. Sizin de üzüldüğünüzü görüyorum. Doktorlar üzülmez sanırdım. O dosyaların arasına benimki de girecek. Hastalarınızı çabuk unutur musunuz?

— Hayır unutmam, seni de unutmayacağım.

— Ben de sizi unutmayacağım. Annem, ablam ve arkadaşlarım da hemen unutmayacaklar beni. Bunu bilmek ne güzel. Asıl ölüm galiba temelli unutulmak. Ben geçen yıl trafik kazasında ölen arkadaşımı hâlâ unutmadım, yani o benim beynimin bir yerlerinde hâlâ yaşıyor. O da sevilen bir çocuktu. Kimbilir daha kaç kişinin beyninde yaşıyor. Bir tek şeye pişmanım.

— Ne o Şule?

— Keşke daha çok insan tanıyıp ve daha çok insanın kalbini kazansaydım. Şimdi düşünüyorum da, giderken yanımda götürebileceğim tek şey buymuş. Para biriktirmiştim, hiç işe yaramadı ama arkadaşlarım beni sever, onların yüreğinin bir yerlerinde küçücük de olsa bir yerim var. İyi ki çalışmış, bir işin ucundan tutmuş, insanlara az da olsa bir katkıda bulunmuşum. Buna memnunum. İyi ki kavgacı, sinirli biri olmamışım, insanları kırmamışım. Yoksa şimdi bu kadar rahat çıkamazdım bu yolculuğa.

— Sen göründüğünden çok daha derin ve olgun bir kızsın Şule. Şu söylediklerin var ya, ölümle yüz yüze gelince en büyük âlimlerin, filozofların bile düşünemeyeceği, söyleyemeyeceği kadar önemli ve derin sözler. Ben işimi hep çok sevdim ama bugün sen bana bir kere daha insanı sevmekte, ona hayran olmakta ne kadar haklı olduğumu gösterdin. Güle güle git. Yaşadığım sürece seni hiç unutmayacağım. "Bir Şule vardı, Şule'den daha yüce," diyeceğim ve eğer sen bana gelemezsen, bir gün ben mutlaka senin yanına geleceğim...

— Hoşça kal Doktorum.

Şule odadan süzülerek çıkıyor dışarı. Bir süre öylece ayakta kala kalıyorum. Sonra yavaşça pencerenin kenarına gelip aşağıdaki insanlara bakıyorum. Yüzlerce insan, Ankara'nın Meşrutiyet Caddesi üzerinde oradan oraya koşturup duruyor. Yüz yıl sonra hiçbiri kalmayacak. Oyuncular değişiyor ama hayat devam ediyor. Ölmeyi hiç istemiyorum ama galiba artık ondan daha az korkuyorum.

— Doktor Hanım biliyorum yorgunsunuz ama şu bizim Hatice geldi. İlacı bitmiş, beş dakika alıvereyim mi içeri?

— Tabii Tuna, gelsin.

Hatice buraya yıllardır gidip gelir. Uzun süre gazinolarda, pavyonlarda çalışıp ailesine bakmış, bütün hayatını onlara adamış çileli bir kadın. Şimdi de bir kızı var. Bütün amacı onu kurtarabilmek.

— Merhaba Hatice, nasılsın?

— Bu ara canım sıkkın, işler iyi gitmiyor. Kızımın başı dertte. O öyle mahzun durdukça içim eriyor. Annelik işte. Yine uykularım bozuldu, sıkıntı geliyor, moralim bozuluyor. Dışarıda bekleyen hastalar var. Bugün sizi fazla meşgul etmesem iyi olacak. Tuna Hanım da içeri girerken "fazla kalma," diye tembih etti. İlaçlarım bitti, yazıverin de gideyim. Başka zaman yine gelirim.

— Tamam Hatice, hemen yazıyorum.

— Bugün sizi solgun gördüm, hasta mısınız yoksa?

— Hayır Hatice, hasta değilim, biraz üzüldüm, hepsi o kadar...

— Yok yok, biraz değil, çok üzülmüşsünüz siz. Ne yapalım, hastalar biraz beklesin. Ben şimdi şu kapıları kapatıp biraz yanınızda oturacağım. Size güzel bir şarkı söylesem, beni dinler misiniz?

— Şarkı mı?

Hatice hızla koridora çıkıp aradaki kapıları kapatarak karşımdaki koltuğa oturuyor, başını arkaya yaslayıp gözlerini kapatıyor ve başlıyor söylemeye. Odaya yumuşacık dalga dalga bir kadın sesi yayılıyor.

Koltuğuma iyice gömülüp, ben de başımı arkaya yaslıyorum.

"Kimseye etmem şikâyet
Ağlarım ben halime.
Titrerim mücrim gibi
Baktıkça istikbalime..."

Ne kadar güzel bir kadın ve benim bu çok sevdiğim şarkıyı nasıl da hissederek söylüyor. Şarkı bitince gözlerini açıp muzip muzip yüzüme bakıyor.

— Aslında niyetim sizi dinlendirmek ve eğlendirmekti ama "Dervişin fikri neyse zikri odur," derler. Galiba içinizi iyice kararttım. Öyleyse bu sayılmaz.

"Dürüyemin güğümleri kalaylı,
Fistan giymiş etekleri alaylı,
Dürüyemi aldatması kolay mı..."

— Eh bu daha iyi oldu galiba. Ben artık gideyim. Tuna Hanım bana yine kızacak. Aman kızarsa kızsın. Hiç olmazsa havanız değişti. Üç günlük dünya be Doktor Hanım, hiçbir şey için üzülmeye değmez. Bizler üzülürüz de, sizin üzülmenize dayanamayız. Bu odaya girenler size kimbilir ne kadar iç karartıcı şeyler anlatıyorlardır. Eh, "Ben çok mutluyum Doktor Hanım," diyecek halleri yok ya. Yüzü gülen adamın burada ne işi var? Çok zamanınızı aldım. Allah razı olsun, benim duam yeter size. Böyle canınız sıkılınca bir telefon etseniz koşar gelirim. Ne yapar eder, kafanızı dağıtırım sizin.

— Sağ ol Hatice. Şarkılar harikaydı. Ayrıca sesin de çok güzelmiş. Ne zaman istersen gel, beklerim.

— Biz bu işten yıllarca ekmek yedik Doktor Hanım. Şimdi işler kesat ama ne yapalım, kurt kocayınca köpeklerin maskarası olurmuş. Hadi artık, bu sefer gerçekten gidiyorum. Bay bay.

— Güle güle Hatice.

Bir yanda Şule, bir yanda Hatice. Bir yanda ölüm, bir yanda yaşam. Hep iç içe, kol kola geziyorlar...

Tanrım ve Ben

Ramazan'da okunan akşam ezanları bir başka etkiler beni. Ezanı bilen okumalı. Çünkü ezan okumak ayrı bir sanat. Meşrutiyet Caddesi'ndeki muayenehanem Kocatepe Camii'ne çok yakın olduğundan, ezan sesi çok net duyulur. Oradaki müezzin bu işi biliyor. Televizyonda sanatçılardan ezan dinlemeyi sevmiyorum. Bu iş, onların işi değil. Fazla profesyonel buluyorum. Duygulanamıyorum bile.

Bu akşam dinlediğim ezan beni çocukluğuma götürüyor. Beş kişilik ailemizin masaya oturup ezan sesini heyecanla bekleyişimiz, tabaklardaki çorbaların dumanı tüterken kalplerimize yayılan huzur ve sanki içimizdeki tüm kötülüklerin bu duman gibi uçup gidivermesi... Ruhlarımızın iki odalı, küçük evimiz gibi tertemiz oluvermesi... Bir daha kendimi hiç o zamanki gibi temiz hissedemedim.

Annem biz çocuklara tekne orucu tutturexcurdu. Gece hepimizi sahura kaldırır, tıka basa yedirir, sabah kahvaltı ettirmez, öğle yemeğinden sonra akşama kadar bir şey yememize izin vermezdi. Böylece yarım oruç tutar, akşam olunca hep beraber sofraya oturur, oruç bozardık. Babam "Afferin," derdi bize. "İyi çocuklar oldunuz. Allah'ın rızasını kazandınız."

Rahmetli babaannem biz küçükken, annemin tüm itirazlarına rağmen, bize güya dini bilgiler verirdi. "Allah'ın her yerde gözü vardır. Melâikeler her yaptığınızı yazar. Günahı da sevabı da deftere kaydeder. Öbür dünyada size bunların hesabı sorulur," derdi. Bunu bir türlü anlayamaz ve korkardım. Sürekli birileri tarafından gözetlenmek ürkütürdü beni. Tanrı'yı uzun boylu, lacivert elbiseli, yakışıklı bir erkek olarak hayal eder, elinde kâğıt kalem, benim her yaptığımı defterine not ettiğini düşünürdüm. Benim yakışıklı Tanrım babama çok benzerdi. Babam gibi lacivert elbiseli, uzun boylu Tanrı'dan da, babamdan da korkardım. Ama benim babam bana kolay kolay kızmaz, beni hep sever, över, takdir eder ve bana saygı gösterirdi. Onun yanında kendimi hep önemli hissederdim. Küçücükken bile beni dinler, benimle her konuda sohbet eder, hatta fikrimi sorardı. Her vesileyle bana olan güvenini belli eder, yanlış yaptığımda, bunu benim anlamamı bekler, hatalarımı hiç yüzüme vurmazdı. Benim gururumu hiç kırmaz, başımı hep dik tutmamı isterdi. Ama yine de korkardım ondan.

Bana bu kadar saygılı birinden neden korkulur? Neden olacak, bu büyük sevgiyi ve güveni kaybetmekten korkardım. Şimdi anlıyorum bunu.

İşte benim Tanrım babama benzerdi. Yani beni sever, bana güvenirdi. Yanlışımı kendimin anlamasını bekler, beni cezalandırmazdı. Beni her zaman affetmeye, hoşgörmeye hazırdı.

Tanrı'dan da babamdan korktuğum gibi korkardım. Beni cezalandırmasından değil, beni sevmemesinden, bana güvenmemesinden korkardım. Ama beni sürekli gözetleyen, elinde kâğıt-kalem benim her yaptığımı kaydeden O Tanrı içimi ürpertirdi. Bir de ölünce sorulacak hesaplar. Ya cezalar... cehennemde cayır cayır yanmalar... Uykularım kaçardı bazen.

14-15 yaşlarıma geldiğimde kafamdaki bu sorular iyice artmaya başladı. Müslümanlık ne demekti? Ölüm nasıl bir şeydi? Kimler cehennemde yanacaktı? Bunlar sadece Müslümanların mı başına gelecekti? Ya inanmayanlar? Onlara ne olacaktı? Onların tanrısı olmadığına göre cezaları da olmayacak mıydı?

"Tanrı bizi denemeye gönderdi dünyaya," diyordu babaannem. Neyi deniyordu bu Tanrı. Bizi yaratan, her yaptığımızı, her düşündüğümüzü bilen ve gören koskoca Tanrı, bizi denemeden anlayamıyor muydu nasıl olduğumuzu. Hem her şeyi bilip hem niye sınava sokuyordu. Sonra da kendi yarattığını beğenmeyip neden cezalandırıyordu?

Annemle babam, beni, çocukları olduğum için seviyordu da, Tanrı kendi yarattığı çocuklarını neden sorgusuz sualsiz sevmiyor, neden sadece kurallara uyanları tercih ediyordu? Ben yanlış da yapsam, annem-babam beni yine de seviyordu da, Tanrı neden daha çoğunu istiyor, pek de hoşlanmadığım şeyler için beni zorluyordu?

Bütün bu sorular, o gencecik kafamı iyice karıştırıyordu. TED Koleji'nde okuyordum. Arkadaşlarımın çoğu bu konuya hiç ilgi duymuyorlardı. Acaba onlar gibi mi olmalıydım?

Bir gün bu sorunumu annemle babama açtım. "Kafam karışıyor benim," dedim. Annem hoşlanmadı bu sözümden. "Biz Müslümanız ve sonuna kadar Tanrı'ya inanıyoruz. Sakın kafanı karıştırma. Kolej'deki arkadaşlarından etkilenme," dedi. Babam hiç sesini çıkarmadı. Ertesi gün bana Türkçe Kur'an getirdi. Oku, her şeyi kendin oku ve sen karar ver," dedi. Okudum, ama pek bir şey anlayamadım. Peygamberimiz'in yaptığı savaşlar, kazandığı zaferler, birtakım yasaklar, kadınlarla ilgili birtakım kurallar. Kafam biraz daha karıştı. Yine babamla konuştum. "Daha çok okumalısın, bu konuda herkes özgürdür. İstediğin gibi düşünmekte serbestsin," dedi.

Ne olurdu biraz ısrar etse, baskı yapsa da ben de rahatça isyan edebilseydim. O böyle yapmadı, ben de isyan edemedim. Halbuki birçok arkadaşım bu konuda aileleriyle ters düşmüş, sonunda rahatça isyan etmiş ve bu konuyu kafalarında tamamen kapatıvermişlerdi. Onlar anne-babalarını gerici olmakla suçluyor, onlarla ve inançlarıyla alay ediyor, din derslerinde öğretmen bize cinleri, şeytanı anlatırken birbirlerine göz kırpıyor ve her şeyle kolayca dalga geçebiliyorlardı. Böylece bu sorunumu onlarla da paylaşamıyordum. Bir-iki arkadaşım vardı. Onlar tam aksine, din dersi öğretmeninin her anlattığına inanıyor ama sorularımın hiçbirine cevap veremiyorlardı.

En iyisi çok okumalı ve bu soruların cevaplarını kendim bulmalıydım. İşte o yaşlarda başladım bu konuda okumaya ve hâlâ okuyorum. Bitiremedim bir türlü. Kur'an, İncil, Tevrat, Mevlana, Yunus Emre, Budizm ve daha neler neler. Din Felsefesi ve Tasavvufu çok sevdim.

Babamın bana 15 yaşındayken hediye ettiği Kur'an hâlâ duruyor. Kur'an aynı Kur'an ama mana değişti. Şimdi artık bu konuda sorunum kalmadı.

Tanrı'ya, bizi yaratan Sevgili Tanrı'ya sonuna kadar inanıyor ve onu çok seviyorum. Biliyorum ki, o da beni seviyor. Yarattığını seviyor. Artık beni gözetlemiyor, denemiyor. Bana her şeyin en güzelini sunarken, benden tek istediği, benim bu güzellikleri görmem, hissetmem ve mutlu olmam. O sadece benim mutluluğumu paylaşmak, onu nasıl sevdiğimi, ona nasıl şükrettiğimi duymak istiyor. Kendi güzelliğini ve gücünü biz insanlara yansıtırken, bizden de aynı güzelliklerin geri yansımasını bekliyor. Bizi cezalandırmak değil, yeryüzü cennetine göndererek ödüllendirmek istiyor.

O, her şeyi affetmeye hazır. Sadece *Kul Hakkı*'nı affedemem diyor. Birbirinize haksızlık ederseniz, benden değil, ondan *Af* dileyin diyor. O, hepimizi, ama en çok da çalışanı ve sevmeyi bileni seviyor. Kendi gibi, yarattığı her şeyi seveni, kendi gibi hoşgörülü ve mutlu olmayı bileni seviyor. Acılarımızı bizimle paylaşırken umutlarımızı yitirmemizi istemiyor.

Mutlu olabileni, görebileni, duyabileni, hissedebileni, etrafını da mutlu edeni seviyor.

Başkalarının hakkını yiyeni değil, paylaşanı, oturanı değil çalışanı, vazgeçeni değil mücadele edeni, cezalandıranı değil hoş göreni, nefreti değil sevgiyi, gururluyu değil alçakgönüllüyü, çevresini mutsuz ve huzursuz edeni değil, etrafına huzur, mutluluk ve neşe saçanı, cebi değilse bile gönlü zengini, kalp kıranı değil gönül alanı daha çok seviyor.

Yani kendine benzeyeni seviyor. Okuyanı-yazanı, düşüneni-anlatanı, insanlar için bir şeyler yapan herkesi seviyor. İlimi-bilimi, icad edeni, keşfedeni seviyor. Anne-babalarını seven-sayan, onları incitmeyen, hoş tutan çocukları seviyor. Çocuklarını seven, onları eğiten-öğreten, yediren-içiren, koruyan, hoş gören anne babaları seviyor.

Okuduğum kitaplar işte bana bunları anlattı. O, dünyadan yükselen güzel sesler duymak istiyor. Kavgaların ve savaşların sesini değil.

O bekliyor, umutla bekliyor.
Bir gün dünyadan gelecek,
Ona mutluluk ve teşekkürlerini haykıran insanların
Gönüllerinden gelecek seslerin oluşturacağı
O muhteşem *Senfoniyi*
Duymayı bekliyor.

Çöp Apartman – 3

— Doktor Hanım, Neriman Hanım bekliyor ama Hüseyin Bey geldi. Biliyorsunuz o beklemek istemez. Ne yapalım?

— Neriman'dan izin iste, Hüseyin'i hemen al içeri.

— Tamam efendim.

— Hoş geldin Hüseyin.

— Ablam benim, Gülseren Ablam öl de öleyim. Senin hakkını ödeyemem ben. Dışarıda hastalar bekliyor. Çok zamanını almayacağım. Sana saygısızlık etmek istemem ama yine kötü oldum ben. Belki bininci elektroyu çektirdim. "Bir şeyin yok," diyorlar, ama iyi değilim. Buraya yine bir arkadaşım getirdi beni. Yalnız sokağa çıkamıyorum. Hüseyin'e yakışır mı böyle şeyler? Namımız çizilecek. Ulan ne biçim hastalık bu? Bula bula beni mi buldu. Böyle sıçan gibi korkmak bizim gibi delikanlı adama yakışır mı? Kör talih burada da düştü peşime. Ölümden korkuyorsam dünyanın en adi adamıyım. Kaç kere ölümle burun buruna gelmişim, kılım kıpırdamamış benim. Orduyla geldiler üzerime, dayaksa alasını yedik. Bıçaksa vurdular. Biliyorsun ablam, vücudumda kırılmadık kemik yok. Tabancaysa çektiler. Onlar da vurdu, ben de. O zaman bunların hepsi bana vız geliyordu da, şimdi ne oldu bana?

— Gel Hüseyin, otur şöyle.

— Gülseren Abla, hayatta en önemli şey nedir biliyor musun? Vefa. Sen varsın ya, biliyorum ki benim sırtım yere gelmez. Bak, daraldım, koşup geldim yanına. Yıllardır geri çevirmezsin beni. Randevulu hastalarını bekletir, beni alırsın içeri. Kör talih, bir burada atladı. Hep kendi derdime dalar, sana "nasılsın," demem. Affet kusurumuzu, nasılsın Gülseren Abla?

— İyiyim Hüseyin.

— Çok iyi görünüyorsun Gülseren Abla. Yahu sen giderek gençleşiyorsun. Yıllardır gelir giderim buraya, hiç değişmedin. Nedir bunun sırrı Abla?

— Sizler herhalde.

— Sen böyle durdukça, var ya, benim moralim düzeliyor. Bazen sırf seni görmeye geliyorum buraya. Hasta mı, sağlam mı diye kontrol ediyorum. Aslında on para etmeyiz biz. Çok bencil insanlarız. Sen iyi ol ki, bize bakabil. Böyle dediğime bakma, bir gün keşke ben de senin için bir şeyler yapabilsem. Seni sırtımda taşırım Ablam benim.

— Çocuklar nasıl Hüseyin?

— İyiler Abla. Okula gidiyorlar. Kızlarımın hepsi çalışkan. İnşallah onlar da okuyup, Gülseren Ablaları gibi doktor olacaklar. Hepsinin hayali bu. Çok iyi bakıyorum onlara. Her şeyin en iyisini yediriyorum. Ben çocukluğumda muz nedir bilmezdim. Onlara şimdi muzun en alasını alıyorum. Eti, sütü eksik etmiyorum. Yesin çocuklar. Ben yiyemedim, onlar bari yesin. Akşamları ışıkları hep yakıyorum. Sana anlatmış mıydım Abla, ben çocukken, geceleri sokaklarda gezerken, ışık yanan evlerin camlarına taş atardım.

— Neden Hüseyin?

— Neden ya, sen anlamazsın bunları Abla. Sen hiç gece sokakta kaldın mı? Günlerce aç gezdin mi? Sokaklarda köpeklerle koyun koyuna yattın mı? Kıskanırdım o evde yaşayan insanları. Onların bir ailesi, sıcak bir evleri, sıcak yemek yapan anneleri var, benim yok. Onun için taş atardım pencerelerine. Bizim eğlencemiz de buydu işte. Babam annemi kesmeseydi belki bizim de böyle bir evimiz olurmuş ama olmamış işte. Ama şimdi benim evim sıcak. Her gün çorbamız pişer, ışığımız yanar. Ablam, senin yanına gelince hiç gitmek istemiyorum. Her hafta loto oynuyorum. Eğer bir tutturursam yandın be Abla?

— Neden ben yanacak mışım?

— Para çıkarsa ne yapacağımı biliyor musun?

— Sahi ne yapacaksın?

— Senin oturduğun apartmanda bitişik daireni satın alıp sana komşu olacağım. Yani buraya geldiğim yetmiyormuş gibi, bir de evinde başını ağrıtacağım senin.

— Estağfurullah Hüseyin, senin aslında ne kadar saygılı ve hassas bir adam olduğunu biliyorum ben.

— Sağ ol Ablam, ben böyle lafları hiç kimseden duymadım.

— Hüseyin işlerin nasıl?

— İş yok be Abla. Ben böyle ha öldüm ha ölüyorum derken işler iyi gider mi? Zaten biliyorsun başımızdan bela eksik olmaz bizim.

— Aman Hüseyin, kızları unutma. Onların sana ihtiyacı var. Sakın artık başını derde sokma.

— Ben artık bela aramıyorum ama bela gelip beni buluyor. Her neyse, yine çok vaktini aldım. Beni şöyle bir muayene ediver de gideyim. Zaten içeri girince düzeldim, bir şeyim kalmadı ama yine de bir bak istersen.

— Tamam Hüseyin, çıkar ceketini, geç şöyle.

Hüseyin yine her zamanki gibi çok şık ve temiz. Üzerinde en iyi marka gri takım elbisesi, siyah ipek gömleği ve özel yapım, sivri burunlu, hafif topuklu siyah süet ayakkabıları var. Kravat takmaz ve siyah gömleğin yakası hep açıktır. Ceketi çıkarınca belinde hep asılı duran büyükçe bir tabanca görünüyor. Hüseyin tabancasını belinden çıkararak masamın üzerine bırakıp muayene masasına oturuyor.

— Hüseyin bu tabancayı taşımak zorunda mısın?

— Evet Abla.

— Ama sen çabuk sinirlenen bir adamsın. Senin gibi insanların tabanca taşıması çok yanlış. Bu yüzden başın belaya girecek.

— Abla benim başım beladan hiç kurtulmadı ki.

— Ama artık bir karın ve çok tatlı üç kızın var. Bundan kurtul.

— Ben taşımasam, beni hemen vururlar Abla. Sen bizim âlemi bilmezsin. Elimden gelse bir gün bile taşımayacağım şu kapkara demiri ama şimdilik başka çare yok. Ama sen bunu bana hep söylüyorsun. Bakarsın bir gün ben de kurtulurum bundan. Sana geleliberi hiç hapse girmedim, biliyorsun değil mi Abla? Aslında senin zannettiğinden çok daha fazla değişiklikler oldu bende. Nasılım Abla, iyi miyim, tansiyonum nasıl?

— Hepsi de çok iyi Hüseyin. Turp gibisin maşallah. Hadi, hemen git artık.

— Tamam Abla gidiyorum, zaten hastadan izin alıp öyle girdim içeri.

— Hüseyin bir kere de randevulu gelsen bana.

— Gelemem Abla, ben ne bileyim ne zaman kötü olacağımı. Birdenbire beynim dönüyor, o zaman soluğu burada alıyorum. Neyse şimdi iyiyim. Sağ ol Gülseren Abla. Allah senden razı olsun. Dünya durdukça dur ablam benim.

— Güle güle Hüseyin, ev halkına benden selamlar.

— Söylerim Abla.

Hüseyin'in simsiyah saçları ve yine simsiyah kalın bıyıkları var.

Hafifçe kollarını yana açarak ve omuzlarını öne arkaya sallayarak yürüyor. İnsanlar ondan korkuyorlar. Aslında ne kadar yufka yürekli bir adam olduğunu bir bilseler. Hüseyin koridorda kaybolurken, bana doğru yaklaşan Neriman'ı görüyorum Üzerinde lacivert bir etek ceket var. Ne giydiğine artık daha çok dikkat ediyorum. Acaba kirlenirse belli olmasın diye mi laciverdi tercih ediyor? Gülben bana geldiğinde ne giymişti diye düşünüyorum, koyu kırmızı, şarap rengi bir bluz vardı üzerinde. Yani onun giysileri de koyu renkti. Bunlar tesadüf mü yoksa bilerek, kirlendiği belli olmasın diye mi bu renkleri tercih ediyorlar diye düşünüyorum içimden. Her konuda daha dikkatli olmalıyım.

— Hoş geldiniz Neriman Hanım, nasılsınız?

— Hoş bulduk Gülseren Hanım, ama bana artık hanım demekten vazgeçin. Bu gidişle ben ömür boyu size geleceğim. En yakın akrabanızdan daha sık göreceksiniz beni. Ayol şimdi çıkan adamdan korkmuyor musunuz?

— Hayır, neden korkayım?

— İçeri girmeden önce benden izin istedi. Aslında ben buraya randevulu gelmişim, sıramı kimseye vermezdim ama, adamın bıyıklarını ve bakışlarını görünce aniden fikrimi değiştirdim. Filmlerdeki gangsterlere benziyor. Allah bilir belinde tabancası bile vardır. Artist gibi de giyinmiş. Aman ne zor sizin işiniz. Akşama kadar her çeşit insan geliyor size.

— Öyle göründüğüne bakma, çok has adamdır o. Tekrar özür dilerim bu gecikme için. Evet Neriman, nasılsın bugün?

— Aman hiç sormayın. Gülben size geldi ya, evde kıyamet koptu. Büyük ablam çok tepki gösteriyor bu işe. "Sen deli misin, ne işin var deli doktorunda," diye kıyamet koparıyor. Gülben'in de canına minnet, zaten ilacı kullanmamak için bahane arıyordu. Bir-iki gün kullanıp bıraktı. Benim size geldiğimden haberleri yok, olsa bana da söylenirler. Gerçi benim onları dinlemeyeceğimi biliyorlar ama onlarda akıl, mantık yok ki.

— Böyle olacağı belliydi. Gülben Hanım'ın tedavi olmaya hiç niyeti yoktu. Her neyse. Sen nasılsın Neriman, sivilceler kayboldu mu?

— Evet, evet, iki gün içinde cildim normale döndü ama ben ilacı kullanmaya devam ediyorum.

— Evet, bir süre daha devam edeceksin ilaca. Bugün seni biraz daha tanıyabilir miyim?

— Tabii Gülseren Hanım. Elimden geldiği kadar size kendimi anlatmaya çalışacağım ama ben bugüne kadar evdekilerle uğraşmaktan, kendi hayatımı yaşayamadım ki.

— İstersen biraz özel hayatından söz edelim.

— Ah, keşke özel hayatım olsa da anlatsam. Biliyorsunuz benim iki ablam var. Onlar evlenmediği için benim evlenmem hiç söz konusu olmadı. Onların da evlenmeye hiç niyeti yok. Zaten onların niyeti olsa da kim evlenir onlarla. Biri "Deli Dudu" biri "Pis Südüklü".

— Bu isimleri kim taktı onlara?

— Annem takmış. Ama haklı galiba. İsimler tam yerini bulmuş.

— Biraz anneni anlatsana bana...

— Annemi mi? Ah Gülseren Hanım, öyle zor sorular soruyorsunuz ki... Daha önce bunları kimseyle konuşmadım ben. Evin sırrı evde kalır derdi annem. Ama konuşulamayan öyle şeyler yaşandı ki bizim evde, işte sonunda hepimiz hasta olduk. Ablalarım bu hale nasıl geldi sanıyorsunuz. İkisi de güzelliğiyle mahallede ün salmıştı. Hele bir büyük ablamı görseniz, bir kadın ne kadar güzel olabilirse, o kadar güzeldir. Televizyonda boy gösteren mankenlere bakıyorum da, hiçbiri Safiye'nin eline su dökemez. Ama kader işte.

Asıl hasta olan annemdi herhalde. Çocukluğumuzu bize zehir etti. Çok dayak yedik. En çok da ablalarımı döverdi. Ben en küçük olduğum için ablalarım korurdu beni. Çok titiz bir kadındı annem. Bizi evimizde yaşatmadı. Oraya basma, oraya dokunma, vay döktünüz, yok kırdınız. Her şey suçtu bizim evde. Hiç oyun oynamadan büyüyen çocuk olur mu? Biz hiç oyun oynamadan büyüdük.

Babam büyük mevkili bir bürokrattı. Sabah erkenden çıkar, akşam geç saatte eve gelirdi. Evde olanlardan hiç haberi olmazdı. Gerçi ona da eziyet ederdi, eve gelir gelmez üstünü başını zorla çıkarttırır, ev elbiselerini giydirirdi ama yine de babama pek sözü geçmezdi. Gerçi pısırık bir adamdır benim babam. Nasıl bu kadar yüksek bir bürokrat olduğuna hep şaşmışımdır. Demek ki işyerinde evdeki gibi değildi. Bizimle ilgilenmez, konuşmaz ve evde hiçbir şeye karışmazdı. Ne sevdiğini anlarsınız ne kızdığını. Ne iyi sözünü duyduk ne kötü sözünü. Ne dövdü, ne sevdi bizi. Ay başında maaşı annemin eline verir, başka hiçbir şeye karışmazdı. Evde her şey annemden sorulurdu.

Hep erkek çocuk istermiş annem. Biz babamdan bir şey duymadık ama annem kız olduğumuz için hep kızdı, aşağıladı bizi. Bir oğlan çocuk doğurabilmek için çok uğraşmış. Yedi çocuk doğurmuş, hepsi kız. Dördü yaşamamış, daha bebekken ölmüşler. Belki de bakımsızlıktan ölmüşlerdir. Her seferinde oğlan doğuramayınca depresyona girermiş annem, çocuğa filan bakamazmış. Biz tesadüfen hayatta kalmışız galiba. Keşke hiçbirimiz yaşamasaydık. Sanki yaşadık da ne oldu? Bu eziyetleri çekmek varmış kaderimizde.

— Seni üzmek istemiyorum Neriman ama bunları konuşmamız gerekiyor.

— Haklısınız Gülseren Hanım, buraya gelirken bunları konuşmamız gerekeceğini tahmin etmiştim zaten. Bazı şeyleri içimden atabilmek için daha pek çok şeyi size anlatmam gerekecek. Evdekilerin durumu benden kötü. Ben ne de olsa evin son çocuğuyum. Ablalarım bu konuda daha şanssız. En kötüyü onlar yaşamış ve ellerinden geldiği kadar korumuşlar beni. Safiye ablam olmasaydı ben daha bebekken ölecekmişim. O bakmış bana. Aramızda 10 yaş vardır onunla. Yani 10 yaşında bir çocukken annelik etmiş bana.

— Annen hiç ilgilenmemiş mi seninle?

— Hayır, kız olduğumu duyunca yüzüme bile bakmamış. Düşünsenize, oğlan beklerken dünyaya gelen yedinci kızım ben.

— Ya baban, o ne yapmış sen doğduğunda?

— Hiçbir şey. Her zamanki gibi hiç tepki göstermemiş. Annem babamın bu tepkisizliğini hep oğlan doğuramayışına bağlardı. Zannederdi ki bir oğlu olsa babam değişecek, hem çocuğuyla hem de karısıyla daha çok ilgilenecek ama şimdi anlıyorum ki bu bir masal. Babam neyse o. Dünya yerinden oynasa adamın kılı bile kıpırdamıyor. O hiç kimseyi sevmedi ne annemi ne bizi ne de dünyadaki başka bir şeyi. Bir tek işini severdi. Gece yarılarına kadar çalışsa "yoruldum," demezdi. Şimdi emekli oldu, işi de yok. Akşama kadar kitap okur. Yemek vermesen, üç gün aç kalsa, açım demez. Tuhaf bir adam işte, ama o benim babam. Kötü desem kötü de değil. Bugüne kadar hiçbir kötülüğünü görmedik. Annem öleli bir dediğimizi iki etmedi. Ne istesek alır.

Bizim ev tımarhane gibi olduğu için sadece aylık su parası milyarlar ediyor. Neredeyse her ay sular idaresinden adamlar gelir ve su saatini değiştirirler. Bu saat bozuk diye tuttururlar. Bu kadar suyu bir dairenin kullanabileceğine inanmaz kimse. Biz durumu anlamasınlar diye hiç sesimizi çıkarmayız ne derlerse öderiz. Her ay paketler dolusu yatak çarşafı alırız Gülben için. Deterjana verilen paranın haddi hesabı yok. Babam bütün bunlara hiç itiraz etmez, sadece arada bir bu kadar çarşaf almamıza itiraz eder. Yani bizden parayı pulu esirgemez. Hasta zaten, günleri sayılı. Onu üzmek istemiyoruz. Ama bütün olanlara göz yuman, hepimizin hayatı yavaş yavaş kayarken buna seyirci kalan bir babaya karşı insan neler hisseder bilmem tahmin edebiliyor musunuz?

— Seni anlıyorum Neriman. Aynı kişiyi hem sevmek hem de ona çok kızmak kolay bir iş değil. Hele bu kişi bir de baba olursa?

— Biliyor musunuz babama ne kadar kızdığımı şimdi size anlatırken fark ettim. Sanki bütün suç annemin sanırdım. Her şeyden onu sorumlu tutardım kafamda, ama anlattıkça anlıyorum ki babam da sütten çıkma ak kaşık değil.

— Bütün bunları ablalarınla konuşur musunuz?

— Yok be Gülseren Hanım. Bizim evde insanlar konuşmayı unutmuş... Hele annemin ölümünden sonra sanki konuşmak yasaklandı bizim evde. Çok garip ama birbirimizle konuşmaya bile korktuk, çünkü ağzımızdan çıkanı kulaklarımız duysun istemedik galiba. Herkes sırrını içine gömdü. Sonra da bu hale geldik işte.

— Ben anneni sordum, sen bana babanı anlattın. Anneni ne zaman anlatacaksın?

— Onu ben anlatamam size. Onu belki bir gün Safiye ile konuşursunuz.

— Ama ben henüz Safiye'yi tanımıyorum, hem onun bana gelmeye hiç niyeti yok galiba.

— Bu doğru, ancak bir belki mucize onu size getirebilir ama yine de annemi anlatmak benden çok ona düşer. Ben size şu kadarını söyleyebilirim, her ikisi de annemden çok dayak yedi. Gülben belki de onun yüzünden geceleri yatağını ıslatıyor, çünkü ben hatırlıyorum, oklavayla döverdi kızı. Kaç kere orasını yaktı, ama olmadı. Şimdi onların tek bir amaçları var, her şeyi tekrar tekrar yıkamak. Yaşama amaçları bu oldu ikisinin de.

— Peki, şimdi evde ilişkiler nasıl?

— Evin patronu en büyük ablam. O ne derse o olur. Çocukluğumuzda annemin yaptıklarını şimdi o yapıyor. Fasulyeler bile pişmeden önce tek tek sabunlanıyor. Öyle her aklına gelince tuvalete gitmek bile yasak.

— Neden?

— Çünkü ablama göre tuvalet pis ve oraya giren herkes kirlenir.

Bu yüzden tuvalete girerken neredeyse çırıl çıplak soyunacaksınız, elleriniz on kere sabunlanacak, ancak öyle dışarı çıkabilirsiniz.

— Ya baban ne yapıyor?

— Babamın ayrıcalığı var. O ne zaman isterse girebilir, ancak onun salonda oturduğu özel bir koltuk vardır, hiçbir yere dokunmadan sadece oraya oturup kalkabilir.

— Baban da kurallara uyuyor mu?

— Uymayıp ne yapsın. Adamcağız bir dönem annemden çekti, şimdi de kızlardan çekiyor.

— Peki sen ne yapıyorsun?

— Hiç, elimden geldiği kadar problem çıkarmamaya çalışıyorum. Yıllar boyu çok mücadele ettim. Ağladım, evden kaçarım diye tehdit ettim, babamı devreye sokmaya çalıştım, ama hiçbiri fayda etmedi. Şimdi artık hiçbir şeyin değişmeyeceğini anladım. Onun için o evden kurtulmanın yolunu arıyorum.

— Ne yapmayı düşünüyorsun?

— Başka bir eve taşınmak istiyorum ama babam yaşadıkça ben istediğim gibi davranamam. Çünkü adam hasta, bir de ben gidersem ölür.

— Neden, üzülür mü?

— Hem üzülür hem de pislikten, bakımsızlıktan ölür adamcağız.

— Kızlar babana bakmazlar mı?

— Öyle değil, aslında ikisi de babamı sever ama akşama kadar bir kap yemeği bile pişiremiyorlar. Her bir fasulye on kere sabunlanır, her bulaşık defalarca yıkanırsa o evde iş biter mi? Geçen gün yine sular idaresinden gelmişler. Her ay gelip saati değiştiriyorlar. Adamlara ne diyeceğimizi şaşırıyoruz. Halbuki saatte bir sorun yok, sorun bizim kızlarda. Babam zengin olmasaydı yanmıştık. Doğru dürüst çamaşır yıkanamadığı için her şey yeniden alınıyor.

— Diğer dairelerde kirliler torbaların içinde bekliyor değil mi?

— Evet, torbalardan bir dağ oluştu.

— Kaç zamandır bekliyorlar?

— Vallahi ne bileyim, yıllardır duruyor hepsi.

— Demek atamıyorsunuz.

— Bizim evde hiçbir şey atılmaz. Ya o torbaların içinde atılmaması gereken önemli bir şey varsa?

— Ne mesela?

— Ne bileyim ben. Bizim kızların deliliği işte. O torbalarda atılmaması gereken bir şeyler olabileceğinden korkarlar. Halbuki torbaları kendileri doldurur. O yüzden çürüse de koksa da her şey muhafaza edilir. Televizyonda bazen çöp evleri gösteriyorlar, onları seyrederken içim titriyor. Bir gün bizim evi de böyle gösterecekler. Kimbilir o torbaları taşımak için kaç kamyon gerekecek.

— Neriman böyle bir evde sen nasıl sağlıklı kalmayı başardın?

— Kim demiş bana sağlıklı diye? Bugüne kadar tek bir arkadaşım olmadı. Böyle bir eve nasıl arkadaş getireyim? İnsanlar ailemi tanıyacak diye ödüm kopuyor. Bir kere bile âşık olmadım. Hiç flört etmedim. Ama haklısınız onlara göre ben daha şanslıyım. Einstein'ın relativite kanununu uygularsanız dediğiniz doğru.

— Ne yapıp edip seni o evden kurtarmamız gerekiyor.

— Doğru söylüyorsunuz ama nasıl?

— Evdekilere benim yapabileceğim bir şey var mı?

— Sanmıyorum. Size gelmezler.

— Emin misin?

— Maalesef eminim. Gelseler bir şeyler düzelebilir miydi?

— Sanırım bir şeyler düzelebilirdi.

— Bütün bunlar hastalık, değil mi?

— Kesinlikle. Akşama kadar ruhlarını temizlemeye çalışıyor ablaların.

— Annem kirletti onların ruhlarını. Döve döve kirletti onları. Kendilerine ne güvenleri ne de saygıları kaldı. Hepimiz dünyaya kadın olarak gelmenin suçluluğunu atamadık üzerimizden. Bir yandan onlara en nadide çeyizleri hazırlarken, bir yandan da kemiklerini kırana kadar dövdü. Yani kaşıkla verip sapıyla çıkardı. Küçücükten bir kıza "Deli Dudu" ya da "Pis Südüklü," dersen, o çocuktan hayır mı gelir?

— Sana bir isim takmadı mı?

— "Hom Hom Kız" derdi bana. Çocukluğumdan beri biraz kiloluydum ben. Gördüğünüz gibi hâlâ da öyleyim. Bu kilolardan bir türlü kurtulamıyorum. Ben de sevmem kendimi. Çirkin bulurum.

— Aksine çok hoş birisin sen.

— Bana moral olsun diye söylüyorsunuz.

— Hayır. Gülben de çok güzel bir kız. Demek ki ailece güzelsiniz.

— Büyük ablam en güzelimizdir. En hasta ve en güzel. Annem de güzel kadındı. Ama güzellik işe yaramadı. Her birimiz ayrı ayrı mutsuz olduk. Sizinle konuştukça bir yandan içimdekileri boşaltmak hoşuma gidiyor, bir yandan da efkârlanıyorum. İnsan insanın ağusunu alır derler, doğruymuş. Kader bir gün bize de güler mi acaba?

— Neden olmasın?

— İnşallah... Çok vaktinizi aldım, artık gideyim. Ben yine gelirim, hoşça kalın.

— Güle güle Neriman. Ne zaman istersen gel, bekliyorum.

Neriman yine oflayıp puflayarak odadan çıkıyor. Anlattıklarından ben de etkileniyorum. Kızların üçünün de durumları vahim. Kimse durup dururken bu hale gelmiyor. Annesini bana anlatamaması garip. Buna hakkı yokmuş, anneyi bana Safiye anlatabilirmiş ancak. Bu ne demek acaba? Ayrıca annenin ölümünden hiç söz etmiyor. Ne zaman öldüğünü bile söylemedi. Babaya duyduğu öfkeyi de yeni fark ediyor. Ben galiba henüz koca bir aysbergin suyun yüzünde kalan küçücük bir parçasını görüyorum. Altta kimbilir daha neler var?

Cinini Çıkardım – 4

Rezzan'ın annesi ve babasıyla yaptığımız görüşmenin üzerinden bir ay geçti. Rezzan randevularını iptal etti ve bir süre tedaviye ara verdi. Ve işte şimdi yeniden randevu almış, geliyor. Tedaviyi yarım bırakacağından ciddi olarak endişe etmiştim. Sanırım annesi hem bana hem de İbrahim Bey'e kızdı o gün. Bakalım bugün bana neler anlatacak?

— Tuna hazırım, hastayı içeri alabilirsin.

— Tamam efendim, hemen gönderiyorum.

Rezzan her zamanki gibi kapıyı hafifçe vurarak giriyor içeri. Bana kaçamak gözlerle, sanki biraz suçlu gibi bakıyor. Saçı başı dağınık ve kirli. Sanki günlerdir hiç yıkanmamış, taranmamış gibi. Ayağa kalkıp gülümseyerek karşılıyorum onu.

— Hoş geldin Rezzan, nerelerdesin, merak ettim seni.

Yüzümdeki gülümseme rahatlatıyor onu, o da hafifçe gülümseyerek elimi sıkıp karşımdaki koltuğa oturuyor.

— Gelemedim işte, ama verdiğiniz ilaçları hiç bırakmadım. Annem evden çıkmamı istemedi.

— Neden acaba?

— Aslında bana pek karışmaz ama, bu ara çok gergin.

— Annenle babanın geçen ay buraya geldiğini biliyorsun değil mi?

— Evet, biliyorum. Annem hiç sokağa çıkmaz. Evden çıkmak onu yormuş galiba.

— Neden çıkmadığını biliyor musun?

— Pek konuşmaz annem. Dışarının tozunu sevmez. Zaten evin işi akşama kadar ancak bitiyor.

— Sen ev işi yapar mısın?

— Hayır, hiç yapmam. Her şeyi annem yapar.

— Neden?

— Bilmem, benden hiç böyle bir şey istenmedi. Zaten yap dese de yapamam ki. Bizim evde iş yapmanın bile bir sürü kuralı ve sırası vardır. Her gün gelen bir yardımcımız var. O nasıl yapılacağını bilir.

— Peki, bugün önce biraz annenden ve sonra da Afet'ten bahsedelim mi?

— Afet'ten mi? Demek anlattılar size. Halbuki bu konu bizim evde hiç konuşulmaz.

— Sizin evde hiçbir şey konuşulmuyor galiba?

— Konuşkan kimse yok ki. Annem gerekmedikçe hiç konuşmaz, babam da gündüz işe gider, akşam yemekten sonra da yatana kadar televizyon seyreder.

— Peki sen ne yaparsın?

— Ben genellikle yemekten sonra odama çekilirim ve yatana kadar hiç çıkmam.

— Afet nasıl bir kızdı?

— Ablam bize benzemezdi, o konuşmak, gezmek ve sık sık dışarı çıkmak, arkadaşları ile beraber olmak isterdi. Ders çalışmayı sevmez ve anneme de bana da çok kızardı.

— Neden?

— Annem ona izin vermediği için sık sık kavga ederlerdi. Değişik şeyler giymeyi sever, yeni aldığı giysileri annem yıkamasın diye eve gizlice getirirdi. Annem de bunları bulur, banyo penceresinden apartman boşluğuna atardı. Çok ağlar, bazen günlerce aç kalırdı.

— Neden?

— Annem ceza olarak ona yemek vermez, para vermez bazen de döverdi onu.

— Peki baban nasıl tepki gösterirdi bunlara?

— Onun haberi bile olmazdı bunlardan. Zaten haberi olsa da babam karışmaz bu işlere.

— Yani sizin evde babandan çok annenin sözü geçiyor.

— Galiba, ama bütün dışarı işlerini babam yapar. Alışveriş, bankalar, para işleri filan.

— Peki, Afet'le senin ilişkin nasıldı?

— Ben bazen ona yardım ederdim, annem ona para vermediği zaman ben kendi harçlığımı ona verirdim ama yine de pek sevmezdi beni. "Sen anneme benziyorsun, ölü gibisin," derdi bana.

— Neden öyle derdi acaba?

— Belki biraz kıskanırdı beni çünkü ben hem daha güzeldim, hem derslerim çok iyiydi ve annem onu değil beni severdi.

— Demek annen seni daha çok severdi?

— Ben onu üzmezdim ki, bakın buraya bile o istemediği için bir süre gelmedim.

— Sen anneni üzmüyorsun, bu doğru. Ama hiç farklı bir şeyler yapmak istediğin olmadı mı?

— Ne gibi?

— Bilmem, bir arkadaşınla dışarı çıkmak filan gibi.

— Benim pek arkadaşım yoktur, insanlar beni sevmiyor galiba. Zaten onlarla ne konuşacağımı bile bilmiyorum. Aklıma söyleyecek hiçbir şey gelmiyor. Ayrıca kıskanıyorlar beni. Ablamı kıskanmazlardı, onun kıskanılacak bir şeyi de yoktu zaten. Kendini balkondan attığı gün çok ağladı. Ben kapısına gittim, "Sus artık bağırma senin yüzünden ders çalışamıyorum," dedim. "Defol ölü," diye bağırdı bana.

— Sonra ne oldu?

— "Kapıyı kıracağım," diyordu. Odada ne kadar eşya varsa fırlattı kapıya.

— Annen ne yapıyordu?

— Elinde oklavayla kapının önünde bekliyordu. Ablam, "Açmazsanız atarım kendimi," dedi. Ben o zaman annemin gözüne baktım, ama oklavayı bana doğru kaldırınca korkup odama kaçtım. Sonra uzun bir sessizlik oldu. Ben odamda, "İnşallah ablamın öfkesi geçmiştir," diye dua ediyordum. Sonra aşağıdaki komşu kapıyı çaldı. "Kızınız kendini aşağı attı, siz uyuyor musunuz?" diye bağırıyordu. Ben sekiz kat merdiveni koşarak indim. Ablam kaldırımda yatıyordu, henüz ölmemişti. Herkes bağırıyordu. Kapıcı, yoldan geçenler, mahallenin çocukları. Ablamın etrafına toplanmışlardı, hepsi ona bakıyordu.

Ağzının kenarında kan vardı, gözleri açıktı, bana bakıyordu sanki. "Ben ölü değilim, bak koşarak geldim, sakın sen de ölme," dedim. O sırada babam çarşıdan geliyordu. O kalabalığın arasında beni görünce çok şaşırdı ve kötü bir şeyler olduğunu anladı. Yerde yatan ablamı görünce bağırmaya başladı. O zaman ablam ölmüştü zaten. Sanki gülüyor gibiydi yüzü.

O gülümseme gözümün önünden yıllarca gitmedi. Keşke ben de babam gibi bağırabilseydim. Ağlayamadım bile. Gözümden yaş gelmedi. Buz kalıbı gibi donup kaldım. "Acaba ben gerçekten ölü müyüm?" diye düşündüğüm çok oldu. Çünkü okuldaki arkadaşlarıma bakınca onların yaşadığını anlıyordum. Hepsi de konuşuyor, gülüyor, kızıyor veya bir şeylere üzülüyorlardı. Bense ablamın ölümüne bile üzülememiş, tıpkı bir ölü gibi donup kalmıştım. Zaten ablamdan iki gün sonra bizim evde her şey eskisi gibi oluverdi. Meğer evin düzenini bozan ablammış. O gidince ev düzenli ve ıpıssız oldu. Annem rahatladı, galiba ben de rahatladım. Artık gürültü, patırtı bitti. Annem sakinleşti. Ablam, "Bu ev mezar gibi, siz de hepiniz ölüsünüz," derdi. O ölünce ne kadar haklı olduğunu anladım. Ev gerçekten mezar gibiymiş meğer. Bizler de ölüler. O mezarda yıllarca yaşadım ben. Sonra bu adam her şeyi değiştirdi. Beni annemden başka kimse sevmez zannediyordum. O beni deliler gibi sevdi. Karasevdaya tutuldu. Benim uğruma dünyayı ayağa kaldırdı ama ben galiba bunun kıymetini bilemedim. Benim ne kadar kötü ve ahlaksız biri olduğumu hemen anladı. Haklı tabii, ben onun sırrını açıkladım, ona ihanet ettim. İnanın Doktor Hanım beni bu kadar sevdiğini bilmiyordum o zaman. Bilsem söyler miydim?

— Neyi?

— Canım cinini çıkardım ya ortaya. Bari arkadaşıma söylemeseydim, ama oldu bir kere. Beni asla affetmeyecek, biliyorum. O da benim ne kadar kirli çamaşırım varsa döktü ortaya. Şimdi ne yapacağım ben? Bütün televizyonlar, her gün diyetten bahsediyor. Benim ödememi istediği bir diyet var ama ne olduğunu açık açık söylemiyor bana. Belki de şu diyeti ödesem, beni astırmaktan vazgeçecek.

— Sen yanlış anlamış olmayasın, televizyonlarda sözü edilen diyet, beslenme, kilo verme filanla ilgili.

— Hayır, hayır. O bana mesaj yolluyor Doktor Hanım. Bazen siz de çok saf oluyorsunuz.

— Demek beni saf buluyorsun?

— Yok, öyle demek istemedim tabii, ama siz bu adamı tanısanız eminim beni daha iyi anlayacaksınız. Buraya hiç gelmedi değil mi?

— Buraya neden gelsin?

— Beni sürekli izliyor, biliyorsunuz. Benimle ilgili sizinle konuşmak isteyebilir diye düşündüm ama zaten bizi dinliyor, sizinle konuşmasına ne gerek var.

— Bu adamın sana zararı olduğu kadar faydası da olmuş galiba, baksana yıllarca kendini mezar gibi bir evde, ölü gibi hissetmişsin. Ya şimdi nasıl hissediyorsun?

— Şimdi belki de beni astıracak ama olsun, ölü gibi değilim artık.

— Yani sen de diğer insanlar gibi bazen üzülüyor, bazen kızıyor, bazen de heyecanlanıyorsun öyle mi?

— Hem de nasıl? Ama haksız mıyım? Bu adamın ne yapacağı belli mi?

— Bence artık bir şey yapmayacak, sen yeteri kadar üzüldün. Belki de ceza bitmiştir.

— Hayır, hiçbir şey bitmeyecek.

Hiçbir şeyin bitmesini istemiyor Rezzan, çünkü yeniden eski günlere dönmeye tahammülü yok. Şimdi onun neden iyi olmak ve bu hastalıklı düşüncelerden kopmak istemediğini daha iyi anlıyorum. Gerçek dünyası ne kadar fakir ve renksiz. Mezar gibi bir evde yaşayan ölüler benzetmesi doğru galiba. Nevin Hanım o evde kimsenin yaşamasına izin vermemiş. Hastalık Rezzan'a tam zamanında gelmiş. İşe başladıktan kısa bir süre sonra, orada da diğer insanlardan ne kadar farklı olduğunu, onlarla nasıl ilişki kuramadığını ve ne kadar yalnız olduğunu görünce, buna daha fazla dayanamamış bu kız. Bense onu sağlığına kavuşturmak isterken, onu yeniden eski ölü günlerine dönmeye zorluyorum. Buna asla izin vermeyecek Rezzan. Galiba bu gerçeği artık kabul etsem iyi olacak. Belki de o zaman Rezzan'a daha çok yardımcı olabilirim. Aylardır bana geliyor ve ne konuşmalarımız, ne de aldığı onca ilaç hiçbir yarar sağlamadı. Bana gelmesinin tek nedeni, benimle sanrı sistemini paylaşabilmek. Bu konuyu birileriyle konuşmayı, paylaşmayı seviyor. Ancak onu dinleyecek ne bir arkadaşı var, ne de bir yakını. Üstelik diğer insanlar gibi onu da seven ya da ondan nefret eden birilerinin varlığı çok hoşuna gidiyor.

Yakında istirahat raporu bitiyor. Bu durumda işe başlaması mümkün değil. Ama rapor biraz daha uzatılır ve bu kızcağız birkaç ay daha o mezar evden hiç dışarı çıkmadan, sağlıklı insanlardan uzak, yapayalnız yaşamaya devam ederse, yeniden eski işine dönmesi belki de hiç mümkün olmayacak. Buna bir çözüm bulmalıyım.

— Evet, galiba bir şeyler hemen bitmeyecek.

— Hah, nihayet beni anlamaya başladınız siz. Bitmeyecek tabii.

— Rezzan raporun ne zaman bitiyor?

— Üç hafta sonra işe başlamam gerekiyor.

— Peki sen işe başlamayı istiyor musun?

— Hem istiyorum, hem de korkuyorum. Başıma neler geleceğini bilmediğim için heyecanlanıyorum. Zaten benim artık orada çalışmama izin vermezler. Size anlatmadığım başka şeyler var.

— Neymiş onlar?

— Ben bir gün işyerinde tuvalete girdim ve orada mastürbasyon yaptım. Bu adamın benim bütün yaptıklarımı filme aldığını, beni sürekli izlediğini o zaman bilmiyordum. Bilsem yapar mıydım? Sonradan bana kızınca bu kaseti işyerinde çalışan herkese seyrettirmiş. Rezil etmiş beni. Özellikle müdürüm çok kızmış bana. "Ben o kızı namuslu, terbiyeli biri sanmıştım, demek hepimizi kandırdı," demiş. O kaset şimdi müdürümün çekmecesinde duruyormuş. Şimdi oradaki insanların yüzüne nasıl bakarım bilmem ki? Hem işyerinde mastürbasyon yapmak, işten atılmak için sanırım yeterli bir sebeptir. O yüzden işe başlama şansım hiç yok galiba.

— Sen bunları nereden biliyorsun?

— Son günlerde müdürün bana olan davranışları değişince anladım. Zaten sadece müdürümün değil bütün arkadaşlarımın tavrı değişti. Bana kötü kötü bakmaya başladılar. Müdür her vesileyle başkalarına bağırıp çağırmaya başladı.

— Sana ne başkalarından.

— Başkalarından bana ne olur mu? Bana kızgınlığını onlardan çıkarıyor. Öğlen yemeklerinde kimse benim oturduğum masaya oturmak istemiyor. Bana bakıp gizli gizli konuşup gülüyorlar. Rezil oldum herkese. Benim vücudumun her bir köşesini gördüler. İşin kötüsü o sıralar ağda bile yapmamıştım. O günden sonra bütün televizyonlar ağda reklamı yayınlamaya başladı. Şimdi geceleri yatarken kalın pijamalar giyiyorum, yorgana sıkı sıkı sarılıp yatıyorum. Üstüm açılmasın diye dikkat ediyorum. Yeni filmlerde açık saçık bir şey yok. Bu yüzden uzun süredir banyo yapmıyorum ama olan oldu bir kere.

Kendi evinde bile sürekli gözetlendiğini, her hareketinin filme çekildiğini düşünüyor. Demek banyo bile yapmıyor. Saçı başı o yüzden yağ içinde. Durum sandığımdan da kötü. Artık onun deliliğine ortak olmaktan başka çare kalmadı galiba. Ona sürekli hasta olduğunu söylemekten vazgeçip düşünce sistemini biraz olsun değiştirebilsem, korkularını hafifletebilsem, belki de daha iyi olacak.

— Şimdi bu filmleri seyreden bütün erkekler benimle sevişmek istiyor.

— Bunu nasıl anladın?

— Eskiden namuslu bir kız sanıyorlardı beni. Tuvalette bile mastürbasyon yaptığımı görünce, ne olduğumu anladılar. Ayrıca vücudumu da beğendiler galiba. Siz hiç radyo dinlemiyor musunuz?

— Arada sırada dinlerim. Ne diyor radyolar?

— Mavilim, mavişelim, tenhada sevişelim diyorlar.

— Öyle bir türkü biliyorum galiba. Sen türkü sever misin?

— Eskiden pek radyo filan dinlemezdim ama şimdi ne olduğunu anlamak için sürekli radyo dinliyorum. Benim hangi radyoyu dinlediğimi bile biliyor o adam.

— Peki bu türküyü senin için çaldıklarını nereden çıkarıyorsun?

— Ayol bunu anlamayacak kadar aptal mıyım ben? Gözlerim mavi, son günlerde işe giderken hep mavi etek ceket giyiyordum. Daha ne desinler yani? Sizden başka herkes her şeyi anlıyor.

— Bir ben anlamıyorum ha?

— Bazı şeyleri anlamamakta neden bu kadar direniyorsunuz?

— Galiba yavaş yavaş ben de anlamaya başlıyorum. Hiçbir şey için direnmiyorum sadece bazı şeyleri yanlış anlamaktan korkuyorum.

Nihayet sonunda teslim oldum işte. Artık anlamam gerekiyor. Sanrı sistemini biraz olsun sınırlayabilmeliyim. Düşünceler aldı başını gidiyor. Sisteme her gün yeni bir şey ekleniyor. Evinde banyo bile yapamayan bu genç hanım, belki de bir süre sonra evinden hiç çıkamayacak ve bu da her şeyin sonu olacak. Bense onun bir an önce işine başlayabilir hale gelmesini istiyorum. Sanrı sistemine gireceğim. Onun deliliğine ortak olacağım.

— Ne yapsak acaba Rezzan? Her taraftan kuşatılmışsın. Evde banyoya bile girememek doğrusu zor iş.

— Zor olmaz mı? Ama, "Mavilim yazık sana," diyor türküler. Bana hem kızıp hem acıyorlar galiba.

— Olabilir, çünkü büyük bir suçun yok bence.

— Madem öyle neden asmak istiyorlar beni?

— Sana daha önce de söyledim, isteseler de asamazlar seni. Türkiye'de ölüm cezası kaldırıldı. Üstelik bu adam ne kadar kızsa da seni sevmekten vazgeçmiyor.

— Vazgeçmiyor ya. Demek siz de öyle düşünüyorsunuz. Beni bu kadar çok sevmese her an beni izler mi?

— Tabii ya, sana çok önem verdiği belli ama ben senin filmlerini başkalarına gösterdiğini sanmıyorum. İnsan sevdiği kadının çıplak filmlerini herkesin görmesini ister mi?

— İstemez değil mi? Ama o zamanlar bana çok kızmıştı.

— Belki şimdi öfkesi geçmiştir. Çünkü seni üzerek intikamını aldı.

— Çok üzdü beni. Yani beni astırmaktan belki de vazgeçebilir ha?

— Hem astırmaktan hem de senin filmlerini herkese göstermekten.

— Ah keşke vazgeçse. Peki onu daha fazla kızdırmamak için sizce ben ne yapmalıyım?

— Bence hiçbir yerde onunla ve bu konuyla ilgili bir şey konuşmamalısın.

— Zaten sizden başka kimseyle konuşmuyorum bu konuyu.

— Ama işe başlayınca da kimseye bir şey söylememelisin.

— Tamam söylemem.

— Onu artık telefonla arama. Sen aradıkça öfkesi artıyor.

— Evet, galiba doğru. Hep yüzüme kapatıyor telefonu. Son aradığımda, "Artık polise vereceğim seni," dedi.

— Demek ki ben haklıyım. Artık onu aramamalısın.

— Tamam aramam. Başka?

— İşe başlayınca da onunla hiç konuşma.

— O benimle konuşsa bile mi?

— Evet, o seninle konuşsa bile cevap verme çünkü seni yanlış anlamasından korkuyorum. Adamı yine kızdırmayalım.

— Beni hep yanlış anladı zaten. Haklısınız, çenemi tutmam gerekiyor. Ama ya her şeye rağmen o kararından dönmezse?

— Şimdilik biraz bekleyelim, neler olacağını birlikte görelim. Duruma göre ne yapacağını beraber düşünürüz ama benimle tartışmadan karar verme ve hiçbir şey yapma.

— Tamam, size sormadan bir şey yapmam. Şu diyeti ödeyip kurtulsam diyordum, demek onu da hemen yapmasam iyi olacak.

— Ne yapacaktın?

— Oramı kesip atacaktım.

Hay Allah, iyi ki böyle bir kararı vermekte gecikmemişim. Aksi halde bu zavallı kız belki de kendisine çok ciddi zararlar verecekti.

— Bence böyle bir şeye hiç gerek yok. Bu adamı öyle kendine zarar vererek, oranı buranı keserek durduramazsın. Biraz sakin ol ve bekle. Hem bunları yaparsan belki daha çok kızar. Sen demiyor musun bu adamın ne yapacağı belli değil diye. Dur biraz. Hatta bu konuyu düşünme bile. Bakalım ne yapacak.

— Ay çok doğru. Ne güzel, nihayet beni anladınız. Artık yalnız değilim. Siz ne derseniz onu yapacağım, çünkü siz benden hem daha akıllı, hem de daha tecrübelisiniz.

— Teşekkür ederim Rezzan. Elimden geldiği kadar sana yardımcı olmaya çalışıyorum. Sen de hem güzel, hem zeki, hem de başarılı bir kızsın. Başarılardan asla vazgeçmemelisin.

— Eskiden ben de kendimi başarılı sanıyordum ama şimdi artık hiçbiri kalmadı.

— Kendine haksızlık etme. Bu adam hayatına gireli beri kafan karıştı, sağlığın bozuldu ve aklını işine veremedin. Bu yüzden de başarın düştü. Bu doğal bir şey ama toparlan artık. Sen yine eskisi gibi başarılı olmalısın. Unutma bu adam seni her şeyinle sevdi. Güzelliğin, zekân ve başarılarınla.

— Benim her şeyimi sevdi.

— Yine güzel, yine zekisin ama eskisi kadar başarılı değilsin. İşine gücüne önem vermiyorsun artık. Bence yanlış yapıyorsun. İstesen eskisi kadar başarılı olabilirsin bence.

— Sahi buna inanıyor musunuz?

— İnanıyorum tabii.

— Tamam, deneyeceğim. Bugün çok zamanınızı aldığımın farkındayım. Ama çok rahatlattınız beni. Bu adam benim kafamı o kadar çok karıştırdı ki, ne yapacağımı şaşırmıştım. İşin içinden çıkamıyordum. Bu konuda birinin bana yol göstermesi ne güzel. Çok yakında yine geleceğim. Bunları bir kere daha düşünmem gerek.

— Tamam ama benden habersiz hiçbir şey yapma. Sen düşün, birlikte karar verelim. Ayrıca, kafanı hep bu işlere yorma. Çok düşünürsen kafan daha fazla karışabilir.

— Olur, teşekkür ederim Doktor Hanım. Şimdi gidiyorum ama gitmeden önce sizi öpebilir miyim?

— Tabi Rezzan, memnuniyetle.

Elimi sıcacık sıkıyor ve yanaklarımdan öperek çıkıyor odadan. Nihayet ona inandığımı görmek çok rahatlattı onu. Kimbilir bana söylemediği daha neler var. Aile ise sanki kış uykusunda. Annenin çok ağır hasta olduğu belli ama ya baba? Eşi ile birlikte geldikleri günden sonra ne aradı, ne sordu. Eşinin ne kadar hasta olduğunu muhtemelen o gün, burada gördü ve bana bir daha hiçbir şey sormadı. Yıllardır birlikte yaşadığı kadının ağır bir ruh hastası olduğunu fark etmemesi ne garip. Bu ailenin hepsi hasta galiba. Bir tek sağlıklı Afet varmış, gemiyi ilk terk eden de o olmuş.

Estağfurullah!

Estağfurullah, estağfurullah, estağfurullah...

60 yaşlarında, kır saçlı, hafifçe kamburunu çıkararak yürüyen, iriyarı bir adam Hayri Bey. Yanında eşi olduğunu tahmin ettiğim orta yaşlı, başı eşarplı bir hanım var. Hayri Bey'in bir adım arkasında duruyor. İkisi de bir suç işlemişler gibi önlerine bakıyorlar. Hayri Bey iki elini önüne kavuşturmuş, sürekli yüksek sesle estağfurullah diyor.

— Şöyle buyurun efendim.

Karşımdaki kırmızı koltuklara, sanki ağır ceza mahkemesinin sanık sandalyesine oturur gibi korkarak ve çekinerek oturuyorlar. Hayri Bey sesini biraz daha alçaltarak estağfurullah demeye devam ediyor. Ben yanındaki hanıma soruyorum;

— Eşi misiniz?

— Evet.

— Önce siz anlatın, nesi var Hayri Bey'in?

— Doktor Hanım, biz Anadolu'dan geliyoruz. Eşim devlet memuruydu. Birkaç ay önce onu aniden emekli ettiler. Hayri Bey önceleri üzüldüğünü bize belli etmedi... Beş vakit namazını kılar, camiye gider gelirdi. Kahve mahve bilmez, sevmez öyle yerleri. Sonradan bizim adama bir haller oldu. Önce uykuları kaçtı. Zaten az konuşurdu, hiç konuşmaz oldu. Sonra da estağfurullah demeye başladı. Biz önce ne olduğunu anlayamadık, meğer tövbe tövbe, Allah affetsin, Allah'a küfretmek gelirmiş içinden. Dinine imanına düşkün bir adamdır, hep emekli olmayı beklerdi. "Çalışırken yeterince ibadet edemiyorum, bir emekli olayım bütün borçlarımı ödeyeceğim, öteki dünyaya hazırlık yapacağım," derdi. Gerçekten de emekli olur olmaz beş vakit camiye gitmeye başladı ama sonradan ne oldu anlayamadık, adam dinden imandan çıktı. Kendi de durumuna çok üzülüyor ama elinde değil besbelli.

— Peki efendim, verdiğiniz bilgilere teşekkürler. Siz dışarı çıkabilirsiniz, biz Hayri Bey'le yalnız görüşelim.

— İnşallah konuşur sizinle, ben dışarıda bekliyorum.

Eşi dışarı çıkınca Hayri Bey başını biraz daha önüne eğip sesini daha da yükselterek ve hızlı hızlı estağfurullah çekmeye devam ediyor.

— Hayri Bey lütfen bana cevap vermeye çalışın. Önce şunu bilin ki bu bir hastalık, ben size yardımcı olmaya çalışacağım. İçinizden bir ses sürekli Tanrı'ya küfrediyor öyle mi?

Yavaşça başını öne doğru sallayarak "evet" demeye çalışıyor.

— Peki gerçekten ses mi duyuyorsunuz yoksa duymadığınız ama içinizden geçen bir düşünce mi bu?

— İçimden geliyor, kafamın içinde sanki bir başkası var ve tövbe tövbe estafurullah, sürekli Allah'a küfrediyor. Estağfurullah.

— Ve siz tövbe ederek o düşünceler için Tanrı'dan af dilemeye çalışıyorsunuz.

— Evet ama artık ne kadar affeder onu bilemem.

— Ama o düşünceler size ait değil ki.

— Olmaz mı, benim aklımdan geçiyor, tövbe tövbe.

— Sizin iradenizle, bilerek, isteyerek söylediğiniz sözler olmadığı için, sorumluluğu size ait değildir.

— Sahi mi Doktor Hanım, Allah bana günah yazmaz mı?

— Size ait olmayan bir düşüncenin günahı neden sizin olsun ki.

— Ama içimdeki ses öyle kötü şeyler söylüyor ki korkuyorum. Bunların cezasından korkuyorum.

— Neler söylüyor size?

— Ah Doktor Hanım ah, bunları size söyleyemem, utanırım, yerin dibine geçerim. Ben hayatımda kimseye küfretmedim, çocuğuma el kaldırmadım. Ne günah işledim de bunlar başıma geldi bilmem ki...

— Bu bir hastalık, herkes hasta olabilir.

— Böyle hastalık mı olur, kanser olsaydım da ölseydim daha iyiydi. Hastalığın da hayırlısı hayırsızı varmış. Bu beni dinden imandan çıkardı, ahir ömrümde günahkâr oldum. Ben şimdi öbür dünyaya ne yüzle gideceğim, Allah bunların hesabını bana sormaz mı?

Hayri Bey yüksek sesle hıçkıra hıçkıra ağlıyor. Susup bekliyorum, çok acı çektiği belli. Bir an önce bu düşüncelerden kurtulması gerek. Ağlaması biraz hafifleyince soruyorum;

— Hayri Bey bu rahatsız edici düşünceler ne zaman başladı?

— On beş-yirmi gün oldu.

— Nasıl başladı?

— Ben birkaç ay önce aniden emekli oldum, bu düşünceler ondan sonra başladı.

— Hazır değildiniz herhalde emekliliğe

— Devlet baba ani bir kararla emekli etti bizi. Ben yıllarca o dairede müdür olmayı bekledim, kadro yoktu, bizim eski müdür yaş haddinden emekli olana kadar mecburen bekledim. Tam ben müdür olup lojmana yerleşmiştim ki bu yasa çıktı. Neye uğradığımı şaşırdım, bütün planlarım altüst oldu. Ben dört-beş yıl sonra emekli olacağımı sanıyordum, kendimi ona göre hazırlamıştım. Kendimize ait bir küçük dairemiz vardı, onu kiraya vermiştik. Böyle olunca evden kiracıyı çıkarmamız zor oldu. Sonunda çıktı ama evi berbat etmiş. Neyse sonunda kendi evimize yerleştik.

Ama hiçbir şey içime sinmedi. Kullanılıp da atılan gazete kâğıdı gibi hissettim kendimi. Buruşturup çöp sepetine atıverdiler sanki. Çöktüm... Sabahları erkenden kalktım, ne yapacağımı bilemedim. Kahveye gitmem, başka bir uğraşım da yok. Yıllardır sabah gidip akşam gelmeye alışmışız. Sanki benim hanıma yük oluyormuşum gibi geldi bana. İşi bitmiş, artık ölümü bekleyen yaşlı, işe yaramaz biri gibi hissettim kendimi. Beş çocuğum var benim, hepsi de okuyor, biri gidip biri geliyor. Ev küçük, hanımın eşi dostu geliyor, hiçbir yere sığamadım. Anladım ki bu hayatta artık bana yer yok. Evde olmadık şeylere karışmaya başladım. Herkes benden rahatsız oldu. "Sen git çarşıyı dolaş gel," demeye başladılar. Zaten her gün beş vakit namaza camiye gidiyorum ama cami eve yakın, namazı kılıp geliyorum. Çarşıda dolaşsam ne kadar dolaşacağım. Bir-iki dükkâna eşin dostun yanına uğradım, herkesin işi var gücü var, oralara da fazla gidemedim, sonunda iyice daraldım.

Ben kalp krizi filan geçiririm de hemen öbür tarafa gidiveririm sanıyordum ama öyle olmadı. Bir gün yine camide namaz kılarken içimden tuhaf tuhaf düşünceler geçmeye başladı. Ben onları durdurmaya çalıştıkça arttı. Sonra artık hiç namaz kılamaz oldum. Sanki beni bekliyor, olmadık küfürler geçmeye başladı aklımdan. Ben ne günah işledim bilmiyorum. Sonralar namazı da beklemez oldu. Şimdi artık gece gündüz o ses durmadan konuşuyor kafamda. Önce tövbe tövbe estağfurullah, Allah'a küfrediyor, sonra da benimle uğraşıyor. "Sen Müslüman değilsin, herkesi kandırıyorsun, cehennemde cayır cayır yanacaksın, sahtekârsın," diyor. Daha neler neler, size söyleyemeyeceğim küfürler işte. Siz hiç böyle hasta gördünüz mü?

— Gördüm tabii, sık görülen bir hastalıktır bu.

— İnşallah hastalıktır da ben de kurtulurum bundan. Bizim oralar küçük yer, beni hemen hacı hocalara götürdüler. Ben bu işlere pek inanmam ama insan denize düşünce yılana sarılıyor. Belki bir umut diye peşlerine düşüp gittim. Her biri bir şey söyledi. Yok içime cin girmiş, yok Bismillah'sız yere basmışım ya da düşmanlarım muska yapmış filan işte. Okudular, üflediler, muskalar yazıldı, okunmuş sularla yıkandım ama hiçbiri faydalı olmadı. Kafamdaki ses iyice azdı, sonunda işte size geldik. Buradan da derdime derman bulamazsam ne yaparım bilmem. İçimdeki ses çek vur kendini, artık sana yaşamak haram diyor ama, benim öbür tarafa gidecek yüzüm mü var?

— Hayri Bey anlattıklarınızı dinledim. Bu Obsessif Nevroz(*) dediğimiz bir hastalık. Bu hastalık daha çok temiz, titiz, ayrıntıcı, mükemmelci, saygılı, dürüst ve kuralcı insanlarda olur. Siz de öyle misiniz?

— Evet, bu hastalıktan önce öyleydim ama şimdi nasılım ben de bilmiyorum. İsterdim ki her şey dört dörtlük olsun, yerinde ve zamanında olsun. Hiçbir şeye boşveremem. Titizimdir. Evdekiler bu huyumdan çok şikâyetçiler. Düzeni severim, her şey yerli yerinde olsun isterim. Bütün kurallara uyarım. Dürüstümdür, haram yemem. Kimseyi kolay kolay kırmam. Temizliği severim, yemeklerden önce ellerimi iki-üç kere sabunlarım, her yerde yemek yemem, tıraş olmadan sokağa çıkmam. Dairede masam hep düzenliydi. İyi bir müdür olacaktım, bizim eski müdür hiçbir şeye aldırmazdı, ben orayı adam edecektim ama Allah fırsat vermedi. Ne yapalım, kısmet bu kadarmış.

— Çok kızdınız mı bu kararı çıkaranlara?

— Hükümete kızılmaz. Ben kim oluyorum da onlara kızacağım. Emir büyük yerden geldi, boynumuz kıldan ince. Elimizden bir şey gelmez ki. Tövbe tövbe estağfurullah...

— Yine mi başladı?

— Hiç gitmiyor ki...

— Demek emir büyük yerden ha? Ama yine de bu karara hem çok üzülmüş hem de hakkınız yendiği için çok kızmışsınızdır.

— Evet ne yalan söyleyeyim çok üzüldüm.

(*) Obsessif Nevroz: Takıntı hastalığı.

— Çok üzüldünüz, peki öfke nereye gitti?
— Ne öfkesi?
— Bu kararla size haksızlık edildiğini düşünmediniz mi?
— Haksızlık edildiği doğru ama benimle birlikte çok kişi emekli oldu. Hem kızsam ne olacak ki...
— Kızmış olacaksınız, o kadarına da hakkınız olsun bari.
— Yok, ben haddimi bilirim.
— Yani kendinize bu kadarcık hakkı bile tanımadınız mı?
— Ne hakkı Doktor Hanım, tövbe tövbe...
— Benim bildiğim, haksızlığa uğradığını düşünen insan kızar. Bir şey yapar yapamaz o ayrı. Siz duygularınıza bile hükmetmeye çalışıyorsunuz, halbuki duygularımız pek kural dinlemez.
— Ne yapsaydım yani, bu kanunu çıkaranların başlarına birer kurşun sıkıp hepsini gebertse miydim, yoksa bana bir ay bile müdür olmayı kısmet etmeyen Allah'a isyan mı etseydim, tövbe estağfurullah, estağfurullah, estağfurullah...

Hayri Bey hıçkıra hıçkıra ağlamaya başlıyor. İşte sonunda neden bu hale geldiğini söyleyiverdi. Ona çok ters gelse de içinden geçenler ağzından dökülüverdi. Kızmış hem de çok kızmış. Bu yasayı çıkaranları öldürecek kadar, Tanrı'ya isyan edecek kadar çok kızmış. Ama hiç esnekliği olmayan katı ve kuralcı kişiliği bunu hoş görememiş, suçlamış kendini.

— Hayri Bey, hepimiz insanız, duygularımıza söz geçiremediğimiz zamanlar olur. Bir insan istediğini düşünebilir ama her düşündüğünü yapmaz. Cezayı gerektiren düşünceler ve duygular değil, eylemlerdir. İnsanlar düşündükleri ya da hissettiklerinden değil, yaptıklarından sorumludurlar. Bu Allah katında da, yasalar önünde de böyledir. Duygularımıza zaten söz geçiremeyiz ama siz duygularınıza bile hükmetmeye kalkışmışsınız. İçinizdeki öfke çok büyük ama bunun bilincinize çıkmasına izin vermemişsiniz. İşte o kocaman öfke de kendine çıkacak başka bir yol bulmuş ve size rağmen akıp gidiyor.
— Ama benim öfkem Rabbime değil ki tövbe tövbe.
— Siz zamanında o öfkeye birazcık yol verseydiniz, bugün barajları yıkıp böyle gürül gürül akmazdı, ama bu sizin yapınız, ömür boyu hep gerekenleri, gerektiği gibi yaptınız, öyle değil mi?
— Öyle yaptım, şimdiye kadar bu huyumdan hiç şikâyetçi değildim. Çocuklar şikâyet ederdi benden. Onlar çok katı bulurlar beni.

— Siz ne düşünüyorsunuz?

— Ben ne gerekiyorsa onu yapıyorum.

— Sizin gibi insanlar aslında çok çalışkan ve başarılı olurlar, çok olumlu özellikleri vardır. Toplum bayılır sizin gibilere. Saygılı olurlar, kurallara uyarlar ama hiç hoşgörüleri yoktur. Ya hep ya hiç derler, ortayı bulamazlar. Bu yüzden yakın ilişkilerde sorun çıkar. Özellikle gençler, bu dönemde daha fazla hoşgörü beklediklerinden, en çok onlarla anlaşmak zor olur.

— Haklısınız, anneleriyle iyi anlaşıyorlar ama ben onlara göre değilim. Ne ben onları anlayabiliyorum ne de onlar beni. Hiç bitmiyor istekleri, her şeyin bir yeri ve zamanı var. Onların görevi okula gitmek ve ders çalışmak. Bunu onlara bir türlü anlatamıyorum. Okul zamanı TV seyredilmez, gezilmez, tozulmaz, okul bitince ne haliniz varsa görün. İsterseniz hiç uyumayın, akşama kadar TV seyredin diyorum. Bu yüzden evde her gün kavga çıkar.

— Bakın gördünüz mü, ne kadar kuralcısınız ve hiç hoşgörünüz yok.

— Doğru değil mi ama Doktor Hanım, okula giden adam erken yatar. Bunlarda disiplin yok.

— Mantık olarak söyledikleriniz doğru ancak keşke bu kadar ısrarcı ve katı olmasanız da çocuklar kendi programlarını kendileri yapabilse. Hasta olmanızda sizin bu katı ve kuralcı kişiliğinizin rolü çok büyük. Başkasına esnek davranamayan insan, kendisine de esnek olamaz. Aniden emekli olup yıllardır beklediğiniz müdür koltuğuna bir ay bile oturamadan, koca lojmandan küçücük evinize taşınınca hem çok üzülmüş, hem de haklı olarak çok kızmışsınız. İnanın kim olsa böyle yapardı ama içinizden gelen ve mani olmakta zorlandığınız bu öfkeyi kabul etmek kişiliğinize uymamış. İşte bu noktada biraz daha esnek olabilseydiniz, böyle hissettiğiniz için kendinizi hoş görür, bağışlar ve yavaş yavaş yeni duruma adapte olur giderdiniz. Ama siz başkalarına gösteremediğiniz hoşgörüyü kendinize de göstermediniz. Her taraftan sıkışan ruhsal yapı sonunda size isyan etti ve hastalandınız.

— Tövbe tövbe estağfurullah, peki Doktor Hanım ben neden Allah'la uğraşıyorum, kafayı takacak başka şey yokmuş gibi.

— Sizce neden?

— Bilmem ki, ben dinden mi çıktım şimdi? İnanın ben dinime çok bağlı bir Müslümandım, ne oldu bana?...

— Hayri Bey, zaten siz bu kadar inançlı olmasaydınız bu hastalık size buradan saldırmazdı. Hayatta en çok önem verdiğiniz şey neyse, bu takıntı oradan gelir. Örneğin çocuğuna çok düşkün bir annede bu hastalık "çocuğuma bir kötülük yapar mıyım," şeklinde olur, yani en sevdiği varlığa yönelir. Çünkü bu hastalığın amacı, bu düşünce yoluyla kişide sıkıntı yaratmaktır. İnancı olmayan birinde Tanrı'ya küfretme şeklinde bir düşünce sıkıntı yaratmaz ve böylece biriken enerji dışarı atılamaz.

— Demek benim günahkâr ya da kâfir olmamla bunun bir ilgisi yok.

— Siz ne günahkârsınız ne de kâfir. Bu, sizin durduramadığınız, tamamen sizin dışınızda bir parazit düşünce. Yani sancı gibi bir şey. Siz iradenizle sancıyı durdurabilir misiniz?

— Sancı gibi ha? Demek benim bir suçum yok. Pekâlâ bu düşünce gelince ne yapayım?

— Hiçbir şey, onun önüne geçmeyin, durdurmaya çalışmayın çünkü böyle bir inatlaşmaya girerseniz o sizi yener ve sıkıntı daha da artar. Bırakın o düşünce istediği gibi akıp gitsin. Ama bilin ki bu size ait bir düşünce değil, sadece bir hastalık.

— Çok zor.

— Ayrıca size ilaç da vereceğim.

— İlaç ne işe yarayacak, benim kafamın içindeki düşünceyi mi değiştirecek?

— İlaç hem sizin sıkıntınızı azaltacak, hem de durmadan tekrarlayan ve sizi çok rahatsız eden bu düşünceyi yavaş yavaş yok edecek.

— Zehir olsa içerim, yeter ki bitsin artık.

— En az ilaç kadar önemli diğer önerim ise, bugünden itibaren, hem kendinize hem de çevreye olabildiğince hoşgörülü olmaya çalışın. Sizin hastalığınızın asıl ilacı hoşgörüdür.

— Hoşgörü ha, estağfurullah, estağfurullah, hoşgörü. Allah'ım hoş gör beni.

— Merak etmeyin, Tanrı zaten hoş görüyor kullarını, keşke hepimiz onun bu özelliklerinden bari birazını alabilsek. Siz hem kendinizi hem de başkalarını hoş gördükçe o sizi daha çok sevecek.

— Benim Allah'ın yüzüne bakacak halim mi kaldı? Bugüne kadar ona doğru dürüst kulluk edemedim. Tam artık beş vakit namazımı kılayım, oturup ibadet edeyim dedim ama onu bile yapamadım. Bu da yetmiyormuş gibi bir de tövbe tövbe bu küfürler çıktı başıma.

— Bizim dinimizde hastaların dini görevlerini yerine getirme zorunluluğu yoktur. Şu anda siz hastasınız ama bu hastalığın sizin yapınızla ve başınıza gelenlerle çok ilgisi var. Olanları değiştiremeyiz ama eğer sizin yapınızı birazcık bile değiştirebilir, sizi daha esnek, daha hoşgörülü biri yapabilirsek hem siz kazanırsınız hem de çevreniz. Ömrünüzün kalan kısmında sadece evdeki çocukların kalplerini kırmanızı önleyebilsek bile kazancımız sizin sandığınızdan daha büyük olur. Sadece namaz kılıp akşama kadar ibadet etmek hem Tanrı hem de kul yanında makbul insan olmaya yetmez Hayri Bey. Dünyada iki tür insan vardır. Biri, beraber olduğu insanları mutlu edenler, diğeri de çevresini mutsuz edenler. Siz hangi gruba giriyorsunuz?

— Bilmem ki, ben her zaman doğrudan yanayımdır. Bu yüzden bazen çabuk kızıveririm. Herkes görevini bilse...

— Yani herkes sizin düşündüğünüz gibi davransa...

— Ama ben mantıklı insanım...

— Evet, öylesiniz. Hem mantıklı hem dürüst hem de adilsiniz ama bakın bütün bunlar sizi birlikte yaşadığı insanları mutlu edenler grubuna sokamıyor. Demek ki bir eksik var. Bu eksiğin ne olduğunu anladınız mı?

— Anladım. Hoşgörülü değilim. Her şey tam olsun, eksiksiz olsun derken galiba bazen ipin ucunu kaçırıyorum.

— Böyle olunca da önce sizin huzurunuz bozuluyor. Hayatta huzur çok önemli bir şeydir. Ruhsal hastalıklar çoğu zaman huzursuzlukla başlar. Birlikte yaşadığınız insanlar mutlu ve huzurlu olmalı ki siz de böyle olabilesiniz.

— Doktor Hanım, bu tedavi galiba en çok çocuklara yarayacak. Dediğinizi yapacağım, bizim ev her zamankinden daha huzurlu olacak artık.

— İnanın Hayri Bey, Tanrı'ya en büyük ibadet, onun yarattığı her şeyi sevmek ve saygı duymaktır. Bir dahaki sefere sizi çok daha iyi göreceğimden eminim artık.

— Sağ ol Doktor Hanım, ben size yine gelirim. Bir kusur etmedim, değil mi?

— Hayır Hayri Bey, hiçbir kusurunuz olmadı. Kendinize iyi bakın ve söylediklerimi sakın unutmayın.

Hayri Bey "Estağfurullah," diyerek odamdan çıkarken telefonum çalıyor;

— Efendim Tuna.

— Telefonda Esra'nın babası var. Esra intihar girişiminde bulunmuş, şu anda hastanedeymiş, babası sizinle görüşmek istiyor. Ay ben de çok üzüldüm, ölmez değil mi?

— Bağla telefonu Tuna.

— Alo, geçmiş olsun efendim, Esra nasıl?

— Sormayın Doktor Hanım, çok miktarda ilaç almış. Allah'tan erken fark ettik, hemen midesi yıkandı ama şu anda şuuru kapalı. Hepimiz perişanız, annesi başından ayrılmıyor. Ne diyorsunuz, kurtulur mu kızım?

— İnşallah, ne aldığını biliyor musunuz?

— Sizden önceki doktorun verdiği ilaçtan on-on beş tane almış. Şimdi adını hatırlayamadım.

— Tamam, ben biliyorum. Merak etmeyin o ilaç öldürmez Esra'yı.

— Sahi mi söylüyorsunuz Doktor Hanım, ben bu müjdeyi hemen hanıma vereyim. Hastaneden doğru dürüst bir şey söylemiyorlar. Ama hâlâ şuuru kapalı.

— Korkmayın, bir süre daha kendine gelemez ama ayıldıktan sonra vücudunda kasılmalar olabilir. Bunlar aldığı fazla miktardaki ilaca bağlı yan etkilerdir. Felç filan zannetmeyin diye söylüyorum. Başka bir ilaç vererek bu semptomları durdurur doktorlar.

— Ah sağ olun Doktor Hanım. Hastaneden çıkar çıkmaz sizden randevu alacağız. Durup dururken yine ne oldu bu kıza anlamadık ki. Hoşça kalın efendim.

— Güle güle, tekrar geçmiş olsun.

— Alo, Tuna, merak etme Esra'nın durumu kötü değil.

— Oh, çok şükür Yarabbim. Öyle korktum ki, nedir bu gençlerden çektiğimiz. Keratalara rahat batıyor.

Çöp Apartman – 4

Son görüşmemizden sonra bir yıldan fazla bir süre Neriman'dan haber alamadım. Onu birkaç kez işyerinden arattım ama bulamadım. "Neriman Hanım ayrıldı," demişler Tuna'ya. İşinden ayrılması merakımı daha da arttırdı. Onu ayakta tutan tek şey işiydi. Sağlıklı insanlarla, bir tek işyerinde beraber olabiliyordu. Eğer o da ablaları gibi eve kapandıysa, durum çok kötü demektir. Evden arama şansım ise hiç yok çünkü evdekiler bana geldiğini bilmiyorlar. İşte aylar sonra yeniden randevu defterinde adını görüyorum. İnşallah durum tahmin ettiğim kadar kötü değildir.

— Merhaba Neriman, hoş geldin.

— Hoş bulduk Gülseren Hanım. Nihayet canımı size atabildim.

— Evet, çoktan görünmüyorsun. Seni merak ettim, nasılsın iyi misin?

— Nerde bizde iyilik. Size bile gelmeye fırsat bulamadım. Çok kötüyüm. Bu eziyete daha fazla dayanamayacağım galiba. Biliyor musunuz, işten istifa ettim.

— Neden?

— Neden olacak ablalarımın durumu giderek kötüleşiyor. Ben işe gitmediğim günler yani hafta sonları evde gece yarılarına kadar ev işi yapıyordum. Her pazartesi yorgunluktan hasta oluyor, ya işe gidemiyor ya da gitsem bile doğru dürüst çalışamıyordum. Kaç yıldır bunu böyle idare ediyordum ama sonunda bana pes ettirdiler. Ev yaşanamaz hale geldi.

— Nasıl yani?

— Bizim dairede benimle uzun süredir ilgilenen bir genç vardı. Benimle evlenmek istedi. Ben "Vazgeç bu sevdadan, ben ne seninle ne de başkasıyla evlenebilirim," dedimse de dinlemedi. Beni istemeye geleceklerini söylediğim günden itibaren ablalarımın keyfi kaçtı. Suratları bir karış oldu. Bu ev nasıl temizlenecek diye sızlanıp durdular. Ben bizimkilerin huyunu bildiğim için, onlara. "İki ay sonra gelin, bu ara babam hasta," dedim. "İki ayda bu ev temizlenmez," diye tutturdular. "Siz bırakın, ben yaparım," dedim ama ne bana bırakabildiler, ne kendileri işlerin altından kalkabildi. Sonra ikisi de başladı ağlamaya. Bizi gören evden ölü çıktı zanneder. Günlerce ağladılar. Bir yandan avaz avaz ağlıyorlar, bir yandan herkesin cini tepesinde, gözünün üstünde kaşın var diyeni paylıyorlar. Evde hepimizin siniri bozuldu. Zavallı babam sıkıntıdan gerçekten hasta oldu. Ben çocuğa, "Babam düzelmedi, iyileşince ben size haber veririm," dedim ama çocuk her gün soruyor, işin peşini bırakmıyor. Neyse altı ayın sonunda nihayet bize gelebildiler. İnsanlar bize geldiklerinde yorgunluktan hiçbirimizin ayakta duracak hali kalmamıştı. Ablalarımda bir surat bir surat...

— Neden böyle yapıyorlar, senin evlenmeni istemedikleri için mi yoksa eve misafir gelmesinden mi rahatsız oldular?

— Her ikisi de. Benim ablalarımın dünyada bir benzeri yoktur. Beni hem çok severler, tırnağım taşa değecek diye ödleri kopar, hem de bana hiç insafları yoktur. Çocuk annesini, babasını alıp gelmiş. Son derece düzgün bir aile. Ellerinde çiçekleri, çikolatalarıyla kapıyı çaldılar. Bizim evde herkesin eli ayağı titriyor, sanki bizi asmaya götürecekler. Neyse, kapıda karşıladık insanları. Ablalarım misafirlerin karşısına geçip oturdular, bir saniye bile gözlerini onlardan ayırmadan her hareketlerini izliyorlar. Çocuğun annesi bir ara tuvalete girdi, bizimkilerde kaş göz işaretleri gırla gidiyor. Kadıncağız tuvaletten çıkarken su sesi duymamışlar. İkisi birden tuvalete koşturdu. Ben başıma gelecekleri anladım ama elimden bir şey gelmez. O andan itibaren ablalarım bir daha misafirlerin yanına girmedi. Onlar da, bir şeyler olduğunu anladı ama işin aslını çözemediler. Çocuğun babası, beni babamdan istedi. Babam da "Kısmetse olur inşallah, biz biraz düşünelim, tekrar görüşürüz," dedi ve misafirlerimiz erkenden kalktılar, tam merdivenleri iniyorlardı ki, ablalarım çıldırdı. İkisi birden bana nasıl bağırıyor, "Susun, daha gitmediler, sesinizi duyacaklar, beni rezil etmeyin," diyorum ama dinleyen yok ki...

— Niye bağırıyorlar?

— Niye olacak; benim yüzümden daha neler çekeceklermiş, her taraf kirlenmiş, kadın tuvalete girip ellerini yıkamadan çıkmış, sonra da kirli elleriyle her yere dokunmuş. Böyle aileye kız mı verilirmiş, ben kudurmuşum, evlenmesem ölür müymüşüm, azmışım, bu aileye uymuyormuşum, gözüm hep dışarıdaymış, babam hastayken, ablalarım bu kadar sıkıntı çekerken benim aklım fikrim erkeklerdeymiş, daha neler neler. Babam bile susturamadı bizimkileri. Kimse de bana dönüp "Sen bu çocuğu istiyor musun, gönlün var mı?" filan diye sormadı.

— Peki ben sorayım bari, sen istiyor muydun bu çocuğu?

— İstiyordum ya. İstemesem bu delilerin arasına girmelerine izin verir miydim? Aslında bizimkilerin olay çıkaracağını biliyordum ama ya hiç kimseye sormadan çekip gideceğim ya da gereği neyse yapılacak. Onun ailesi de bizimkiler gibi muhafazakâr insanlar. Her şey adabıyla olsun istedik. Düştüğüm durumlara bakın. Benim ne günahım var?

— Günahın galiba çok iyi olmak.

— İyi miyim, aptal mıyım orası belli değil.

— Ne oldu o günden sonra?

— Bizim evde o konu o gece bir daha açılmamak üzere kapandı. Hareketleriyle ne düşündüklerini anlattılar bana. Benim evlenmem kimsenin işine gelmiyor. Babam hasta ve yaşlı, bakıma ihtiyacı var. O iki deliye güvenemiyor, ben o evden gidersem, bakımsızlıktan öleceğini biliyor. Ablalarıma gelince...

— Galiba onların da sana ihtiyacı var, değil mi?

— Gülseren Hanım son durumu bir bilseniz, siz bile şaşarsınız. Ablalarım yıllardır hasta ama, o insanların beni istemeye geldiği geceden sonra bunlara ne oldu bilmiyorum. Eskiden az da olsa bir şeyler yapabiliyorlardı. Şimdi ellerini hiçbir şeye süremiyorlar. O günden beri aradan aylar geçti, bizim ev hâlâ temizlenemedi. Her yer pis gibi geliyor onlara. Şimdi artık ablalarım ellerini yıkarken bile benim başlarında durmamı, onlarla birlikte kaç kere yıkadıklarını görmemi istiyorlar. Ben "Tamam oldu, elin on kere akar suyun altında yıkandı ve temizlendi," demezsem, musluğun başından ayrılamıyorlar. Zaten aylardır ikisi de banyoya girmiyor ve yıkanmıyorlar, çünkü banyoya girerlerse saatlerce çıkamıyorlar. Her bir organları on kere de keselenecek, on kere sabunlanacak, akar suyun altında onar kere de durulanacak ve bütün bunları onlarla birlikte ben de sayacağım. Hele sıra abdest almaya gelince işler iyice karışıyor. Tam abdestin sonuna geldiklerinde eğer akıllarına kötü bir şey gelirse tekrar başa dönüyorlar.

— O nasıl oluyor?

— Akıllarına gelen o kötü şeyin olmaması için, abdesti baştan alıyorlar. Zaten kötü şey düşünürlerse o abdest sayılmazmış. Tabii bu iş saatlerce sürüyor. Banyodan çıkınca hasta oluyorlar. Keselenmekten, ovulmaktan derileri soyuluyor. Benim halimi düşünebiliyor musunuz? Her birinin başında saatlerce beklemek ne demek?

— Haklısın, zor iş.

— Bazen itiraz ediyorum, "Ben gelemem, siz birbirinize bakın," diyorum ama olmuyor. Birbirlerine itimat etmiyorlar. İlle de ben bakacağım. Gitmezsem hıçkıra hıçkıra ağlıyorlar. İçim dayanmıyor. Attıkları çöplere bile ben bakmak zorundayım.

— Artık çöpler atılıyor mu?

— Yok canım, ne gezer. Torbalara doldurup ağızları sıkıca bağlanmadan önce hepsini ben tek tek kontrol edeceğim, önemli bir şey atmadıklarından kesinlikle emin olacaklar, ondan sonra bu torbalar aşağıdaki daireye yine benim tarafımdan indirilecek. Torbalar dağ oldu. Ağızlarını ne kadar sıkı bağlasam da artık kokuyorlar. Komşular ve mahalleli yavaş yavaş kokuyu almaya başladı. Mamak'taki çöplükten geliyor herhalde diyorlar ama yakında işin aslı anlaşılacak.

— Bari bir kısmını atabilsen?

— Bazen onlardan gizlice atayım diyorum ama koca koca torbaları gizlice atmak çok zor. Çöp kamyonu akşam geliyor. Ben akşam evden çıksam hemen fark ederler. Gündüzden kapıcıya versem, öyle pis kokuyorlar ki, komşular kokunun bizden geldiğini hemen anlayacaklar.

— Aşağı yukarı kaç torba var?

— Yüzlerce. Dairelerin hepsi ağzına kadar doldu. En altta oturan kiracılara da "çıkın," dedik. Kimse neden kiracıları çıkardığımızı anlamıyor. Neden boş tutuyorsunuz diye soruyorlar. Apartman yıkılıp yeniden yapılacak diyoruz. Bu daha ne kadar böyle devam edebilir bilmiyorum. Eğer bu işe bir çare bulamazsak, yakında foyamız meydana çıkacak, sadece mahalleye değil, tüm memlekete rezil olacağız. Televizyonlarda boy gösterecek bizim torbalar. Bunu ablalarıma da söylüyorum ama bir işe yaramıyor. Aslında bundan onlar da korkuyor, çöpleri biriktirmenin yanlış olduğunu biliyorlar ama bu nasıl hastalıksa, bile bile bu işe devam ediyorlar. Sizin bana bu konuda söyleyebileceğiniz bir şey var mı, neden böyle yapıyorlar?

— Bu hastalıkta insanların aklı başındadır, yaptığının yanlış olduğunu bilir ancak eğer yapmazsa ağır bir sıkıntı hissiyle karşı karşıya kalır. Zaten bütün bunları yaptıran o sıkıntı hissidir. Büyük bir kararsızlık, güvensizlik ve kuralcılık söz konusudur. Her şeyin doğrusunu ama tam doğrusunu yapmak ister, en doğruyu bulabilmek için ayrıntılara önem verir, sonra da ayrıntıların içinde boğulur ve işin içinden çıkamazlar. Ablaların da öyle yapıyor. Her şeyi kuralına göre ve en doğru biçimde yapmak istiyorlar, bu yüzden ev işi bir türlü bitmiyor çünkü kafalarında her şeyin bir sırası, en iyi yapılma şekli ve kuralı var. Bütün bunlara uyarlarsa en iyiyi elde edeceklerini düşünüyorlar. Yani her konuda mükemmeli arıyorlar. Örneğin şu çöp meselesini ele alalım. Anladığım kadarıyla o torbaların bazılarının içinde kirli çarşaflar, bazılarında da artık kullanılmayan, eskimiş, işe yaramayan fazlalıklar var.

— Evet öyle, çarşafları "Bir gün yıkar ve tekrar kullanırız," diye atmıyorlar ama bugüne kadar yani yıllardır, torbalara doldurulmuş çarşafların hiçbiri sonradan torbadan çıkarılıp yıkanmadı.

— Evet ama Neriman, gördüğün gibi çıkış noktası doğru, yani insan kirli çamaşırları önce bir kirli torbasına koyar ve sonra yıkar. Ablaların da öyle yapıyor.

— Başka insanlar en geç bir-iki hafta içinde çamaşırlarını kirli torbasından çıkarıp yıkıyorlar.

— Doğru, ablaların da öyle yapmak istiyor, ancak çamaşırlar en doğru, en temiz biçimde yıkanmalı yani her şeyin olduğu gibi, çamaşır yıkamanın da, onların kafasında kuralları var. Mükemmeli arıyorlar. O yüzden çamaşırların yıkanacağı leğenler, yıkayan kişinin elleri ve kullanılan su çok temiz olmalı. Biliyorsun akar su kir tutmaz diye bir deyim vardır. O nedenle bir kapta biriken suyu değil, akar suyu tercih ediyorlar, kafalarında temizliğin o kadar çok kuralı var ki, bir süre sonra o kuralların içinde boğuluyor ve en doğruyu ararken, yollarını kaybediyorlar.

— Peki Gülseren Hanım, diyelim ki yıkamak üzere torbalara dolduruyorlar ve yıllardır bunu bir türlü beceremiyorlar. Şimdi çoğunun çürüdüğünü, koktuğunu, artık kullanılamaz hale geldiğini biliyorlar. Şimdi neden atılmasına izin vermiyorlar?

— Atmanın bile kuralları vardır. Önce torbalar tek tek açılacak, her birinin durumu incelenecek, sağlam çarşaflar ayrılacak, artık kullanılamayacak hale gelenler atılacak. Öyle değil mi?

— Evet öyle, ama o torbaları açarsak, kokudan bizim mahalleye girilmez. Aptal değiller ya, bunu onlar da biliyor.

— Evet aptal değiller ama çok hastalar Neriman. Bir kere o torbalar artık çok kirli, açanı da kirletir. Bu yüzden kendileri açmaya cesaret edemezler, bu konuda bir başkasına ise hiç güvenemezler. Onların gözünde kendilerinden başka herkes, kurallara tam olarak uymadığı için, temiz değildir. Bu konuda sana bile güvenemezler.

— Doğru söylüyorsunuz, dünyada güya en güvendikleri benim, işlerine geldi mi her şeyi bana sorarlar ama eğer bana yaptırmak istedikleri bir iş varsa, bunu onların gözü önünde yapmazsam, bana da itimat etmezler.

— İşte bu yüzden o torbaları ne kendileri açabiliyor, ne de başkasının açıp bakmasına izin verebiliyorlar.

— Canım benim derdim o torbaları açmak değil ki, hepsini bir kamyon çağırıp içine dolduralım, atılsın diyorum. Gerçi torbalar bir kamyona sığmaz ama.

— Atamazlar da, çünkü kafalarındaki kurallara göre atılacak şeylerin gerçekten kullanılamaz hale gelmiş olması gerekir. Ya atmamaları gereken şeyleri de atarlarsa...

— Aynen öyle Gülseren Hanım, "Ya içlerinde önemli bir şey varsa," diyorlar. "Salak mısınız siz, önemli olsa çöp torbasına konur mu, hem onları torbalara koyan siz değil misiniz, önemli ne olabilir zaten," diyorum ama ikna olmuyorlar.

— Olmazlar çünkü "Ya yanlış yaparsam" korkusu bu hastalarda çok yoğundur. Yanlışın büyük mü küçük mü olduğu onlar için önemli değildir. "Yanlış yaptım mı," düşüncesi daha önemlidir ve bu düşünce ağır bir sıkıntıyı da beraberinde getirir. İşte her şey bu sıkıntıdan uzak durabilmek uğruna yapılır.

— Yani dağ gibi torbaların odalarda saklanışı, saatler süren yıkanmalar, saymalar hep bu yüzden ha?

— Maalesef. Kafalarındaki bütün kurallara uyarak, bu sıkıntıdan uzak durmak istiyorlar.

— Bizim evi bok götürüyor. Pislikten görünmüyor ev. Güya bunlar kimseyi beğenmezler, çok temizler. Bu nasıl temizlikse. Beni istemeye geldikleri akşam, çocuğun annesi tuvalete girmiş de ellerini yıkamamış. Ulan siz önce kendinize bakın. Ev çöplüğe döndü. Tabaklar bardaklar banyoya yığıldı, üzerinizdeki çamaşırların kirden rengi attı, zavallı ihtiyar pislikten kokuyor, bir de el âlemi beğenmezler.

— Haklısın, bu tür insanlar mükemmeliyetçi oldukları için, pek kimseleri beğenmezler. Peki Neriman sen nasılsın?

— Ben de pek iyi değilim. Öncelikle çok yorgunum. Nereye koşacağımı şaşırdım. Ben olmazsam evde hayat duruyor. Bir kap yemek yapmak bile hadise oluyor. Babam şeker hastası, her yemeği yiyemiyor. Kızlar bana bıraksa yapıvereceğim ama bırakmıyorlar ki. İlle de kendileri ne yaptığıma bakacak. Ayrıca moralim de çok bozuk. İşten ayrılmak benim için ne demek biliyorsunuz. Hayata dahil olabildiğim tek yer orasıydı. Şimdi hayattan iyice koptum.

— Ne zaman ayrıldın işinden.

— İki ay oldu. Bensiz evde hayat durunca, buna mecbur kaldım.

— Çok yazık olmuş. Peki evlilik meselesi ne oldu?

— Ne evliliği Gülseren Hanım. Benim için evlilik artık mazide kaldı. Böyle bir şansım hiç yok. Ailemi bu durumda bırakıp gidemem. Hem benimle evlenmeye kalkışan o zavallı çocuğa da yazık. Nasıl insanlarla karşılaştıklarının henüz farkında değiller. Onlar zannediyorlar ki, biz muhafazakâr, normal bir aileyiz. Halimiz, vaktimiz yerinde. Ablalarım yaşlı babama bakabilmek için evlenmediler. Namuslu ve temiz insanlarız. Bizim dış görünüşümüz işte bu. Ah bir de içimizi bilseler.

— Bu kararı verirken iyice düşündün mü?

— Düşünsem ne olacak ki. Zaten aylardır depresyondayım galiba. Moralim çok bozuk. Yaşam isteğim hiç kalmadı. Yüzüm hiç gülmüyor. Hele sabah olmuyor mu? Yeni bir güne başlamak ıstırap gibi geliyor bana. Her gün aynı insanlar ve aynı berbat şeyleri yeniden yaşamak istemiyorum. Çalışırken, hiç olmazsa akşama kadar sağlıklı insanların arasında yaşıyordum. Gerçi çok yoruluyordum, dairedeki işim de ağırdı ama, şimdi daha kötüyüm. Bu böyle devam ederse onlardan önce ben terk edeceğim galiba bu dünyayı. Hiçbir amacım kalmadı. Ne için yaşadığımı artık ben de bilmiyorum.

— O çocukla hiç görüşmüyor musunuz?

— O beni hep arıyor, hâlâ vazgeçmedi.

— Bak buna memnun oldum. Demek seni hâlâ arıyor. Yani yaşamak için hâlâ bir neden var.

— Var ama ben de iş kalmadı. Biliyor musunuz artık ben de banyodan saatlerce çıkamıyorum. Hele abdest almak benim için de kâbus haline geldi.

— Neden?

— Ablalarım gibi, benim de abdest alırken aklıma kötü şeyler geliyor ve tekrar başa dönmem gerekiyor.

— Neler mesela?

— Kötü şeyler işte. Size söyleyemem.

— Ağzından çıkanları kulaklarınla duymaya mı korkuyorsun yoksa?

— Aynen öyle.

— Ablalarınla mı ilgili?

— Bunu nasıl tahmin ettiniz?

— Çünkü sanırım bu ara en çok onlara kızıyorsun.

— Ama haksız mıyım Allah aşkına? Hayatımın içine edildi. Artık bir işim bile yok. Ben de sonunda onlar gibi oldum.

Neriman elini yüzüne kapatarak, hıçkırıklara boğuluyor. Ne kadar zor durumda. Çok şey borçlu olduğunu düşündüğü ablalarına öfke duymak onu çok zorlamış. İnsanın hayatını borçlu olduğunu düşündüğü birine kızması o kadar kolay değil.

— Neriman çok zor durumdasın, inan bana senin yerinde kim olsa aynı şeyleri hissederdi. Duygularımız bizim kontrolümüzde değildir. İrademizle onları durduramayız. Sen de insansın ve duygularını yok edemiyorsun. Bu son derece doğal bir şey. Ablaların yüzünden çok şeyi feda ettin, işini, sevdiğin erkeği. Şimdi onlara kızmak hakkın değil mi?

— Ama ben onlara hayatımı borçluyum, bunu biliyorsunuz.

— Evet, biliyorum. Hepimiz birilerine bir şeyler borçluyuz. Bizi dünyaya getirenlere, bakıp büyütenlere, bir şeyler öğrenmemizi sağlayanlara. Ama yine de bu durum, bazen onlara kızıvermemize mani olamıyor. Herhangi birine kızmak kolay. Zor olan, hem sevip hem borçlu olup hem de kızmak. Tıpkı seninki gibi.

— Evet, onları hem seviyorum, hem hayatımı borçluyum, hem de öldüresiye kızıyorum ikisine de.

— Evet, işte bu yüzden işin içinden çıkamıyor, sonunda okları kendine çeviriyorsun. Ama bu senin suçun değil. İnsanlar en sevdiklerine bile kızabilirler. Bu doğal bir şeydir. Peki gelelim banyoda aklına gelenlere?

— Anladınız işte. Onlara kötü bir şeyler olacağı geliyor aklıma. Aman, daha açık anlatayım bari... İkisinin de kanlar içinde yüzü geliyor gözümün önüne. Yerde yatıyorlar. Annemle yan yana. Eğer abdest almaya devam eder de, böyle banyodan çıkarsam, bu düşündüklerim gerçek oluverecek, onlar gerçekten ölecek sanıyorum. Onun için her seferinde başa dönüyorum. Tabii bu da saatler alıyor.

— Peki ablalarının aklına ne geliyor sence?

— Bilmem, bana söylemezler ki...

— Biliyorum, bir tahmin yap istedim.

— Annem geliyordur, annem ve babam.

— Bence de öyle. Peki bunu bilerek ve isteyerek mi yapıyorlar?

— Olur mu öyle şey.

— Tabii olmaz. Tıpkı senin gibi, onların da elinde değil bazı şeyler. Peki haklılar mı?

— Madem onlar da insan, haklılar tabii. Böyle olmayı kim ister ki...

— Kimse istemez ama hayat bazen insanları bu noktaya getirebiliyor. Sanırım kendi durumunu iyice anladın.

— Anladım anlamasına da, ben de onlar gibi oluyorum... Korkuyorum bundan.

— Ama senin onlardan önemli bir farkın var. Sen bunun bir hastalık olduğunu biliyor ve doktora geliyorsun.

— Bunu durdurabilecek misiniz?

— Elimden geleni yapacağım. Şimdi sana bazı ilaçlar vereceğim. Bunları da çok düzenli alacağını umuyorum.

— Almaz mıyım? Size güveniyorum Gülseren Hanım. Ne isterseniz yapacağım. Size gelmekle ne iyi etmişim. Kendimi eskisi kadar yalnız ve çaresiz hissetmiyorum artık. Arkamda bana yardım eden birinin olduğunu bilmek çok güzel. Size nasıl teşekkür etsem bilmem ki... Keşke ablalarımı da size gelmeye ikna edebilsem...

— Belki bir gün onlar da gelir. Biz şimdi senin sağlığınla ilgilenelim. En kısa sürede yine bekliyorum seni.

— Tamam, yine geleceğim. Hoşça kalın.

— Güle güle Neriman. Kendini ihmal etme sakın.

Neriman bu sefer gözlerindeki yaşı silerek çıkıyor odadan. Evin, sağlıklı kalabilen tek üyesi de yavaş yavaş batıyor. Bu çöp ev, hepsini birden yutacak galiba. Keşke bu gidişi biraz olsun durdurabilsem...

Suç ve Ceza

— Pembe Hanım İstanbul'dan geliyormuş. İki randevu birden aldı. Ama ondan önce Halil Bey genç bir delikanlı göndermiş. Randevusu yok ama "Durumu çok acil," diyor Halil Bey. "Hiç olmazsa on beş dakika görüversin Gülseren Hanım," dedi. Size çok selamları var. "Bu hafta sonu Ankara'ya gelirsem mutlaka uğrarım," diyor. Ne yapalım?

— Peki Tuna, önce onu alalım. Durum gerçekten acil olmasa Halil Bey böyle ısrar etmezdi.

— Yürüyerek mi geldiniz?

— Evet, hava o kadar güzel ki, yürümeye doyamadım. Bu odaya girince nasıl akşam olduğunu bilmiyorum. Bari sabahları biraz gün yüzü göreyim dedim.

— Çok iyi etmişsiniz. Kahvenizi içtiniz mi?

— Hayır içmedim Tuna, dedim ya evden erken çıktım.

— Oh çok iyi etmişsiniz. Ben de sabah Levent'ten taze kahve almıştım. Hemen yapıyorum. O delikanlıyı göndereyim mi yoksa biraz nefeslenmek ister misiniz?

— Nefeslenecek vakit yok. Hemen yolla hastayı.

— Tamam efendim.

Açık kapıdan koyu renk takım elbiseler giymiş, uzun boylu, 26-27 yaşlarında yakışıklı bir delikanlı giriyor. Önce elimi sıkıyor ve saygıyla karşımdaki koltuğa oturuyor.

— Adınızı alabilir miyim?

— Adım Koray efendim. Buraya gelmeyi ben istemedim, bence ruhsal bir problemim yok benim ama Halil Bey bizim başkanımızdır biliyorsunuz. O çok ısrar edince kıramadım geldim.

— Demek siz de müfettişsiniz.

— Evet efendim. İşe gireli iki yıl oldu. Bir türlü ısınamadım ben. Gerçi ilk aylar bir sorunum yoktu ama son günlerde artık bu işe dayanamaz oldum. İşe gidince içime bir sıkıntı geliyor, deli olacağım sanıyorum. Geceleri uyuyamaz oldum. Sabah kalkıp yeniden o işyerine gideceğimi bilmek beni çıldırtıyor. Biraz daha devam edersem bu iş beni öldürecek. Sonunda istifa etmeye karar verdim. Önce arkadaşlarım, sonra da başkan Halil Bey bu karara karşı çıktı. Hepsi de "Yanlış yapıyorsun," diyorlar bana.

— Peki ya siz ne diyorsunuz?

— Ben istifa etmekte kararlıyım. İstifa dilekçemi Halil Bey'e verdim. Ama o, sizden bir cevap gelene kadar istifamı yürürlüğe koymadı. Benim aklım başımda, ruhsal bir sorunum yok. İstifamı vereli beri öyle bir rahatladım ki, size anlatamam. Boğuluyordum orada.

— Nasıl birisiniz siz Koray Bey?

— Ben idealist biriydim. Okulları dereceyle bitirdim hep. Aslında müfettiş olmayı bir zamanlar çok istemiştim. Biliyorsunuz sınavla giriliyor buraya. Sınavları çok iyi derecelerle kazandım. Arkadaşlarım da, âmirlerim de sever beni. Ama olmadı işte.

— Koray Bey evli misiniz?

— Değilim. Bir kız arkadaşım var ama şimdilik evlenmeyi düşünmüyorum.

— Peki işten istifa edince ne yapmayı düşünüyorsunuz?

— Vallahi orası henüz pek belli değil. Bir arkadaşım yeni bir iş kuruyor, belki ona ortak olurum. Ama hemen değil. Bir süre çalışmak istemiyorum. Evde dinleneceğim.

— Demek evde dinleneceksiniz. Bir süre çalışmak istemiyorsunuz. Ve bu işe çok isteyerek girmiştiniz. İşyerinde bana söylemediğiniz bir sorun mu var?

— Hayır, bir sorun yok. Baksanıza başkan bile istifa etmemi istemiyor.

— Demek başarılısınız. Sizi kaybetmek istemiyorlar. Üstelik neden istifa ettiğinizi siz de doğru dürüst bilmiyorsunuz.

— Dedim ya, tuhaf bir sıkıntı geliyor bana orada. Duramıyorum, çalışamıyorum. Bu iş beni öldürecek Doktor Hanım.

— Ama yine de ruhsal bir sorununuz yok.

— Yok.

— Peki bu anlattıklarınız ciddi bir sorun değil mi?

— Ama onlar ruhsal değil ki, ben gayet normal biriyim.

— Peki, adına ruhsal demeyelim. Sadece şu gerçeğin altını çizelim. Siz bu ara işe gidince içinize bir sıkıntı geliyor. Bu sıkıntıdan kaçmak için, hiçbir başka sebep yokken, çok severek girdiğiniz işten istifa ediyorsunuz.

— Evet, aynen öyle.

— Peki bu sıkıntıyı durdurabilirsek, çalışmaya devam edecek misiniz?

— Bilmem ki, bu sıkıntının durdurulabileceği hiç aklıma gelmedi. Ama yanılıyorsunuz Doktor Hanım. İşe gitmezsem bende sıkıntı olmuyor. Ben hasta olsam, sıkıntı her yerde gelir. Anlamıyor musunuz, sadece orada geliyor.

— Aksine çok iyi anlıyorum sizi. Buraya gelirken asansöre bindiniz mi?

— Evet, neden sordunuz?

— Bazı hastalarım asansöre binmez, yedi katı yürüyerek çıkarlar. Neden böyle yaptıklarını tahmin edebiliyor musunuz?

— Asansör korkuları vardır.

— Yani asansöre binmeyerek bazı korkulardan ve sıkıntıdan uzak durmaya çalışıyorlar. Senin korkun da işin mi?

— ... Ama ne kadar sıkıldığımı bilmiyorsunuz. Ölecek gibi oluyorum. Asansör korkusu olan birini akşama kadar asansörde tutarsanız ne olur? Ölür adam, ölür...

— Sizce asansör korkusu bir çeşit ruhsal sorun değil mi?

— Öyle, yani şimdi benimki de öyle bir şey ha... Buraya gelirken kendimden öyle emindim ki... Hay Allah ne olacak şimdi. Ben oradan istifa edemeyecek miyim?

— İsterseniz şöyle yapalım. Siz şimdi işe gidecek durumda değilsiniz. Ben size bir süre istirahat raporu vereyim. Bu arada bu sıkıntıyla başaçıkabiliyor muyuz, ona bakalım. Sonunda yine siz karar verin ne yapacağınıza.

— Bu iyi işte, çünkü işe gitmem için ısrar edersiniz diye çok korktum. Tamam, dediklerinize aynen uyacağım. Size tekrar gelmem gerekecek herhalde.

— Evet, ama bu sefer lütfen randevulu gelin.

— Tamam efendim. Bugün için özür dilerim. Zamanınızı aldım İlk fırsatta yine geleceğim. Halil Bey'e ne demem doğru olur?

— Ben onunla konuşurum, siz sadece bu raporu verin ona.

— Teşekkür ederim efendim, hoşça kalın.

Şu Halil Bey hiç atlamıyor yanındakilerin sorunlarını. Bu delikanlıyı bana göndermekle ne iyi etmiş. Her âmir onun gibi olabilseydi ne iyi olurdu.

Koray bana tekrar gelmedi, yani bunun bir hastalık olabileceğine onu ikna edemedim ve maalesef bir süre sonra işinden istifa ettiğini duydum.

Tuna elinde kahve tepsisiyle giriyor içeri. Tepside kahvem ve suyumla.

— Sağ ol Tuna, eline sağlık. Mis gibi kokuyor. Kim demiştin şimdi girecek hasta?

— Pembe Hanım efendim. Hemen yolluyorum.

Solgun, dolgun, geniş bir kadın Pembe Hanım. Kumral saçları bukle bukle dökülüyor yüzüne. Ağır makyaja rağmen gözlerinin altındaki mor halkalar kaybolmamış. Büyük gözlerinde, korku, telaş, acele bir şeyler var. Elini sıkıp "hoş geldiniz," diyerek karşımdaki koltuğa buyur ediyorum. Oturur oturmaz kocaman siyah çantasını açıp karıştırmaya başlıyor. Çıkan seslerden çantanın oldukça kalabalık olduğu anlaşılıyor. Sonunda en altta bir yerlerden bir paket kâğıt mendili aceleyle çıkarıp yüksek sesle burnunu siliyor. Vakit kazanmaya çalıştığını hissediyorum. İlk kez bir ruh doktoruna geldiği belli. Henüz acemi, korkak ve heyecanlı.

Yeni gelen her hasta beni de heyecanlandırır. Piyasaya yeni çıkmış bir kitabın kapağını açar gibi hissederim kendimi.

— İstanbul'dan geldiğinizi duydum. Size bir yorgunluk kahvesi ikram edelim mi?

— Zahmet olmaz mı?

— Neden olsun. Nasıl içersiniz kahveyi?

— Sade.

— Siz tam tiryakisiniz galiba. Ben de çok severim kahveyi ama çok şekerli olacak.

Telefonla sekreterime Pembe Hanım'ın sade kahvesini söylüyorum. Sonra arkama yaslanıp bekliyorum.

— Nereden başlasam bilmem ki. Size anlatmak istediğim çok şey var. Kimseye anlatamadığım çok özel şeyler. Artık bunları birileriyle konuşmam lazım yoksa çatlayacağım. Ama her şey herkese anlatılmıyor. Anneme, ablama bile söyleyemiyorum bazı şeyleri. Hiçbir şeyi gizlemeden, saklamadan olduğu gibi anlatmak istiyorum, ama utanıyorum. Beni ayıplayacağınızdan, kınayacağınızdan korkuyorum.

— Psikiyatri insanları yargılamaz Pembe Hanım. Sadece dinler, anlamaya, yardım etmeye çalışır.

— Benim de bu ara anlaşılmaya o kadar çok ihtiyacım var ki. Bazen kendimi ben bile anlamıyorum.

O sırada kapı tıklıyor. Tuna elinde kahve tepsisiyle içeri giriyor. Pembe Hanım kahvesini alıyor. İkimiz de birer yudum alıyoruz kahvelerimizden. Oh, gerçekten güzel olmuş.

Kahveyi alırken "Teşekkür ederim," dediğinde gözlerinde hafif bir gülümseme görüyorum. Gülmek ne kadar yakışıyor yüzüne, yüz hatları işini iyi bilen bir heykeltıraşın elinden çıkmış kadar güzel ve düzgün. Ama bu gülümsemeyi görmeden onun bu kadar güzel bir yüze sahip olduğunu fark etmedim.

— 4 ve 6 yaşlarında iki oğlum var. Yani iki çocuk annesiyim. Ve ben kocama ve çocuklarıma ihanet ettim. Bizim oralarda bunun cezası ölümdür. Sorgusuz sualsiz öldürürler adamı. Bunu bile bile yaptım her şeyi. Şimdi kocam bana, "Al şu silahı vur kendini. Benim başımı belaya sokma. Senin pis kanına elimi bulaştırmak istemiyorum. Temizle namusumuzu," diyor. İşte ben de son bir kez birisiyle bunları konuşmak istedim.

Ağlıyor, gözlerinden sular seller gibi akıyor yaşlar. Acı, hüzün, ıstırap ve ölümün sessizliği yayılıyor odaya. İçimin ürperdiğini hissediyorum. Kahvemden bir yudum daha içiyorum.

— Baştan anlat istersen Pembe, belki bir çıkar yol buluruz.

Ama ya bulamazsak endişesi var içimde çünkü nasıl bir ülkede yaşadığımızı biliyorum. Gazeteler her gün namus cinayetleriyle dolu.

— Ben Doğulu bir ailenin kızıyım. İki kardeşiz, ablam var. Benden 3 yaş büyük. Üç kardeşim daha vardı, hepsi öldü. Oralarda çocuğun kıymeti mi var?

— Neden öldüler?

— İkisi bebekken öldü, bir oğlan kardeşim traktörün altında kaldı. Babam hayırsızın biriydi. Zaten bu hallere düşmemin asıl sebebi o değil mi? İçki, kumar, dayak, ne ararsanız vardı onda. Kendimi bildiğim günden beri dayak yiyorum. Bir hayvanmışım gibi dövdü erkekler beni. Babam akşamları meyhanelerde içer, eve körkütük sarhoş gelirdi. Sonra da eline odunu alır, her seferinde bir bahane bulur, döverdi bizi. Öldüresiye döverdi. Odunu kafamıza, gözümüze rasgele vururdu. Ablamın bu yüzden hâlâ ayağı aksar. Annem dayak yemekten haşat oldu. Geceleri dayak faslı bitince yatakta sabaha kadar ağlar, babama beddua ederdim. "Şu adam ölse de kurtulsak," derdim. Babam öldü ama ben hâlâ dayak yemekten kurtulamadım. Sanki ben bu dünyaya erkeklerden dayak yemeye geldim. Türkiye'de değil de bir başka ülkede dünyaya gelseydim keşke, o zaman böyle dayak yemezdim.

— Kadınlar sadece 3. Dünya Ülkeleri'nde değil, Batılı ülkelerde de aile içi şiddete maruz kalıyor, dayak yiyor, hatta öldürülüyor. Fransa'da yayınlanan bir rapora göre Paris'te cinayete kurban giden kadınların yarısının kocaları tarafından öldürüldüğü, ülke genelinde ise aile içi kavgalarda her beş günde bir kadının öldüğü belirlendi. Dünya Bankası'nın verilerine göre dünyadaki kadınların yüzde yirmisi fiziksel ya da cinsel şiddete uğruyor. ABD'de her on beş saniyede bir kadın dövülüyor. Hindistan'da evli kadınların yüzde kırkı, Mısır'da yüzde otuz beşi kıskançlık, yemek ve temizlik yüzünden düzenli olarak dayak yiyor.

— Sahi mi? Ben sadece bizim oralarda dayak yenir sanıyordum.

— Ama artık bütün dünya kadınları bu konuda mücadele ediyor. Kadınlar artık iş dünyası ve siyasette giderek yükseliyor. Dünya parlamentolarında sandalyelerin yüzde on beşi kadınların elinde. Korkma Pembe, kadın daima güçlüdür, bir gün bütün bunlar tarih olacak.

— İnşallah Doktor Hanım. Çocuklarım bari benim yaşadıklarımı yaşamasın.

Dalgalı bir deniz gibi nefes alıyor, rüzgâr gibi konuşuyor bu kadın. Dalıp gidiyor, artık bu odada değil, hayatın karanlık kuyusuna girmiş, oradan bakıyor bana.

— Ablam okumayı sevmezdi. İlkokuldan sonra okumadı. Erkenden evlenip gitti. Şimdi yaramaz bir adamın kahrını çekiyor. Bense okumayı, öğrenmeyi seviyordum. Hep çok iyi notlarla geçtim sınıflarımı. Doktor olmak, bu berbat hayattan kurtulmak istiyordum. Kader izin vermedi. Daha doğrusu babam izin vermedi. Liseyi bitirince Tıp Fakültesini kazandım. "Olmaz," dedi. Ben seni oralara gönderip de "orospu" yapamam. Kız kısmı taa oralara yalnız gönderilmezmiş. Çok ağladım, çok yalvardım. Annem de desteklemedi beni. "Güzelsin, okuyup da ne yapacaksın. Çirkinler okusun. Sen nasıl olsa bir koca bulursun. Oralarda kandırırlar seni," dedi.

Aynı yıl babamın kumar borcu olan, memleketin varlıklı ailelerinden birinin biraz geri zekâlı oğluna verdiler beni. Kumar borcuna karşılık başlık parası almadı babam. Neye uğradığımı bilemedim. Kocam çok kıskanç, hasta ruhlu bir adamdı. O da babam gibi içiyor ve eve gelince olmadık sebepten kavga çıkarıp öldüresiye dövüyordu beni. Her gün yıkanmış mıyım diye banyoyu kontrol ederdi. Gündüzleri o yokken eve erkekleri aldığımı, onlarla sevişip sonra banyo yaptığımı, abdest aldığımı zannederdi. Perdelere işaret koyar, bütün vücudumu tek tek inceler, başkalarıyla seviştiğime dair kanıt arardı. Hayatım kaymış, yine kapana kısılmıştım.

Kocamın çocuğu olmuyordu. Ben, hatanın onda olduğunu bilmiyordum. "Kısır kadın," derdi bana. Çocuğum olmasın diye dua eder ondan nasıl ayrılacağımın hayallerini kurardım. Ama bir cehennemden çıkıp bir başka cehenneme yani babamın evine geri dönmeyi aklımdan bile geçirmiyordum. Öyleyse nasıl kurtulacaktım bu işkenceden. Kaçıp gitsem hem nereye gideceğimi bilmiyordum hem de yakalandığım anda beni öldüreceklerini çok iyi biliyordum.

Tam üç yıl sürdü bu işkence. Bir gün kocamın kara haberi geldi. Meyhanede çıkan bir kavgada öldürmüşler onu. Sakın beni ayıplamayın. Sevindim ölümüne. Nihayet beddualarımı Allah kabul etmiş ve beni kurtarmıştı o hasta ruhlu adamdan. Çocuğumuz da olmadığından kocamın ailesi pek fazla sahip çıkmadı bana ve öteki cehenneme geri döndüm. O sıralar babam hastalandı. Çok içmekten siroz olmuş. Artık bizi dövecek hali kalmamıştı. Bir süre annemle baktık ona, sonra karnı şişti, inleye inleye öldü. Dünya bir pislikten daha kurtulmuştu. Onun ölümüne de hiç üzülmedim. Erkeklerden nefret ediyordum.

Artık annemle ikimiz kalmıştık. İki katlı bir evin alt katında kiracı olarak oturuyorduk. Babam sigorta emeklisiydi. Küçük bir maaş bağladılar bize, iş aramaya başladım. Bir-iki eş dost yardımıyla küçük bir devlet memuru olmayı başardım. Çalışkan ve becerikliydim. İşi çok kolay öğrendim. Aldığım para annemle beni geçindirmeye yetiyordu. Evlenmeyi aklımdan bile geçirmiyordum. Ama başta annem olmak üzere, yakınlarım sıkıştırıyordu beni. "Evlenmeden olmaz, güzelsin, dulsun, adın çıkar," diyorlardı. O sırada aynı işyerinde çalışan genç, yakışıklı bir delikanlı benimle çok ilgileniyordu. Bizim oralı değildi. İstanbul'dan tayinle gelmişti. Kısa bir süre sonra ailesi beni istemeye geldi. "Kaçırma bu oğlanı," dedi annem. "Sen dulsun, o bekâr. Bir daha böylesini bulamazsın." "Peki," dedim, hemen evlendik. Sonra da tayinimiz İstanbul'a çıktı, apar topar gittik. Zaten onu kabul edişimin en önemli nedeni beni bu memleketten kurtaracak olmasıydı.

İstanbul'da küçük bir ev tuttuk. İkimiz de çalışıyorduk. Kocam, babamdan da, ilk kocamdan da daha iyiydi. Gerçi o da içki içiyor, çoğu zaman eve geç geliyor, aldığı maaşı at yarışlarında yiyip bitiriyordu ama yine de iyi tarafları da olan biriydi. Ben hemen hamile kaldım. Ve iki yıl arayla iki çocuğumuz oldu. İdare edip gidiyorduk. Gerçi beni sürekli eleştiriyor, hiçbir şeyimi beğenmiyor, dul olduğumu her fırsatta yüzüme vuruyordu ama, ben bunlara razıydım. İki çocuğumuz vardı ve bu düzenin bozulmasından korkuyordum. Çocuklar büyüdükçe maddi durumumuz bozuldu, artık benim aldığım para evi çekip çevirmeme yetmiyordu. Kocamsa parasını kendi keyfi için harcamaya devam ediyordu. Bu yüzden kavgalar çoğaldı ve dayak başladı. "Bıktım sizden, rahat bırakın beni," diyordu kocam. Ne çocuklara ne bana şefkat gösteriyor, hepimizi hırpalıyordu.

Beni hiç sevmiyordu. Ne ev hanımlığımı, ne anneliğimi ne de kadınlığımı beğeniyordu. "Sen ne biçim kadınsın, senin yüzünden erkekliğim kalmadı. Soğuksun," diyordu bana. Gerçekten de frijittim. Bana dokunacak diye ödüm kopuyordu. Zaten akşama kadar çok yoruluyordum. Bir yandan iş, bir yandan ev ve çocuklar. Kocam hiçbir şeyle ilgilenmiyor, her türlü sorumluluk bana kalıyordu. Akşamları yatağa yattığımda her yanım sızlıyordu. Yorgun olmasam da zevk almıyordum cinsellikten. Kendimi kadın gibi hissetmiyordum ki. Devlet dairesinde memur, evde hizmetçi, iki küçük çocuğun annesiydim ama kadın değildim. Kendime olan güvenim de yaşama gücüm de giderek azalıyordu.

Ben ruhen zayıfladıkça eşimin öfkesi daha da arttı. Bu yaz yine küçük bir meseleden kavga çıkardı ve "Ayrılalım," dedi. Bugüne kadar defalarca kavga etmiştik ama hiç ayrılalım, dememişti. Korktum. Ayrılmaya gücüm yoktu. Memlekete geri dönmek düşüncesi bile beni korkutan, içimi ürperten bir fikirdi. "Beni boşayamazsın, ayrılmayacağım senden," dedim. Çok kızdı. Beni arada bir döverdi ama hiç o günkü gibi dövmemişti. Oklavayla dövdü beni. Babam gibi. Az kalsın ölüyordum. Hastanelik oldum. Çocuklarım korkudan evde saklanacak yer arıyorlardı. Komşular hastaneye götürdü beni. On gün rapor verdi doktorlar, yüzüm gözüm mosmor olmuştu. Eve geldiğimde elimdeki raporu görünce bir kez daha dövdü, "Sen misin rapor alan, hadi şimdi kurtarsın bakalım seni bu rapor," diye. Sonra biletlerimizi aldı, çocuklarla beni memlekete gönderdi. Bir türlü öfkesi geçmiyordu. Bense yediğim dayaklardan bitap düşmüştüm. Üstelik korkuyordum. İyi kötü bir düzenimiz vardı. Bizi bırakırsa ne yapardık bilemiyordum.

İşte bu berbat ruh haliyle gittim memlekete. Annem merakla bekliyordu bizi. Beni öyle yüzüm gözüm mosmor görünce çok fena oldu kadıncağız. İkimiz birbirimize sarılıp uzun uzun ağladık. "Elleri kırılsın inşallah," diyordu annem.

Durdu, anlatacak hali kalmamıştı Pembe'nin... Yüksek sesle ağlamaya başladı. Şimdi kâğıt mendili yüzüne kapatmış hıçkıra hıçkıra ağlıyordu. Susup, rahatlamasını bekledim. "Bu ülkede kadın olmak zor," dedim.

— Sorma Doktor Hanım, başıma ne geldiyse bundan geldi.

Soğumuş kahvesinin son kalan yudumunu da içtikten sonra yeniden anlatmaya başladı.

— Annem bir yandan beni teselli etmeye çalışıyor bir yandan da "Ya seni boşarsa ne yaparız," diye endişeleniyordu. Moralim berbattı. O sırada bizim ev sahibinin öğretmen olan oğlu da sömestr tatili nedeniyle ailesinin yanına gelmişti. Genç, romantik, garip bir çocuktu. Ben daha önce onunla hiç karşılaşmamıştım. Tanıştığımız gün aramızda bir elektriklenme oldu. Benden hoşlandığını hissettim. Bu duygu hoşuma gitti. Hayatım tam bir çıkmazdayken, her şeyi unutup bu çocukla ilgilenmek beni rahatlattı. Biz artık gece yarılarına kadar cep telefonlarımızla mesajlaşıyorduk. Ama bu işi o kadar abartmışız ki ben ona on günde yüzlerce mesaj çekmişim. Doktor Hanım beni ayıplamayın ne olur.

— Rahat ol Pembe, seni ayıpladığım filan yok. Merakla dinliyorum anlattıklarını.

— Bütün bunları nasıl yaptım hâlâ inanamıyorum. Bu arada eşim de beni aramaya başlamıştı. Sesi biraz daha yumuşamış ve artık pek ayrılıktan söz etmiyordu. O arayınca aklım başıma geldi. Ben ne yapıyordum? Kocam, çocuklarım o ara çıkıvermişti aklımdan, ilk kez kendimi bir kadın gibi hissediyordum ve genç bir erkek bana olan duygularını, aşkını, sevgisini anlatıyordu. Ve ben bütün dertlerimi, sıkıntılarımı unutuvermiştim. Ama kocamın sesini duyunca gerçek dünyaya geri döndüm. Kötü şeyler yapmıştım. Evli olduğum halde bir başka erkekle flört etmiştim. Alnıma kara leke sürmüştüm. Bir kadın, hele çoluk çocuk sahibi bir kadın, kolay kolay yapmaz bunu. Ah bu kaderin gözü kör olsun. Beni bu hallere düşürdü. Hiçbir mazeretin beni kurtaramayacağını biliyorum ama inanın bana, ben önüme çıkan ilk erkekle kocasını aldatacak bir kadın değilim. Ama oldu bir kere. Sonra içime korku düştü. Ben o cep telefonunu ne kadar pervasızca kullanmıştım. Telefon faturası ev adresime geldi. Şimdi o faturayı eşim görecek ve ben hemen yakayı ele verecektim. Ben ne yapmıştım. Demek ki o ara aklım fikrim kalmamış benim. Hemen Turkcell'i arayıp mesajları sildirmeye çalıştım ama olmadı. Sonunda fatura ve ayrıntılar eşimin eline geçti.

— Eşin dikkatli biri demek ki.

— Yoo, pek sayılmaz ama fatura o kadar abartılı ki dikkatli olmaya gerek yok. Düşünsenize on günde aynı numaraya yüzlerce mesaj. Ayrıca aynı numarayla yapılan uzun telefon konuşmaları. Ben, işi anlamasın diye çok yalanlar söyledim ama başarılı olamadım. Hemen atlayıp memlekete geldi. O numaranın kime ait olduğunu ortaya çıkardı. Annemle ben, beni öldürecek sandık. Bizim oralarda bu suçun cezası ölümdür. Ama öldürmedi. Beni hemen boşadı. Beş kuruşsuz ortada kaldım. Bunca yıllık emeğimin karşılığında hiçbir şey vermedi bana. Boşadı ama bırakmadı. Şu anda hâlâ aynı evde oturuyoruz. Ne bırakıyor, ne alıyor. Her gece, işten geldikten sonra zil zurna içiyor, sonra beni karşısına alıp başlıyor sormaya. Sorgu hâkiminden beter oldu. Hep aynı şeyler. "Ne yaptınız o çocukla, öpüştünüz mü, sana ne dedi, sen ona ne dedin, o mesajlarda birbirinize neler yazdınız, yattınız mı, hoşuna gitti mi ve daha neler neler... Ben bu sorulara cevap vermek istemiyorum ama böyle bir hakkım yok. Konuşsam bir türlü, konuşmasam başka bir türlü. Zaten söylediğim hiçbir şeye inanmıyor. "Yalan söylüyorsun," diye başlıyor beni dövmeye.

Doktor Hanım bu benim kocam manyak galiba, benim o adamla nasıl seviştiğimin ayrıntılarını anlatmamı istiyor. Olacak iş mi bu? Ben anlatmayınca da başlıyor dövmeye. Artık konu komşuya rezil olduk. O kadar çok dövüyor ki, konu komşu elinden alamıyor beni. Hadi şimdi dayağı hak ettim diyelim, bundan önce niye dövüyordu beni? O zaman suçum neydi. Tertemiz, evine, kocasına, çocuklarına düşkün namuslu bir kadındım ben. Onun yüzünden olmadı mı bütün bunlar. Elleri kırılasıca.

Gözlerinden alev fışkırıyor Pembe'nin. Elindeki kâğıt mendili vargücüyle buruşturup tablaya fırlatırcasına atıyor ve derin bir nefes alıp anlatmaya devam ediyor.

— Dövüyor, dövüyor, sonra da yatağa alıp sevişiyor benimle. Bu kadar dayak yedikten, aşağılandıktan sonra, o kadın sevişmek ister mi? Ben istemeyince bu sefer de "Aklın oynaşında, değil mi," diye yine dövüyor. O şöyle mi yapıyordu, yoksa böyle mi yapıyordu? Çok zor şeyler bunlar Doktor Hanım. Eskiden benim kocam cinsel açıdan bu kadar istekli değildi. Bu olay onu çok değiştirdi. Sanki karısıyla değil de bir sokak fahişesiyle yatar gibi yatıyor benimle.

— Nasıl yani?

— Yani çok hoyrat ve acımasız. Ama bundan memnun. Çok zevk aldığı belli. Sonra rahatlıyor ve başlıyor özür dilemeye. Bana yaptığı onca eziyete pişman oluyor, tatlı sözler söylüyor.

— Eskiden de söyler miydi?

— Yok be Doktor Hanım. Ben kocamın beni sevdiğini bu olaydan sonra öğrendim. Belki de kocam beni, ben onu başka biriyle aldatınca sevdi. Bunları anlayamıyorum. Bana öyle çok hakaret ediyor ki. Artık adımı unuttu, adım orospu oldu. Orospu aşağı, orospu yukarı. Ettiği küfürleri duysanız aklınız durur. Hiçbir kadın kocası tarafından bu kadar aşağılanmamıştır. Genelev fahişesine bile bu kadar hakaret edilmez.

Sonra da, "Seni seviyorum, senden vazgeçemiyorum," diyor. Ben yıllardır canla başla bu yuvayı ayakta tutmaya çalışırken aklın neredeydi Allah'ın cezası?

Ben eskiden sevişmekten hiçbir şey anlamazdım. Kocam da bana, "Sen frijitsin," derdi. Artık git gide benim de hoşuma gitmeye başladı. Ama değişen ben değilim, kocam değişti. Daha önce böyle olsaydı ne güzel olurmuş.

— Kocanın, seni algılayışı değişti galiba.

— Benim de bir kadın olduğumu fark edebilmesi için orospu mu olmam gerekiyormuş Doktor Hanım. Ne acı değil mi? Şimdi artık kocam beni karısı olarak değil herhangi bir fahişe olarak görüyor. Yatakta bu durumdan ikimiz de memnunuz. Ama ah şu yataktan hiç çıkmasak.

— Yataktan çıkınca büyü bozuluyor galiba.

— Bozuluyor. O zaman bana düşman oluyor. Sık sık tabanca getiriyor önüme. "Al, vur kendini. Artık bu dünyada sana yer yok. Temizle namusumuzu," diyor. Ama ben ölmek istemiyorum. Suçluyum, biliyorum ama yine de kendimi öldürmeye cesaretim yok. Üstelik iki küçük çocuğum var benim. Bazen de moralim bozuluyor. "Vurup kurtulayım bu azaptan," diyorum.

— Pembe, sen bu olaylardan önce nasıl bir kadındın? Karakterin, kişiliğin, huyların nasıldı?

— Ben hiçbir zaman güçlü, kendine güvenen, bilinçli bir kadın olamadım. Kocam da bu yüzden beni hep hor gördü. O hor gördükçe, aşağıladıkça, benim kendime olan güvenim iyice azaldı. Ama o genç öğretmenin benden hoşlanması, bana kur yapması beni çok etkiledi. Ben o zamanlar, "Artık hiçbir erkek benden hoşlanmaz, beni beğenmez," diyordum. İki çocuklu, yaşlı, işe yaramaz bir kadındım ben. Kocam, "Seni boşayacağım," deyince ödüm kopmuştu. Çocuklarım ve ben bu koca dünyada yapayalnız ne yaparız, sefil, perişan oluruz sanmıştım. Meğer bu kadar korkmam, kendime güvenmediğimdenmiş. İşte şimdi boşadı. Üstelik hakkım olan parayı bile vermedi bana. Ama artık eskisi kadar korkmuyorum. O çocuk benim gözümü açtı. Hâlâ çekici bir kadın olduğumu hissettirdi bana.

— Sahi o çocuk ne oldu. Nerede şimdi?

— Nerede olacak, okullar açılınca geri döndü. Ege'de bir köyde öğretmenlik yapıyor.

— Ne oldu aşkınız?

— Ne aşkı Doktor Hanım. O ikimiz için de bir hevesti. Geçti gitti. Aslında onu da suçlamıyorum. "Beni kandırdı," desem doğru olmaz. Beni kandırmadı, vaatlerde bulunmadı. Zaten benden 10 yaş küçük, gencecik bir delikanlı o. Onunla bir hayatı hiç düşünmedim. O da öyle. Ama çılgın gibi bir on gün yaşadık. Hiç sonunu düşünmeden. Rüyada gibiydik. Aslında hiç yatmadık onunla, yeni yetme gençler gibi öpüştük, koklaştık o kadar. Sonra o da çok üzüldü. Kocam çok sıkıştırdı onu, hâlâ uğraşıyor, öğretmenlikten attırmaya çalışıyor. Bence onun bir suçu yok. Ben istemesem olmazdı. Çocuk değilim. Yukarıda Allah var. O beni kandırmadı. Ben istedim böyle olmasını. Hayatımın sonu gelmiş gibiydi. Sanki artık son günlerimi yaşıyordum. Bundan sonrası yoktu. Yanılmışım. Hayat bitmemiş meğer. Ama geri dönüşü yok. Biliyorum.

— Evet ya, hayat devam ediyor. Şimdi bundan sonrasını düşünelim.

— Bundan sonrası yok ki. Sonunda ya kocam beni öldürecek ya da benim kendimi öldürmem için zorlayacak. Buraya niye geldim biliyor musunuz?

— Hayır. Ama galiba birine bunları anlatmak, içini dökmek istedin.

— Evet, birisi beni dinlesin ve anlasın istedim. Neden böyle yaptığımı anlasın. Benim aslında bir fahişe olmadığımı anlasın istedim. Size her şeyi anlattım, hiçbir şey saklamadım. Sonuç olarak yine de yaptığımın yanlış olduğunu biliyorum. Her gece Allah'a yalvarıp tövbe ediyorum. Beni anladınız mı? Bunları neden yaptığımı anladınız mı? Azıcık da olsa bana hak verdiniz mi? Ne olur doğru söyleyin bana.

— Seni anladığımı sanıyorum. Üstelik anlattıklarından çok etkilendim. Kolay şeyler değil yaşadıkların. İyi bir evlilik yapabilseydin belki de hiç böyle şeyler yaşamayacaktın. Başka türlü bir baban olsaydı, belki şimdi meslektaşım olacaktın. Kaderin taa o zaman belli olmuş. Kendini o kadar suçlama. İnsanların değişik şartlar altında ne tür tepki vereceği, ne yapacağı belli değildir. Hayat seni gerçekten çok zorlamış. Babasından bu kadar çok dayak yiyerek büyüyen bir kızın, ilerde kendine güvenmesi, erkeklerle sağlıklı ilişkiler kurması beklenemez. Her iki kocadan da dayak yemen pek tesadüf sayılmaz. Çünkü baban sana bunu öğretmiş. "Erkek dediğin döver." Gerçekten de kocaların senin beklentilerini boşa çıkarmamışlar. Eşin bir başka hanımla evlenseydi belki de dövmezdi onu.

— Yani ben ne yapıp edip dövdürtmüş müyüm kendimi?

— Bunun cevabı zor biraz. Bunlar bilinçli şeyler değil. Kimse kocasından dayak yemek istemez. Ama insan bilerek ya da bilmeyerek, öğrendiği, alıştığı bazı şeylere karşısındakini teşvik eder. Zaten sen de eşinin ilk zamanlar dövmediğini, giderek böyle bir davranış başlattığını ve zamanla arttırdığını söylüyorsun.

— Maalesef doğru.

— Peki sen hiç daha önce böyle şeyler yaşadın mı Pembe?

— Olur mu Doktor Hanım. Bırakın yaşamayı, aklımdan bile geçirmedim. Ben de genç kız oldum, kadın oldum, dul oldum. Benim de peşime düşen iyi kötü birçok adam oldu. Kimsenin eli elime değmedi. Ben aslında çok namuslu bir kadındım. Bu işleri yapan kadınları da en çok ben eleştirir, ben karşı çıkardım böyle şeylere. Hayatta hiçbir şeyi kınamayacaksın ve hiç büyük konuşmayacaksın Doktor Hanım. Bizim memlekette bir komşumuzun başına böyle bir şey gelmişti. En çok ben tepki göstermiştim ona. Çocukları var, olmaz öyle şey demiştim. Şimdi en kınadığım şeyleri ben yaptım. Affedilir şey değil. Hâlâ inanamıyorum olanlara.

Bilinçdışı, tuhaf bir oyun oynamış bu kadına diye düşünüyorum. Kocası onu hastanelik edene kadar dövüp bir de üstelik boşamaya kalkınca önce ondan intikam alıp sonra da intihar eder gibi öldürülmeyi planlamış. İki çocuğuyla çaresiz, ortada kalacağını düşünen güvensiz, yaralı ve içi yıllardır erkeklere karşı öfke dolu bir kadın. Kendini koruyamıyor, bırakıp gidemiyor, ne yapsa sevilmiyor, beğenilmiyor. Çok abartılı cep telefon dökümlerinin kocasının eline geçeceğini biliyor. Kendini çekip vurmak yerine, kocasının en kızacağı şeyi yapıyor ve biliyor ki bu yapılan şeyin cezası ölümdür.

— Cep telefonu dökümlerinin eşinin eline geçeceğini biliyordun, değil mi?

— Bilmez olur muyum, bile bile bu işi nasıl yaptım ben de anlamıyorum. Ecelime mi susadım nedir? Ama memlekete giderken öfkeden deli gibiydim. Beni bu hale getiren adamların hepsini gebertsem kılım kıpırdamayacaktı.

— İnsanlar genellikle en yakınlarına öfke duyarlar.

— Neden?

— Çünkü duygusal alışverişler en çok, en yakınımızdaki kişilerle kurulur. Bunlar kimlerdir? Annemiz-babamız-kocamız-kardeşlerimiz ya da çocuklarımız. Sen de seni sürekli döven babana ve kocalarına duymuşsun bu öfkeyi.

— Evet, babama ve kocama.

— Yani bunca öfke duyduğun halde birlikte yaşamak zorunda kaldığın, üstelik muhtaç olduğun erkeklere.

— Doğru, babama da kocama da muhtaçtım.

— Birinde henüz çocuktun, sana baban bakıyordu. Diğerinde yetişkin ve kendi hayatını kazanan bir kadındın ama yine de iki çocuğunla, kocanın maddi-manevi desteğine muhtaçtın. İşte bu çelişki, öfkenin kişiye verdiği zararı daha da arttırır.

— Düşmanından yardım istemek gibi bir şey bu.

— İyi bir benzetme. Ama o düşman aynı zamanda seni sevsin istediğin, muhtaç olunan biri ise kişi bu sefer de kendini suçlar. Böylece öfke, suçluluk duygusunun ortaya çıkmasına neden olur. Peki sence insanlar en çok neden intihar ederler?

— Suçluluk duyguları yüzünden mi?

— Evet, maalesef öyle.

— Size her şeyi olduğu gibi anlattım. Böyle bir şey yaptığıma inanın çok pişmanım. Hem yaptım, hem de çok suçlu hissettim kendimi.

Ben böyle şeyler yapacak kadın değildim. Bir yandan beni bu hale getirenlere bir yandan kendime lanet okudum. Bütün bunları yaparken bir şeyler hissediyordum ama bunlar kafamda net değildi. Şimdi yerli yerine oturmaya başladılar. Beni bir köpek gibi döven erkeklere duyduğum öfke, sonra bu öfkenin bende yarattığı suçluluk duyguları beni bu günlere getirmiş. O zamanlar kocam beni hemen öldürür sanıyordum.

— Ama kocan seni öldürmeyince plan bozulmuş.

— Ah evet. Annem de ben de şaşırdık kaldık. Çünkü bizim oralarda âdet böyledir. Böyle şeyler yapan kadınlar neden niçin diye sorulmadan öldürülür.

— Kocan nereli?

— Orta Anadolu'dan. Oralarda da var bu âdetler ama bizimki kadar abartılı değil.

— Sence kocan seni öldürecek mi?

— Sanmıyorum. Çünkü öldürse şimdiye kadar yapardı bunu. Ama bu işi benim yapmamı istiyor.

— Peki ya sen? Sen öldürecek misin kendini?

— Korkuyorum. Şimdi artık ölmeyi hiç istemiyorum ama bu işin altından nasıl kalkacağımı da bilmiyorum. Çünkü biraz önce de söylediğim gibi kocam beni boşadı ama bırakmıyor.

— O bıraksa her şey yoluna girer mi?

— Bugüne kadar bu ihtimali hiç düşünmedim ki.

— Kendine güvenmeyi hiç aklına getirmemişsin sen.

— Doğru. İnsan olduğumu, değerli, önemli olduğumu bildirmediler ki bana. Şimdi yeni yeni, özellikle sizinle konuştukça anlamaya başladım bazı şeyleri.

— Aferin Pembe. Zeki bir kadınsın sen.

— Bana aferin dediniz. Biliyor musunuz, okulda öğretmenlerim dışında kimse takdir etmedi beni. Ne anamdan ne babamdan ne de kocalarımdan hiç böyle sözler duymadım. Böyle insan kendine güvenebilir mi?

— Haklısın, geçmişteki boşluklar, ileri yaşlarda maalesef hiçbir zaman tam olarak doldurulamıyor. Ama yine de artık çocuk değilsin. Kimsenin aferinine ihtiyacın yok. Akıllısın, işin gücün var. Çok olmasa da bir gelirin var. Hayat seni çok yaralamış ama görüyorum ki sen artık eski Pembe değilsin. Bu yaralar sana güç vermiş. Sakın bırakma kendini. Kocan bile dövüyor ama şimdilerde ezemiyor seni. Kızıyor ama vazgeçemiyor senden. Korkma. Sen hayattan değil, hayat senden korksun. Bir daha hiç eğme başını. Herkes hata yapabilir. Sen bu hatanın cezasını ödemişsin zaten. Artık kimse dövmesin seni.

— Onu nasıl becereceğim?

— Bak sana bir hikâye anlatayım. Yıllar önce ben henüz çok genç bir doktorken, bir sabah garip bir adam gelmiş benim muayenehaneme. O zamanlar Fulya adında çok genç bir sekreterim vardı. O, sabah erken gelir, randevuları alırdı. Ben de öğlen on ikide gelirdim. Uzun boylu, esmer, üzerinde açık renk uzun bir pardösü olan bu genç adam Fulya'ya, "Ben cinsi sapığım. Randevu almaya geldim," demiş. Fulya'nın yerinde sen olsan ne yapardın?

— Ay, ödüm kopardı Doktor Hanım. Ben çok korkarım öyle şeylerden. Paniğe kapılırdım herhalde.

— Neden?

— Neden mi? Ayol cinsi sapıktan korkulmaz mı?

— Fulya da aynen senin gibi yapmış. Paniğe kapılmış. Titremeye, ağlamaya başlamış. Adamsa keyifle gülerek biraz sonra tekrar geleceğini söyleyerek gitmiş. Fulya ağlayarak beni aradı. "Çabuk gelin ben korkuyorum," dedi. Hemen geldim.

— Siz korkmadınız mı?

— Hayır, korkmadım. Oturdum, bekledim. Biraz sonra adam yine geldi. Muhtemelen benim de genç bir hanım olduğumu öğrenmiş. Fulya bana, titreyerek geldiğini haber verdi. Hemen gönder içeri dedim. İki eli uzun pardösüsünün cebinde, siyah karmakarışık saçlı, bıyıklı, sakalları uzamış kirli görünümlü bir adam girdi içeri. Biraz tepeden, korkacağımdan emin, müstehzi bir gülüşle bakıyordu yüzüme. Yerimden kalkıp bu sefer ben ona gülmeye başladım. "Siz cinsi sapıkmışsınız. Sekreterime öyle söylemişsiniz. Açın da bir bakalım öyleyse," dedim. Adamın yüzündeki o müstehsi gülümseme kayboldu. Bu sefer panik olma sırası ona geldi. O hafifçe başını eğerek arka arka kapıya doğru gerilerken ben de gülerek ona doğru gidiyordum. Kaçarcasına çıkıp gitti muayenehaneden. Fulya şaşkın gözlerle izliyordu bizi. "Adama ne yaptınız Gülseren Hanım," diyordu bana. Sadece sizden farklı olarak ben o adamdan korkmadım. Herhalde o adam bir daha hiçbir kadına sataşamamıştır. Sen bu şartlanma tepkisini bütün erkeklere karşı gösteriyorsun. Dövülmeyi en doğal şey kabul ettiğini, onlardan çok korktuğunu hisseden erkekler de seni kıyasıya dövmeye kalkıyor.

— Anlıyorum. Doğru söylüyorsunuz. Ben böyle korkmasaydım, dayağı bu kadar doğal kabul etmeseydim belki de dövmezdi beni kocam. Ama ilk kocam için durum farklı. O, kim olsa döverdi.

— Haklısın. Tabii ki bu kural herkes için geçerli değildir. Bazı insanlar vardır ki, ne yaparsan yap faydasız. Ama yine de bu, genel bir kuraldır.

— Tamam Doktor Hanım. Kimbilir belki de kaderimi değiştirebilirim. Kendime güvenmeyi öğrenmem gerekiyor. Anlıyorum ki başka çarem yok. Size minnettarım. Artık ölsem bile bir insan gibi öleceğim.

— Bol şanslar Pembe. Ölmek için acele etme. İnsan gibi yaşamanın keyfini çıkar. Kendine güven ve sakın başını eğme.

Gülerek yanıma doğru gelip sarılarak yanaklarımdan öpüyor. Sonra dönüp giderken başını hafifçe yukarı kaldırdığını fark ediyorum. Aferin Pembe diyorum içimden, sen bu işi becereceksin...

Cinini Çıkardım – 5

Rezzan nihayet geçen hafta işe başladı. Şimdi neler olacağını ben de merak ediyorum. Eğer bir hata yaparsa işini kaybedecek, bu da onun hayatında pek çok şeyin sonu olacak.

— Hoş geldin Rezzan, nasılsın, ne kadar şıksın bugün.

— Hoş bulduk Doktor Hanım, demek beni şık buldunuz. Sizin önerilerinize uyarak kendime bakıyorum. Bugün yine kuaföre gittim.

— Çok iyi etmişsin, neler olduğunu merak ediyorum. Anlat bakalım.

— İşe başlarken ne kadar heyecanlandığımı ve korktuğumu biliyorsunuz. İlk gün elim ayağım titreyerek müdürün odasına gittim. Siz bana, "Kasetle ilgili olarak kimseye bir şey sorma," demiştiniz ama hiç olmazsa müdürümden özür dilemem gerektiğini düşündüm ve "Beni affedebilecek misiniz efendim," dedim. O sırada müdür çekmecesini açıp orada bir şeyler aradı. Ben kaseti aradığını hemen anladım. Yüzüm kıpkırmızı oldu. Benim böyle kızardığımı görünce kaseti çıkarmaktan vazgeçti. "İnsan hasta olabilir, özür dilemene gerek yok," dedi. Teşekkür edip dışarı çıktım. İnsanlar bana tuhaf tuhaf bakıyor ama kimse bana bir şey söylemiyor. Size verdiğim sözü tutuyorum ve ben de bu konuda kimseye bir şey söylemiyorum.

— Aferin Rezzan, bana verdiğin sözleri tutacağından emindim zaten. Ya o adam ne âlemde, onu gördün mü?

— O başka bir servise geçmiş, bir kere yemekte uzaktan gördüm. Bana hiç bakmıyor ve selam vermiyor. Sanki bana küsmüş gibi. Yine arada bir kulağını kaşıyor ama cini çıkmıyor. Demek ki bu olaylardan sonra cini de ona küstü. Bu işler açık açık yapılmaz ki. Cin küsmekte çok haklı. Demek bana bu kadar kızmasının sebebi buymuş. Cinini kaçırmışım meğer. Oh çok iyi olmuş. Bundan sonra cinsiz bakalım ne yapabilecek?

— Demek cini artık yok. Bu iyi bir şey galiba. Bu adamdan eskisi kadar korkmana gerek kalmadı.

— Yok, o kadar da değil, çünkü bu adamın eli kolu çok uzun. Biliyorsunuz MİT'çi. Ama yine de hiç olmazsa evde banyoya ve tuvalete daha rahat girebiliyorum. Oralarda beni gözetleyemiyor.

— Bak buna memnun oldum. Demek sen bugün bunun için tertemiz ve şıksın.

— Tabii ya. Artık rahatça yıkanıyorum. Böyle bakımlı olunca kendimi daha iyi hissettim. Annem benim sık kuaföre gitmemden hoşlanmayacak ama madem çalışıyorum, bakımlı olmak zorundayım.

— Evet, haklısın, peki işyerindeki diğer arkadaşlarınla ilişkilerin nasıl?

— Hepsi bana "Hoş geldin, geçmiş olsun," dedi, ben de teşekkür ettim. Onlara hiçbir şey söylemeyeceğim, zaten söylesem de sizden başka kimse beni anlamıyor. Bana bir şey sorarlarsa cevap veriyorum, yani mecbur kalmadıkça konuşmuyorum. İşim çok. Akşama kadar bilgisayarın başındayım. Kafamı kaldıracak zamanım da yok.

— İşini rahat yapabiliyor musun?

— Evet, evet. Bunlar benim iyi bildiğim konular. Bu konuda bir sorun çıkmıyor. Bu ilaçları hâlâ almamı istediğinizden emin misiniz?

— Kesinlikle evet.

— Peki, ben bu ilaçları neden alıyorum?

— Rezzan biliyorsun bana ilk geldiğin günler kafan çok karışıktı. Düşünce sistemin tamamen bozulmuştu.

— Evet, ama şimdi iyiyim, kafam da eskisi kadar karışık değil.

— Evet, haklısın daha iyi olduğunu görüyorum ama ilaçları hemen kesmek doğru olmaz. Ayrıca bu ilaçların sana bir zararı var mı?

— Yok, ama biraz kilo alıyorum galiba.

— Öyleyse yediklerine dikkat et.

— Tamam, peki bundan sonra ne olacak sizce?

— Hangi konuda?

— Canım bu adam ne yapacak, merak ediyorum doğrusu.

— Sen bu konuda ne düşünüyorsun?

— Kimbilir kafasında neler kuruyor. Aslında köylü kılıklı bir herif. Giyinmeyi bile bilmiyor. Cep telefonumda numarası vardı, sildim. Artık onu önemsemediğimi bilsin istiyorum. Hemen anladı. O gece radyoda hep ayrılık şarkıları çaldırdı. Acaba "teklifini kabul ediyorum," desem her şey yoluna girer mi?

— Hiç sanmıyorum, öyle olsaydı daha önceki telefonlarını yüzüne kapatmaz, seninle konuşurdu.

— Evet, haklısınız, benimle karşılıklı konuşmak istemiyor. Hep kafasından konuşuyor benimle.

— O ne demek?

— Benim kafamdan geçenleri okuduğu için o da düşünceleriyle bana cevap veriyor. Yani kimse duymadan biz sürekli konuşuyoruz. Geçen gün yemekte karşılaştığımızda önce, "Çok güzel olmuşsun," dedi. Ben de içimden teşekkür ettim. Sonra da, "Dolandırıcılık, sahte evrak tanzimi ve ahlaka aykırı hareketin cezası nedir biliyor musun?" diye sordu. Bu adamın kafası da karışık. Bana ilaç verdiğinize göre ben hastayım ama inanın o benden daha hasta. Bir dediği bir dediğini tutmuyor. Beni hem çok seviyor hem de çok kızıyor. Yahu beni cezalandıracaksan, neden güzel olmuşsun diyorsun. Benden vazgeçmeyecek.

— O artık onun sorunu. Sana dokunmasın da ne hali varsa görsün.

— Benimle sonsuza kadar uğraşacak. Rüyalarımı bile biliyor ve izliyor. Bütün arkadaşlarımla ilişki kurdu, hepsini uzaklaştırdı benden. Aklı sıra ben yalnız kalacağım, mecburen ona yaklaşacağım. Halbuki ben yalnızlığa alışkınım.

— Bu adama karşı eskisinden daha güçlüsün galiba. Bir zamanlar çok korkuyordun ondan.

— Evet, biraz daha güçlüyüm. İstese de bana kötülük yapamayacak. Çünkü benden vazgeçemiyor. Beni hâlâ deli gibi seviyor ama onların âdetlerine göre, artık benim gibi bir kızla evlenemez. Her yanımı herkes gördü. Kendi etti, kendi buldu. Madem beni bu kadar çok seviyordu, bu bantları el âleme göstermeseydi. Benim onunla evlenmeyi kabul edebileceğim hiç aklına gelmedi.

— Sahi kabul edecek miydin?

— Baştan pek düşünmüyordum ama beni bu kadar çok sevdiğini anlayınca kararım değişmeye başladı. Artık her şey için çok geç. Ne o beni alabilir, ne ben ona gidebilirim. Bunda ikimizin de suçu var. Sadece onu suçlamamalıyım. Ben de daha temiz ve namuslu bir kız olsaydım, bütün bunlar başıma gelmezdi.

— Rezzan senin daha önce hiç erkek arkadaşın oldu mu?

— Hayır, hiç olmadı. Bu adamdan önce beğendiğim bir başkası vardı. Galiba o da beni beğeniyordu ama bu adam onun beni aldatacağını anladı ve benim ondan vazgeçmemi sağladı.

— Nasıl yaptı bunu?

— Bana düşünceleriyle bunu anlattı, yani beni kurtardı. Aslında her şey iyi başlamıştı.

— Bir tek erkek arkadaşın bile olmadığı halde kendine ahlaksız demeni anlamıyorum. Ayrıca bu devirde biliyorsun flört etmek ahlaksızlık sayılmıyor.

— Ben kimseyle flört etmedim ama içim ahlaksız benim. Size her şeyimi anlattım. Cinsel isteklerim çok fazla. Sık sık mastürbasyon yapıyorum.

— Sence bu ahlaksızlık mı?

— Değil mi?

— Tabii değil. Kimseyi aldatmıyorsun. Ayrıca bu istekler her normal insanda var.

— Mastürbasyon yapmak ahlaksızlık sayılmaz mı?

— Tabii sayılmaz.

— Ama ben bu adamı görünce içim bir tuhaf oluyor. Anlarsınız ya.

— Evet, anlıyorum. Bu senin elinde değil. Ona karşı bir cinsel istek duyuyorsun ama insanlar duygu ve düşüncelerinden dolayı suçlanamazlar. Senin gibi, böyle şeyler hisseden pek çok erkek ve kadın var. Şimdi hepsi suçlu ve ahlaksız mı?

— Değil mi? Benim hissettiklerimi başkaları da hissediyor mu?

— Eğer kastettiğin cinsel istekse, evet.

— Ama annem bunların çok günah ve ayıp olduğunu söylerdi bana.

— Anneler genellikle öyle söyler ama bu doğru değil. Doğal ve fizyolojik şeyler bunlar. Ayrıca suç olan duygu ve düşünceler değil, eylemlerdir. Bence sen son derece dürüst ve terbiyeli bir kızsın. Tertemizsin.

— Demek temizim ha? Kendimi şimdiye kadar hiç temiz hissetmedim ben. Öğretmenimin yaptıklarından hoşlandım ama.

— Olsun, hoşlanmak da bir duygu, eylem değil. Ayrıca o da bana doğal geldi. Orada yanlışı yapan sen değilsin, öğretmenin.

— Bunları konuşmak iyi oluyor. Az da olsa ferahlıyorum. İçimden çıkıyorlar. Yıllardır bir yılan gibi çöreklenmişler içime.

— Konuşmak iyidir, rahatlatır insanı. Ama işyerinde bu adamla ilgili konuşmak yok. Bunu sakın unutma. Başka şeyler konuşabilirsin.

— Doğru söylüyorsunuz. Kim dost, kim düşman bilmiyorum.

Hem kulağına giderse yine bana çok kızar. Demek ben namuslu ve terbiyeli bir kızım. Orospu değilim.

— Tabii değilsin. Vücudunu parayla satan kadınlara öyle denir. Sen böyle bir şey yapmadın ki.

— Yapmadım. Ben bakireyim. Kimseyle beraber olmadım. Bu adam bana haksızlık ediyor. Şu filmleri herkese göstermeseydi, belki de evlenirdik onunla. O da çok pişman. Belki bir gün, başka bir kızla evlenecek ama beni hiç unutamayacak. Bundan eminim. İkimize de yazık oldu. Ama biliyor musunuz, beni kesinlikle işten atacaklarını sanıyordum ama atmadılar. Bundan sonra ne yaparlar bilmiyorum.

— Sen iyi çalışır ve bu konuda konuşmazsan, kimse seni işten atmaz.

— İnşallah. Artık ben gideyim. Her şey için teşekkürler. Çok yardımcı oldunuz bana. Sizin desteğiniz olmasa, ben işe başlayamazdım.

— Seni iyi görmek beni de çok memnun ediyor.

— Görüşmek üzere Doktor Hanım, kendinize iyi bakın.

— Teşekkürler Rezzan, sen de iyi bak kendine ve sakın söylediklerimi unutma.

Rezzan gülerek çıkıyor odadan. Bugün eskiye göre çok daha iyi. Artık banyo yapıyor, kendine bakıyor ve en önemlisi işe gidiyor ve çalışabiliyor. Korkuları da eskiye göre çok azaldı. Eskisi gibi asılmaktan, Devlet Güvenlik Mahkemesi'ne verilmekten söz etmiyor. İşyerinde bu konuyu kimseyle konuşmaması da çok iyi. Kafasında hâlâ pek çok soru ve birçok yanlış düşünce varsa da sanrı sistemi küçülüyor. Morali ve kendine güveni daha iyi. Suçluluk duyguları azalıyor. Bütün bunlardan memnunum ama biliyorum ki Rezzan hâlâ çok hasta.

— Doktor Hanım, yurtdışından gelen bir hasta bekliyor, onu alıyorum şimdi.

— Tamam Tuna, bekliyorum.

Kumral, uzun boylu, incecik, güzel yüzlü genç bir hanım giriyor içeri. Bu kış günü incecik, mavi bir pardösü giymiş üzerine. Başında kocaman çiçekli, ipek bir başörtüsü var. Hemen arkasından genç bir erkek bana gülümseyerek elini uzatıyor;

— Ben Emine'nin kardeşiyim.

— Hoş geldiniz efendim, buyrun oturun.

— Emine yıllardır yurtdışında yaşıyor. Üç çocuğu var. Bizim enişte iyi adamdır. Tam bir ev erkeği diyebiliriz ona. Ama kız kardeşime bir haller olmuş. Son aylarda saçma sapan konuşmaya başlamış. Eniştem onun için Emine'yi bize yolladı. Neyi varmış, baktırın dedi bize. Parasını pulunu yolladı. Ben de alıp size geldim.

— Peki efendim, Emine istersen sen anlat, neyin var?

— Doktor Hanım bunlar anlamıyorlar beni. Üç yıl önceye kadar benim bir şeyden haberim yoktu. Ama üç yıl önce iş değişti. Kulağıma bir şeyler söylemeye başladılar benim.

— Ne söylediler Emine?

— Dediler ki, "Senin kocan oğlan, iş yok onda. Ayrıl ondan, seni isteyen çok. Seni bir Müslümana verelim." Önce çok canım sıkıldı. "Siz benim kocama böyle demeye utanmıyor musunuz?" dedim. "Biz doğruyu söylüyoruz, bunları kocan da biliyor," dediler. Gidip kocama söyledim. "Senin için böyle böyle diyorlar, bir şeyler yap, beni başkasına verecekler," dedim. Hiç aldırmadı, "Saçmalama, nereden çıkarıyorsun bunları," dedi. Her gün kavga etmeye başladık kocamla. Adamlar beni başkasına verecek, kocamın kılı kıpırdamıyor, demek ki doğru söylüyorlar. Benim kocam korkağın teki. Erkek dediğin böyle yapar mı?

— Emine sana bunları söyleyenler kimler?

— Bütün cemaat, sadece bana değil, bunları herkese söylüyorlar ama galiba ben üzülmeyeyim diye herkes bunu bilmiyormuş gibi davranıyor. Aha işte kardeşim burada, her şeyden haberi var onun da ama size bile doğruyu söylemiyor.

— Sen ne istiyorsun Emine?

— Bana "Sen ne istiyorsun?" diye soran yok ki... Bu gidişle galiba beni isteyenlerin en zenginine, en iyi huylusuna verecekler beni.

— Kocan nasıl bir adamdır?

— İyi adamdır. Sabah gider akşam gelir. Hiç sesi çıkmaz. Dövmez, sövmez, etliye sütlüye karışmaz.

— Hangi ülkede yaşıyorsunuz?

— Hollanda'da.

— Nasıl bir yer Hollanda, alıştın mı?

— Yıllardır orada yaşıyoruz. Eşim işçi. Bir-iki Türk var bizim orada. Onlar kendi aralarında görüşürler.

— Siz neden görüşmüyorsunuz?

— Kocam az konuşur, eşi dostu yoktur. Bir yerlere gitmeyi sevmez. Anca evde oturup televizyon seyretmeyi bilir. Bizi gezmeye götürmez.

— Ya sen nasıl birisin, senin eşin dostun var mıdır?

— Yok, benim de yok. Bizim eve gelen giden yok. Allah'tan çocuklar okula gidiyor.

— Peki sen akşama kadar ne yapıyorsun?

— Evdeyim, iş yaparım. Son zamanlarda artık iş bile yapamıyorum. Beni başkasına verecekler. Artık canım hiçbir şey istemiyor.

— Emine sen hasta olmuşsun. Orada çok yalnız kaldın galiba. Yalnızlık Tanrı'ya mahsustur. Yıllardır bir evin içinde yapayalnız yaşamak kolay değil.

— Hasta mı olmuşum, siz de mi inanmadınız bana?

— Seni dikkatle dinledim ve neden hasta olduğunu anladım. Eşin konuşmaz, sen konuşmazsın. Eve gelen giden yok. Bu zamana kadar yine iyi idare etmişsin. Kocan ne de olsa işe gidiyor, akşama kadar insanlarla bir arada, ya sen?

Emine ağlamaya başlıyor. Bu sırada kardeşi söze giriyor;

— Ama Doktor Hanım, bir eli yağda, bir eli balda. Eniştem kazancını Emine'nin eline sayar. O da istediği gibi harcar. Sıkılırsa çıkıp gezsin, ona da karışmaz.

— Altın kafeste yani, görmüyor musun delikanlı, kızcağız çok yalnız. Ayrıca kendisi de sosyal bir kadın değil. Sonunda hasta olmuş işte. Ne zaman başlamış bu sesler?

— Galiba üç yıldır böyleymiş.

— Üç yıl mı? Enişte bu kızın hastalandığını ancak mı anlamış?

— Baştan önem vermemiş ama Emine vurup kırmaya başlayınca bize gönderdi.

— Vurup kırana kadar aldırmamış ha. Her neyse, şimdi bazı ilaçlar vereceğim. Bunları yıllarca kullanması gerekiyor Emine'nin. Bir süre onu Hollanda'ya yollamayın. Burada sizinle kalsın. İlaçlarını siz verin ve bir ay sonra yine getirin bana.

— Tamam Doktor Hanım, eniştem parasını yolladı. İlaçlarını hemen alır başlarız. Emine, ilaçları alırsın değil mi?

Emine hafifçe başını sallıyor. Sonra veda edip çıkıyorlar. Arkalarından bakıyorum, eniştenin gönderdiği para her şeyden daha önemli, Emine'nin sağlığından bile.

Ölümle Dans

— Off yeter artık. Daha fazla dayanamayacağım. Artık kararsızlıktan sıkıldım, uğraşmayın benimle. Bu sefer kararım kesin. Bu kararı kimse değiştiremeyecek artık. Aslında bugün buraya gelmeyecektim. Boş yere geliyorum. İstemiyorum, anlamıyor musunuz, *İs-te-mi-yo-rum!* Yaşamak istemiyorum artık. Yaşayıp da ne olacak yani? Nasıl olsa ölmeyecek miyiz? Ha şimdi ölmüşüm ha 70 yaşında. Ne fark edecek? Elli yıl daha bu ıstırabı çekemem. Bu anlamsız dünyaya daha fazla tahammül edemiyorum. Hiçbir şeyin anlamı yok. Aslında siz de biliyorsunuz bunları. Herkes biliyor. Yok başarılı olacakmışım, yok üniversiteyi kazanmam gerekiyormuş, yok şu yok bu. Sevmiyorum. Hiçbir şeyi, hiç kimseyi sevmiyorum. Kimsenin yüzünü görmek istemiyorum. Bu sefer vazgeçiremeyeceksiniz beni. Yok olmak istiyorum. Kurtulmak istiyorum, her şeyden, hepinizden. Aslında buraya gelmemeliydim. Dışarıda otururken gitmeyi istedim. Neden bunları anlatıyorum ki size?

— Çünkü zannettiğin gibi kararlı değilsin. Hâlâ içinde sana karşı çıkan bir şeyler var. Yoksa tekrar tekrar gelmezdin bana. Kendini kandırmaktan vazgeç.

Korkutuyor bu kız beni. Henüz 17 yaşında. Ailenin çok değer vererek büyüttüğü, en iyi okullarda okuttuğu, özen gösterdiği bir kız. Ama mutsuz ve doyumsuz. Kendi ile barışık değil. Titiz, mükemmelliyetçi ve ayrıntılara çok meraklı. Hırslı, kolay doymuyor. Beklentileri çok yüksek. Her şeyin en iyisini istiyor. En çok da sevilmek istiyor. Ama çevresiyle ilişkilerinde aradığını bulamıyor. Kırılgan, çabuk inciniyor. Zeki yetenekli ve çalışkan. Ama bazen içindeki bu kaygıların sesi o kadar yükseliyor ki ders bile çalışamıyor. İşte o zaman, mücadele gücü iyice azalıyor ve ölüp kurtulmak istiyor. Kolayına gidiyor ölmek. Bu yaştaki gençlerin hayatının ne önemi var ki. O yüzden hep korkarım bu yaştaki gençlerin ölümle dans etmelerinden. Hafife alırlar her şeyi. Yaşamanın, bir gün daha fazla yaşamanın kıymetini bilmezler. Engellenme eşikleri çok düşük olduğundan, yani hayatla mücadele etmede yeteri kadar pişmedikleri için çabuk yorulur, çabuk pes eder, çabuk vazgeçerler. En küçük bir hayal kırıklığı onlara ölüm kararı aldırabilir. Bu şekilde bir hiç yüzünden yaşamını kaybeden çok genç tanıyorum. Çok yazık oldu hepsine. İşte karşımda onlardan biri oturuyor. Haftalardır ipin üzerinde gidip gidip geliyor. Onu bir şekilde durdurmam gerekiyor. Bu iş çok kolay olabileceği gibi, en ufak bir hata yaparsam ölüme itebilirim onu. Kaç zamandır hem benimle hem ölümle oynuyor. Onun intihar etmesinden korktuğumu hissediyor. Ve bunu bana karşı fena halde kullanıyor. Her türlü kaprisi yapıyor bana. Benden sürekli taviz istiyor. Ben bu tavizleri verdikçe istekleri artıyor. Onu durdurmanın başka bir yolu olmalı.

Ama o bağırmaya devam ediyor.

— Dün sizden randevu almıştım. "İşim çıktı, gelemiyorum," diye iptal ettirdim randevumu. Halbuki işim filan yoktu. Özellikle gelmedim. Bugün de bir arkadaşımın ısrarıyla geldim. "Madem ölmeye bu kadar kararlısın, öyleyse nasıl olsa seni kimse kararından döndüremez, oraya gitmekle bir şey kaybetmezsin, git," dedi. Ben de geldim. Yani bu sefer vazgeçmeyeceğim. Duyuyor musunuz beni, vazgeçmeyeceğim.

— Demek vazgeçmeyeceksin? Vah vah, üzüldüm doğrusu. Yazık olacak sana. Yapabileceğim bir şey kalmadı öyleyse.

— Dalga geçmeyin benimle.

— Seninle neden dalga geçeyim? Ben seninle değil, sen ölümle dalga geçiyorsun. Yıllar önce senin yaşlarında bir hastam vardı. Her genç gibi onun da bazı sorunları oluyordu. Bu sorunlar arttıkça, bunlarla başaçıkmak için gayret etmek yerine hep kolaya kaçar, "Ölür kurtulurum," derdi. Ölüm lafı hiç düşmezdi dilinden. Yani senin gibi yapar, ölümle dalga geçerdi. Sonra bir gün, yine bir şeylere kızıverdiği bir gün ölmeye karar verip iki hap almış.

— İki hapla ölünür mü?

— Ölünür ya. O iki hapla ölüverdi o kız. Sence gerçekten ölmek istiyor muydu?

— Ne bileyim ben?

— Biraz önce iki hapla ölünür mü dedin. Gerçekten ölmeye kararlı olsa çok daha fazlasını almalıydı. Sence de öyle değil mi?

— Evet.

— Ama o sadece iki hap aldı. Yani ölümle dalga geçti. Ölmeyi ister gibi yaptı. Kandırmaya çalıştığı başkaları değildi. Kendisiydi. Ve o iki hap öldürdü onu. Sence yazık olmamış mı?

— Bilmem, olmuştur herhalde.

— Bence çok yazık oldu. Sana da yazık olacak.

— Bana yazık olmaz. Ben geride kalanlar için üzülüyorum. Annem, babam, siz. Herkes bunun suçunu kendinde arayacak. Sonra sınavları sorumlu tutacaklar. Üniversite sınavlarına hazırlanırken korktu, sıkıldı, beceremedi filan diyecekler.

— Haklısın. Böyle şeyler demeseler bile, öyle düşünecekler.

— Peki siz ne düşüneceksiniz?

— Aslı şımarık bir kızdı. Hiçbir şeyin değerini bilemedi diyeceğim.

— Ben şımarık değilim. Bana böyle diyemezsiniz.

— Sen öldükten sonra kim durduracak beni. İstediğim gibi düşünürüm. Ayrıca gerçekten böyle düşünüyorum. Bu sabah çok genç bir delikanlı getirdiler bana. Henüz 15 yaşında. Aklını kaybetmiş, darmadağın olmuş zavallı. Üç-dört kişi zor zaptediyordu buraya getirdiklerinde. Öyle yalnız ve çaresizdi ki ve o kadar ağır hastaydı ki. Çok üzüldüm haline. Ve o küçük delikanlı her türlü olumsuzluğa rağmen, iyi olabilmek, bu dünya ile başaçıkabilmek için, o denli hasta olmasına rağmen, senden daha fazla gayret ediyordu. Anne yok, baba yok, ona acıyıp sahip çıkan yakınlarıyla yaşıyor. Üstelik senin kadar zeki de değil. Ama bence senden çok daha cesur. Çünkü sahip olduğu her şeyin değerini biliyor. Ben de ona sonuna kadar destek olacağım. Eminim sonunda kazanacak.

— Ne olmuş annesine babasına?

— Anadolu'da bir kasabada yaşanıyor bu olay. Babası annesini, o henüz altı aylıkken boşamış ve hemen bir başka hanımla evlenmiş. Yeni gelen hanım bebeği istememiş. Anne zaten yok, köyüne geri dönmüş. Baba da bebeği, o sırada eşini yeni kaybetmiş ve üç çocuğuyla yalnız kalmış olan ablasına yani çocuğun halasına vermiş. "Alın bunu, ne yaparsanız yapın," demiş ve bir daha asla arayıp sormamış. Hala zaten kendi çocuklarını zor geçindiriyormuş. Ama acımış bu bebeğe, elinden geldiği kadar bakmış ona. Sonra aradan yıllar geçmiş. Bebek halayı annesi sanıyormuş. Okula başladığı yıl, "Benim soyadım neden sizinkiyle aynı değil," diye sormuş. "Köy yeri, yanlış yazmışlardır," demişler. Zavallıya daha önce bu konuda bir açıklama yapan bile olmamış. Halanın çocukları yaşça ondan çok büyükmüş. Geçinebilmek için üçü de çalışıyormuş. Bu küçük oğlancık kendi başına okula gider gelirmiş. Sahipsiz yani. Ama derslerinde hiç başarılı olamamış. Halbuki evdekiler ona, "Oku da kurtar kendini," diyorlarmış. Sessiz, sakin, efendi bir çocukmuş. Ne birlikte yaşadığı aileye ne öğretmenlere ne de arkadaşlarına sorun çıkarırmış, halinden hiç şikâyet etmezmiş. Ama okuldaki notları düştükçe aile baskıyı artırmış. Uğraşmış ama yapamamış. Anneler-babalar sanır ki her çocuk çalışırsa başarır. Ama gerçek öyle değildir. Bazen insan çalışsa da başaramaz.

Geçen hafta matematik dersinde öğretmen Salih'i tahtaya kaldırmış. Sorulan soruyu yapamamış. Öğretmen de "Allah bilir sen çarpım tablosunu da bilemezsin," diye alay etmiş çocukla. Ardından bütün sınıf gülmüş. O gün çok üzülmüş. Gururu yaralanmış. Ardından bir sıkıntı başlamış çocukta. Aile çocuktaki sıkıntıyı fark etmiş ama önemsememiş. Derken dün aniden hastalanmış. Kendi kendine konuşmaya, daha sonra da bağırıp çağırmaya başlamış. Aile korkmuş, çocuğu hemen bir hastaneye götürmüşler. Orada iğneler yapılmış biraz sakinleşmiş.

Bu sabah ise bana getirmişler. Üç kişi zor zaptediyordu Salih'i. Bir sürü hayaller görüyor, kendi kendine konuşuyordu. Ama her şeye rağmen benim ona yardım etmek istediğimi hissetti. Sakinleşti ve şimdi senin oturduğun koltuğa oturdu, benimle konuşmaya çalıştı. Allah'tan halası ve çocukları çok iyi insanlar. Ona sevgiyle yaklaşıyorlar. Kendi öz çocukları gibi davranıyorlar ona. Ama yine de durumu oldukça zor. Zekâ seviyesi liseyi bitirmeye pek yeterli değil. Ailenin ekonomik durumu iyi sayılmaz. Ne yapacak bu çocuk? Kendini nasıl kurtaracak? Aile ona nereye kadar destek olabilecek? Şimdi anladın mı sana neden şımarık dediğimi? Annen-baban var. Senin için ikisi de her şeyi yapmaya hazır. Aklın var. En önemlisi bu. Zeki ve yetenekli bir kızsın. Hatta gereğinden fazla zekisin. Üniversite sınavlarında istersen dereceye bile girebilirsin. Okumazsan yine sorun yok. Hem ailenin ekonomik durumu iyi, hem de bu kapasite ile sen nasıl olsa bunu hayata geçirecek bir yol bulacaksın. İşte böyle, sen kaçıyorsun Salih direniyor.

— Salih iyi olacak mı?

— Bilmem, uğraşacağım.

— Sizce sonunda düzelir mi?

— Salih'ten ümitliyim. Bence o yenilgiyi kolay kabul etmeyecek. Yani senden daha güçlü.

— O kadar hastayken bile mi?

— Evet. Senden cesur olduğunu görmüyor musun?

— Size yine gelecek mi?

— Birkaç kez daha gelir.

— Neden, o çok hasta? Bence size yıllarca gelmesi gerekmez mi?

— Evet gerekir, o çocuğun yıllarca bir doktorun kontrolü altında olması gerekir. Bu doğru ama insanlar bana gelmek için para ödüyor. Hangi parayla gelecek bana?

— Yani parası yok diye siz o çocuğa bakmayacak mısınız?

— Sen olsan bakar mıydın?

— Bakardım tabii. Paradan daha önemli şeyler var hayatta.

— Neler mesela?

— Siz benimle dalga mı geçiyorsunuz?

— Evet, öyle yapıyorum. Biraz önce hayata hiçbir anlam vermeyen, her şeyin boş ve anlamsız olduğunu söyleyen sen değil miydin? Yaşamaya bile üşenen sen, demek benim yerimde olsan bu çocuğa yıllarca bakardın?

— Bakardım.

— Hem de hiç ücret almadan.

— Almazdım.

— Neden?

— Bilmem, üzüldüm o çocuğa. Ona yardım etmek hoşuma giderdi.

— Hayatın binlerce anlamından birini söylüyorsun şimdi. Demek ki senin de önemli, anlamlı bulduğun şeyler var.

— Bu çocuğa, parası olmasa da bakacaksınız, değil mi?

— Merak etme, bakacağım, çünkü onun yeniden ayağa kalkabildiğini görmek beni de çok mutlu edecek. Senin de dediğin gibi hayatta paradan daha önemli şeyler var. Peki sen ne zaman kalkacaksın ayağa?

— Ben de düştüm, değil mi?

— Evet. Ama sen Salih gibi düşüp düşüp kalkmaya alışkın olmadığın için ödün koptu. İki seksen uzandın yere. Gururun kırıldı. "Ben nasıl düşerim," dedin. İsyan ettin. Korkarım kendini peri kızı filan sanıyorsun?

— Peri kızı mı?

— Tabii ya. Dünyaya ve insanlara gökyüzünden bakıyorsun. Herhangi biri gibi düşmek zoruna gitti. Kendini bu kadar beğenmeye ne denir biliyor musun?

— Narsisizm.

— Senden kaçar mı! Bakıyorum bilmediğin yok.

— Bunu bilmeyecek ne var. Narsisizmi herkes bilir. Ben öyle miyim yani?

— Öyle değil misin?

— Bir zamanlar öyleydim. Şimdi nefret ediyorum kendimden.

— Ayağın halıya takıldı, düştün. Ve bir anda paramparça oluverdin.

— Demek ki sandığım gibi güçlü değilmişim.

— Meğer o beğenmediğin insanlar senden çok daha üstünlermiş. Halbuki onlar kimbilir kaç kez düşüp kalktılar.

— Sizin hayatta hiç düştüğünüz, kendinizi çok berbat hissettiğiniz oldu mu?

— Senin bir tahminin var mı?

— Aslında sorunsuz, sıkıntısız insan olmaz. Eminim sizin de zor günleriniz olmuştur. Ama öyle güçlü ve kendinden emin görünüyorsunuz ki. Aslında siz de kendinizi beğeniyorsunuz. Farklısınız.

— Bunu da nereden çıkardın?

— Size her gelişimde bakıyorum çok bakımlı bir kadınsınız. Son derece şık ama konumunuza uygun, ciddi giyiniyorsunuz. Üzerinizde hep ceket var. Muayenehane çok şık. Hem çok yakın hem de çok mesafelisiniz. Sizden önce birçok doktora gittim ben. Ama hiçbirinde aradığımı bulamadım. Belki hepsi çok iyi doktor ama saygı duyamadım, hayran olamadım onlara. Mesela sizden önce gittiğim Doktor Hanım muayenehanesinde terlikle gezer, üzerine elde örme kazaklar giyerdi. Bizim komşu teyzeler gibi. Belki çok iyi doktordu ama güven duyamadım ona. Bir başkası beni dinlerken içi geçer, gözleri kapanırdı. Adam sanki oturma odasında şekerleme yapıyor. Beni önemsediğini hissedemezdim. Ama siz hiçbirine benzemiyorsunuz. Onlardan daha mı iyi doktorsunuz onu bilemem ama sizi gördüğüm anda bunu hissettim. Bu kadın kendine çok güveniyor ve kendini çok beğeniyor dedim.

— Ve bana günümü göstermeye karar verdin.

Biraz önce ölmek istediğini bağıra çağıra yüzüme haykıran Aslı şimdi karşımda kıkır kıkır gülüyor. Ben de başlıyorum gülmeye. "Ah bu gençler," diyorum içimden, benimle uğraşayım derken az kalsın kendine kıyacaktı. Benim kendisine daha çok önem vermemi istiyor ve benimle kıyasıya rekabet ediyor. Beni deniyor. Yapacağım en küçük bir yanlışta, gerekirse kendini öldürerek beni cezalandıracak. Ne kadar kötü ve başarısız bir doktor olduğumu kanıtlamış ve benimle girdiği savaşı kazanmış olacak. Bugüne kadar hayatında biriken bütün öfkeleri bana yansıtmış, ama işte nihayet bugün benimle bazı sorunlarını daha açık konuşabilecek.

— Demek bana kızıyorsun Aslı?

— Yok canım, o kadar da değil.

— Bana biraz kızıyor, biraz seviyor, biraz da gıpta ediyorsun galiba?

— Evet, bir sürü hastanız var sizin. Ben sizin için herhangi biriyim. Ölsem ne olacak, üzülecek misiniz yani? Ama biraz önce bana Salih'i anlatırken onun için üzüldüğünüzü, endişelendiğinizi, ona önem verdiğinizi hissettim. Ben de sizin gibi olmayı isterdim ama beceremeyeceğim galiba.

— Neden beceremeyecekmişsin?

— Çünkü çok şey istiyorum. Herkes gibi değilim. Her şeyin en iyisini mükemmelini istiyorum. Azla idare edemem ben. Ya en iyisi olacak ya da vazgeçeceğim.

— Ve bundan korkuyorsun.

— Siz de benim gibisiniz. Siz korkmadınız mı?

— Beni çok sıkıştırdın ama itiraf edeyim. Benim de çok korktuğum günler oldu.

— Peki ne yaptınız?

— Korkarak vakit kaybetmektense elimden geleni yapmayı denedim.

— Ama başardınız. Ya başaramasaydınız?

— Denemeye, çalışmaya devam ederdim.

— Vazgeçmezdiniz benim gibi.

— Vazgeçmezdim. Yapamadığımı gördüğüm zaman da senin gibi çok kızmazdım kendime, yani daha şefkatli olurdum. Sen çok acımasızsın.

— Hiç de öyle değilim. Biraz önce anlattığınız Salih'e çok acıdım.

— Başkalarına karşı öylesin. Senin acımasızlığın kendine. Baksana başaramamaktan nasıl korkuyorsun.

— Çünkü benim başaramama gibi bir hakkım yok.

— Nedenmiş o?

— Çünkü ben Salih gibi değilim. Annem babam var. Bana çok güveniyorlar. Benim için ellerinden geleni yaptılar. En iyi okullar, en pahalı kurslar. Bir dediğimi iki etmediler. Aptal olmadığımı da biliyorlar. Benden çok şey bekliyor hepsi. Onları hayal kırıklığına uğratmaktan korkuyorum. Hiçbir mazeretim yok benim.

— Diğer arkadaşlarının senden farkı ne?

— Bilmem ki.

— Senin korkun ne anan ne baban ne de çevren. Kendi gözünden düşmekten korkuyorsun sen. Senin yaşlarındayken ben de bundan korkardım ama aramızda küçük bir fark var. Ben kazanamamaktan değil, elimden geleni yapmamaktan korkardım. Eğer elimden geleni yaptığıma inanmışsam, gerisi pek önemli değildi benim için. Hayat bu, her zaman her şeyi başaramayabilir insan. Önemli olan başarabilmek için yeniden o masanın başına oturabilmek ve başarmayı her zamankinden daha çok istemektir.

— Ben elimden geleni yapmadım ki... Biliyorsunuz, bunu yapabilsem Türkiye'de dereceye girecek kadar alt yapım var ama çalışamıyorum ben.

— Çünkü kendini çok sıkıştırıyor ve çok hırpalıyorsun. Bu kadar büyük başarılar beklediğin sen'i hiç sevmiyor ve hiç hoş tutmuyorsun. Biraz şefkat göstersene kendine.

— Korkuyorum ben.

— Haklısın, hepimiz bir şeylerden korkuyoruz. Seninle birlikte sınava girecek herkes korkuyor. Kimse başaracağından emin değil. Bundan doğal ne var?

— Ben korkmamak, başaracağımdan emin olmak istiyorum ama.

— Herkes korkabilir ama sen korkmamalısın, öyle mi?

— Öyle.

— Neden, senin bir eksiğin mi var?

— Neden eksiğim olsun, fazlam var.

— Korkarak, kendini hırpalayarak çok vakit kaybettiğinin farkında mısın?

— Ne yani, hep ders mi çalışmalıyım?

— Bir yandan yaşadığını hissedip bir yandan mücadeleye devam etmek galiba en güzeli, çünkü hayatta sınavlar hiç bitmiyor.

— Sizinki bitmiş işte. Ne güzel.

— Sahi bitmiş mi sence?

— Muayenehanesinde terlikle gezen o Doktor Hanım var ya, işte onunki bitmiş. Öyle rahat ki.

— Sen de öyle olmayı ister miydin?

— Öyle olamam ben, istesem de olamam. Ama öyle insanlara bir itirazım yok. İnsan nasıl huzurluysa öyle yaşamalı.

— Bakıyorum, çok akıllı uslu konuşmaya başladın. Peki sen nasıl huzurlu olacaksın?

— Huzur benden çok uzak.

— Biliyor musun, çocuğunu döverek, cezalandırarak terbiye etmeye çalışan anne-babalara benziyorsun. Bu yerden yere vurulan çocuklardan her şeyin en iyisini isterler. Başarı isterler, saygı isterler. Böyle bir çocuğun bunların altından kalkması ne kadar zor. Kendine biraz daha iyi davransana. Senin asıl korkun anneni babanı hayal kırıklığına uğratmak değil. Kendi öfkenden korkuyorsun. Kendine güvenini iyice kaybetmekten korkuyorsun. Ve bütün bunları bir tek sınava bağlıyorsun. Bu sınav, sonuç ne olursa olsun seni ne tam olarak başarılı ne de tam olarak başarısız yapar. Bu, hayattaki binlerce sınavdan biri. Sen mücadeleden vazgeçmezsen korkman için bir neden yok ki.

— Siz bana güveniyorsunuz galiba. Ama sizi de hayal kırıklığına uğratabilirim.

— Elinden geleni yaptığın sürece yani mücadeleden vazgeçmezsen ben hayal kırıklığına uğramam. Devam edersen bilirim ki bir gün nasıl olsa başaracaksın.

— Bir gün nasıl olsa ha. Ben artık gideyim. Sizin için mücadele bitmemiş. Hâlâ benimle uğraşıyorsunuz. Tekrar ne zaman geleyim?

— Haftaya gel. Şimdi nereye gideceksin?

— Eve, dersler beni bekliyor. Yeteri kadar zaman kaybettim.

— Hadi öyleyse, haftaya görüşürüz, kendine iyi bak yani kendine şefkat göster, tamam mı?

— Tamam, hoşça kalın, teşekkür ederim. Sizi çok seviyorum.

Beni yanaklarımdan öperek çıkıyor odadan. Aslı'yı yolcu ettikten sonra derin bir nefes alıyorum... Aslında Salih'le Aslı'nın hikâyesinin çok benzer tarafları var. Her ikisi de başarısızlık korkusunun esiri olmuşlar. Aslı başaramamaktan ölmeyi göze alacak kadar korkuyor. Salih ise minnet duyduğu bu aileye olan borcunu ödeyemeyeceğini yani okulda başarılı olamayacağını anlayınca sıkıntıdan akli dengesini yitiriyor. Ölmek ya da deli olmak. İnsanların korkulu rüyası.

Bu genç fidanlar ne kolay kırılıyor. Anne babaların gençlere karşı daha dikkatli ve duyarlı davranmaları gerekiyor. Ülkemizde eğitim olanakları tüm gençlerin ihtiyacını karşılayamadığından, her yıl üniversiteye giriş sınavları yapılıyor. Gençlerden çok ben korkuyorum bu sınavlardan. Biliyorum ki bu yüzden kaç genç ruh sağlığını kaybedecek, kaçı ölecek. Kaçının kendine olan güveni bir daha geri gelmemek üzere onu terk edecek ya da kaçı bu yüzden ailesi tarafından dışlanacak, aşağılanacak.

Aileler, bir genç okulda başarılı ise, başka bir sorun yok sanıyor. Halbuki bana tedaviye gelen gençlerin büyük bir çoğunluğu okul birincileri, Türkiye genelinde dereceye giren öğrencilerdir. Şimdi her yıl üniversite sınavlarına girmeyi âdet edinmiş çok sevdiğim bir genç hastam geliyor aklıma. İlk yedi soruyu boş bırakırdı. Neden mi? Türkiye birincisi olup da gazetecilerle başı derde girmesin diye. Türkiye'de girmediği üniversite kalmadı. Ama hiçbirinde aradığını bulamadı. Ne mi arıyordu? Yok edilmiş, aşağılanmış, bir böcek gibi ezilmiş ruhunun devasız yaralarını başarılarla sarabilmek, acısını biraz hafifletebilmek, mutluluk, iç huzuru, yaşama sevinci gibi, o hiç tatmadığı duyguları yakalayabilmek. Onunla konuşurken bir meslektaşımla konuşuyor gibi hissederdim kendimi. Çünkü her şey gibi psikiyatriyi de çok iyi biliyordu. Ayaklı kütüphane gibiydi. Bu kadar çok okuyan, bu kadar çok bilen ve çok çalışan bir genç başka ne yapar? Başka bir şey yapmaya fırsatı kalmaz ki. Yaşamayı, insanlarla ilişki kurmayı, diğer gençler gibi geyik muhabbeti yapmayı, gezmeyi, tozmayı, eğlenmeyi, flört etmeyi bilmez ki. Sonunda da bu büyük zekâ ve yetenek hayata akamazsa, dönüp kendini imha eder.

Bizim ülkemizde aileler bu gerçeği görmek istemiyor. Çocukları çok çalışkan ve okulda çok başarılı ise, öğretmenlerin hiçbir şikâyeti yoksa, çocuk hiç sorun çıkarmadan sadece okuluna gidip geliyor, TV bile seyretmeden, odasından çıkmadan hep çalışıyorsa, arkadaşları ile gezip tozmuyor, eve hep zamanında geliyor ve bunlara hiç isyan etmiyorsa bununla gurur duyuyorlar. Halbuki bunun ne kadar tehlikeli bir gidiş olduğunu bilseler...

Geçen yıllarda bana gelen iki genç vardı. Biri, iyi bir ailenin ODTÜ'de okuyan, çok çalışkan oğlu, diğeri ise bir yandan sağda solda çalışarak bir yandan da açık öğretim fakültesini kala-geçe bitirmeye çalışan, konuşkan, gezmeyi tozmayı seven biraz gariban bir genç. İkisi de aynı dönem okulunu bitirdi ve kendilerine iş aramaya başladılar... Birbirlerini tanımıyorlardı. Gazete ilanlarıyla duyurulan işe alma sınavlarına girmeye başladılar. ODTÜ'lü genç hepsinin yazılı sınavını kazanıyor ama mülakatta başarısız oluyor ve işe girmeyi başaramıyordu. Ailesinin bana aşırı haylazlığı nedeniyle getirdiği açık öğretim mezunu gariban genç ise eğer yazılı sınavı kazanmışsa, mülakatı mutlaka geçiyor ve işe girmeye hak kazanıyordu. ODTÜ'lü bir yere giremezken, gariban genç üç yerden birden davet aldı. Hatta sözlü sınavlara girerken giyecek düzgün bir takım elbisesi olmadığından, birilerinden ödünç aldığı elbiselerle giderdi sınavlara. İşsizliğin kol gezdiği ülkemizde gariban genç, herkesin girmeye can attığı üç büyük kurumdan davet aldı. Kısa süre oralarda çalıştı, beğenmedi. Şimdi İstanbul'da büyük bir özel şirketin genel müdür yardımcısı. Şimdiden çok para kazanıyor. Artık kendine ait takım elbiseleri var. Geçen gün Ankara'ya gelmiş, bana uğradı. Bambaşka biri olmuş. Artık ona gariban diyemem. Henüz 26 yaşında. Kimbilir ne başarıların altına imza atacak. ODTÜ'lü çalışkan, iyi aile çocuğuna gelince. O koca diploma bile pek bir işe yaramadı. Ailesinin aracılığıyla küçük bir işe girdi çalışıyor. Mutsuz ve hayal kırıklığı yaşıyor. Halbuki aile koskoca ODTÜ'yü çok iyi dereceyle bitiren bu çocuktan neler bekliyordu.

Ben bu çocuğa üniversitede kalmasını, kariyer yapmasını önermiştim. Çünkü bu gençler üniversitede kalırsa hiç yabancılık çekmiyor. Orada kaldığı sürece en iyi bildiği işi yapıyor. Sürekli çalışıyor, sınava giriyor, tez hazırlıyor ve bunun karşılığında para kazanıyor. Hayatın içine hiç girmeden kenarından süzülüp gidiyorlar. Ama olmadı. Ankara'daki üniversitelere giremedi. Anadolu'ya gitmeyi ise göze alamadı.

Sonra Hale geliyor aklıma. Beklentileri çok yüksek, hırslı ve çok başarılı gençler korkutur beni. Onlara hem hayranlık duyarım, hem de bir türlü aradıklarını bulamayacaklarını bilmek, beni ürkütür. Zeki yetenekli ve hoş bir kızdı Hale. Çok başarılıydı. Önce ODTÜ'yü bitirdi. Bir-iki iş denemesi oldu, sonra master yapmaya karar verdi. Master bitti yine birkaç işe girdi. "Kimsenin kimseye saygısı yok, kendimi daha fazla geliştirip daha üst düzey işler bulmalıyım," diyerek ikinci bir master daha yaptı. O da bitti ama yine olmadı. "En iyisi yurtdışına gidip doktora yapayım," dedi. Yurtdışında kendi imkânlarınla doktora yapmak çok pahalı bir iş. Aile, Hale otursun diye aldığı evi sattı ve Hale bu evin parasıyla Amerika'ya gitti. Beş yıl kaldı orada. İyi bir üniversiteden doktora derecesi aldı. Türkiye'yi ve buradaki insanları hiç beğenmiyor, eğitimsiz, kültürsüz, ilkel insanlardan oluştuğunu düşündüğü bu ülkede yaşamak istemiyordu. Amerika'ya büyük hayranlık duyuyordu. Doktora bitince orada birkaç yerde çalıştı. Gördü ki işler hiç de düşündüğü gibi değil. Onun kıymetini Amerikalılar da bilemeyince yeniden Türkiye'ye döndü.

Bu arada yaşı 35 olmuş, aile yıllardır okuması için ona para yetiştirmekten bitap düşmüş, kendi yaşıtı arkadaşları girdikleri ya da kurdukları işlerde çok mesafe almışlardı. O ise elinde diploma koleksiyonu ile sıfırdan başlayacaktı her şeye. Birkaç büyük firmadan teklif aldı. Ama Hale'ye iş beğendirmek kolay olmadı. Oralarda da mutlu olamadı. "Birikimimi kullanamıyorum, benim çok daha üst düzey işler yapmam ve çok para kazanmam gerekiyor. Bu benim hakkım, otuz beş yıldır dirsek çürütüyorum. Bu dünyada bunun hiç mi değeri yok," diyordu. Hale'nin çok ilginç hayalleri vardı. Küçük şeylerle mutlu olan insanlara hayretle bakıyor, "Küçük insanların hayalleri de küçük oluyor," diyordu.

Güler yüzlü, kolay mutlu olan biriyle evlendi. Kocası Hale'ye hayrandı. Ama hem eşini hem de eşinin ailesini hep aşağıladı. Hale'ye göre onlar küçük şeylerden mutlu olan basit insanlardı. Hele kayınvalidesi ne aptal bir kadındı. Camın önünde iyi demlenmiş bir bardak çay içmek bile o kadını mutlu ediyordu. Hele bir de sigara yakmışsa.

Bir gün sormuştum Hale'ye, "Seni ne mutlu edecek, nedir hayallerin?" diye. "Miami sahiline yanaşmış, muhteşem bir yatta güvertede bir-iki arkadaşımla akşamüstü içki içmek isterim," demişti. Ama o yatın Hale'ye ait olması şartıyla. Mutlu olabilmek için gerekli şartlara bakın.

Sonuçta sadece Hale'ye değil, Hale'nin emeklerine de yazık oldu. Kocası bu eziyete daha fazla dayanamadı, boşadı onu. Şimdi bir özel üniversitede ders veren Hale yalnız ve mutsuz. Ne hayat ona, ne de o hayata bir şeyler verebildi. Kayınvalidesi ise hâlâ camın önünde akşam çayını büyük bir keyifle içiyor. Hale bütün gayretlerine rağmen bu keyfi hiç tadamadı.

Çöp Apartman –5

Neriman son görüşmemizden sonra, bir süre her hafta geldi bana. İlaçlarını düzenli alıyor ve uzun uzun ağlıyordu bu odada, bu ağlamaların onu ferahlattığını ve buradan her seferinde daha rahatlamış olarak çıktığını görüyordum. Artık banyoya daha sık giriyor ve hiç takılmadan abdestini alabiliyordu. Morali de giderek düzeliyordu ki, bu sefer de babası hastalandı. Anlattığına göre babasının durumu endişe verici boyutlardaydı ve birinin hastanede, onun yanında kalması gerekiyordu. O kişi de doğal olarak yine Neriman'dı. Ablalar uzun süredir insan içine çıkamayacak kadar berbat durumdaydı. Hasta bakmak şöyle dursun, onların zaten bakıma ihtiyacı vardı. Zavallı Neriman, nereye yetişeceğini şaşırdı ve tedaviye zorunlu olarak ara verdi. Üç-dört haftadır onu göremiyordum. İşte şimdi yine adını randevu defterinde görüyorum. Umarım durum çok kötü değildir.

— Tuna ben hazırım, Neriman Hanım'ı gönderebilirsin.

— Tamam efendim, hemen gönderiyorum.

Kapı açılıyor ve Neriman içeri giriyor ancak bu, benim son zamanlarda görmeye alışkın olduğum pembe yanaklı, güleç ve aydınlık yüzlü genç hanım değil. Rengi uçmuş. Son derece yorgun ve bakımsız görünüyor. Üzerinde siyah etek, bluz var. Saçlarının uzun süredir yıkanmadığı belli oluyor. Bakışları dalgın ve umutsuz. Bütün emekler boşa mı gitti yoksa?

— Hayrola Neriman, ne bu hal? Ne oldu sana?

— Sormayın Gülseren Hanım. Öyle kötüyüm ki...

— Gel otur Neriman, ayakta kalma.

— Ah nedir bu benim başıma gelenler. Babama bir şey olursa ben ne yaparım. Hiç olmazsa onun varlığı hepimiz için bir güvenceydi. Ablalarım perişan. Bir yandan babama çok üzülüyorlar, bir yandan ben evde yokum. Sıkıntıları iyice arttı. Evin halini bir görseniz. Durumumuz içler acısı. Bütün bu karışıklıkta size gelmeye fırsat bulamadım.

— Geçmiş olsun, inşallah baban kısa sürede ayağa kalkar.

— Hiç sanmıyorum. Babam şeker hastasıydı. Bütün organları zarar görmüş. Haftalardır durumunda en ufak bir düzelme yok. Galiba kaybediyoruz babamı. Acaba yeteri kadar iyi bakamadık mı ona?

— Bunu da nereden çıkarıyorsun? Neriman, unutma, sen ailen için kendi hayatından vazgeçtin. Daha ne yapsaydın yani? Bak, hâlâ onlar için kendini ne kadar yorduğun belli. Yorgunluktan rengin solmuş. Böyle giderse sen de hasta olacaksın.

— Aman, bıktım artık her şeyden. Ben de ölsem de kurtulsam bu eziyetten. Benim başka bir kurtuluş umudum yok. Beni yoran babam değil, asıl evdekiler. Yakında bakımsızlıktan, açlıktan ve pislikten ölecekler diye korkuyorum. Öyle perişanlar ki...

Neriman, hıçkırarak ağlamaya başlıyor. Ona bir mendil uzatıyorum. Durum galiba çok kötü.

— Dur bakalım, belki bir çare buluruz. Sen geceleri hastanede mi kalıyorsun?

— Evet, babamın yanında sürekli birinin kalması gerekiyor. Gündüzleri bir-iki saat eve uğruyorum. Babama bir şeyler götürmem gerekiyor. Bizimkilerle eskisi gibi ilgilenemiyorum. Yemek bile yapıp yiyemiyorlar, kendilerine bakamıyorlar. "Bu böyle olmayacak, gelin sizi doktora götüreyim, kendinize acımıyorsanız bana acıyın. Ben daha ne kadar katlanabileceğim bu eziyete?" diyorum ama sözümü geçiremiyorum. "Biz bu halde evden çıkamayız, çıkabilsek babamızı görmeye geliriz," diyorlar. Ne yapacağımı şaşırdım. Gerçekten çıkamıyorlar evden. İkisi de babama çok düşkündür. Adam ölecek, son bir kere görmeye bile gelemiyorlar. Bu nasıl hastalık böyle? Sizin ev ziyareti yapmadığınızı biliyorum ama çok zor durumdayım. Bana yardım eder misiniz?

— Sizin eve gelmemi istiyorsun öyle mi?

— Evet, eğer mümkünse, çünkü yapabileceğim başka bir şey kalmadı.

— Ablaların da bunu istiyor mu?

— Onlara söylemedim. Söylesem de kabul edeceklerini sanmıyorum. Eve birinin gelmesinden ürküyorlar. Ama başka ne yapabilirim? Buna daha uzun süre dayanabileceklerini sanmıyorum. Aç ve susuz bir insan ne kadar yaşayabilir? Yemek yapamadıkları için açlar. Tuvalete gitmemek için de su bile içmiyorlar.

— Haklısın, galiba yapılacak en doğru iş bu. Tamam. Hadi hemen gidelim.

— Şimdi mi? Ah ne iyi olur.

— Bu acil bir durum galiba.

— Evet, şimdi görünce beni daha iyi anlayacaksınız. Size nasıl teşekkür etsem bilmem ki.

— Teşekkürü sonra edersin, hadi hemen gidelim.

Aceleyle çıkıyoruz muayenehaneden. Köşedeki taksi durağından hemen bir taksiye biniyoruz. Benim fazla vaktim yok. Bir an önce muayenehaneye geri dönmem gerekiyor. Ama durum yine benim tahmin ettiğimden daha kötü. Kızlar böyle devam ederse gerçekten ölecekler. Hem babalarını kaybetme korkusu, hem Neriman'ın evden uzak kalışı galiba ikisini de çok olumsuz etkiledi. Beni yani bir doktoru istemediklerini biliyorum. Oraya gidiyorum ama ne yapıp ne yapamayacağımı ben de bilmiyorum. Tedaviyi kabul etmeyen birine yardım edebilmek o kadar zor ki... Neriman, Birlik Mahallesi tarafında bir adres veriyor şoföre. Üç katlı eski bir apartmanın önünde taksiden iniyoruz. Apartmandan içeri girince havayı kokluyorum, sanki içerisi küf kokuyor. Merdivenle ikinci kata çıkıyoruz. Her katta iki daire var. Neriman elindeki anahtarla kapıyı açıyor. Nasıl bir manzarayla karşılaşacağımı merak ediyorum.

— Kusura bakmayın Gülseren Hanım, siz artık her şeyimizi biliyorsunuz.

— Tabii, hiç önemli değil, sen rahat ol ama ablalarına geldiğimi haber ver istersen.

— Tamam, onlar salondadır, izin verirseniz önce ben gideyim yanlarına.

— Böylesi daha doğru olur.

Antrede ayakta duruyorum. Neriman önce ayakkabılarını çıkarıp yandaki dolaptan terliklerini giyiyor, sonra da salonun kapalı duran kapısını açarak içeri giriyor. Salondan alçak sesli konuşmalar geliyor. Burası eski bir ev. Kapılar beyaz yağlıboya, ancak uzun süredir boyanmamış ve renkleri sararmış. Salon kapısında buzlu cam var. Yerler mozaik taş. Yanda duran vestiyer çok eski ve cevizden yapılmış. Evde, sanki havasızmış gibi ağır bir koku var. Soldaki açık kapıdan mutfak görünüyor. Beyaz fayans döşeli mutfak tertemiz görünüyor. Ben böyle çevreme bakarken salon kapısı açılıyor ve Neriman beni içeri buyur ediyor.

— Neriman bana da bir terlik ver, ben de çıkarayım ayakkabımı.

— Olmaz canım, ne gerek var. Siz girebilirsiniz içeri.

— Hayır, girmeyeceğim. Olabildiğince sizin usullerinize uymalıyım.

— Eh, peki öyleyse, diyerek vestiyerden bana da bir terlik veriyor. Ayakkabılarımı Neriman'ınkilerin yanına çıkarıp terlikleri giyerek içeri giriyorum. Kızlar salonun tam ortasında ayakta bekliyorlar beni. İkisinin de yüzünde büyük bir hayret ve heyecan ifadesi var. Çiçekli basmadan ev elbiseleri giymişler, elbiselerin renkleri neredeyse mora dönmüş. Çok kirli olduklarını anlamak için dikkatli bakmaya gerek yok. Saçları sanki aylardır hiç taranmamış gibi, yağlı ve kirli. Ayaklarında bir örnek terlikler var. Her şeye rağmen ikisi de ne kadar güzel! Hele Safiye...

— Merhaba hanımlar. Evinize davetsiz geldim ama niyetim sizi rahatsız etmek değil. Madem siz bana gelmediniz, bari ben onları görmeye gideyim dedim. Şimdi nereye oturmamı istersiniz. Merak etmeyin, hiçbir yere dokunmayacağım ve istemediğiniz hiçbir şey yapmayacağım.

Yüzlerindeki hayret ifadesi devam ediyor. Bir an önce onları rahatlatmam gerekiyor. Bu arada Neriman bana yer gösteriyor. Koltuğa dikkatlice oturuyorum, ellerimi hiçbir yere sürmemeye özen gösteriyorum. Benden huylanmamalılar. Neriman'a salondan çıkmasını işaret ediyorum. Kızlarla yalnız kalmalıyım. İkisi de hâlâ ayakta durmaya devam ediyor. Henüz hiç konuşmadılar. Havayı yumuşatmaya çalışıyorum,

— Gülben otursanıza... Babanızın hasta olduğunu biliyorum. Geçmiş olsun. Onu görmeye bile gidemediğinizi duyunca, Neriman'la çıkıp geldim. Acaba bir yardımım olur mu diye. Her şeyi biliyorum. Bunun sizin elinizde olmadığının ve bu yüzden çok acı çektiğinizin farkındayım. Yıkanmak saatlerinizi aldığından, bir türlü banyoya giremediğinizi, girseniz bile çıkamadığınızı, kendinize yemek bile yapamadığınızı ve bu yüzden neredeyse aç kaldığınızı ve Neriman'ın son günlerde artık hiçbir şeye yetişemediğini biliyorum ve işte onun için buradayım. Bana hâlâ kızıyor musunuz?

Koltuklarına oturmuş, hiç konuşmadan beni dinliyorlar. Sesim sevecen ve yumuşak. Sanki akrabadan biri gibi davranıyorum onlara. Her şeyi bildiğimi en baştan açık açık söylüyorum ki, bir şeyleri saklamak, gizlemek durumunda hissetmesinler kendilerini. Ve bunları hiç ayıplamadığımı, tam tersine onları anladığımı hissettirmeye çalışıyorum. Salon toz içinde. Sehpaların ve camların üzerine rahatlıkla yazı yazılabilir. Eşyalar eski ve soluk. Bu eve yıllardır yeni bir şey alınmamış. Oymalı ceviz koltuklar, çiçekli Bünyan halılar, ceviz, eski model sehpalar ve camlarda bir zamanlar bej olduğunu tahmin ettiğim, pislikten rengi kararmış perdeler dikkatimi çekiyor. Halıların altında tozlu ahşap parkeler var ve yıllardır hiç cilalanmamış. Ben konuştukça Gülben'in yüzündeki hayret ifadesi, yerini büyük bir hüzne bırakıyor. Önce Gülben başlıyor konuşmaya;

— Demek Neriman size her şeyi anlattı. Aslında ben size tekrar gelmek isterdim ama hiç ümidim yok ki... Siz bize nasıl yardımcı olacaksınız?

— Eğer bu hastalıktan kurtulmak isterseniz, belki bir yol buluruz. Ama bunun için birlikte hareket etmemiz gerekir.

Nihayet büyük abla giriyor söze. Yüzü öfkeden kıpkırmızı. Sesi kalın ve otoriter.

— Bunun hastalık olduğundan emin misiniz?

— Aslında hasta olduğunuzu siz de biliyorsunuz.

— Hastalık mastalık değil, sizi tanımıyoruz. Bu kadar özel konuları hiç tanımadığımız biriyle konuşmaktan hoşlanmayız biz. Ayrıca emri-vakileri de hiç sevmeyiz. Hep Neriman'ın başının altından çıkıyor bunlar.

— Evet bu doğru, Neriman'dan dolayı bugün buradayım. Ayrıca ev ziyareti yapmak gibi bir alışkanlığım hiç yoktur ama buraya Neriman davet ettiği için değil, artık sizlerle tanışmaktan başka çare kalmadığını anladığım için geldim. İnsanlar ölümle burun buruna geldikleri zaman, tıp bunu acil durum olarak kabul eder ve hastadan izin almadan hayatta kalabilmesi için ne gerekiyorsa onu yapar. Ben de Hipokrat yemini etmiş bir doktorum. Göz göre göre ölmenize izin veremem. Ayrıca Neriman'ı çok seviyorum. Ne kadar zor durumda olduğunu anlatınca, buraya gelmekte hiç tereddüt etmedim. O sizleri çok seviyor ve size kötü bir şey olacak diye ödü kopuyor. Sizin de onu sevdiğinizi, hatta ona annelik ettiğinizi biliyorum. Gülben'i daha önce görmüştüm, siz ailece güzel insanlarsınız. Sizden de çok övgüyle bahsetmişti bana. Haklıymış, gerçekten de çok güzel bir hanımsınız ama biraz aksisiniz galiba?

— Onu da mı Neriman söyledi?

— Onun söylemesine ne gerek var. Ne kadar aksi biri olduğunuzu hemen gösterdiniz bana. Ne de olsa evinize gelen bir misafirim ben. Kovmaktan beter ettiniz beni...

— Siz de aksi birine benziyorsunuz?

— Evet, bazen ben de çok çekilmez olurum. Yani ben de aksilik ve huysuzluk bakımından sizi pek aratmam. Neriman onun için sevdi galiba beni. Ne de olsa kız bunlara alışkın.

Oh, nihayet Safiye'nin yüzüne bir gülümseme yayılıyor. Bu gülüş Gülben'i de rahatlatıyor. Sonra hep birlikte gülmeye başlıyoruz. Sonra yine Safiye başlıyor konuşmaya;

— Peki ne yapacaksınız, ilaç mı vereceksiniz bize? Biz ilaç filan almayız.

— Neden?

— İlaç bizim beynimizin içindeki düşünceyi mi değiştirecek? Bizi uyuşturacak sadece.

— Siz yeteri kadar uyuşmuşsunuz zaten. Akşama kadar bu koltuklarda oturuyorsunuz galiba. Bir de ben sizi neden uyuşturayım?

— Peki öyleyse ilaç ne işe yarayacak?

— Safiye böyle yapma, bırak da yardım edeyim.

— Hani siz de aksiydiniz. Bizi kızdırmamak için mi böyle yumuşak davranıyorsunuz?

— Sizi kızdırmaktan korkmalı mıyım?

— Ne bileyim ben. Çok yumuşak davranıyorsunuz.

— Sizin evde insanlar hep sert mi davranır birbirine?

— Biraz öyledir. Ben de sert davranırım onlara.

— İnsan ne öğrenirse onu uygular. Çocukken size hep sert davrandılarsa, büyüyünce siz de çevrenize öyle davranırsınız. Baştan beri tedavi olmayı istemiyor gibi bir hal seziyorum sizde. Bana kızgınsınız. Yanılıyor muyum?

— Hayır yanılmıyorsunuz. Ben değişmek istemiyorum. Neysem öyle kalmak istiyorum. Hayatı kendi kurallarıma göre yaşamak istiyorum. Buna kimsenin karışmaya hakkı yok.

— Ama Abla, bak Doktor Hanım buraya kadar gelmiş. Madem bir kurtuluşumuz var, bırak da deneyelim, diyor Gülben.

— Bak Safiye, bu artık sadece senin sorunun değil. Bu evde dört kişi yaşıyorsunuz. Ve şu anda içinde bulunduğunuz durum sadece seni değil, hepinizi etkiliyor. Burada "ben" diyemezsin, biz diyeceksin.

— Artık dört kişi değiliz, babam ölüyor, bilmiyor musunuz?

— Biliyorum, böyle giderse belki siz daha önce öleceksiniz. Ya sen bunu biliyor musun?

— Ben ölmeye hazırım, fazla bile yaşadım. Bana dokunmayın da ne yaparsanız yapın...

— Abla böyle yapma, diyor Gülben, sesi titreyerek. Belli ki ağlamamak için kendini zor tutuyor.

— Sen karışma bana, "Pis Südüklü." Safiye'nin salonda çınlayan sesine, Gülben'in hıçkırıkları karışıyor. Durum giderek kötüleşiyor. Ben işin içinden nasıl çıkacağımı düşünürken, Neriman koşarak salona giriyor. Onun da yüzü allak bullak. Ne söyleyeceğini bilemeden kapıda öylece duruyor.

— Neriman ve Gülben, lütfen siz çıkın buradan, Safiye ile yalnız konuşmak istiyorum.

Neriman, hâlâ hıçkırarak ağlayan Gülben'i kolundan tutarak çıkarıyor salondan. Safiye, oturduğu koltukta omuzlarını iyice dikleştirmiş, heykel gibi duruyor karşımda. Böylece ne kadar kararlı olduğunu bana göstermeye çalışıyor. Bu kızı yumuşatmanın bir yolu yok mu acaba? Bu onun, yaşamak için belki de son şansı. Bunu biliyor ve buna rağmen tedaviyi reddediyor. Her türlü aksiliğine rağmen, ona kızmadığımı, hatta saygı duyduğumu hissediyorum. İdama giderken bile başını dik tutan birine benzetiyorum onu içimden. Bir süre hiç konuşmadan oturuyoruz. Sonra yumuşak bir sesle konuşmaya başlıyorum;

— Ölmek için neden bu kadar acele ediyorsun Safiye?

— Çok bile yaşadım ben. Biraz cesaretim olsaydı bu işi çoktan yapmış olurdum. Sadece aksi değil, ayrıca korkağın tekiyim ben. Benimle uğraştığınıza değmez. On para etmem ben. "Deli Dudu" derler bana.

— Biliyorum.

— Onu da mı biliyorsunuz?

— Evet, Gülben'e "Pis Südüklü", Neriman'a "Hom Hom Kız" ve sana "Deli Dudu" dediklerini biliyorum.

— Peki öyleyse ne istiyorsunuz benim gibi bir "Deli Dudu"dan?

— Benim yanımda Gülben'e neden "Pis Südüklü" dedin? Ne kadar kötü ve acımasız biri olduğunu mu kanıtlamaya çalışıyorsun bana?

— Hiçbir şeyi kanıtlamaya filan çalışmıyorum. Ben öyleyim zaten. Uğraşmayın benimle.

— Biraz önce de söyledim, ben de aksilikte ve huysuzlukta senden aşağı kalmam. Sen istesen de istemesen de seninle uğraşacağım. Senin kötü biri olmadığını biliyorum. Neriman'a henüz 10 yaşında bir çocukken nasıl annelik ettiğini, nasıl kol kanat gerdiğini, annenden neler çektiğini, yediğin dayakları, bütün bunları biliyorum. Kimse durup dururken, bu genç yaşta ölmek istemez. Sanırım daha bilmediğim çok şey var. Bunları öğrenmek ve sana istesen de istemesen de yardım etmek istiyorum. Ne kadar yalnız olduğunun da farkındayım. Hem bu kadar güzel ol, hem de bu kadar yalnız. Senin en önemli eksiğin ne biliyor musun?

— ...

— Cesaretin yok. Korkağın tekisin. Ölmek için değil yaşamak için cesaret gerekir. Huysuz bir cadı olarak ölüp gideceksin. Pis, huysuz bir cadı.

— ...

— Çöp torbalarının arasında yok olup gideceksin... Nedir senin günahın, neyin cezasını ödetiyorsun kendine? Halbuki hayat o kadar güzel ve ben o kadar yorgunum ki...

— ...

— Ve sen bana bir yorgunluk kahvesi bile ikram etmiyorsun... Sen gerçekten bir cadısın galiba...

— Kahve ha?

— Kahve ya... Şöyle ağır ateşte, şekerli bir kahve yapsan, bir yandan içsek, bir yandan ben yine sana söylenmeye devam etsem.

— Bana "pis, huysuz cadı" filan demeye yani...

— Evet ama kahveyi beğenirsem belki cadı demekten vazgeçerim.

— Bizim evde kahveleri Neriman pişirir.

— Ben senden istiyorum.

— Ama ben iyi kahve yapamam.

— Ben de o zaman sana yine cadı derim.

— Ne tuhaf bir kadınsınız.

— Haklısın, biraz tuhafım galiba, ama sen de biraz öyle değil misin?

— Ben huysuz bir cadıyım.

— Haklısın ve o huysuz cadı şimdi bize kahve yapacak ve beraber içeceğiz.

— Kendime de mi yapayım?

— Tabii ya, kahve yalnız içilmez.

Safiye ağır ağır yerinden kalkıyor mutfağa doğru gidiyor. Derin bir nefes alıyorum. Sonra gerçekten de ne kadar yorgun olduğumu düşünüyorum. Sabahtan beri kimbilir kaç insanın derdini dinledim. Safiye'yi tedavi olmaya ikna etmeden bu evden çıkmayacağım, gerekirse burada saatlerce kalabilirim. Ancak yorgun olmanın ötesinde, muayenehanede beni bekleyen randevulu hastalar var. Saatime bakıyorum, yarım saattir buradayım. Safiye'yi düşünüyorum. Onun gibi biri için bana kahve yapmak kimbilir ne kadar zor. Bunu biliyorum ama ona yaklaşabilmek için başka çare bulamadım. Yerimden kalkıp Safiye'nin arkasından koridora çıkıyorum. Banyonun kapısı açık, Safiye musluğun başında ellerini yıkıyor. Sanırım mutfağa girmeden önce temizlenmeye çalışıyor. Burası oldukça büyük, eski tip bir banyo. Yerlerde yığınlarca tabak, bardak duruyor. Beyaz küvetin, muhtemelen yüzlerce kez ovulmaktan cilası tamamen kaybolmuş. Tuvaletin üzerinde beyaz örtüler var. Anlaşılan burası tuvalet olarak hiç kullanılmıyor. Lavabonun yanında en az on-on beş tane beyaz sabun var. Ben hemen yanı başında duruyorum. Elini iyice köpürtüp, birkaç kez ovaladıktan sonra suyun altına tutuyor. Ben yüksek sesle; "Bir," diyorum Hafifçe dönüp yüzüme bakıyor. Sonra aynı işlemi yeniden yapmaya başlıyor ve ben her seferinde saymaya devam ediyorum. Safiye on kez elini yıkadığında;

— Tamam, ellerin şimdi kesinlikle tertemiz oldu. Şimdi biraz bekle, ben de ellerimi yıkayayım, çünkü mutfakta sana yardım etmek istiyorum.

Böyle diyerek, onun yaptıklarının aynısını ben de başlıyorum yapmaya ve bir yandan da her elimi yıkayışımda yüksek sesle sayıyorum ve onun da saymasını bekliyorum. Sonunda işim bittiğinde Safiye'ye soruyorum;

— Tamam mı, temiz oldu mu ellerim?

— Evet tamam, elleriniz temiz oldu. Bunu neden yapıyorsunuz?

— Sizin kurallarınıza hiç itiraz etmeden, aynen uyduğumu görmeni istiyorum. Mademki bu eve her hafta geleceğim, kurallara ben de uymalıyım ve varlığım hiç kimseyi rahatsız etmemeli. Aksi takdirde eve her gelişim size eziyet olur. Faydadan çok zarar veririm size.

— İyi, tamam öyleyse.

Birlikte mutfağa doğru gidiyoruz. Mutfak kapısında önce terliklerini değiştiriyor. Başka renk terlikler giyiyor ayağına. Sonra da kapının kenarındaki bir çivide asılı duran, önden açık, beyaz önlüklerden birini geçiriyor üstüne. Başına da yine duvarda asılı ince bir tülbenti özenle bağlayıp öyle giriyor mutfağa. Sonra hafifçe dönerek bana bakıyor. Yüzünde hafif alaycı bir gülümseme var. "Bakalım bunları da yapabilecek misin," der gibi sanki.

— Aman Safiye, ameliyata girer gibisin. Biliyor musun hastanelerde doktorlar ameliyathaneye girmeden önce aynen senin şimdi yaptıklarını yaparlar. Steril önlük, terlik ve başlık giyerler. Hastalar açık ameliyat yarasından mikrop almasın diye. Her neyse, içeri girebilmem için benim de aynen böyle giyinmem gerekiyor herhalde. Ben en iyisi kapıda durup seni seyredeyim. Kahveler ağır ateşte pişecek, sakın unutma. Kendine de yapıyorsun değil mi?

— Hayır.

— Neden, kahve sevmez misin?

— Eskiden içerdim. Kimbilir kaç yıldır kahve içmedim.

— Sahi yıllardır içmiyor musun?

— İçmiyorum. Kahve içmek zevk işi. Hiçbir derdiniz olmayacak da, şöyle bacak bacak üstüne atıp keyifle içeceksiniz kahvenizi. Biz hiç öyle olamadık ki...

— Evet, haklısın ama gel bugün bacak bacak üstüne atıp beraber keyif yapalım. Keyif bizi bulmazsa biz onu aramaya çıkalım. Belki bir yerlerde rastlarız ona.

— Siz hep böyle rahat ve güler yüzlü müsünüz?

— Hayır değilim dedim ya. Öyle mi görünüyorum?

— Bilmem, ama canlısınız. Bu hoşuma gitti. Biz yaşamıyor gibiyiz. Ya hiç konuşmayız ya da kavga ederiz.

— Ben de çabuk kızarım.

— Ama bugün kızmadınız?

— Kime?

— Bana.

— Kızmadığımı kim söyledi?

— Kızdınız mı?

— Tabii kızdım. Kahveyi niye içiyorum sanıyorsun?

— Demek kızdınız. Ama hiç belli etmiyorsunuz.

— Seni anlıyorum da ondan. Böyle yaşamayı kim ister. Eminim senin de kendine göre haklı sebeplerin var.

— Var ya... Hayat zor. Hiç gülmedim desem yalan olmaz herhalde.

— Kaç yaşındasın Safiye?

— 37, yani kırka yaklaştım.

— Yarıyı geçtin yani. Hayatın öbür yarısı hâlâ duruyor ama.

— Kahveler pişti. İnşallah istediğiniz gibi olmuştur. Yıllardır ilk defa kahve yapıyorum.

— Çok güzel olduğu belli. Ağır ateşte pişti çünkü. Demek kendine de pişirdin. Gülben, bana bir sandalye getirsene.

— Ne yapacaksınız sandalyeyi?

— Ben burada, kapının önünde oturayım, Safiye sen de şu masanın yanındaki sandalyeye otur. Böylece fincanlar mutfaktan çıkmasın. O zaman kirlenmezler değil mi?

Gülben aceleyle salondan bir sandalye getiriyor bana. O arada Neriman yanımıza geliyor.

— Ayol ne yapıyorsunuz burada? Gülseren Hanım neden salona geçmiyorsunuz? Safiye Ablam kahve mi yaptı? Üstelik kendi de içiyor. Bir yaşıma daha girdim.

— Herkes işine baksın, ben gayet rahatım. Bırakın da Safiye ile şurada ağız tadıyla bir kahve içelim.

Kızlar belli ki bu durumdan memnunlar. İkisinin de gözleri parlıyor ve bizi yeniden yalnız bırakıyorlar. Ben kahvemi elime alıp bacak bacak üstüne atıyorum. Safiye de mutfaktaki masanın yanına oturuyor ve o da bacak bacak üstüne atıyor. Bir süre hiç konuşmadan kahvelerimizi yudumluyoruz. Sonra ben başlıyorum gülmeye. Safiye hayretle yüzüme bakıyor ve neden güldüğümü anlamaya çalışıyor.

— Neden gülüyorum biliyor musun? Halimize bak, ben dışarıda, sen içeride, ikimizin elinde birer kahve ve ikimiz de bacak bacak üstüne atmışız. Bence keyfimize diyecek yok.

Aynı anda Safiye de başlıyor gülmeye. Gülmek ne kadar yakışıyor ona. Her şeye rağmen ne kadar güzel.

— Evet, nerede kalmıştık?

— Siz son olarak hayatın henüz yarısı duruyor demiştiniz bana.

— Evet öyle demiştim. İkinci yarısı da, ilki gibi geçerse yandın.

— Başka bir şansım var mı ki?

— Bilmem. O biraz da sana bağlı. Böyle yaşamayı istiyorsan, yani pis, huysuz bir cadı olarak, kimse sana mani olamaz. Ben bile...

— Demek kahveyi beğenmediniz, bana yine cadı dediniz.

— Sahi kahve çok güzel olmuş, ellerine sağlık. Ayrıca sana cadı filan demiyorum, senin artık hak ettiğin güzel şeyleri yaşamanı istiyorum.

— Bu kadar umudu nereden buluyorsunuz Allah aşkına?

— Bak Safiye, "insan umut ettiği sürece yaşar," diye çok klasik bir söz vardır. Yaşamak için umut etmek zorundayız. Buna mecburuz. Sen yıllardır kaybettiğin şu umutları nereye sakladınsa bir an önce çıkar artık. Dünyaya, Tanrı'ya ve Tanrı'nın bize bahşettiği hayata küsemeyiz. Kırılabiliriz, üzülebiliriz, bazen isyan bile edebiliriz ama bunu çok uzatmaya ve küsmeye hakkımız yok. Henüz seninle yeteri kadar konuşmadık. İçindekileri bilmiyorum. Kimbilir ne kadar üzüldün, kırıldın ki, yıllardır bu mezar gibi eve kapattın kendini ama yeter. Bunlara dur demenin zamanı geldi. Önce kendini, sonra da kardeşlerini düşün lütfen. Sen bana destek olmazsan ben ne sana ne de onlara yardım edebilirim. Lütfen bir kere cesur olmayı dene.

— Yapabilir miyim acaba?

— Birlikte deneyelim, ne dersin?

— Hiç sevilmeden yaşamak ne demek biliyor musunuz?

— Bilmiyorum, ben hep sevdim ve sevildim, ama bunun ne berbat bir şey olduğunu tahmin ediyorum. Sen de sevilmemek için elinden geleni yapıyorsun galiba... Benim seni sevmemem, bir an önce bırakıp gitmem için de elinden geleni yaptın doğrusu.

— Ama siz gitmediniz, neden?

— Senin aslında ne kadar tatlı bir cadı olduğunu hemen anladım da ondan. Seni sevmeyen bu dünyadan intikam alıyorsun ha?

— Artık dünyadan mı yoksa kendimden mi intikam aldığım tartışılır.

— Haklısın, asıl cezayı kendine veriyorsun, ama her cezanın bir sonu vardır, yeter artık. Bak, hayatın yarısı geçmiş bile...

— Geçti ya... Hem de hiç güzel bir şey yaşamadan.

— Umalım bundan sonrası farklı olsun. Kahve için teşekkürler. Seninle sohbet çok güzeldi ama benim şimdi gitmem gerekiyor. Muayenehanede beni bekleyen hastalar var. Al şu fincanı ve hemen yıka. Mutfak temiz. Benim ellerim de temiz. Fincan başka hiçbir yere değmedi ve mutfaktan çıkmadı. Şimdi suyu aç ve akar suyun altında on kere yıka. Ben saymaya başlıyorum.

Safiye dediğimi yapıyor ve fincanları akar suyun altında onar kere yıkıyor. Ben de sayıyorum. Yıkama işlemi bitiyor.

— Tamam, fincanlar tertemiz oldu. Şimdi artık gidiyorum. Neriman da benimle gelecek galiba. Birlikte bineriz, o babasının yanına gider, ben de işime dönerim. Bu hastalıktan kurtulmak isteyenler için gerekli ilaçları ve tariflerini ona yazıp vereceğim. Tamam mı?

— Tamam Doktor Hanım. Tamam. Haftaya yine gelecek misiniz?

— Geleceğim tabii, benden öyle çabuk kurtulamayacaksınız. Haftaya yine kahvemi isterim ama.

— Merak etmeyin, yine birlikte içeriz inşallah.

Gülben'e de veda edip Neriman'la birlikte evden çıkıyoruz. Hemen bir taksiye biniyoruz. Neriman çok heyecanlı. Yol boyu hiç durmadan konuşuyor.

— Ayol neler oldu bugün bizim evde? Ben kıyamet kopar sanıyordum. Bir de kalktı size kahve yaptı. Ne yaptınız siz Safiye'ye. Ayol o ne cadıdır bir bilseniz. Ah iyi ki geldiniz bugün. Olanları babama da anlatayım da sevinsin bari.

Neriman'a ilaçları ve tariflerini yazıp veriyorum. Aklım hâlâ Safiye'de. İlaçları alacak mı acaba? Evin hüznü üstüme çöktü. Güzeller güzeli Safiye pislikten kokuyor.

Cinini Çıkardım – 6

Rezzan'ı tanıyalı sekiz ay oldu. Şu sıralar işe düzenli gidip geliyor, dış görünüşü artık çok düzgün. Haftada bir kez kuaföre gidiyor ve artık ona dışarıdan bakan hiç kimse onun hasta olduğunu düşünmez. Sessiz, sakin, bakımlı ve güzel bir kız. Ancak düşünce sistemindeki bozukluk biraz sınırlanmış olsa da yine aynen duruyor. En önemli fark, bu konuyu artık benden başka kimseyle konuşmaması. İşyerindeki arkadaşları ile zaten ilişkisi çok az, onlarla iş konuları dışında hemen hiç konuşmuyor. İş dışında ise hiç arkadaşı yok. Evde yine eski düzen sürüyor. Ev temiz, her öğün güzel yemekler yapılıyor, akşam yemekten sonra baba TV seyrediyor, anne örgü örüyor, Rezzan da erkenden odasına çekiliyor. Ne kavga dövüş var, ne de ilişki. Rezzan bu düzene yıllardır alışkın olduğu için hiç şikâyet etmiyor. Hayatı hiçbir renk ve heyecan olmadan dümdüz gidiyor. Eve gelen giden yok. Güzel, alımlı bir kız olmasına rağmen, ilişki kurmayı bilmediğinden kimse ona yaklaşamıyor. Koskoca dünyada yapayalnız ve bu yalnızlığının tek sebebi olarak o adamı görüyor. Ona yaklaşanı hemen durdurduğunu, belki de cezalandırdığını düşünüyor. Halbuki bu kız belki de doğduğu günden beri yalnız. Kimseyle ilişki kurmasına, gezip eğlenmesine, ders dışında başka şeyler yaşamasına hiç izin verilmemiş. O da işe başlayana kadar sadece kendisinden isteneni yapmış ve bütün hayallerini ileriki bir güne ertelemiş. "Okul bitsin, işte o zaman ben de herkes gibi yaşayacağım," demiş. Ama, yaşamanın bir sanat olduğunu ve bu sanatın sadece ve sadece deneye-yanıla öğrenilebildiğini fark edememiş.

İşte yine karşımda oturuyor. Mavi etek ceket giymiş. Hafif makyajı, fönlü sarı saçlarıyla yine güzel ve çekici.

— Merhaba Rezzan, nasılsın, ne var ne yok görmeyeli?

— Merhaba, Doktor Hanım, iyiyim. Yuvarlanıp gidiyoruz işte. Akşama kadar işyerinde çok yoruluyorum. Bu ara işler yoğun. Bilgisayarın başından hiç kalkamıyorum. Bir tek öğle yemeklerinde bir saat, biraz olsun dinleniyorum.

— Öğlenleri yemeğe gitmiyor musun?

— Gidiyorum, on beş dakikada yemeğimi yiyip geliyorum.

— Sonra ne yapıyorsun?

— Hiç, odamda oturuyorum.

— Diğerleri ne yapıyor?

— Onlar yemeğe hep birlikte gidiyorlar, yemekten sonra da beraber gezip dolaşıyorlar.

— Sen onlarla birlikte değil misin?

— Onlar yakın arkadaşlar. Benim yakın arkadaşım yok. Onların yanına gitsem, benden rahatsız olurlar.

— Keşke senin de böyle yakın arkadaşların olsa.

— Olamaz ki, o adam bana kimsenin yaklaşmasına izin vermiyor. Ne kız ne erkek. İnsanlar benim yanıma gelip başlarını belaya mı soksunlar. Sadece ben değil, herkes korkuyor bu adamdan.

— Öğrencilik yıllarında yakın arkadaşın var mıydı?

— Pek yakın arkadaşım yoktu, hem dersler çok ağırdı, hem de annem onlarla gezip tozmama izin vermezdi. Ne beni onlara gönderir ne de onların bizim eve gelmesine izin verirdi. Belki de o yüzden ben zaten yakın arkadaşa alışkın değilim. Bu adam aklı sıra beni bu yolla cezalandırmaya çalışıyor ama bilmiyor ki, bunlar bana vız gelir.

— Demek bunlar sana vız gelir. Bakıyorum bu adamdan artık eskisi gibi korkmuyorsun.

— Yine biraz korkuyorum tabii ama eskisi kadar değil. Bazen ona acıyorum. Benden başka hiçbir şey düşünemiyor. İyice taktı bana kafayı. Bütün arabalar bizim evin önünden geçerken korna çalıyor.

— Neden?

— Aklı sıra bana mesaj yolluyor.

— Ne diyor?

— Canım bunda anlamayacak ne var, "Aklım sende, senden başka bir şey düşünemiyorum, sakın beni unutma, sen de beni düşün," diyor.

— Demek böyle diyor.

— Sahi onun ne demek istediğini gerçekten anlamıyor musunuz yoksa benim ağzımdan duymak istediğiniz için mi böyle yapıyorsunuz?

— Biraz anlıyorum ama ben ne de olsa bu adamı senin kadar iyi tanımıyorum. Yanlış bir yorum yapmamak için de sana soruyorum. Demek bütün arabalar sizin kapının önünden geçerken korna çalıyor, peki bu adam onları nereden tanıyor?

— Kimi?

— Korna çalan adamları?

— Ne bileyim ben, bu adamın tanımadığı yok ki. Geçen gün kuaföre giderken arkamda iki oğlan konuşuyordu. Yüksek sesle konuşuyorlar ki, ben onları duyabileyim. Biri diyor ki, "Yahu adam kıza sırıl sıklam âşık, gözü dünyayı görmüyor. Ne biçim aşk bu böyle." Öbürü de diyor ki, "Şu kız yanlış yapmasa bari, yoksa bizim de başımız belaya girecek."

— Bu ne demek?

— Bana mesaj yolluyor işte. Ben seni hâlâ çok seviyorum, yanlış yapma diyor. Zavallı delikanlıların haline üzüldüm. Demek bana kızarsa herkesi mahvediyor.

— Peki onu kızdırmamak için ne yapmalısın?

— Geçmişimde onu kızdıracak çok şey var, zaten onun için benimle evlenemiyor. Ama beni sevmekten yine de vazgeçmiyor.

— Bu da senin hoşuna gidiyor galiba?

— Tabii hoşuma gidiyor. Dünyada hiçbir kadın benim kadar sevilmemiştir belki de. Düşünsenize adam benim uğruma dünyayı ayağa kaldırıyor. Biz bir gün kavuşabilirsek, herkes derin bir nefes alacak. Arada bir, özellikle kitap okurken bu adamı unutuyorum. İşte o zaman telefon çalıyor. Açıyorum, yanlış numara. Yani bana kendini hatırlatıyor.

— Arayan sence o mu?

— Tabii o.

— Peki seninle neden konuşmuyor?

— Benimle konuşmamaya kararlı, artık bunu anladım. Çünkü bana hem çok kızıyor, hem de benden vazgeçemiyor. Benim ne düşündüğümü, onu sevip sevmediğimi anlamaya çalışıyor. Ben de hiçbir şey belli etmiyorum. İçimden bile onu sevdiğimi söylemiyorum. Çıldırıyor.

— Neden böyle yapıyorsun? Onunla oyun mu oynuyorsun?

— Oynuyorum tabii. O benimle çok oynadı, şimdi sıra bende. Madem beni bu kadar seviyordu, bunu zamanında düşünecekti. Ben onu kırk kere aradım. Her seferinde telefonu yüzüme kapattı. Güya ne dediğimi anlamıyormuş falan filan işte. Siz o günleri biliyorsunuz.

Çok üzdü beni. Her şeyimi kasete aldı, bütün dünyaya rezil etti beni. Manyak ne olacak. Bu adam tam bir manyak. Ne yaptığını bilmiyor. Aklı sıra o benimle dalga geçecekti, şimdi ben onu köşeye sıkıştırdım. Aşağılık duygusu var bu adamda. Köylü ne olacak. Benim gibi bir kızı rüyasında bile göremez. Doğru dürüst konuşamıyor bile. Köylü gibi konuşuyor. Giyinmekten, kuşanmaktan haberi yok. Ben ona iki numara büyük geldim. Salak, benim de onu sevebileceğim hiç aklına gelmedi.

— Demek şimdi artık sen de onu seviyorsun.

— Seviyorum galiba, ama her zaman değil. Bazen ondan nefret ediyorum. Beni de mahvetti, kendini de. Ama bazen de düşünüyorum, böylesi daha iyi oldu. Evlenseydik ben onunla yapamazdım. O köylülerin arasına giremezdim. Belki de o zaman beni sevmekten vazgeçerdi. Böylesi daha iyi oldu.

— Böylesi derken ne demek istiyorsun?

— Yani bu ilişki hiç bitmeden ölene kadar sürüp gidecek. Başka insanlar bu adamın zulmünden hiç kurtulamayacak, çünkü o beni hep adım adım izleyecek. Herkesi de beni izlemesi için seferber edecek. Belki bir gün başkası ile evlenecek. Şu sıralar işyerinde böyle konuşmalar geçiyor. Kendine göre birini alacak. Belki çocukları olacak ama beni hiç unutmayacak, aklı hep bende kalacak. Bana ulaşamayacak. Nereye gitsem, nefesini ensemde hissediyorum. Arabalar korna çalıyor, bindiğim taksilerin şoförleri hep onun adamı. Kuaföre gidiyorum, daha içeri girer girmez, bana, ondan gelen mesajları nakleden şarkılar çalıyorlar. Hele akşamları odama çekilip radyoyu açmıyor muyum, uyuyana kadar bana şarkılarla ilan-ı aşk ediyor.

— Sen onun için erkenden odana çekiliyorsun demek?

— Eğlenceli oluyor. Bazen radyolara telefon edip benim için kendisi şarkı istiyor. Benimle yüz yüze konuşmuyor ama bana ulaşabilmek için her yolu deniyor.

— Bütün bunlar çok eğlenceli şeyler. Bakıyorum hayatın eskiye göre çok daha renkli.

— Öyle tabii, bütün bunlar benim de hoşuma gidiyor. Ama eskiden öyle değildi. Biliyor musunuz, o dönem bana çok faydanız oldu. Ne kadar perişandım, hatırlıyor musunuz? Kafam ne kadar karışıktı. Ruh gibiydim. Şimdi nihayet aklım başıma geldi. Üstelik çok eğlenceli bir hayatım var artık. Bu adamdan korkmamayı öğrettiniz bana. Aslında boş yere korkmuşum o zaman. Siz bana hep, "Sen hastasın," derdiniz ve ben size çok kızardım. Beni hiç anlamıyor derdim içimden. Meğer siz haklıymışsınız. Ben gerçekten hastaymışım. O ilaçları bir dönem alıyorum derdim size ama almazdım. Sonradan siz beni anladıkça, ilaçları düzenli olarak almaya başladım. Korkularım kayboldu, moralim düzeldi. Kendime güvenim geldi. Bu adam az kalsın, kendi gibi beni de hasta edecekti.

— Bugün ne kadar açık konuşuyorsun Rezzan, keşke hep böyle açık olabilse ilişkimiz.

— Bundan sonra hep böyle olacak. Çünkü sizin bana dost olduğunuzu anladım artık. Bu adamdan hiç kimseye söz etme, bu konuyu kimseyle konuşma dediniz bana. Ne kadar haklıymışsınız. O günden beri ben güçlendim, o zayıfladı. Artık hiç kimseden bana ait bilgi alamıyor. Cinini de kaybetti. Yani hem kör, hem sağır oldu. Ben de konuşmayınca bütün yollar kapandı. Bana ulaşamıyor artık. Kedinin ciğere baktığı gibi uzaktan bakabiliyor sadece. Sizden korkuyor. Bir tek sizi denetleyemiyor. Siz güçlü bir kadınsınız. Onun gibiler vız gelir size.

— Demek benim için böyle düşünüyorsun.

— Öyle tabii, ilk geldiğimde burayı da dinliyor ve izliyor sanıyordum ama şimdi anladım ki, size hiç yaklaşamıyor. Onun için burada rahatça istediğim gibi konuşabiliyorum. Siz nasıl böyle güçlü olabildiniz Doktor Hanım?

— Hayatın içinde düşe kalka insan güçleniyor.

— Ben de öyle düşündüm. Ben galiba biraz hayatın dışında kaldım. Sadece ders çalışıp iyi not alarak, dereceyle okul bitirerek hayat öğrenilmiyor. Ben öğrenciyken hayatı orası zannederdim ama okul bitip de işe başlayınca işler karıştı. İşyerinde ne ders var ne sınav. Bunlar hem yok hem var aslında. Aynı işi yapıyorsunuz, aynı derecede başarılısınız ama o bir üst makama geçiyor siz aynı yerde sayıyorsunuz. Ben işyerinde bana verilen her işi en iyi şekilde yaptığımdan eminim ama orada hiçbir zaman beni ne şef yapacaklar, ne de müdür. Çünkü nedir bilmiyorum ama bende bir eksik var.

— Nedir bilmiyor musun sahi?

— Siz biliyorsunuz değil mi? Tamam, tamam. Siz vermeyin bunun cevabını. Her şey okulda öğrenilmiyor. Bunu keşke annem babam da bilseydi. Afet eğer ölmeseydi bu eksik onda olmayacaktı. Hiçbir zaman iyi bir öğrenci olmadı o. Aklı fikri sokakta, gezmekte ve arkadaşlarındaydı. Benim yerime şimdi bu işi o yapıyor olsaydı, eminim ki, çok daha iyi bir yerde olacaktı.

— Ama o da senin yerinde olamazdı çünkü sen oraya diploman olmasa giremezdin.

— Bu da doğru. Hem diploman olacak, hem hayatı tanıyacak ve seveceksin. İkisi birden nasıl olur bilmem ki. Her neyse.

— Bu söylediklerin çok önemli şeyler Rezzan. İnsanın kendini tanıması ve bilmesi kadar büyük irfan yoktur. Bugün sen ne kadar gerçekçisin?

— Sayenizde Doktor Hanım ama bu söylediklerim hoşuma gitmiyor. Çok eksiğim var benim. Bunları tamamlayabileceğimi hiç sanmıyorum. Başkalarının çok kolay yaptığı şeyler benim için çok zor ve önemli. Bunu kimse anlamaz. Örneğin birine "günaydın, nasılsın," demek başkaları için günlük, olağan bir şey ama ben bunu bile yapmakta zorlanıyorum. İnsanlarla ne konuşacağımı, nasıl konuşacağımı bilmiyorum.

— Doğru, bunlar seni zorluyor ama asla vazgeçmemelisin. Bir gün gelecek, sen de bunları yaparken çok zorlanmayacaksın.

— Bu doğru değil. Ben hep zorlanacağım çünkü ben bunları öğrenmek için uğraşırken onlar boş durmuyor ki, onlar da yeni şeyler öğrenmeye ve bunları uygulamaya devam ediyorlar. Türkçeyi, burada doğup büyüdüğümüz için böyle su gibi konuşabiliyoruz. Sonradan Türkçe öğrenen biri ana dili gibi konuşabilir mi bu dili?

— Anadili gibi olmasa da bir gün gelir konuşur, anlar ve anlatır.

— Bundan vazgeçmemi istemiyorsunuz, siz haklısınız ama ben bu konuda size söz veremiyorum. Keşke ömür boyu öğrenci olarak kalsaydım. En iyi bildiğim iş bu çünkü.

— Şimdi çalıştığın işyerinde de sorumluluklarını en iyi şekilde yerine getiriyorsun, öyle değil mi?

— Öyle aslında ama "aferin" diyen yok. Amirlerim benden memnun mu değil mi bilmiyorum. Bu konuda hiç ipucu vermiyorlar. Öyle dümdüz gidiyor iş hayatım. Her neyse, bu adam eğlendiriyor beni. Akşam olsa da bir an önce evime gitsem diye dört gözle bekliyorum.

— Evde ne var?

— Canım anlattım ya size. Eve girer girmez açıyorum radyoyu, yatana kadar eğlendiriyor beni. Bazı gün morali çok bozuk oluyor, şarkılarda yalvarıp duruyor bana. Bazen öfkeli oluyor, bana kızdığını anlıyorum. Bazen de gelecekteki güzel günlerden bahsediyor. Sakın ümidini kesme, bir gün mutlaka kavuşacağız seninle diyor. Daha ilk şarkıda anlıyorum o gün ne hissettiğini. Beni bir zamanlar çok üzdü ama şimdi düşünüyorum da iyi ki var. O olmasa çok sıkılacaktım bu hayattan. Neyse bugün çok konuştum galiba, izin verirseniz ben gideyim artık. İlaca hâlâ devam edecek miyim?

— Evet, şimdilik ilaca devam ama bugün gerçekten çok iyisin sen Rezzan. Böyle devam et, sakın hayattan vazgeçme.

— Tamam Doktor Hanım, hoşça kalın. İyi ki siz de varsınız.

— Teşekkür ederim Rezzan, hoşça kal.

Rezzan gülümseyerek odadan çıkıyor. Durum çok daha iyi. Uzun süredir göremediği pek çok gerçeğin artık farkında. Eksiklerini görüyor. Keşke bir adım daha atabilse, ama o son adımı belki de atmak istemiyor. Bu konuda onu daha fazla zorlamamalıyım.

Aç Milyarder

Bugün muayenehane yine çok kalabalık, Anadolu'dan randevusuz gelen hastalar var. Çoğunun Ankara'da kalacak yeri yok. Ne yapıp edip bugün işlerini bitirip yeniden memleketlerine yollamalıyım onları. Telefon hiç durmadan çalıyor. Tuna çok acil olanlar dışında hiçbirini bağlamıyor bana, "Akşam yediden sonra arayın lütfen," diyor, ama kızıyorlar. İnsanlar her sıkıştıklarında haklı olarak doktora ulaşabilmek istiyor. Doktor olmak zor iş. Hiçbir zaman kişisel bir sorununuz olmayacak, asla hasta olmayacaksınız. Otuz dokuz derece ateşle bu masada oturduğumu çok bilirim. Hacettepe Üniversitesi'nden ayrılmamın en önemli nedenlerinden biri de özgür olabilmek, kendi hayatımın kurallarını kendim koyabilmekti. Muayenehaneyi açtığım ilk günden beri salı, perşembe ve pazar günleri çalışmam. O günler benim özgür günlerimdir, canım ne isterse onu yaparım. Ama madem bu kuralı kendim koydum, sonuna kadar buna uyarım. Diğer günler hasta da olsam, çok yorulsam da işim bitene kadar muayenehanemde olur, gerekirse çok geç saatlerde çıkarım.

İçerideki hasta ne kadar uzun kaldı diye beklerken şikâyet edenler; içeri girince dışarıdakileri unutuverirler. Herkesin sorunu kendisi için çok önemli, bunu anlıyorum. Ben bunları düşünürken Tuna telaşla içeri giriyor;

— Baygın bir hasta getirdiler, genç bir delikanlı. Aşağıdaki büronun sekreteri ile eşi getirdi, uzaktan akrabalarıymış...

— Peki canım, al içeri de bakalım.

— Alamam VİP odasına yatırdık, hiç kendinde değil.

— Acil servis mi burası, neden buraya getirmişler?

— Ben de anlamadım, keşke bir hastaneye götürseydiniz dedim ama sorunu psikolojik diyorlar.

— Tamam geliyorum.

Yandaki odaya geçiyorum. Oraya VİP odası deriz çünkü buraya geldiğinin görülmesini istemeyen siyasiler, medyatik kişiler ve bürokratlar beni bu odada beklerler. Somon rengi döşenmiş bu odadaki uzun kanepede boylu boyunca sarışın, genç bir delikanlı yatıyor. Siyah pantolonunun ve gömleğinin rengi güneşten solmuş. Elleri çok yıpranmış, genç yaşına rağmen ağır işlerde çalıştığı belli. Hastaların elleri genellikle çok şey söyler bana. Örneğin şizofrenik hastalarımın elleri kocaman bir bebeğin elleri gibidir, sanki hiç kullanılmamış yaşanmamış gibi. Başucunda bekleyen genç karı koca çok telaşlı.

— Geçmiş olsun, ne oldu bu delikanlıya?

— Biz de anlayamadık ama şok geçiriyor galiba. Daha fazla dayanamadı çocuk.

Önce tansiyonuna bakıyorum, çok düşük, üstelik buz gibi terlemiş, rengi sapsarı. Kan şekeri mi düştü acaba? Tuna'dan biraz şekerli su istiyorum, ayaklarının altına büyücek iki yastık koyarak beynine daha fazla kan gitmesini sağlamaya çalışıyorum. Adını soruyorum, "Mustafa," diyorlar.

— Mustafa beni duyuyor musun, başını hafifçe kaldırabilirsen şekerli su getirdik, onu içireceğim sana.

Mavi, çipil gözlerini hafifçe aralıyor ve zor da olsa bardaktaki suyu içiyor... Şimdi biraz daha iyi. Etrafına şaşkın gözlerle bakıyor.

— Aç mısın Mustafa?

Cevap vermiyor, utanmış ve şaşkın hali sürüyor. Bir an önce düzelsin istiyorum, vaktim çok az ama çocuğun hali etkiliyor beni. Ciddi bir sorunu var galiba. En iyisi odama alıp onunla konuşmak. Açlıktan bayılmış olmasın sakın...

— Tuna bugün getirdiğin poğaçaları ver de delikanlıya ikram edelim. Çayımız da var mı?

— Var efendim.

— Tamam çay da getir lütfen.

— Ama hastalar bekliyor.

— Beklesinler, acelesi olan gitsin, bu çocukla ilgilenmem gerek. Gel bakalım Mustafa, benim odama geçelim. Bana tutunabilirsin.

Bana dokunmadan yürümeye çalışıyor. Kendine geldi ama belli ki çekingen bir genç. Ben onun kolundan tutuyorum ve benim odamdaki koltuğa oturtuyorum. Tuna hemen bir bardak çayla, poğaçaları getiriyor.

— Mustafa, tansiyonun düşmüş, bol şekerli çay getirdik sana, poğaçaları da ye. Bunları öyle her yerde yiyemezsin, Tuna Hanım çok marifetlidir, her şeyi çok güzel yapar, onun için de böyle yusyuvarlak ya zaten, ama rejime girdi, bu sefer kararlı görünüyor.

Konuşup duruyorum, çekingenlikten bir an önce kurtulsun istiyorum. Benim böyle konuşmam onu biraz rahatlatıyor. Elleri titreyerek poğaçaları yiyor. Hay Allah gerçekten aç galiba bu çocuk. 24-25 yaşında ya var ya yok. Ankara gibi yerde bu genç aç dolaşıyorsa bu hepimizin ayıbı.

— Nasılsın, şimdi daha iyi görünüyorsun...

Susuyor, henüz sesini duyamadım. Nesi var acaba bu delikanlının? Sevgilisinden mi ayrıldı, işinden mi atıldı, ailesiyle mi bir sorunu var? Şimdi en kolay cevap verilen soruyu soracağım ona, umarım bu sefer sesini duyabilirim.

— Nerelisin Mustafa?

— Karadenizliyim.

— Ne zaman geldin Ankara'ya?

— İki gün oldu.

— Nerede kalıyorsun?

— ...

— İş için mi geldin?

— Öyle sayılır.

— Halloldu mu bari işin?

— Oldu sayılır.

— Bu arada yoruldun galiba?

— Yoruldum.

— Ya uyku?

— Pek uyumadım.

— İki gündür hiç uyumadın mı?

— Dört gündür uyumadım.

— Yemek yedin mi bari?

— Yiyemedim.

— Nedir seni bu kadar üzen şey?

— Üzen mi?

— Sorununun ne olduğunu anlayamadım, dört gündür yemiyor, içmiyor ve uyumuyorsun, üstelik çok da yorgunsun.

— Heyecandan. Şok oldum, şoku atlatamadım. Ben şimdi ne yapacağım bilemiyorum. Bir yerden başlamalıyım ama nereden?

— Mustafa şunu bana da anlatsan da, neler olduğunu bilebilsem, belki yardımcı olurum sana.

Elini yavaşça cebine sokup küçük bir kâğıt parçası çıkarıp uzun uzun bakıyor. Sonra kâğıdı yavaşça bana uzatıyor. Bu bir çek... Mustafa'nın adına yazılmış 819 milyarlık bir çek. Tekrar tekrar bakıyorum çeke, yanlış mı okuyorum acaba diye. Şimdi de şok olma sırası bana geliyor. Gülsem mi ağlasam mı acaba? Soran gözlerle bakıyorum Mustafa'ya. Hafifçe kızararak başını önüne eğiyor, utanıyor. Neler oluyor acaba? Karşımda aç bir milyarder mi oturuyor yoksa? Uzun bir sessizlik oluyor odada. Sonra zor duyulan bir sesle konuşmaya başlıyor.

— Şey... Lotodan çıktı. Şimdi aldım çeki.

— Kutlarım seni Mustafa. Ne güzel genç yaşta zengin oldun. Umarım iyi kullanırsın bu parayı.

— Bilmem ki!...

— Haklısın, şimdi anlıyorum yaşadığın şoku. Nasıl oldu, anlatsana.

— Ben işçiyim, pek kimsem yok, olanlar da köyde. Kıt kanaat geçinirim. Asgari ücretle çalışıyorum. Aldığım paranın yarısını her ay köye, anama yollarım. Pek yaşadığım söylenemez, sürünüyordum işte. Sonra bir akşam iki kolon loto oynadım, bizim vardiyada çalışanlar oynuyordu, bana da oynattılar. Pazar akşamı kahvede otururken elime gazete geçti, ben de kuponu çıkarıp baktım. Az kalsın orada bayılacaktım. Benim kupon tutmuş, Türkiye'de bir tek ben bilmişim. Korktum, kimseye bir şey söyleyemedim. Bizim oralarda aç insan çok, öldürürler adamı. O günden beri heyecandan uyuyamadım. Sağdan soldan borç para alıp geldim buraya. Sonra beni size getiren ahbaplarımı buldum. Sıkı sıkı tembih ettim onlara. Bugün iş bitti, çeki verdiler bana. O zamana kadar idare ettim ama çeki alır almaz bir tuhaf oldum, midem bulandı, soğuk soğuk terlemeye başladım. Sonrasını hatırlamıyorum. Sizin yanınızda kendime geldim.

Üzülsem mi sevinsem mi bilemiyorum. İçim sızlıyor delikanlının haline. Sevinmeyi bile bilememiş, yaşadıklarını kimseyle paylaşamamış. Ne kadar yalnız ve şaşkın. Parayı ne yapacağını bilemiyor ve korkuyor. Kandırılmaktan, öldürülmekten korkuyor. Haklı galiba...

— Peki hiç yemek yemek aklına gelmedi mi?

— Gelmedi. Hem param yok, hem de ben buraların yabancısıyım. Neyse şimdi yanımda olayı bilen ve bana yardım edebilecek ahbaplarım var.

— Güveniyor musun onlara?

— Bilmem ki!

— Hemen dönecek misin memlekete?

— Bilmem, kafam durdu sanki. İznim de bitti. Bu akşam dönmem gerekiyor.

— Aynı yerde çalışmaya devam edecek misin?

— Bilmem ki! Bu para çok büyük galiba. Ben daha bir milyarı bir arada görmedim.

— Sana bir-iki küçük tavsiyede bulunabilir miyim?

— Estağfurullah Doktor Bey. Keşke birisi bana ne yapacağımı söylese.

— Neden bana doktor hanım değil de doktor bey diyorsun?

— Bilmem, bizim oralarda öyle derler.

— Ne kadar okudun Mustafa?

— İlkokulu bitirdim.

— Bu çekle önce bir bankaya git, parayı oraya yatır. Şimdilik harcayabilmek için bir miktar para al yanına. Hemen karar verme, bir süre düşün, sonra araştırır, bilenlere danışır öyle karar verirsin. İstersen ahbaplarını al yemeğe götür. Birkaç gün kal burada.

— Tamam, buyurun beraber gidelim.

— Sağ ol Mustafa, davetin için teşekkürler, içeride beni bekleyenler var. Bir ihtiyacın olursa yine beklerim.

— Sağ olun, belki yine gelirim.

Mustafa büyük bir saygıyla eğilip elimi öpüyor, sonra mahcup bir tavırla odadan çıkarken aniden geri dönüyor, kapıyı sıkıca kapatıyor ve fısıldar gibi soruyor bana;

— Allah bu parayı sizce neden bana yolladı?

— Bilmem ki Mustafa, sence neden?

— Muhakkak bir sebebi olmalı.

Sonra yine arkasını dönüp, çıkıp gidiyor. İnşallah ruhsal durumu daha fazla bozulmaz Mustafa'nın. Son sorusu hiç hoşuma gitmedi. Arkasından bakıyorum, ne tuhaf yine içim sızlıyor. Halbuki o bir milyarder...

Panik – 1

— Evet Tuna, kimi alıyorsun içeri?

— Yeni bir hasta, Yaşar Bey...

— Tamam, buyursun bekliyorum.

Orta yaşlı, iyi giyimli, kibar, saygılı iki bey giriyor içeri.

— Buyurunuz efendim, hoş geldiniz.

— Hoş bulduk Doktor Hanım. Ben Zeki, Yaşar'ın ağabeyiyim. İzin verirseniz birlikte girebilir miyiz içeri?

— Tabii efendim, buyurun.

Karşımdaki kırmızı koltuklara oturup dikkatlice yüzüme baktıktan sonra, Zeki Bey konuşmaya başlıyor.

— Efendim önce ben anlatayım size Yaşar'ın durumunu. Kardeşim zeki, çalışkan, becerikli ve başarılı bir işadamıdır. Memlekette herkes tanır bizi, büyük işler yaparız. Yanımızda üç yüzden fazla personel çalışır. Bütün bu işlerin asıl kurucusu ve kaptanı Yaşar'dır. Hepimizden yetenekli çıktı. Biz üç kardeşiz, bir de en küçüğümüz var, ama bütün işleri sağ olsun Yaşar kotarır, biz de elimizden geldiği kadar ona yardım ederiz. Birbirine tutkun, geleneklerine bağlı, geniş bir aileyiz. Eşlerimiz de iyi anlaşır.

İki yıl öncesine kadar geçinip gidiyorduk ama iki yıl önce Yaşar hastalandı. Biz de uğraşıyoruz ama Yaşar'ın yerini kimse tutamıyor. Kaptan gemiyi terk ederse o gemi ne olur? Hepimiz perişan olduk. Türkiye'de kapısını çalmadığımız doktor kalmadı. Hastanelere yatırdık, aklınıza gelebilecek her türlü tetkik yapıldı. Hepsi de şu çantanın içinde, isterseniz bakabilirsiniz. Hiçbirinde kayda değer bir şey çıkmadı. Ne yapacağımızı şaşırdık. Biz onun için ne gerekiyorsa yapmaya hazırız, gerekirse yurtdışına götürelim. Biz imkânları geniş bir aileyiz. Aman Doktor Hanım, Yaşar çok kıymetli ve çok iyi bir adamdır, insanlara çok iyiliği dokunmuştur. İki yıldır bütün aile onun peşindeyiz. Vermedikleri ilaç kalmadı, bu adam akıl hastası değil ki... Veriyorlar ilacı, adam kafayı kaldıramıyor. Zaten bir faydası da olmuyor. Biz de çıkamadık işin içinden. Benim söyleyeceklerim bunlar. Eğer bana sormak istediğiniz başka şeyler varsa cevaplamaya hazırım.

— Şimdilik yok Zeki Bey. Biraz da Yaşar Bey'i dinleyelim. Evet Yaşar Bey siz neler anlatacaksınız?

Yavaşça ona doğru dönüyorum. Çok sıkıntılı görünüyor. Ceketini iki eliyle arkaya doğru itip koltuğun biraz daha ucuna kayıyor. Yüzü ter içinde.

— Doktor Hanım, inanın anlatmaktan yoruldum. İki yıl önce üşüttüm, grip oldum. Penisilin yaptır dedi doktorlar. Fabrikanın yakınında bir poliklinik var, her sabah oraya iğne olmaya gittim. İğneler çok iyi geldi, yavaş yavaş düzelmeye başlamıştım, ama sekizinci iğnenin yapıldığı an ben bir tuhaf oldum. Başım fırıl fırıl dönmeye başladı, kalbimde bir sıkışma ve daralma hissettim, nefes alamadım, ateş bastı, sonra buz gibi ter geldi. Ölüyorum sandım. İğneyi yapan hemşire de korktu. Bütün doktorlar başıma toplandı, bana başka iğneler yaptılar, serum takıldı, oksijen verdiler, bir süre sonra düzeldim. Kalkıp işimin başına gittim.

İki gün sonra odamda çalışırken aynı şey yine oldu. Birden bire bir sıkıntı bastı. Elim ayağım titremeye başladı, yüzüm kızardı, kalbime bir çarpıntı geldi. Sık sık tuvalete gitmem gerekti. Ne olduğumu anlayamadım. Hemen ağabeyime haber verdim, koşarak yine aynı polikliniğe gittik. Beni hemen yatırdılar, tansiyonumu ölçtüler, on dokuz çıktı, kalp elektrosu çektiler, onlar kalp krizi geçiriyorum zannettiler, Allah biliyor ya ben de öyle zannetim. Elektroda bir şey çıkmadı. Kan filan aldılar, hepsi temiz çıktı. Sonra üniversite hastanesine gittim. Orada kalbimle ilgili daha ayrıntılı tetkikler yapıldı, yine bir şey bulamadılar ama o günden sonra bu kriz benim peşimi bırakmadı. Gece gündüz demiyor sık sık geliyor. Her gün hastanelere taşınmaktan yorulduk.

Derin bir nefes alıyor ve hızlı hızlı anlatmaya devam ediyor Yaşar Bey.

— Sonra İstanbul'a gittik. Amerikan Hastanesi'nde bir hafta yattım. Anjiyo dahil her türlü tetkik yapıldı, bir şeyiniz yok dediler. Hastanede yatarken iyiydim, hiç kriz gelmedi, ama çıkar çıkmaz yine başladı. İki yıldır işle güçle uğraşamıyorum, yalnız bir yerlere gidemiyorum, evde bile yalnız kalamıyorum. Yanımda mutlaka çok güvendiğim biri olsun istiyorum. En çok da ağabeyime güveniyorum.

O yanımdaysa daha rahat ediyorum. Çok kalabalığa giremiyorum, uzun yola, özellikle otoyola çıkamıyorum. Hep bana bir şey oluverecek gibi geliyor. Hastanelerden pek uzaklaşmak istemiyorum. "Gez, toz, hiçbir şeyi dert etme, evin yansa dönüp bakma," dediler. Şu ara zaten üzülecek, sıkılacak bir durumum yok ama gezip tozamıyorum. Bu hastalık hiçbir şeyi içime sindirmiyor, her an aklımda. "Düşünme, boşver," diyorlar. Bu benim elimde değil ki. Zaten bu kriz ben onu düşünsem de geliyor, düşünmesem de. Allah kimseye vermesin ama başından geçmeyen bunu anlamıyor. Hiçbir şeyim yokken bile bu sefer de, "ya gelirse," diye korkuyorum. Bana kendini hiç unutturmuyor. İki yıldır bambaşka bir insan oldum, özgürlüğüm gitti elimden. Yalnız bir şey yapamıyorum ki... Buraya bile gördüğünüz gibi ağabeyimle beraber geldik. Yarım insan oldum sizin anlayacağınız.

— Demek böyle Yaşar Bey.

— Tetkikleri görmek ister misiniz Doktor Hanım?

— Evet, iyi olur.

Çantayı açıp, sırayla tetkik sonuçlarını bana uzatıyor. Aman Tanrım bütün bu tetkiklerin hepsi bir kişiye mi yapılmış. Neler yok ki içinde. Milyonda bir kişide görülebilecek hastalığı bile aramışlar. Kimbilir ne büyük paralar ödendi bu tetkiklere. Durum bu kadar açıkken neden yaparlar bu tetkikleri bilmem ki...

— Kaç para ödediniz bu tetkiklere?

— Ohoo milyarlar gitti, hatta bazılarını onlar yapmak istemedi, çok pahalı olur dediler ama ben ısrar ettim. Para önemli değil, bari bulsalardı sebebini. Hiçbirinde bir şey çıkmadı.

— Siz ne düşünüyorsunuz, neyiniz var sizin?

— Ben ne bileyim. Doktorların bilmediğini ben nasıl bileyim ki...

— Ben sizin tahmininizi soruyorum sadece.

— Bir şey bulamayınca psikolojiktir dediler ama benim bir problemim yok. Aklım başımda çok şükür. Sonunda, panik atak dediler.

— Tanıyı doğru koymuşlar.

— Bir sürü uyuşturucu ilaç verdiler bana, daha kötü oldum. Bir ara biraz rahatlar gibi oldum ama bu sefer de kafayı kaldıramadım. Ağabeyimin de dediği gibi ben işadamıyım Kendini bilmez biri değilim. Çok şükür iyi bir işimiz var, başarılıyız. Aile hayatım da iyidir. Herkes birbirini sever, sayar. Üç tane nur topu gibi evladım var, ellerinizden öperler. İş güç beni bekliyor. Peki ben ne yapıyorum?. Her gece acillerden eve gelemiyorum ki... Eğer çaresi yoksa onu da bileyim. Öleyim desem o da olmuyor. Anadolu'da buna, "Ne öldürür ne ondurur," derler.

— Size iğne yapılırken geçirdiğiniz ilk kriz neydi Yaşar bey?

— Penisilin alerjisi dediler.

— Sizce de öyle mi?

— Olabilir ama madem benim bu ilaca alerjim var, ilk yapılan yedi iğne niye dokunmadı?

— Penisilin alerjisinin ne zaman olacağı bilinmez. Vücudun ani bir tepkisidir bu. İlkinde de olabilir beşincide de onuncuda da... Çok tehlikeli, ölümcül bir reaksiyondur. Eğer poliklinikte değil de evde yapılsaydı bu iğne, kurtuluş şansınız pek yoktu. Yani o gün siz ciddi olarak ölümden dönmüşsünüz. Ölüme bu kadar yaklaşınca hem bedeniniz, hem de ruhunuz çok etkilenmiş bundan, yani korkmuşsunuz... Ve iki gün sonra bedeninizdeki en ufak bir değişiklik, ciddi bir alarm gibi kabul edilmiş ve o gün poliklinikte yaşadığınız her şey sırayla tekrar etmiş. Ortaya çıkan belirtiler her ikisinde de hemen hemen aynı... ancak vücut birinde gerçek bir tehlikeyle karşı karşıya, ikincisinde düğmeye yanlışlıkla basılmış.

— Ne düğmesi bu?

— Büyük binalarda hani yangın düğmeleri olur. Yanlışlıkla basılmasın diye üzerinde cam vardır.

— Evet, bizim binada da var.

— Birinci krizde yani penisilinin yapıldığı gün vücudunuzda ciddi bir yangın çıkmış ve cam kırılıp yangın düğmesine basılmış. Tüm vücut bu büyük yangınla başa çıkabilmek için alarma geçmiş. Bütün sistemler normalden daha hızlı çalışmaya başlamış. Neden?

— Bilmem ki.

— Ölüme karşı beden kendini korumaya çalışıyor. İtfaiyecilerin yani doktorların da yardımıyla bu yangın söndürülmüş ve alarm susmuş. Her şey yoluna girince siz de kalkıp işinizin başına dönmüşsünüz.

— Evet, biraz halsizlik vardı ama ben o zamanlar öyle her şeye pabuç bırakmazdım.

— Ancak yangın düğmesinin camı kırıldığı için, bu sefer havadan nem kapmaya başlamışsınız. En ufak bir şeyde, durup dururken, ortada yangın filan yokken alarm zırt pırt çalmaya başlamış. Her alarmda vücut yine ciddi bir yangın var zannettiğinden, kendini korumak amacıyla bütün sistemleri harekete geçirmiş. Böyle bir durumda kalbiniz her zamankinden daha hızlı çarpar, nefesiniz sıklaşır, kan basıncı yükselir, böbrekler daha hızlı çalışır ve bu nedenle siz daha sık tuvalete gidersiniz.

— İşte bende aynen öyle oluyor ve ben bu durumda ölüyorum sanıyorum ve hemen hastaneye koşuyorum.

— Yani bu alarmı siz de duyuyor, yangını ciddiye alıyor ve söndürsünler diye hemen hastaneye koşuyorsunuz. Hastanede ne yapıyorlar size?

— Artık tanıdılar beni. Hemen bir iğne yapıyorlar.

— Sizde rahatlama ne zaman başlıyor?

— Bazen iğne yapılmadan önce ben rahatlamış oluyorum.

— Yani vücut kısa bir süre sonra aslında ciddi bir tehlike olmadığını, bunun yanlış alarm olduğunu fark ediyor ve alarmı susturuyor. Sistemler kendiliğinden normale dönüyor, dışarıdan bir müdahale gerekmiyor.

— Ama ya daha kötü olursa. Bazen uzun sürebiliyor.

— Nasıl daha kötü?

— Bunun bir adım ötesi ölüm. Her krizde öleceğimi, bazen de delireceğimi, aklımı kaybedeceğimi sanıyorum. Çok berbat bir hastalık bu...

— Haklısınız, sürekli ölümle kol kola yaşatıyor insanı.

— Aslında ölümden herkesten daha fazla korktuğum söylenemez ama herkes bir kere ölür ben her gün ölüp ölüp diriliyorum. Ölsem de kurtulsam, o da olmuyor.

— Bu hastalıktan ölünmez Yaşar Bey. Hani biraz önce söylediniz ya, ne öldürür ne ondurur insanı.

— Sahi öldürmez mi, ben her seferinde ölüyorum sanıyorum.

— Öldürmez. Bedenin ölmesini gerektiren bir şey yok ki. Sadece bir korku reaksiyonudur. Şimdi sizinle bir oyun oynayalım. Şimdi şu kapı açılsa, içeri kocaman vahşi bir hayvan girse ne hissedersiniz?

— Kaçarız.

— Kaçamayız, oda küçük, kapının önünde vahşi hayvan var. Pencereden atlasak yedinci kattayız, o da olmaz. Sizi bilmem ama ben çok korkarım.

— Korkulmaz mı canım, ben de korkarım.

— Kalbim çarpmaya başlar, sık nefes alırım, yüzüm kızarır, soğuk soğuk terlerim, elim ayağım uyuşur, tansiyonum çıkar. Sizde neler olur?

— Bende de öyle olur, sonra da hemen tuvalete gitmem gerekir.

— Bütün bunlar sizin kriz sırasında hissettiklerinize benziyor mu?

— Ne benzemesi, aynısı.

— Yani korku reaksiyonuyla aynı.

— Ama benim korkacağım bir şey yok. Ne vahşi hayvan var ne bir şey. Durup dururken oluyor.

— Yani yanlışlıkla basılıyor düğmeye, aslında korkacak bir şey yok. İşte korku reaksiyonu ile panik atak arasında ki en büyük fark da budur. Birinde korkacak gerçek bir obje vardır, kişi bütün bu belirtilerin nedenini bilir, panik atakta ise korkacak bir şey yokken durup dururken olur. Ancak son zamanlarda bu ataklar pek durup dururken gelmiyor galiba size?

— Nasıl yani?

— Evde yalnız değilseniz, uzun yola çıkmamışsanız, yanınızda ağabeyiniz ya da onun kadar güvendiğiniz biri varsa veya hastanede doktorların yanındaysanız pek gelmiyor galiba?

O zamana kadar hiç konuşmadan oturup bizi dinleyen Zeki Bey karışıyor söze.

— Pek değil, hiç gelmiyor Doktor Hanım. Öyle değil mi Yaşar?

— Öyle gibi.

— Hastalığınız bedensel olsa, neredesiniz, kimin yanındasınız gibi şeylerle bağlantılı olabilir mi?

— Olmaması gerekir.

— Demek ki kriz kendinizi güvende hissettiğiniz zaman gelmiyor.

— Doğru, gelmiyor.

— Öyleyse buna bir anlamda, "ölüm korkusu," diyebilir miyiz?

— Evet ama ben ölümden değil, her gün ölüm korkusuyla yaşamaktan korkuyorum.

— Çok doğru. "Beklenti anksietesi" denir buna. Bir şeyin olmasını beklerken duyulan sıkıntı. O beklenen şey gerçekleştiği zaman duyulandan her zaman daha fazladır bu sıkıntı. Bu her zaman böyledir. Örneğin çok kalabalık misafir bekleyen bir ev hanımında günler önce başlar bu sıkıntı. Ne yapacağım, nasıl yapacağım diye sızlanır durur. Ama misafir geldiğinde belki o gün çok yorulur ama duyduğu sıkıntı, daha önce hissettiğinden çok daha azdır. İşte böyle bir şey sizinki. Üstelik sizin beklediğiniz misafir filan değil, ölüm. O günden beri her kapı çalındığında korkuyorsunuz ama ne geliyor ne de gelmeyeceğim diyor.

— Siz nihayet anladınız beni, oh yahu!

— Diğer doktorlar da anlamış ve size hastalığınızın panik atak olduğunu söylemişler ama size belki böyle uzun uzun anlatmadılar.

— Beni kimse anlamayacak sanmıştım Doktor Hanım. Siz beni benden daha iyi anladınız. Artık Amerika'ya filan gitmeme gerek yok. Peki ben o iğneyi olmasaydım bu hastalık bana gelmez miydi?

— İlginç bir soru. Cevap evet de olabilir hayır da. Panik atak şu anda dünyada çok yaygın bir hastalık. Herkes sizin gibi ilaç alerjisi olmuyor. En sık geçirilen bir korkuyla ortaya çıkıyor, bir bedensel hastalık, ameliyat, trafik kazası filan ama çoğu insanda durup dururken başlıyor. İnsan bir kere panik atak geçirdi mi bu kriz büyük ihtimalle yeniden gelir. Her geçirilen panik atak bir sonraki krize zemin hazırlar, yani geldikçe gelir. Tedavide en önemli şey, hastayı olabildiğince bu ataklardan uzak tutmaktır, çünkü atak gelmedikçe gelme riski azalır. Bu nedenle tedavinin özellikle ilk günlerinde, hatta ilk aylarında ilaçlar çok önemlidir. Bu tür ataklar geçiren hastalar diğer insanlara göre daha evhamlı olurlar. Aldıkları her ilaç onlara dokunacak sanırlar.

— Bakın bu doğru, artık bu ilaçlardan korkuyorum. Hepsi de dokunuyor bana, ya sizin verdiğiniz ilaçlar da dokunursa?

— Merak etmeyin ilaçlara çok küçük dozlarla başlayacağız ve alır almaz rahatlamaya başlayacaksınız. İlaçlarla ilgili bir şikâyetiniz olursa beni hemen arayabilirsiniz. İlaçlardan sonra göreceksiniz, kendinizi çok daha güvende hissedeceksiniz. Ha geldi, ha gelecek korkusu bitecek.

— İlaçtan başka bir tedavisi yok mu bunun?

— İnsanların genetik şifresi sonunda çözüldü biliyorsunuz. Panik atak da orada kodlanmış. Bu hızla giderse bilim adamları çok yakında işi kökünden halledecekler ancak henüz o aşamaya gelmedik. Çok yaygın bir hastalık bu. Özellikle gelişmiş ülkelerin, gelişmiş insanlarını seviyor ve süratle yayılıyor. Dünya Sağlık Örgütü panik atak ve depresyonun dünyada en yaygın ikinci hastalık olma yolunda olduğunu bildiriyor. Bizim ülkemizde de son yıllarda büyük bir artış gösterdi. Depremden Irak Savaşı'na, nükleer savaş riskinden İkiz Kuleler'in bombalanmasına, içinde yaşadığımız ekonomik krize kadar bütün dünyada yaşanan vahşet ve yıkım, insanların güven duygusunu yaraladı. Doğaya hâkim olma çabasındaki insanlar, bütün bunlar karşısında biyolojik olarak tam bir çaresizlik, sosyal anlamda ise ağır bir yalnızlık hissettiler. İşte siz de bunlardan nasibini alanlardan birisiniz. Tedavide bugüne kadar pek çok yol denendi. Psikoterapi, psikoanaliz bu işi kökünden halleder diyenler oldu ancak çok uzun, zahmetli ve ekonomik açıdan bedeli çok ağır olan bu yöntem pratik olarak uygulamaya geçemedi. Ben öncelikle kişinin, hastalığını çok iyi tanımasını istiyorum. Tedavide en önemli aşama bu. Siz hastalığınızı yeterince iyi tanıdınız mı?

— Evet, çok iyi anlattınız bana.

— İkinci önemli kural bugünden itibaren acile, hastaneye, polikliniğe filan gitmek yok. Tetkik yaptırmak yok. Yani çok özel durumlar dışında tüm doktorlarla ilişkinizi keseceksiniz. Artık sizin doktorunuz benim. Önemli bir şey olursa bir tek beni arayacaksınız.

— Peki ama ya kriz gelirse?

— Gelmeyecek, ilacınız yanınızda, en küçük bir sıkıntıda fazladan ilaç alabilirsiniz. Zaten bir süre sonra ilaca da ihtiyacınız kalmayacak.

— Peki başka bir yasak var mı?

— Hayır, canınız ne isterse yapabilirsiniz. İstediğinizi yiyin için ancak alkol yok. İlaç alırken alkol alınmaz. Ayrıca şimdilik kendinizi hiçbir konuda zorlamanızı istemiyorum. Yalnız kalmak, yalnız sokağa çıkmak gibi sizi korkutan hiçbir şeyin üzerine gitmeyin.

Zeki Bey bu noktada tekrar söze giriyor.

— Hiç kendi uğraşmasın mı Doktor Hanım? Halbuki biz ona hep çaba göster, yen bu hastalığı diyoruz. Gayret etmezse nasıl geçecek bu hastalık?

— Zeki Bey, bu durumda gayret edecek gücü yok Yaşar Bey'in. Şimdi korktuğu şeyleri denerse yenilme riski çok yüksek. Şimdilik ondan hiçbir şey istemiyorum. Ne zaman, "Ben iyiyim, düzeldim," derse, o zaman bunları denemeye başlayacak. Sakın acele etmeyin, sıkıştırmayın onu. Unutmayın, bu gerçekten zor bir hastalık. İnsanların elinde olsa dünyada milyonlarca kişi bu yüzden psikiyatrlara taşınır mı?

— Peki ama ya sonra, sonra bu hastalık geçecek mi. Eski Yaşar'ı çok arıyoruz. O bizim ailemizin direğiydi.

— Merak etmeyin, hepsi geçecek. Eski Yaşar size geri dönecek.

— Duydun mu Yaşar, bak Doktor Hanım ne diyor. Önce senin hanıma verelim bu müjdeyi.

Yaşar Bey ve Zeki Bey istediklerini almış olarak çıkıyorlar odadan. Hekimlikte bu çok önemlidir, hasta muayene odasından doyum sağlamış olarak çıkmalı. Yoksa ne yaparsanız yapın iyi edemezsiniz onu. Bazen aynı ilacı bir başka doktor verdiğinde iyi olmayan hasta, eğer size inanır ve güvenirse, aynı ilaç onu iyi eder. Hem yoruldum, hem de midem kazınmaya başladı. Yıllarca yemek bile yemeden akşama kadar aç susuz çalıştığım ve maalesef ağır bir sigara tiryakisi olduğum için, sonunda midemi hasta etmeyi başardım. Şimdi artık biraz da Tuna'nın zoruyla öğlenleri bir-iki lokma da olsa yemek yiyorum ama ne yazık ki midem artık ilaç almazsam beni rahat bırakmıyor. Ne zaman, "Artık düzeldim," deyip ilacı kessem, kısa süre sonra tekrar ağrılar başlıyor. Ama ben ne zaman hastalarıma, "Belki de ömür boyu tedaviye devam etmeniz gerekebilir," desem, hemen buna itiraz ediyorlar. "Hep ilaçla mı yaşayacağız," diyorlar. İnsanlar ruhsal hastalıkları biraz hafife alıyorlar galiba.

— Doktor Hanım yemeğiniz hazır. Bir-iki lokma yiyin, dışarısı çok kalabalık. Nebahat Hanım yine size yiyecek bir şeyler getirmiş. Biraz bekledi ama sizin çok meşgul olduğunuzu görünce gitti.

— Hay Allah, keşke birkaç dakika da olsa görüşebilseydik, özledim Nebahat Hanım'ı.

— O da sizi özlemiş, ben yine gelirim dedi.

— Nasıl, iyi mi bari. İnsan bir süre sonra hastalarıyla akraba gibi oluyor.

— İyi iyi, benim yanımda oturdu, sohbet ettik biraz.

— Tuna sen bugün keyifsiz görünüyorsun, ne oldu, bir şey mi var?

— Yoo, bir şey yok.

— Yapma Tuna, ben seni tanımaz mıyım?

— Önemli değil, şu biraz önce çıkan delikanlıya üzüldüm.

— Hangisi?

— Mustafa, hani aşağıdaki sekreterin getirdiği hasta.

— Ha şu Mustafa, ne olmuş ona?

— Gariban, açlıktan bayılmış galiba. Yanında parası da yoktu, vizite ücretini sekreterle kocası ödedi... Parayı bir türlü denkleştiremediler.

— Eeee?

— Hiç, keşke almasaydık, çocuğun o parayı ödeyecek hali mi var. Bir yerde işçiymiş.

— Ona mı üzüldün sen?

— Üzüldüm ya, gencecik çocuk. Olmadık insandan para almazsınız, telefonda size özellikle sordum ama siz al deyince mecburen aldım. Bunlara karışmak bana düşmez tabii, siz emeğinizin karşılığını alıyorsunuz.

— Tuna bu hafta loto oynamış mıydın sen?

— Oynamaz olur muyum?

— Kaç tutturdun?

— Hiç tutturamadım. Bazen üç tutardı, bu hafta onu da tutturamadım. Neden sordunuz?

— Bu hafta tutturan olmuş mu?

— Bir kişi bilmiş. 800 milyar kazanmış hem de. Ne şans değil mi? Her hafta bu kadar vermez. Bu sefer geçen haftadan devretti, ondan böyle çok verdi. Bir gün mutlaka bana da çıkacak. Şimdi bu parayı kazanan kimbilir ne yapıyordur?

— Ne yaptığını gördün işte, açlıktan bayılmıştı da, senin poğaçalarla aklı başına geldi.

— Kim? Mustafa mı, o mu kazanmış! Vay be... Peki neden aç, neden cebinde hiç para yok, neden sevinmiyor?

— Tuna benim şimdi işim var. Senin sorularına cevap veremeyeceğim.

— Vay be... O kazanmış ha... ben de nasıl üzülmüştüm haline. Az kalsın para bile verecektim ona. Aferin, demek becermiş. İyi olmuş, çok iyi olmuş, hiç olmazsa bir garibin işine yaramış. İhtiyacı olan birine çıkmış hiç olmazsa...

Ben odama girdiğimde Tuna hâlâ konuşuyordu...

Çöp Apartman – 6

Ertesi hafta perşembe günü işte yine Nerimanların apartmanının önündeyim. Bu sefer yalnız geldim. Neriman babasının yanından ayrılamıyor. Perşembe günleri muayenehanede çalışmam, yani benim dinlenme günüm ama bu gidişle daha uzun bir süre perşembeler bana kalmayacak. Apartmanın içine girince yine o tanıdık küf kokusunu duyuyorum. Merdivenleri hızlı hızlı çıkıp kapıyı çalıyorum. Beni nasıl karşılayacaklar acaba? Kapıyı Gülben açıyor, Safiye hemen arkasında. İkisinin de rengi sapsarı ve maalesef yine kokuyorlar. Ancak yüzlerinden geldiğime memnun olduklarını anlıyorum. İkisi de, "Hoş geldiniz," diyerek karşılıyorlar beni. Hemen eğilip ayakkabılarımı çıkarmak istiyorum;

— Aman sakın çıkarmayın, ev zaten çöplükten farksız, diyor Safiye. Salona girip geçen sefer oturduğum koltuğa oturuyorum. İkisi de karşımdaki koltuklara yerleşiyorlar.

— Babanız nasıl?

— İyi değil, Neriman artık eskisi gibi eve sık gelemiyor, bırakamıyor babamı ve biz hâlâ onu görmeye gidemiyoruz. Son görevimizi yapmadan onu kaybedersek, kendimizi hiç affetmeyeceğiz. Bu gidişle bizim evden çıkabilmemiz hayal.

— İlaçlarınızı almaya başladınız mı?

— Evet, ikimiz de yazdıklarınızı düzenli olarak alıyoruz ama pek bir faydasını gördüğümüz söylenemez. Sadece Gülben artık geceleri yatağını pek ıslatmıyor, öyle değil mi Gülben, bu hafta galiba sadece bir kez çarşaf değiştirdik.

— Öyle oldu. Keşke bu ilacı daha önce alsaydım!

— Keşke ama artık hayıflanmanın kimseye bir faydası yok. İlaçların etkisi maalesef geç başlayacak. Daha en az bir ayımız var.

— Ya babam bu arada ölürse?

— Şimdi aklımıza böyle kötü şeyler getirmeyelim. Siz nasılsınız, ikinizi de iyi görmedim. Çok soluk görünüyorsunuz. Yemek yemiyor musunuz yoksa?

— ...

— Bakın kızlar, bu çok önemli bir konu. Yemek yememeye devam ederseniz, ikinizi de hastaneye yatırmam gerekecek. Bunu istemediğinizi biliyorum, şimdi söyleyin bakalım ne yapalım?

— ...

— Hadi kalkın bakalım, hep beraber mutfağa gidelim. Bana bir sandalye getirirseniz, ben yine kapının önüne oturayım, siz mutfak giysilerinizi giyinin. Hem konuşur, hem yine kahvelerimizi içeriz. Bana kahve yapmak istemiyor musunuz yoksa?

İkisi de hafifçe gülümseyerek ayağa kalkıyorlar. Onlar önde, ben arkada mutfağa doğru yollanıyoruz. Gülben bana sandalye getiriyor ama önce hep birlikte banyoya giriyoruz. Önce ben ellerimi on kere yıkıyorum, sonra da sırayla onlar ellerini yıkarken ben yüksek sesle sayıyorum ve sonunda, "Tamam, şimdi hepimizin elleri tertemiz oldu," diyorum. Mutfağa girmeden, ikisi de duvardaki çivide asılı beyaz önlükleri üstlerine giyip terliklerini değiştiriyorlar ve başlarına beyaz tülbentler bağlıyorlar. Ben kapının önündeki sandalyeye oturuyorum.

— Kızlar, önce yemek pişirelim. Ben buradayım, size yardımcı olmaya çalışacağım. Zaten karnım da aç. Evde ne var, ne pişirebiliriz?

— Aman Doktor Hanım, size karşı çok utanıyoruz, öyle mahcup ettiniz ki bizi. Eskiden Neriman evdeydi, o varken kendimizi idare edebiliyorduk. Şimdi bir kap yemek bile pişiremiyoruz kendimize. Sanki yeteri kadar iyi yıkayamıyormuşuz gibi geliyor bize. Birbirimize güvenemiyoruz. O benden kötü, ben ondan. Süt aldırıyoruz kapıcıya. Uzun süredir sütle idare ediyoruz ama galiba olmuyor.

— Olmaz tabii, aslında olmayacağını siz de biliyorsunuz değil mi?

— Bilmez miyiz, domuz gibi biliyoruz her şeyi ama bu beter bir hastalık.

— Demek artık bunun hastalık olduğunu sen de kabul ediyorsun.

— Eskiden de biliyordum bunu ama inadımdan öyle söylüyordum.

— İnat mı yoksa umutsuzluk mu?

— Galiba her ikisi de. Hem umudum yoktu hem de isteğim. İyi olup da ne olacak yani diyordum. Bu dünya öyle de tatsız, böyle de...

— Ya şimdi?

— Bilmem ki, hem babama gitmek zorundayız, hem de siz varsınız. Galiba artık ikimiz de iyileşmek, herkes gibi olmak istiyoruz, öyle değil mi Gülben?

— Öyle abla, hele sen böyle dedikten sonra.

— Aman ne güzel, iyi olmak isteyen hastayı tedavi etmek her zaman daha kolaydır. Böyle devam ederseniz, belki de daha çabuk düzelirsiniz. Ne kadar memnun oldum bilseniz. Evet, hadi şimdi işimize bakalım. Ne yiyeceğiz?

— Vallahi bilmem ki, evde pek bir şey yok ama.

— Aç bakalım dolapları, ne bulacaksın?

O gün yemekte mercimek çorbası, makarna ve kayısı kompostosu vardı. Kızlar aslında çok güzel yemek yapıyor ama her şeyi sayarak tekrar tekrar yıkamak zorunda olmasalar. Bana söz verdiler, bundan sonra kapıcıya bir şeyler aldıracaklar ve ben bir süre o eve haftada iki kez gideceğim. Ayrıca kendi aralarında daha sıcak bir ilişki başladığını fark ettim. Galiba az da olsa birbirleriyle konuşmaya, sohbet etmeye başlamışlar. Beni kapıdan yolcu ederken ikisi birden soruyor;

— Tekrar ne zaman geleceksiniz?

Tahtını Çaldıran Adam

Hafifçe vurulan kapıdan iriyarı, lacivert takım elbise giymiş, esmer, kocaman pala bıyıkları olan biri giriyor içeri. Elleri iki yanında asker gibi duruyor karşımda. Başını hafifçe öne eğerek selam veriyor. Ben hoş geldiniz diyerek elini sıkıyorum. Son derece zarif bir biçimde sıkıyor elimi. Ben oturmadan oturmuyor. Ne kadar kibar bir adam. Halbuki görünüşü, kalıbı hiç de öyle değil. Bir de siyah gözlük taksa filmlerdeki mafya babalarına benzeyecek. Tuhaf, garip bir adam. Gergin ve heyecanlı olduğunu hissediyorum. Üstelik utangaç galiba. 40 yaşlarında gösteriyor. Karşımda diken üstünde oturur gibi bir hali var. Benimle konuşmak belli ki ona çok zor gelecek. Ona yardımcı olmalıyım.

— Garip Bey'siniz değil mi?

— Evet Hanımefendi.

Önüne bakarak konuşuyor. Sesi kalın ve çok uzaklardan gelir gibi.

— Beni Yaşar Bey yolladı. Size selamları var.

— Teşekkür ederim. Yaşar Bey nasıl, iyi mi?

— İyiler efendim. Size hürmetleri var.

— Memleket neresi Garip Bey?

— Adana efendim.

— Ne iş yapıyorsunuz?

— Ben gazino yöneticisiyim efendim.

— Gazino yöneticiliği nasıl bir iş?

— Zor iş hanımefendi.

Eyvah, yahu ben bu adamı nasıl konuşturacağım. "Evet Hanımefendi"den başka bir şey söylemiyor. Ama kanım ısındı bu adama. Sert ve mesafeli görünümüne rağmen çok yumuşak kalpli birine benziyor.

— Adanalı mısınız?

— Öyle sayılır Hanımefendi.

— Hep böyle az mı konuşursunuz?

— Evet Hanımefendi.

— Bunun yaptığınız işle bir ilgisi var mı?

— Olabilir.

— Aman Garip Bey kendimi sorgu hâkimi gibi hissettirdiniz bana. Artık ben sormasam da siz bana anlatsanız.

— Kusurumu bağışlayın hanımefendi. Benim ömrüm gazinolarda geçti. Sizin gibi bir Doktor Hanımefendi'ye ilk kez geliyorum. Buralarda nasıl konuşulur, nasıl oturulup kalkılır bilmem ben. Bir pot kırmaktan, yakışıksız bir şey yapmaktan korkuyorum. Bizim beraber olduğumuz hanımlar sizlere benzemez.

— Rahat olun Garip Bey. Son derece saygılı biri olduğunuz belli zaten. Benim görevim sizi dinleyip anlamak. Buraya kadar geldiğinize göre önemli bir sorununuz var herhalde.

— Yaşar Bey bu kadar ısrar etmese buraya kesinlikle gelmezdim. Sorunumuza gelince. Boş yere sizin vaktinizi alacağım. Böyle abuk sabuk şeylerle doktorları işgal etmek doğru değil. Hem bu kadar özel şeyleri benim gibi bir adam size nasıl anlatacak.

— Siz nasıl biriniz Garip Bey.

— Kendi halinde, disiplinli, az konuşan biriyim ben. Kolay kolay kimseyle arkadaşlık etmem. Kolay güvenmem. Laubalilikten hiç hoşlanmam. İşime önem veririm. Zaten bütün hayatım işimdir. Başka bir hayatım hiç yoktur. Sabaha karşı gazinoyu kapatır eve gelir yatarım. Öğleden sonra tekrar gazinoya dönerim. Gülmem, şakalaşmam. Kimse de bana şaka maka yapamaz. Mesafeli, ciddi insanları severim. Ama çok gayri ciddi bir iş yapıyorum. Ve birlikte çalıştığımız insanların hepsi de gayri ciddidir.

— Çalışma saatleriniz bizimkinden çok farklı. Biz kalkarken siz yatıyorsunuz. Bu durum toplumla ilişkilerinizi nasıl etkiliyor?

— Toplum benim için gazinodur. Bunun dışında pek kimseyle ilişkim yoktur.

— Evli misiniz?

— Evliyim ve iki yetişkin çocuğum var. Üniversitede okuyor ikisi de.

— Kaç yaşındasınız siz?

— 41.

— Çok mu erken evlendiniz?

— 17 yaşında evlendim.

— Çok erken değil mi?

— Hem de çok erken. Evlenir misin diye bana soran olmadı ki. Akrabadan biriyle beni evlendirdiler, oldu bitti.

— Nasıl gidiyor evlilik.

— İyi iyi. Sorun yok. Daha doğrusu, sorun varsa da benim haberim yok. Ben eve sadece para götürürüm. Başka hiçbir şeye karışmam. Bir de saygı isterim. Zaten var mıyım yok muyum belli değil. Sabah gelir, uyanınca da bir-iki lokma bir şeyler yer çıkarım. Benim hanım becerikli kadındır. Her şeyi o halleder.

— Siz iyi bir eş misiniz?

— Hayır, ama kötü bir eş de değilim. Dedim ya yokum ben.

— Kaç yıldır bu işi yapıyorsunuz?

— On beş yıldır. Köyden gelince ufak ufak bu işlere başladım. Patronlar kısa sürede güvendiler bana. İşte o zamandan beri de gazinolarda yaşıyorum.

— Memnun musunuz işinizden?

— Memnunum. Beni dışarıdaki hayattan kurtardı. Ben dışarda yapamazdım. Burası daha küçük bir dünya ve kuralları belli. Ben de kurallara uymayı severim.

— Peki anladığım kadarıyla buraya kadar bir sorun yok.

— Sorun biraz komik. Hanımefendi ben kendime bile ters gelen bir şey yaptım.

Yine başını öne eğiyor. O kocaman adamın yanakları pembeleşiyor. Şimdi bir çocuk gibi kızarıyor karşımda. Ne yaptı acaba bu adam kendisini bu kadar utandıracak. Sonra gözlerindeki nemi fark ediyorum. Ama filmlerdeki lacivert takım elbiseli, iriyarı, kara gözlüklü adamlar hep kavga eder, hiç ağlamazlar. İçeri girer girmez bu koca adamın aslında ne kadar duygusal biri olduğunu hissetmiştim. Demek yanılmamışım.

— Şey bacım, ayıplamayın beni sakın. Ah bu Yaşar Bey. Ben gitmem dedim, bu kadar ısrar edilmez ki.

Artık hanımefendilik bitti. Bana bacım diyor.

— Fena mı oldu Garip Bey. Bakın ne güzel konuşuyoruz. İnsanız, hepimizin konuşmaya, paylaşmaya ihtiyacımız var. Bakın siz yıllardır bunu hiç yapmamış, her şeyi içinizde biriktirmişsiniz. Tabii insan bu kadar yıl konuşmazsa, şimdi biraz zorlanır.

— Biraz zorlanırmış. Pek biraz değil bacım. Ben bu işi beceremiyorum.

— Garip Bey âşık mı oldunuz yoksa?

— Ah bacım ah, sorma. Bu yaştan sonra olacak iş değil biliyorum ama bu sefer gönül ferman dinlemedi. Halbuki ben hiç böyle bir adam değilim. Yıllardır ne kadınlar geldi geçti. Herkes bana "Sen taş mısın be adam," derdi. Ben de kendimi hakikaten taş zannederdim. En güzeli bile kılımı kıpırdatmazdı. Onun için patronlar çok güvenirdi bana. Bu işi yapan adam böyle yapmalı. İyi meyhaneci herkese içirip kendi içmeyendir. Ama öyle biri çıktı ki, aklımı başımdan aldı. Feleğim şaştı. Neye uğradığımı şaşırdım. Eski Garip gitti, başka Garip geldi. Herkes anladı. Nasıl anlamasın. Gülmeyen Garip güler, konuşmayan Garip konuşur oldu. Ayağım yerden kesildi. Meğer ben hep gecede yaşarmışım da güneşi, aydınlığı bilmezmişim. Hayatıma güneş doğdu, içimde çiçekler açtı. Yüz kiloluk koca Garip tüy gibi hafifledi de, kanadı olsa uçarım sandı.

Ne güzel konuşuyor bu adam, duygularını ne güzel anlatıyor.

— Eskiden âşıkları görünce kızardım. Boş iş bunlar derdim. Ama yine de bazen sokaklarda el ele gezen sevgilileri görünce içim sızlardı. Hani herkesin bir hayali vardır ya benim hayalim de buydu. Yeni yetme gençler gibi sevgilimle el ele gezebilmek. Çocukça hayaller. Koca adama yakışır mı bunlar. 41 yaşındayım, 22 yaşında oğlum 20 yaşında kızım var benim. Hayat erken ihtiyarlattı beni. Hiç bilmedim ben öyle şeyleri. Ömrüm pavyonlarda geçti, beni bilen bilir, harama uçkur çözmedim.

Sonra birden ne oldu bana anlamadım. Elektrik çarpmışa döndüm. O ötekilerden farklıydı. Gençti, güzeldi ve temizdi. Kirlenmesine gönlüm razı olmadı. Önce korumak geldi içimden. Yardım etmek, destek olmak. Sonra bir de baktım gönlüm su olup akıvermiş. Hepsi iki ay sürdü. Nasıl da inandım ona. O da beni sevdi sandım. Yeni yetme kızlara çevirdi beni. Benim bildiğim adamlar kızları baştan çıkarır. Kötü yola düşürür onları. Bizde tersi oldu. O beni baştan çıkardı. O beni kandırdı. Yoldan çıkardı resmen. Sonra da bırakıp gitti. Genç ve zengin bir sevgili buldu kendine. Gözümün içine baka baka kandırdı beni. Meğer ötekilerden bir farkı yokmuş. Benim de diğer adamlardan farkım yokmuş. Salak mı bu herifler derdim. Ne çabuk inanıveriyorlar kadınlara. En salağı benmişim meğer.

Başka türlü bir yerim vardı benim o âlemde. Sayarlardı beni. Bilirlerdi onlar gibi olmadığımı. Sadece gönlümü değil tahtımı da çaldı benim. Alelade biri oluverdim. Kandırılmış, elindeki horoz şekeri alınmış küçücük, zavallı bir çocuğa döndüm. İçim yandı bacım, içim yandı. Kendi başıma söndüremedim bu yangını. Onu bile beceremedim. Yaşar Bey acele yolladı beni size. Kızınca iyi kızarım ben. Kolay kızmam ama kendi öfkemden kendim bile korkarım. Anladı herkes rahat duramayacağımı. Bir o kadın korkmadı benden. "Eceline susamış bu kadın," dedi herkes.

İşte böyle bacım. Güneş gitti yine karanlıkta kaldım. Yıllardır alışkınım ben ışıksız yaşamaya. Ama güneşi bir kez görünce karanlığa dayanamıyor insan. Çivisi çıktı hayatımın. Yirmi günde sekiz kilo verdim. Uyku durak kalmadı bende. Yıllardır hayal ettiğim el ele sokaklarda sevgilimle gezmenin yerini onu nasıl öldüreceğimin planları aldı. Gözümü kapattığım anda her yeri kırmızı kan kaplıyor. Sonra da o kanın içinde o da boğuluyor ben de.

Var mı bunun bir çaresi. Kandan başka ne temizler bu pisliği bacım?

Hafifçe ürperdiğimi hissediyorum. Bu adam ciddi. Yaşar Bey'in bu adamı bana neden bu kadar ısrarla yolladığını şimdi daha iyi anlıyorum. İçindeki bu sıkıntıyı yok edemezsek o kadını öldürecek. Muhtemelen hem kendini hem de kadını öldürecek. Aslında vahşi bir adam. Duyguları çok şiddetli ve yıllardır hiç dışarı yansıtmadığı için evcilleşememiş. Olduğu gibi, ilk haliyle muhafaza etmiş onları. Demirden bir sandığın içine koyup koca bir kilit asmış üstüne. Bu kadın işte bu sandığı açmış. Sahiden hiç korkmamış mı bu adama yaklaşmaya. Bu ne cesaret, bu ne pervasızlık. Bunları fark etmeyecek kadar aptal bir kadın bu adamı baştan çıkaramaz. Yoksa ölmeye karar verdi de kendini öldürmeye mi cesaret edemedi? Bunu başkasına yaptırmanın yolunu mu arıyor? Ya da heyecan mı arıyor sadece? Hayatının hiç önemi yok mu? Ölümle dans etmeyi mi seviyor?

Bakalım sandığı tekrar kapatabilecek miyiz.

— Ne güzel anlattınız bana Garip Bey. Bir de konuşmayı sevmem diyorsunuz. Bence siz bol bol konuşun. Sizin kadar duygularını güzel ifade eden az insan tanıyorum. Siz anlatırken benim bile gözlerim yaşardı. Gözlerimi yaşartan yaşadıklarınız değil, duygularınız ve bunu ifade ediş tarzınız. Demek bu aşkı bu kadar derinden hissederek yaşadınız. Size bu kadar güzel şeyler yaşatan bu kadına neden bu kadar çok kızıyorsunuz.

— Ne dedin bacım, niye mi kızıyorum?

— Tabii ya. Dünya gözüyle güneşi göstermiş size. Bunu hiç yaşamamaktan daha iyi değil mi? Kapkara bir çölde çiçek açtırmış. Ölmek, öldürmek neden? Yaşanmış bitmiş. Güzel bir rüya görüp sonra uyanmışsınız. Böyle güzel bir rüyayı hiç görmeseniz daha mı iyi olurdu? Yaşadığınız güzelliklerin kıymetini neden bilmiyorsunuz? Bu, belki de sizin anılarınız içinde en değerlisi. Onu yerine koyup kaldığınız yerden hayata devam etmek varken niye kahrediyorsunuz kendinizi?

— Beni kandırdı, beni terk etti, arkasına bile bakmadan çekip gitti diyorum size.

— Siz onu sevdiniz de o sizi sevmedi mi yani?

— Ne sevmesi, oynadı benimle.

— Sizi bırakıp gittiği için mi böyle düşünüyorsunuz?

— He ya. Seven insan bırakıp gider mi?

— Sizi aslında hiç sevmeyen, sizi kandıran, duygusuz bencil birini bu kadar sevebilir miydiniz? Yıllardır bu âlemde yaşamış biri böyle bir hata yapabilir mi?

— Yaptı işte. Baştan ben de öyle sandım.

— Ben sizin gibi düşünmüyorum. Belli ki o da sizde bir şeyler buldu. Sevdi sizi. Ama dünyada her şey öyle dümdüz değil. Kimse kötü olmak için kötülük yapmaz. Kimbilir bizim bilmediğimiz ne var bu işin içinde?

— Gönlünü eğlendirdi. Daha iyisini bulunca da sattı beni.

— Siz yıllardır kendini şöyle ya da böyle satan hanımlarla berabersiniz. Onları iyi tanıyorsunuz. Siz bari onlara karşı bu kadar acımasız olmayın. Tanrı'nın verdiği canı almayı yine Tanrı'ya bırakın. Sizin derdinizin ilacı *Hoşgörü*. Hem kendinize hem de başkalarına karşı daha hoşgörülü olmayı deneyin. Anlıyorum ki sadece o kadına değil kendinize de kızıyorsunuz.

— Kızıyorum ya. Kendimi el âleme oyuncak ettirdim.

— Bak Garip Kardeş. Bana her şeyi en samimi şekilde anlattın. Ne bir eksik ne bir fazla. Seni kınamak, ayıplamak ya da seninle alay etmek, yaşadıklarını küçümsemek hiç aklımdan geçmedi. Hepimiz insanız. Sevmek insana en yakışan duygu. Bunun oyuncak olacak nesi var. Seni kimsenin ayıpladığı filan yok. Esas sen yapıyorsun bunu. Sen kendine yakıştıramamışsın sevmeyi.

— Sevmeyi değil kandırılmayı, aldatılmayı.

— Burada eğer biri utanacaksa o sen değilsin. Bırak onu da sahibi düşünsün. Biz insanlar aldatılanı, kandırılanı değil, kandıranı kınarız. Uğraşma kendinle bu kadar. Önce kendini affet, gerisi kolay.

Bir anda hıçkırıklara boğuluyor o koca adam. Bırakıyorum, hiç dokunmuyorum. Kimbilir o demir sandığın içinde onu bu kadar ağlatacak daha neler var? Boşuna mı takmış o koca kilidi. Sonra yine yavaşça konuşmaya başlıyor. Sesi şimdi daha yumuşak.

— Kusura bakma bacım. Senin karşında böyle çocuk gibi...

— Çocuk gibi değil insan gibi Garip Kardeş.

— Demek beni ayıplamadınız ha?

— Aksine, rahatladığınızı, öfkenizin azaldığını, kendinize biraz olsun şefkat gösterebildiğinizi gördüm. Biraz önce size tavsiye ettiğim ilacı kullanmaya başladınız bile. Ne güzel. Demek yıllar sonra âşık oldunuz. Âşık olmak nasıl bir şey Garip Bey?

— Kötü bacım, kötü. İnsanın aklı başından gidiyor.

— Ama biraz önce aşkla ilgili çok güzel şeyler söylediniz, kitaplarda şiirlerde bile okumadım ben bu kadarını.

— O zaman öyleydi ama bağlandım ona. Beni bırakıp gidince eşekten düşmüş karpuza döndüm. Paramparça oldum. Onu öldürmeden kendimi toparlayamam artık.

— Halbuki karıncayı bile incitemeyecek kadar duygulu bir insansınız siz.

— Bunun böyle olduğunu bir tek ben bilirdim, herkes korkar benden.

— Çok haklısınız, içeri ilk girdiğinizde kalıbınız ve görüntünüz beni bile etkiledi ama sizi tanıdıkça anlıyorum ki, bu koca gövdenin içinde çok yumuşak ve hassas bir yürek taşıyorsunuz. İnsanlar haklı, kimseye açmamışsınız içinizi.

— Açmamak değil bacım, açamadım. Bu da benim yapım.

— Galiba biraz da yaptığınız iş sizi böyle olmaya zorlamış.

— Ama bu sefer insanlar haklıymış benden korkmakta dedim. Her gece o kadını nasıl öldüreceğimi düşünüyorum. O zaman rahatlıyorum.

— Sizi bu kadar mutlu etmeyi, ayaklarınızı yerden kesmeyi başaran bu kadını öldürünce rahatlıyorsunuz demek.

— Ama beni sattı, bırakıp gitti.

Yine ağlamaya başlıyor. Gururu çok incinmiş ve onu öldürerek yaralarını sarabileceğini sanıyor.

— Sizi şimdi ağlatan aşk mı, öfke mi?

— Öfke tabii.

— Ama hani bu kadına âşıktınız. Aşk dünyadaki duyguların en

güzelidir. Bu güzelim duygu neden bir anda duyguların en tehlikelisi olan öfkeye döndü?

— Çünkü gururum kırıldı, el âleme iki paralık oldum.

— O çok sevdiğiniz kadını öldürerek gururunuzu kurtaracaksınız öyle mi?

— Ama bana yanlış yaptı.

— Siz hiç hayatınızda yanlış yapmadınız mı?

— İnsanız tabii, ama kimsenin gururuyla duygularıyla oynamam ben.

— Kaç yaşındaydı bu hanım?

— 19.

— 19 yaşında ha? 19 yaşında pavyonda çalışıyor ve sizinle oynuyor. Görmüyor musunuz, o sizinle değil, hayat onunla oynamış.

— Baştan ben de öyle düşünmüştüm, haline acımış, yardım etmeye çalışmıştım. Sonradan beni de baştan çıkardı.

— Nasıl bir kadındı, biraz anlatsanız onu.

— Güzeldi, saftı. Zaten bu saflığı yüzünden düşmüş buralara. Diğerlerine benzemiyordu. Durup durup ağlardı. Kime güvendiyse fos çıkmış. Beni severdi veya benim aptal kafam öyle zannederdi. Sonra zengin ve genç bir adam geldi gazinoya. Benim kızı beğendi ve aldı götürdü onu. Gitmem demedi. Tıpış tıpış düştü arkasına, gitti.

— Sizce neden gitti?

— Ne bileyim ben, sütü bozukmuş zaten.

— Peki sütü bozukmuş, başka?

— Başkasını bilmem.

— Ben de bilmiyorum ama birlikte düşünelim, siz bu âlemi benden iyi tanıyorsunuz. Bu kadın neden hiç tanımadığı bir adamın peşine düşüp gitsin?

— Para var işin ucunda. Adam "gel sana ev açayım," demiştir.

— Yani biraz daha güven içinde ve rahat yaşayacak.

— He ya. Diyorum ya, sattı beni.

— Sadece sizi mi satmış, beni severdi dediniz. Ya kendi duyguları, istekleri, hayalleri... Onlar nerede?

— Hepsini birden gözünü kırpmadan harcadı.

— Hiç birlikte hayal kurar mıydınız?

— Kurardık.

— O ne isterdi?

— Benimle evlenmek, anne olmak, namuslu bir kadın olarak herkes gibi yaşamak isterdi.

— Güzel hayallermiş ama bunların gerçekleşmeyeceğini ikiniz de biliyordunuz değil mi?

— Biliyorsunuz ben evliyim.

— Bunu o da biliyordu değil mi?

— Tabii biliyordu. Ben ona hiç yalan söylemedim.

— Peki, ona ne vaat ediyordunuz?

— Ona hiçbir vaatte bulunmadım ama o, ömrüm oldukça onu koruyup kollayacağımı ve ondan hiç vazgeçmeyeceğimi biliyordu. Ona sahip çıkacaktım. Bunlar yetmedi ona.

— Üzüldüm o kızın haline, 19 yaşında düştüğü durumlara bakın. Ailesi filan yok mu?

— Yok sayılır. Bir üvey ablası var, biraz o sahip çıkıyordu.

— Demek gururunuzu kurtarmak için öldürmeyi düşündüğünüz kadın, 19 yaşındaki bu zavallı?

— Yani ben haksız mıyım?

— Kocaman bir adam, küçücük bir çocuğu öldüresiye dövünce ne kadar haklı olabilirse o kadar haklısınız. Sizin bir işiniz, aileniz ve toplumda bir yeriniz var. Bugününüz de belli, yarınınız da. Ya onun nesi var? Ne bugünü belli, ne yarını. Ne ailesi, ne doğru dürüst bir işi, ne de itibarı var. Siz onu kendinizle nasıl mukayese edersiniz. Siz kocaman ve güçlü bir adamsınız, o ise zayıf, çelimsiz bir çocuk. Tabii eğer isterseniz onu dövebilir, hatta öldürebilirsiniz. Ama bu hiç de adil olmaz. Üstelik onu öldürerek gururunuzu kurtaracağınızı sanıyorsanız yanılıyorsunuz. Bu olsa olsa sizi küçültür.

— Küçültür mü? Bizim âlemde işler öyle değildir bacım. Kadın sana yanlış yapmışsa onu cezalandıracaksın.

— Demek sizin âlemde bir zavallıyı öldürmek size itibar katacak. Katil olarak temizleneceksiniz. Karısını öldüren bir genç hatırlıyorum, benim elimi sıkmamıştı. "Ben katilim, kirliyim, size de bu pisliği bulaştırmam," demişti.

— Öyle dedi ha?

— Hiç daha önce birini öldürdünüz mü?

— Yok be bacım, Allah korusun. Yapmadım öyle şey.

— Evet, bence de Allah korusun. Ben isteyerek veya istemeyerek adam öldürmüş insanlar tanıyorum. Kendini gerçekten affedebileni hiç görmedim. Bu beter bir iş. Toplum affetse kendileri affetmiyorlar.

Çok yıllar önce birini öldürmüş yaşlı bir adamcağız vardı. Bunadı, her şeyi unuttu, çocuklarının adını bile hatırlamıyordu ama bir tek unutamadığı şey vardı, o da öldürdüğü adamın adıydı.

— Unutulmuyor demek, ben onu zaten unutmayacağım.

— Bence de onu unutmamalısınız. Yaşanan bunca güzellik unutulmamalı. Ama sizin niyetiniz kötü. O kızı korkarım özlemle değil, öfkeyle anacaksınız. Keşke biraz daha cesur olabilseniz.

— Nasıl yani, şimdi ben korkak mıyım?

— Galiba öylesiniz, baksanıza sizi terk etti diye hemen onu öldürmeye kalkıyorsunuz. Korkak insanlar adam öldürür. Cesur ve kendine güvenen insanlar, nefsi müdafaa dışında başkalarına zarar vermezler. Özellikle böyle bir eşitsizlik varsa.

— Nasıl bir eşitsizlik var burada?

— Garip Bey, farkında değil misiniz, o daha bir çocuk. 19 yaşında henüz. Doğruyu yapmayı bilebilse, genç ve güzel bir kızın pavyonlarda ne işi var. Hangi genç kız ister bunu? Buralara gelene kadar kimbilir başına neler geldi. Bunları eminim siz benden daha iyi biliyorsunuz.

— ...

— Doğru değil mi söylediklerim. Siz bir öfkenin esiri olacak insan mısınız? Ayrıca yıllardır içinde yaşadığınız o âlemin insanlarına pek benzemiyorsunuz siz.

— Doğrudur, pek benzemem.

— Öyleyse cesur olun, âlemin kurallarını değil, kendi kurallarınızı uygulayın.

— Katil olmayı kim ister bacım, aslında bu işler bana göre değil. Ama içimdeki bu öfkeyi ne yapacağız?

— Çocukluğunuzda maruz kaldığınız haksızlıkların, acıların, sizi sevmesi gerekenlerin sevmeyip sizde bıraktığı boşlukların ve yıllardır yaşadığınız istismarların bedelini bu kıza mı ödeteceksiniz?

— Ne ilgisi var Doktor Hanım?

— Ne ilgisi mi var? Sevilmiş, sayılmış, kendiyle barışık insanların katil olduğunu hiç duydunuz mu?

— Ne yani, ben ben değil de başka biri olsaydım böyle kızmaz, o kadını öldürmeye kalkmaz mıydım?

— Her terk edilen insan, onu terk edeni öldürmeye kalksaydı, dünya nüfusu yarıya inerdi. Sık sık gazetelerde bu tür cinayetler yer alıyor. Öldürenler nasıl insanlar sizce?

— Aldatılan erkekler, öldürüp temizliyor namusunu.

— Yapma Garip Kardeş. Adam öldürenler namuslu da, adam öldürmeyenler namussuz mu yani? Öyleyse cezaevinde yatanlar hep namuslu insanlar, dışarıda gezenlerde iş yok, ne dersin? Ama bir insanı öldürmenin hiçbir haklı sebebi olamaz. Adam öldürenler genellikle sevilmemiş, sayılmamış, umutsuz, duygularını kontrol etmekte zorluk çeken, alıngan, kırılgan, hayatı boyunca pek çok haksızlığa uğramış, içi öfke ve kin dolu insanlardır.

— Bu kadın yanlış yapmasa, benim de onu öldürmem gerekmeyecekti.

— Sen kimsin Garip Bey Tanrı mı?

— Estağfurullah.

— Adam öldürmüş her insanın kendine göre haklı bir nedeni vardır. Çoğu sonradan pişman olur ama iş işten geçer. Yıllardır çeşitli nedenlerle içinde biriken öfkeyi, bu kızdan çıkaracaksın. İnsanların hangi nedenlerle adam öldürdüğüne dikkat ettin mi hiç? Ne kadar sudan sebepler olduğunu fark ettin mi?

— O kıza acıdınız siz. Halbuki o beni üç kuruşa satan bir fahişe.

— Sizinle beraber olduğu o iki ay içinde de fahişe değil miydi?

— Öyle sayılır, ama temizdi o zaman.

— Sizinle beraberken temiz, başkasına gidince pis öyle mi?

— Aman hanımefendi, siz neler söylediğinizin farkında mısınız?

— Bu kızın çok tecrübesiz, saf ve temiz olduğunu biraz önce siz söylediniz. Yani bu işte henüz pişmemiş, profesyonelleşmemiş. Bu ilk işi miydi?

— Öyleydi.

— Ve daha ilk işinde onu koruyan, kollayan, şefkat gösteren, temiz ve güçlü bir adama âşık oldu. Aynen böyle değil mi?

— Galiba öyle oldu.

— Siz sahip çıkmasaydınız, belki sizin kızınızın da böyle bir kaderi olacaktı.

— Aman Allah korusun. Ben buna asla izin vermem.

— Onun ne yazık ki sizin gibi bir babası yok. Ne dediğimi iyi anlıyor musunuz Garip Bey?

— Anlıyorum bacım, anlıyorum. Ama keşke onu bu kadar çok sevmeseydim.

— Bu kadar çok sevdiğiniz için mi onu öldüreceksiniz?

— Bu kadar sevmesem, böyle içim yanar mıydı?

— O, sizin için yıllardır içinize gömdüğünüz hayallerin bir sembolü olmuş. Onu kaybedince umutlarınız, hayalleriniz de bitmiş. Bütün bunların sorumlusu o değil.

— Ben hiç gülmedim bacım. Hayat benim için hep bir mücadele oldu. Kimse beni ben olduğum için sevmedi, adam yerine koymadı. Ama bu kız başkaydı. Anamdan babamdan karımdan görmediğimi gösterdi bana. Meğer ben de herkes gibi gülebiliyormuşum. Sonra da bırakıp gitti.

Yine ağlıyor Garip Bey.

— Şimdi gördünüz mü neden ağladığınızı? Yıllardır ruhunuza bir diken gibi batan o kocaman, karanlık boşluğu doldurmuş bu kız. Aslında ona teşekkür borçlusunuz. Ama sakın unutmayın, o boşluğun sorumlusu bu kız değil. Siz kendi kaderinize ağlıyorsunuz.

— Ağlarım ya. Yıllardır hiç ağlamamıştım. Bu kızı tanımasaydım belki de hiç ağlamayacaktım kendime.

— Öyleyse iyi ki onu tanımışsınız. İki ay da olsa sevgiyi, aşkı tattırmış size. Hiç yaşamamaktan daha iyi değil mi?

— İyi ki yaşamışım ha? Kimbilir, belki de öyledir. Aslında içimdeki öfkenin birazının da kendime olduğunun farkındayım. "Sen kendini ne zannediyorsun," diyorum bazen. Sevilecek biri olsan, bugüne kadar seni de bir seven olurdu.

— Kendine haksızlık etme Garip Kardeş. Kaderimizi biz çizemiyoruz her zaman. Kimse sevmedi diye sen de vazgeçme kendinden. Ve hiç olmazsa seni sevenin kıymetini bil.

— O kız beni sevdi, bunu anladınız siz ama terk edip gidince yüreğime hançer saplandı sandım. Ama gitse bile beni sevdiği doğru.

— Oh, nihayet bazı gerçekleri gördünüz. Sizi sevmesi gerekenlerden zamanında alamadığınız ne varsa, cömert bir anne gibi vermiş size. Yılların hasretiymiş bu.

— Nasıl da biliyorsunuz. Bu kızın yanında sevildiğimi hissettim ben. İçime beton dökülmüş gibiydi. Hiç yüzüm gülmez, hiç iyi bir şey hissetmezdim eskiden. Bu kız yumuşattı, gevşetti beni. Hiç konuşmayan ben, konuşmaya başladım. İçimdeki o ağırlık kayboldu. Ama sonra bir kuş gibi uçup gidiverdi hayatımdan. Ben yine acılarımla baş başa kaldım.

— Ama o acıların sebebi bu kız değil, bunu anladınız değil mi?

— Anladım galiba, o kız bana bu acıları unutturmuştu.

— Garip Kardeş, hepimizin içinde az çok geçmişin gölgesi var.

Sanma ki bu acıyı yaşayan tek sensin. Bak kısa da sürse sevmiş ve sevilmişsin. Dünyada hiçbir şey sonsuz değildir. Her şeyin bir başlangıcı ve bir sonu var. Ama biraz olsun kendini sevmeyi becerebilirsen, bundan sonra daha huzurlu bir hayatın olur.

— İnşallah Doktor Hanım, inşallah. Ama ben bundan sonra kendimi sevemem, benim için çok geç.

— Ama belki nefret etmekten vazgeçersin.

— Bak belki bu olabilir. Şimdiye kadar ya acıdım ya da nefret ettim kendimden. Hep tiksindim. Ama o beni sevdi. Önce çok şaştım bu işe, inanmadım. Tam inanmaya başlamıştım ki, çekip gitti. Çılgına döndüm. Bir kere daha haklı çıktım. "Sen kendini ne sandın, seni kim sever ki," dedim içimden.

— Siz yetişkin bir insansınız, çocuk değilsiniz. Hepimizin her yaşta sevgiye ihtiyacı var ama öncelikle kendimiz hoş tutmalıyız kendimizi.

— Kendimi hoş tutmayı becerebilir miyim bilmiyorum ama bir deneyelim bakalım.

— Böyle düşünmeniz bile yeter. Eminim becereceksiniz. İçinizdeki öfke şimdi biraz azaldı mı?

— Azaldı. Aslında inanın Doktor Hanım, ben adam öldürecek biri değilim. Ne oldu bana anlamadım. Gözüm döndü. Ama iyi ki o ara kız çıkmadı önüme. Ve iyi ki buraya gelip sizinle konuştum. Haklıymış Yaşar Bey. Biz cahil insanlarız. Psikiyatriden, psikolojiden filan anlamayız. O ısrar etmese, benim aklıma tövbe gelmezdi buraya gelmek. Biraz önce kimler adam öldürür derken, ben alınmayayım diye "cahiller," demediniz. Cahillik çok kötü şey. Ben onun için çocuklarım sonuna kadar okusun istiyorum. Babaları gibi olmasınlar.

— Çocuklarınızın iftihar edecekleri, gurur duyacakları bir babaları var.

— Sağ olun. Ben artık gideyim. Allah razı olsun. Hakkını helal et bacım. Sayende daha cesur olacağım.

Sonra ayağa kalkıyor. Ceketinin önünü saygıyla ilikleyip tam karşımda eli iki yanında asker gibi duruyor. Vedalaşmak üzere elimi uzatıyorum. Elimi sıkmıyor. Eğilip öpüyor elimi...

Panik – 2

— Hoş geldiniz Yaşar Bey, nasılsınız?

— Sağ olun Doktor Hanım, hiç bu kadar iyi olmamıştım. Size nasıl teşekkür etsem bilmem ki!

Eski Yaşar Bey gitmiş, yerine yepyeni, bambaşka biri gelmiş. Konuşan, gülen, esprili, hareketli bir adam olmuş. Bakışları bile değişmiş sanki.

— Ah Doktor Hanım, iki yıldır yaşadığımı bir ben bilirim bir de Allah. Bunu yaşamayan bilemez, Allah düşmanıma vermesin bu hastalığı. Hayatımın rengi değişti. Ben cesur, kendine güvenen, ne yaptığını bilen, aklı başında bir adamdım, bu hastalık beni paçavraya çevirdi. Kendime ne güvenim kaldı, ne de cesaretim, bambaşka biri oldum. Zayıf, korkak, kararsız, havadan nem kapan, gölgesinden korkan bir acayip adam oldum çıktım. Bu ne de beter hastalıkmış meğer. Yakınlarımdan utanır oldum. Aciz, mız mız, sürekli hasta, çekilmez biri oldum. Böyle olduğumu kendim biliyor, buna en çok ben kızıyor ama bu halimi bir türlü değiştiremiyordum

Ağabeyimle karımın yüzüne bakacak halim kalmadı. "Koskoca adam, yakışır mı sana," diyordum kendime ama nafile. Onlar da bana sürekli, "Biraz gayret et, kendini bırakma, iradeni kullan," dedikçe iyice beter oluyordum. Yahu benim elimde olsa böyle saçmalar mıyım? Eskiden hiç böyle yaptığımı gören olmuş mu? Başım ağrıyor bile dediğimi kimse duymamıştır şimdiye kadar. Ben çocuk muyum, bilmiyor muyum bütün bunları. Bir de karşıma geçmişler bana akıl veriyorlar. Yok ben hiç gayret etmiyormuşum, yok efendim biraz olsun irademi kullansam, korkmasam bir şeyim yokmuş. Hastanede bir şey bulamamışlar, kötü bir şey olsa onlar bilirmiş, falan filan işte. Yahu ben mahsus mu yapıyorum öyleyse.

Kim ister böyle hastane köşelerinde dolaşmayı? Bizim oradaki acile her gidişimizde doktorların suratında müstehzi gülüşler, yine mi Yaşar Bey demeler. Ulan geliyorsam keyfimden mi geliyorum?

Pardon Doktor Hanım, özür dilerim, saçmalamaya başladım ama öyle dolmuş ki içim... Böyle birdenbire rahatlayınca ağzımdan çıkanı kulağım duymaz oldu.

— Ziyanı yok Yaşar Bey, rahat olun. Gerçekten çok şey birikmiş içinizde.

— Hiç sormayın Doktor Hanım. Meğer anlaşılmamak ne kötü şeymiş. Karım yıllardır, "Sen beni anlamıyorsun," derdi de, "Ne varmış anlaşılmayacak, böyle boş işlerle uğraşacağına, sen işine bak," derdim. Haklıymış kadın.

— O zaman bu hastalıktan en kârlı çıkan eşiniz olacak.

— Olsun vallahi, bundan sonra onu dinleyip anlamaya çalışacağım. Hani bir musibet bin nasihatten hayırlıdır derler ya, onun gibi bir şey oldu. Ama bu benim yaşadığım öyle böyle bir musibet değil ki, bende ne din kaldı ne iman. Ben inançlı bir adamım. Beş vakit namazımı kılar, cumaları hiç kaçırmazdım. Hastalanınca önce cumalara gidemez oldum, o kalabalığa giremedim. Tam namaz kılarken bana bir şey oluverir de oradan çıkamazsam diye ödüm patlardı. Sonra namazımı da kılamadım, orucumu da tutamadım. Aç kalırsam bu krizler artacak gibi geldi bana. "Sen inançlı adamsın, biraz tevekkül et, alnımızda ne yazıyorsa o olur, bu kadar korkma," diyorlardı bana. Onlar böyle deyince sanki küfrediyorlar gibi hissediyordum. Hem kendime hem de onlara olan öfkem daha da artıyordu. Yahu ben çocuk muyum, ben de biliyorum bunları. Elimde olsa kendimi rezil eder miyim? Allah kimseyi başkasına muhtaç etmesin. Bu da öyle bir hastalık ki yalnız yapamıyorsunuz, onlara muhtaçsınız. Hele ağabeyime...

Yaşar Bey cık cıklayarak başını sağa sola sallayıp efkârlanıyor. Çok sempatik bir adam. Ne kadar doğal.

— Çocuk gibi yolunu gözlerdim onun. Allah razı olsun, o da elinden geleni yaptı, çok destek oldu bana. Allah sağ gözü sol göze muhtaç etmesin, zor iş bunlar. Neyse bin şükür şimdi çok daha iyiyim ama size sormak istediğim çok şey var.

— Evet, sorun bakalım Yaşar Bey.

— Önce benim bu iyiliğim geçici mi, ben yine eskisi gibi olur muyum. İlacı bırakırsam halim ne olacak?

— Bu soruyu izin verirseniz en son cevaplandırayım.

— Tamam ama en önemli soru bu. Nerden başlasam bilmem ki, iki yıldır bu anı bekliyorum. Beni tam olarak anlayacak ve sorularıma cevap verecek bir uzmanla konuşmak, beni teselli etmek yerine, gerçekleri söyleyecek biriyle açık açık konuşabilmek bu hastalıkta çok önemli. Önce şunu sormak istiyorum. Bu gerçekten zayıf, iradesiz insanlarda mı olur? İrademi kullanabilseydim bu hastalığı yenebilir miydim?

— Güzel bir soru, cevabı kesinlikle hayır. Bu hastalık yani panik atak genellikle aklı başında, güçlü, cesur, becerikli, sosyal, okumuş yazmış insanlarda daha çok görülür. Bütün araştırmalar uygar, gelişmiş ülkelerde bu hastalığa daha sık rastlandığını göstermiştir. Sosyo-ekonomik açıdan dünyanın en gelişmiş ve güçlü ülkesi olan Amerika'da panik atak, neredeyse birinci sırada yer alan, ülkede âdeta baştan sona kol gezen bir hastalıktır. Biliyorsunuz gelişmiş ülkelerde insanların her birinin, bir avukatı bir de psikiyatrı vardır ve bu iki kişiyle ilişkileri ömür boyu sürer, yani oralarda sadece hasta olunca gidilmez doktora.

— Peki Doktor Hanım neden böyle kasabada değil de şehirde, neden köylüde, çiftçide değil de okumuş yazmışta?

— Aslında sadece şehirlide olur diye kesin bir kural yok ama biliyorsunuz büyük kentlerde yaşamak kolay değil. Bu, sadece trafik ya da kalabalık meselesi değil. Kırsal kesimin insanları sınırları belli, rolü belli, içinde iyi ya da kötü, acı ya da tatlı sürprizleri pek az barındıran düz ve sade bir hayat yaşıyorlar. En yoksulunun bile bugünü de belli, yarını da. İnsanlar tevekkül içinde kaderlerine teslim olur, yaşayıp giderler. Bütün taşlar yerli yerindedir. Başı sonu belli, dümdüz bir yaşam. İnsana düşen sorumluluk çok az, işte böyle olunca da stres çok azalır.

— Doğru be Doktor Hanım. Düşünüyorum da bizim dedelerimizin, ninelerimizin hayatını... Gerçi bizim sahip olduğumuz hiçbir imkâna sahip olmamışlar, bir göz odada, yanı başlarındaki hayvanları ile yaşamışlar, kâh aç kâh tok yatmışlar ama sorunları da küçük olmuş. Allah'a şükredip oturmuşlar işte. Benim annemin ilk çocukları yaşamamış. Dokuz çocuk doğurmuş, biz dördümüz yaşamışız. Yani beş çocuklarını da kendi elleriyle gömmüşler. Buna bile "Allah'ın işi" gözüyle bakmışlar. Acılara bakış tarzları bile başka türlüymüş. "Ölen ölür, kalan sağlar bizimdir," denirmiş. O mu iyi bu mu iyi bilmiyorum ki...

— Bence eskilerin hayatı kolay ama eksikmiş, renksizmiş, düzmüş. Dünya hızla gelişiyor. Bizler zor ama çok renkli, inişli çıkışlı, sürprizlerle dolu bir dünyada yaşıyoruz. Çok şey vaat eden ama her şeyin belirsiz olduğu, ayakta kalabilmek, başarabilmek, uzaktan bize göz kırpan ışıklara ulaşabilmek için çok mücadele etmemizi gerektiren yaldızlı bir dünya. İşte panik atak bu noktada devreye giriyor. Bu mücadeleyi kazanmayı kafaya koymuş, hırslı, cesur, becerikli insanlar, iniş yokuş demeden sürekli koştukları için, bu yarışta daha çok yoruluyor ve daha çok yara alıyorlar. Elindeki ile yetinen, daha fazlasına talip olmayan, bu yarışa girmek yerine, uzaktan göz kırpan yıldızları sadece seyretmekle yetinenler, doğal alarak daha az etkileniyorlar.

— Desenize büyük başın derdi de büyük oluyor. Bizim ailenin motoru benim. Biz dört kardeşiz, üstelik ben en büyük çocuk da değilim. Ağabeyimi siz gördünüz ama bütün işi ben götürürüm, her şey benden sorulur. Şimdi biraz övünmek gibi olacak ama, işleri bu hale ben getirdim. Onlara kalsa biz eskisi gibi küçük bir işletmenin sahibi olarak kalacaktık. Okuyan, üniversiteden diploma alan da benim, çalışıp çabalayıp aileyi refaha kavuşturan da. Her konuda ben karar veririm. Kimse zahmet edip ne yapılması gerektiğini düşünmez bile. Nasıl olsa Yaşar var. Sonra da işlerine gelmeyince itiraz eder, bir de benden hesap sorarlar. Ailede bu role ben mi talip oldum yoksa başka çare yoktu da onun için mi yaptım bilmiyorum ama yoruldum.

— Haklısınız, çok itibarlı ama yorucu, yıpratıcı bir rol. Kimse sizin kadar o parlak ışıkları yakalamayı istemedi, istese bile o yola çıkmayı göze alamadı, onun için de bu rol size kaldı. Çünkü siz bunu hem istiyor hem de bunu yapabilecek gücü ve cesareti kendinizde buluyordunuz. Ve hiç düşünmeden bu savaşa girdiniz.

— Evet tam bir savaş bu.

— Yıllardır kıyasıya mücadele eden, yorulmak, durmak nedir bilmeyen böyle cesur bir savaşçıyı neyle durdurabilirsiniz?

— Neyle mi durdurabiliriz?

— Belli ki boğazınıza kadar strese batmışsınız. Hayatla mücadele etmekten, kendinize hiç sıra gelmemiş. Ruhsal yapınız zorlanmaya başlamış. Bir düdüklü tencereyi düşünün; buhar yoğunlaşmış, kendine çıkacak bir yol arıyor. Patlamamak, dağılmamak, yok olmamak için biriken buharı dışarı atacak bir delik arıyor. Ama sahibi o kadar insafsız ki, ona böyle bir kolaylık tanımıyor. Daraldım, patlamak üzereyim diyor ama sahibi anlamıyor. Böyle bir adamı ufak tefek şikâyetler durdurabilir mi?

— Durduramaz. Ben hayatımda bir gün bile "hastayım, yorgunum," demedim. Nezle grip bile olsam hep işimin başındaydım. Otuz dokuz ateşle seyahat ettiğimi çok bilirim.

— İşte bu nedenle sizi durdurmanın bir tek yolu vardı, sizi korkutmak, hem de çok korkutarak biraz olsun durdurmak ve o biriken enerjiyi bir şekilde dışarı atmak. Peki sizi neyle korkutabilir?

— Beni hem ölümle hem de deli olmakla burun buruna getirdi bu hastalık. Allah kimsenin aklını almasın. Bazen beni öyle sıkıştırdı ki, içimden garip garip şeyler yapmak geldi. El âleme rezil olacağım ya da yakınımdaki insanlara zarar vereceğimden korktum. Çok şükür geride kaldı o günler. Böyle bir şeyi yapmayacağımı biliyorum ama sıkıntı o kadar artıyor ki, kontrolümü kaybetmekten korktum.

— Gördünüz mü, sizi nasıl korkutup kıskıvrak yakalamış ve iki yıl boyunca kıpırdayamamışsınız bile.

— Vallahi aynen öyle oldu. Hastalığa yenildim, o benden güçlü çıktı.

— Yenen de yenilen de sizsiniz. Hastalık sizi yenemese, o birikmiş enerjiyi dışarı atamayacak ve siz bundan daha büyük bir kayba uğrayacaktınız... Yani geçirdiğiniz her panik atakla birlikte, buhar düdüklü tencerenin düdüğünden çıktı, o yoğun birikim dışarı atılmış oldu. Bu, vücudun kendini korumak için kullandığı savunma mekanizmalarından biri. Ancak sonradan silah geri tepti, sizi biraz durdurmak, birikmiş stresten biraz olsun kurtarmak isterken, bu sefer de açtığı deliği kendisi de kapatamadı ve böylece hayatınız felç oldu.

— Bu herkeste mi böyle olur yoksa ben mi beceremedim?

— Genellikle böyle olur. Baştan ruhsal yapıyı rahatlatan bu delik, sonradan onun da başına dert olur.

— Demek bu benim zayıflığımdan değil.

— Değil ya, herkeste böyle oluyor.

— Peki ya irade, daha güçlü bir irade bunu durduramaz mı?

— Size bu hastalığın oluş mekanizmasını anlattım, iradeyle bu krizin önüne çıkmak demek, krizin sizde yaptığı sıkıntıyı biraz daha artırmak demektir. Çünkü o bir kere yola çıkmış, ne yapıp edip o enerjiyi dışarı atacak.

— Buna memnun oldum. Ben mi acizim de bunu durduramıyorum diyordum. Peki şimdi ne yapacağız? Bu her seferinde beni köşeye sıkıştırıp dünyayı bana zindan etmeye devam mı edecek? Buna dur diyemeyecek miyiz?

— Diyeceğiz, dedik bile. Bakın nasıl da durdu.

— Doğru, durdu ama ilaç alıyorum.

— Evet ilaç durdurdu.

— Nasıl yaptı bunu?

— Aldığınız ilaç korkunun ilacı. Korkuyu ve buna bağlı oluşan sıkıntıyı yok etti. Böylece o delikten akacak enerji kalmadı.

— Yani dere kurudu... Peki ya sonra nasıl durduracağız? Yağmur yağar da yine sular gürül gürül akmaya başlarsa...

— Çok hoş bir benzetme. Siz hayatın içine girdiğiniz anda yine yağmur yağacak. Hatta anladığım kadarıyla sizin ki sağanak yağış.

— Bakın işte bu doğru, benim çok hızlı bir hayatım var. Yanımızda yüzlerce kişi çalışıyor. Hiçbir sıkıntım olmasa onların sorumluluğu var omuzlarımda. Sonra ben yufka yürekli bir adamım, herkesin derdi beni ilgilendirir. Kimseye "bana ne" diyemem. Kim hasta, kim sıkışmış filan, her şeyi görürüm. Çocuğu mu olmuş, odunu kömürü mü yok, bilirim. Emekli oluyorlar, yine kurtulamıyorum onlardan. Yok emekli olduktan sonra aldığı para yetecek mi, yok efendim çoluğuna çocuğuna nereden iş bulacak? Kimine kamyon alırım, taşımacılık yapar, kimine ufak bir dükkân açarım. İşte bunlar da benim kendime göre küçük zevklerim.

— Ne güzel zevkleriniz var böyle Yaşar Bey, siz göründüğünüzden daha büyük bir adamsınız galiba?

— Teveccühünüz Doktor Hanım. İnsan iyilik yapar da, bunu anlatırsa bir kıymeti kalmaz o iyiliğin. Ben bunları hiçbir yerde anlatmam, çoğunu ailem bile bilmez. Hani onlardan sakladığımdan değil de, her kafadan bir ses çıkar sonra. Hem hanımların işi belli olmaz. Bu adamlara hava atmaya filan kalkarlar Allah korusun. Ben kızarım böyle şeylere. Gerçi bizim aileden böyle şeyler beklenmez. Belki de şimdi onların günahını alıyorum ama yine de her şeyi bilmeleri gerekmiyor. Diyeceğim o ki, siz benim doktorumsunuz, size içimden gelen her şeyi söylüyorum. Onun için bahsettim bunlardan. Umarım beni yanlış anlamamışsınızdır.

— Sizi yanlış anlamak mümkün mü Yaşar Bey, büyük bir hayranlıkla dinliyorum anlattıklarınızı.

— Aman estağfurullah, beni utandırmayın böyle söyleyerek. Sizin yanınıza nasıl süklüm püklüm geldiğimi unuttunuz mu? Aciz ve korkak bir kedi gibi.

— Yapmayın Yaşar Bey, bu hastalık herkesi böyle yapar... Şimdi gelelim bundan sonra ne yapacağımıza, çünkü bu kronikleşebilen, yani insanlara yerleşmeyi seven, hayatı giderek daraltan, özgürlüğü yok eden bir hastalıktır.

— Doktor Hanım ben yıllardır çalıştığım ve sahibi olduğum işime bile zor gidip geliyordum.

— Yaşar Bey, bundan sonrasında esas olan korkudan korkmamayı öğrenmektir. Bunun bir panik atak olduğu kesinleştiği zaman, bilin ki bu sizi ne öldürür ne de deli eder. Hastalığın böyle bir gücü yoktur.

— Bu kesin mi?

— Evet, bedensel bir hastalık eşlik etmedikçe, insan bu hastalıktan ciddi bir zarar görmez, sadece korkutur.

— Yani kuru gürültü ha?

— Sizin tabirleriniz harika. Tam olarak kuru gürültü. Üstelik hiçbir müdahale ya da tedavi gerektirmeden kendiliğinden geçer.

— Bundan da eminsiniz değil mi? Affedersiniz Doktor Hanım, yine saçma sapan konuşuyorum. Emin olmasanız böyle söylemezsiniz tabii. Bu hastalık insanı o kadar korkutuyor ki.

— İşte hastalık esas gücünü bu yoğun korku duygusundan alıyor. Objesiz korku denir buna. Yani ortada korkacak bir şey yokken, kendiliğinden geliveren, hiçbir şeye bağlanamadığı için de, kişiye doğrudan ölümü hatırlatan berbat bir duygu.

— Peki bununla nasıl başaçıkacağız?

— Başaçıkmamız gerekmiyor, sadece ikiye katlamayın yeter. Yani korkmaktan korkmayın. Bunun bir panik atak olduğunu, kısa bir süre sonra ve size hiç zarar vermeden geçip gideceğini bilin ve bekleyin.

— İşte bunu yapamıyorum. Daha gelmeden gelecek diye korkuyorum. Hele bir de yola çıktığını hissedersem elim ayağım birbirine dolaşıyor, çocuktan beter oluyorum. O anda gözüm hiçbir şey görmüyor. Kendimi hemen bir hastaneye atmak istiyorum.

— Halbuki hiçbir şey yapmanıza gerek yok. Biraz bekleyebilseniz, zaten o kendiliğinden geçecek. Bir top düşünün. Bu topu hızla havaya doğru atsak, belli bir yüksekliğe kadar çıkar ve sonra kendiliğinden tekrar yere düşer. Panik atak işte böyle bir şeydir. Önce giderek yükselir, korku duygusu dayanılmayacak boyutlara ulaştığında tekrar aynı hızla geriler ve kaybolur. Örneğin siz bunu sadece nabzınızı sayarak bile izleyebilirsiniz.

— Nabzım yani kalbim çok hızlı atıyor o zaman.

— Evet, nabız da tansiyon da önce giderek yükselir, sonra da kendiliğinden hepsi birden normale döner.

— Ve ben hemen tuvalete koşarım.

— Evet, çünkü vücut duruma el koymuş, böbrekler her zamankinden daha fazla çalışarak tansiyonu normale çekmiştir. Zaten tuvalet ihtiyacınız başlamışsa bilin ki panik atak sizi terk ediyor.

— Doğru ya, tuvalete gittikten sonra rahatlama başlıyor. Demek önce yükselir sonra kendiliğinden düşer ve hiç tedavi gerektirmeden her şey normale geri döner. Peki ben şimdi yine böyle olursam hemen hastaneye koşmayayım mı?

— Bunu size kesinlikle yasaklıyorum, çünkü gerçekten buna gerek yok. Hastalığın ilacı elinizde. İstediğiniz zaman bir doz fazla alabilirsiniz. Yani siz hastaneyi yanınızda taşıyorsunuz.

— Bakın ilaç cebimde. Orada duruyor mu diye sürekli kontrol ediyorum.

— Bir süre sonra ilacı almayı da, cebinizde taşımayı da unutmaya başlayacaksınız. İşte o zaman hastalığı yendiniz demektir.

— Şimdilik böyle bir ihtimal hiç yok. Her şeyi unutabilirim ama ilacı asla...

— Zaten şu sıralar ilaçlarınızı unutmanızı hiç istemiyorum. Hepsini çok düzenli kullanacaksınız, ama ilaç tedavisine ne zaman son vereceğimiz en az altı ay sonra belli olacak.

— Yani ben en az altı ay ilaç kullanacağım.

— Evet bu kesin. İlaç bırakmak ya da unutmak ancak ondan sonra mümkün.

— Sizce ben ne zaman kurtulabilirim bunlardan, bir tahmininiz var mı?

— Bunu kesin olarak bilemem ama dokuz ay bir yıl arasında bu iş biter.

— Ya sonra?

— Sonrasını o zaman konuşuruz.

— Ne güzel, bu söylediklerinize inanamıyorum. Ama şu anda kendimi o kadar iyi hissediyorum ki, siz ne derseniz aynen uygulayacağım. Gerekirse yıllarca buna devam ederim, yeter ki bu illet beni bıraksın.

— Korkudan korkmamayı da deneyecek misiniz?

— Deneyeceğim. Eskiden olsa bunu kesinlikle yapamazdım ama şimdi kendimi buna hazır hissediyorum. Üstelik bu hastalığın beni öldüremeyeceğini, deli edemeyeceğini bilmek beni biraz daha cesaretlendirdi. Zaten talimatınız üzere bir daha hastaneye gitmeyeceğim.

— Anlaştık, ben size güveniyorum.

— Ben de size güveniyorum. İnsanın doktoruna güvenmesi bu hastalıkta çok önemli. Doktor Hanım, geçen gün size bir hasta göndermiştim, Adana'dan bizim Garip, hatırladınız mı?

— Hatırlamaz olur muyum?

— Çok ilgilenmişsiniz bizim Garip'le. Çok teşekkür ederim size. Farkında mısınız bilmiyorum ama, bir kadının hayatını kurtardınız.

— Demek kurtarabildim, bakın işte buna çok memnun oldum.

— Bizim Garip aslında karıncayı incitmez, bakmayın onun o heybetli görünüşüne. Has adamdır ama bu kadın onu öyle bir değiştirdi ki, onu tanıyan herkes korktu. Eğer size gelmeseydi, şimdiye kadar çoktan katil olup hapse girmişti. Ben açık konuşmayı severim, size yollarken pek ümidimiz yoktu. Öyle kararlıydı ki... Bazen şu kadınları hiç anlamıyorum. Yahu be kadın sen kanına mı susadın, baştan çıkaracak başka birini bulamadın mı? Bu adamın hâlâ ne kadar vahşi olduğunu görmüyor musun? Hadi ne yaptınsa yaptın, kendini o vahşi adama sevdirdin, sonra bırakıp gitmek neden?

— Ama kızın yaşı çok küçükmüş, yani o da cahil.

— Ne cahili Doktor Hanım, laf aramızda kız anasının gözü. Hepimizi sulu götürür, susuz getirir. Ama bir gün birinin elinde kalacak. İyi ki o bizim Garip olmadı. Çok namuslu, çok dürüst bir adamdır Garip. Ne kadar saygılı olduğunu siz de gördünüz. Efendi adamdır. Ben ailesini de tanırım. Hepsi de çok temiz insanlardır. Bizim fabrikada pek çok akrabası çalışır. Hepsi öyledir. Önünden ne kadınlar geldi geçti Garip'in, hiçbirine yan gözle bakmadı ama bu kadın, ne yaptı, etti baştan çıkardı adamı. Kanına susamış. Sahi çok merak ettim, ne dediniz bu adama da, o kızı öldürmekten böyle aniden vazgeçti?

— Ona saygı gösterdim, hürmet ettim, adam yerine koydum önce.

— Evet, sizden nasıl memnun kalmış bir bilseniz. Demek ona hürmet ettiniz. Vay canına, hiç bu aklıma gelmemişti. Bizim söylemediğimiz neyi söyledi acaba diye merak ettik biz. İnsana hürmet etmek bazen çok önemli olabiliyor demek.

— Saygı ve hürmet gören insan kendini saymayı, kendine önem vermeyi öğrenir.

— Benim sizden öğrenmem gereken daha çok şey var. Size tekrar teşekkür ederim. Yine görüşmek üzere Doktor Hanım, hoşça kalın.

— Güle güle Yaşar Bey. Garip Kardeş'e ve ağabeyinize benden selamlar.

— Garip size kardeş olduysa artık sırtı yere gelmez. Sizi tanımak bize onur veriyor Doktor Hanım.

— Sağ olun Yaşar Bey, güle güle.

Çöp Apartman – 7

Bir aydır düzenli olarak haftada iki gün Nerimanların evine gidiyorum. Her seferinde kızlar beni kapıda heyecan ve sevinçle karşılıyorlar. Gülben'in gece işemeleri tamamen kayboldu, ama genel olarak durumlarında henüz başka bir gelişme olmadı. Değişen tek şey umutları. Beni tanıdıkları günden beri hayata daha bir umutla bakıyorlar. Bu yüzden evdeki ağır, gergin ve kasvetli hava giderek dağılıyor... Safiye artık sesini hiç yükseltmiyor, birbirlerine karşı daha bir sevecenler... Babaları hâlâ hastanede ve durumu ciddiyetini koruyor ve kızlar hâlâ onu ziyarete gidemedi. Bu durum beni de tedirgin ediyor.

Her gidişimde önce onların yemek yapmasına nezaret ediyorum, sonra da birlikte yemek yiyip kahve içiyoruz. Safiye fincanları yıkarken, ben yine sayıyorum ama eskiye göre daha çabuk yıkıyor fincanları. Hatta bir yandan da benimle sohbet ettiği için yıkadıklarına bakmıyor bile. Bazen Gülben'le bazen de Safiye'yle yalnız konuşuyoruz. Bugün Safiye'nin günü. Gülben bizi yalnız bırakınca soruyorum;

— Bugün bana biraz çocukluğundan, genç kızlığından bahsetsene Safiye.

— Ne çocukluğu Doktor Hanım, ben hiç çocuk olmadım ki... Evin ilk ve en büyük çocuğu olmanın cezasını çektim hep. Annemle babamın kötü bir evliliği vardı. Babam annemden önce bir başka hanımla evliymiş. Kızların bile haberi yoktur bundan. O kadından bir oğlu olmuş, birbirlerini çok severek evlenmişler. Babam o zaman bir başka ilde görev yapıyormuş. Çocuk hastalanmış, kadın çocuğu doktora götürmek istemiş. Babamı aramış ama babam, "İşim var, ben gelip seni alamam, çocuğu sen götür," demiş. Kadıncağız apar topar çocuğunu alıp bir taksiye binmiş. Tam hastanenin önüne geldiklerinde bir kamyonun freni patlamış ve bu kazada hem babamın ilk eşi hem de bir buçuk yaşındaki oğlu ölmüş. Babam onları kaybedince çok kötü olmuş. Herhalde kendini çok suçlamış. Bir yıl yas tutmuş. Ailesi bu duruma bir çare ararken, bir yerde annemi görmüşler, beğenmişler ve babama sormadan gidip ailesinden istemişler. Annemin ailesi bu evliliği onaylamış çünkü annem o zaman 26 yaşındaymış ve oralarda 26 yaş bir genç kız için oldukça tehlikeli bir yaşmış. Annem aslında güzel bir kadındı ama o da bizim gibi titiz ve huysuzdu. Babamdan önce iki kere nişanlanıp ayrılmış. Aile artık evde kalacağından korkuyormuş ve babam o zamanlar oldukça iyi bir kısmetmiş. Tahsilli, iyi aileden gelen, çok para kazanan, saygın, ciddi bir adam, üstelik çöpsüz üzüm. Hazır evi barkı, kendine ait bir düzeni var. Annemin ailesinin maddi durumu zaten iyi değildi. Annem babamdan habersiz çok yardım etti onlara.

— Peki babana nasıl kabul ettirmişler?

— Artık o kadarını bilmiyorum, apar topar evlendirmişler bunları. Annem babamın eski eşinden kalan eşyaları kullanmak istememiş ama ilk zamanlar hiçbir şeye itiraz edememiş. Neyse kısa bir süre sonra babamın tayini başka bir yere çıkmış ve annem istediğini yaptırmış.

— Bunları annen mi anlattı sana?

— Yok, annem bunu benim bildiğimi bilmezdi. Anneannemden duydum ben bunları. Çok gizli kalmak kaydıyla o bana her şeyi anlatırdı.

— Peki ya sen, bunu hiç kimseye anlatmadın mı?

— Hayır, kardeşlerime bile söylemedim. İlk kez size anlatıyorum. Bir gün bunları birine anlatabileceğime rüyamda görsem inanmazdım. Anneannem öldüğünde ben 11 yaşındaydım. O hayattayken her sene yazın annem bizi toplar, on beş günlüğüne memlekete giderdik. Aslında annemle anneannem birbirlerini hiç sevmezlerdi. Annem onu mutsuzluğunun tek sebebi olarak görürdü. Anneannem de, "Ben onu zorla evlendirmeseydim, böyle kocayı rüyasında görürdü o, evde kalıp kız kurusu olacaktı başıma," derdi.

— Seni sever miydi anneannen?

— Bilmem, o da annem gibiydi. İçi öfke dolu yani. Annem bir şeylerle uğraşırken beni esir alır, boyuna anlatır, içini boşaltırdı bana. Anneme söyleyemediklerini bana söylerdi. "Buruk kız" derdi anneme.

— O ne demek?

— Bilmem, ekşi suratlı demek galiba.

— Demek annen size isim takmayı ondan öğrenmiş.

— Ondan öğrenmiş tabii. Aslında annem okumaya, öğrenmeye meraklı bir kadınmış. Anneannem çok cahildi. Beş çocuğu olmuş, dört kız, bir oğlan. Dayım evde prens gibiydi. Kızların yüzüne bakan olmazdı. Her biri iyi kötü bir koca bulup evlenmişler. Hiçbirinin kocası babam gibi değildi. Onlar orta halli insanlar. Babam gibi kocayı annem gerçekten rüyasında bile göremezmiş. Babamın ilk karısı ölmeseymiş, zaten annemi almazmış. Almış da iyi mi olmuş, orasını bilemiyorum çünkü ikisi de mutsuz oldu. Ne annemin yüzü güldü, ne babamın ne de bizim.

— Birbirlerini sevmediler mi?

— Bence annem babamı sevdi, ona yaranabilmek için yapmadığı kalmadı ama annem ruhu karanlık bir kadındı. Onu sevmek kolay değildi.

— O ne demek?

— Güzeldi, becerikliydi, temizdi ama soğuk, itici, buruk bir kadındı.

— Buruktu ha?

— Ay öyle mi dedim? Ne tuhaf, ama bazen isimler nasıl da yerlerini buluyor. Annem bana "Deli Dudu" derdi. Doğru aslında. İlk geldiğiniz gün sizin yanınızda Gülben'e nasıl "Pis Südüklü" diye bağırdığımı unuttunuz mu?

— Hayır unutmadım ama böyle giderse unutacağım.

— Sağ ol Doktor Hanım, beni cesaretlendiriyorsunuz.

— Safiye bugün fincanları ne kadar çabuk yıkadığını fark ettin mi?

— Sahi çabuk yıkadım değil mi? Artık kendi başıma az da olsa evde bir şeyler yapabiliyorum ama daha bir fırın ekmek yemem lazım.

— Olsun, her şeyin bir başlangıcı vardır. İnşallah bunlar da senin iyileşmeye başladığının habercisidir.

— İnşallah Doktor Hanım.

— Çocukluğundan bahsediyordun.

— Çocukluğumdan aklımda kalan hiç güzel bir şey yok. Annemin buruk yüzü, babamın suskunluğu ve biz çocukların çaresizliği hiç gitmiyor aklımdan. Annem her kız doğuruşunda öfkesini benden aldı. Tükürür gibi bakardı yüzüme. "Neden kız oldunuz," dediğini duyar gibi olurdum hep. İlk regl olduğumda 11 yaşındaydım. Annem mutfakta fasulye ayıklıyordu. Çok korktum. Bunu anneme nasıl söyleyeceğimi bilemedim. Yanına gittim, başım önümde, fısıldar gibi anlattım ona olanları. O anda elindeki bıçakla beni öldürecek sandım. Öyle bir baktı ki bana... Sonra, "Bu yaşta aybaşı mı olunur, azgın kız. Çık hemen mutfaktan, cenabetsin sen," diye bağırdı bana.

— O gün annen sana kendinden iğrenmeyi öğretmiş.

— Hele regl günlerimde sıkıntıdan kabıma sığamam hâlâ.

— Demek fasulyeler onun için tek tek ve defalarca sabunlanıyor.

— Fasulyeler mi?

— Fasulyeler ya...

— Hiç böyle düşünmemiştim ama en zor pişirdiğim yemek hep fasulye oldu. Bir türlü temizleyemedim onları. Ah ne şanssız bir kızmışım ben. Şu dünyaya erkek olarak gelmek varmış. Hep bunu hayal ettim yıllarca.

— Ne tür hayaller?

— Ben erkek olsaydım babam annemi, annem de beni sevecek sanırdım. Daha doğrusu annem böyle düşünürdü. Eğer erkek çocuk doğurabilse, babamın onu seveceğini zannederdi.

— Sen ne düşünüyorsun?

— Şimdi şimdi anlıyorum ki, annem ağzıyla kuş tutsa babama yine de kendini sevdiremezmiş çünkü onun aklı ilk karısında kalmış. Babamın ilk karısı anneme hiç benzemezmiş. Neşeli, konuşkan, güler yüzlü, sevecen bir kadınmış. Bütün memleket severmiş onu. Mütevazı, insanlarla iyi geçinen, rahat biriymiş o. Yani annemin tam tersi. Annem kendini beğenmiş bir kadındı. Sultanlara selam vermezdi. Adamcağız kaderine razı olmuş ve hiç sorun çıkarmadan yıllarca tahammül etmiş anneme. Ama annem intikamını fena aldı babamdan.

— Neyin intikamı?

— Sevilmenin intikamı. Adamcağızı evinde oturtmadı. Daha kapıda başlardı adamı soymaya. Yorgun argın işten gelir, rahatça evine girip sere serpe oturamazdı. Elbiselerini kapıda çıkarttırır, neredeyse baştan aşağı adamı soyar, öyle alırdı içeri. O da eve gelmemek için elinden geleni yapar, gece yarılarına kadar çalışır, hafta sonları bile işe giderdi. Ama bu arada evde neler oluyor, biz ne haldeyiz hiç haberi olmazdı. Bizi de sevmedi galiba.

— Onu da nereden çıkardın?

— Bilmem, bize hiç dokunmadı desem yalan olmaz. Ama hiç kötü davranmadı, dövmedi, sövmedi, her ihtiyacımızı karşıladı. Bunlar sevdiğini gösterir mi sizce?

— Sevmek dokunmaktır gibi gelir bana.

— Bize kimse dokunmadı. Ne annem ne babam. Ha annem dokundu, en çok bizi döverken dokundu. Onda da zaten pek elini kullanmaz, bazen oklavayla, bazen süpürgeyle döverdi bizi. Hiç acımazdı bize vururken. Bir anne gibi içi sızlamazdı yani. Ben anne olmadım ama insanın yavrusuna biraz içi sızlar gibi geliyor bana. Hayvanlar bile kıyamıyorlar yavrularına. Ama o bize kıydı.

— Çok canın yanar mıydı?

— Canım değil, içim yanardı. Tuhaf ama dayaktan günlerce hasta yattığım zamanlarda bile vücudumda acı hissetmezdim. Yüreğimde volkanlar patlardı. En çok da beni değil, kardeşlerimi dövdüğü zaman kudururdum. Gülben'in beline vururdu oklavayı. Nasıl sakat kalmadık hâlâ şaşıyorum. Gerçi biz üçümüz iyi kötü hayatta kalabildik, ötekilerin bizim kadar da şansı yokmuş.

— Neden?

— Neden olacak, bakımsızlıktan, açlıktan. Kız doğurduğunu görünce düşman olurdu çocuğa. Ben o zamanlar küçüktüm, elimden bir şey gelmezdi. Ama Neriman'ı öldüremedi, izin vermedim buna.

— O günleri anlatsana.

— Öyle zor ki bazı şeyleri anlatmak. Emzirmedi çocuğu. "Hastayım ben," der, yatağından çıkmazdı. Ona hep ben baktım. Biraz ele gelmeye başlayınca onu da hırpalamak istedi. Hareketli bir çocuktu Neriman. Ne zaman onu dövecek olsa, ben dikilirdim karşısına. Okula gitmeye korkardım. Ben yokken o zavallıya neler yapabileceğinden korkardım. Onun yüzünden bana öyle çok eziyet etti ki... "Sen karışma, bu evin kuralları var, o da öğrenecek bunları," derdi. Zor günlerdi o günler... Neyse, sonunda o da büyümeyi başardı.

— Demek Neriman bugün hayattaysa bunu sana borçlu. Çok fedakâr bir kızsın sen. Okul hayatından hiç söz etmedin.

— Ben lise ikiye kadar okudum, sonra o iş bitti.

— Neden?

— Aslında çok iyi bir öğrenciydim. Lise ikide aynı sınıfta okuduğumuz bir delikanlı vardı. Evleri hemen bizim evin yanındaydı. Okula beraber gider gelirdik. Galiba bana âşık olmuştu. Bunu hissetmek benim de hoşuma gidiyor ama açıkça bir şeyler konuşmuyorduk. Bir süre sonra annem, bizim okula beraber gidip geldiğimizi duymuş. Beni karşısına aldı, ne orospuluğum kaldı, ne kahpeliğim. Bir daha birlikte yürümemizi yasakladı. Ertesi gün Mehmet'e,

"Annem kızıyor, bir daha benim yanıma gelme," dedim. O günden sonra birbirimize sadece uzaktan bakabildik. Senenin sonuna doğru benim doğum günümde bana küçük bir hediye almış, onu vermek üzere yolda yanıma geldi. Tam o sırada uzaktan annemin "Safiye," diye bağıran sesini duyduk. O korkuyla, "Çabuk git yanımdan," dediğimi hatırlıyorum. Sonra koca bir otobüsün fren sesi ve kanlar içinde otobüsün altında yatan zavallı çocuk. Bana olan ilgisini hayatıyla ödedi zavallı. Henüz 17 yaşındaydı. Ben yaşadım, o öldü. Ne adaletsizlik. Nerden bilsin benim ne kadar uğursuz bir kız olduğumu.

— Ne uğursuzluğu, nerden çıkarıyorsun bunları?

— Annem bana, "Sen uğursuz geldin bize," derdi. Haklıymış. Mehmet o gün benim yanıma gelmeseydi, bugün hayatta olacaktı. Benim uğursuzluğum yüzünden öldü. Aslan gibi bir delikanlıydı. Ben Mehmet'i öyle görünce taş kesildim, kesseler kanım akmayacaktı sanki. Bağıramadım, ağlayamadım, öylece kalakaldım. O sırada annem geldi yanıma. Beni kolumdan tuttuğu gibi sürüklemeye başladı. Eve nasıl geldik hatırlamıyorum. Sonra beni dövmeye başladı. Bir yandan "Uğursuz kız, el âleme rezil ettin bizi," diye bağırıyor, bir yandan ayağından çıkardığı ayakkabısıyla dövüyordu. O gün dövülmekten ne kadar hoşlandığımı ve rahatladığımı anlatamam size. Annem bana vurdukça sanki içimdeki pislik dağılıyor, temizleniyordum. Hiç acı duymadım desem yalan olmaz, halbuki o gün vücudumda kırılmadık kemik kalmamış. Bir süre sonra annem yoruldu ama ben vazgeçmesin diye, onu kızdırabilecek ne varsa yaptım.

— Ne yaptın?

— "Mehmet'i sen öldürdün, keşke sen ölseydin," filan dediğimi hatırlıyorum. Annem benim ona karşı gelmeme alışkın değildir. Deliye döndü. Bu sefer oklavayı kaptı, onunla vurmaya başladı bana.

— Evde başka kimse yok muydu?

— Yoktu. Kızlar henüz okuldan gelmemişti. Annem o gün benim doğum günüm olduğunu biliyordu. Hiç sevmezdi doğum günlerini. Her doğum günümüzde bir bahane bulur, kıyameti koparırdı bize. Ayrıca çok zeki ve akıllı bir kadındı. Doğum günümde Mehmet'in benim yanıma geleceğini tahmin etmiştir o. Yani okula, bizi birlikte yakalamaya geliyordu. Mehmet'in bana doğru geldiğini görünce ödüm koptu ama her şey o kadar hızlı oldu ki, durduramadım onu.

— Böyle olacağını bilemezdin ki...

— Bu kadarını bilemezdim tabii ama onun benim yanıma gelmesini gerçekten istemiyordum.

— Neden?

— Ben ona layık değildim, o iyi bir çocuktu. Ben ona sorundan başka bir şey getirmeyecektim. Ailenin tek oğluydu. O ölünce ailesi deliye döndü. Ben bir daha okula gidemedim. Onların evinin önünden geçemedim. O günden sonra dünyayla ilişkilerim neredeyse tamamen kesildi. Bir sürü arkadaşım vardı. Biri bile beni ziyarete gelmedi, sana ne oldu diye soran olmadı. Herkes Mehmet'in evine gitti. Bana "katil" dediklerini düşündüm hep. "Senin yüzünden öldü Mehmet, uğursuz kız, katil kız," dediler bana rüyalarımda. Geceleri sabahlara kadar Tanrı'ya dua ederdim, beni de öldür diye. Ama öldürmedi. Günahlarımın cezası bitmeden beni öldürmeyeceğini anladım o zaman.

— Neymiş senin günahların?

— Ben günahkâr bir kızım, sakın bunun aksini iddia etmeye kalkışmayın. Henüz her şeyi bilmiyorsunuz siz.

— Tamam, hemen kızma. Ama kendine haksızlık etmeni istemem doğrusu.

— Bana baştan hayat haksızlık etmiş Doktor Hanım. Bir kere dünyaya erkek olarak değil, kız olarak gelmişim. İkincisi sevgisiz bir anneden doğmuşum ve üçüncüsü de bütün bunlara sahip bir başkası benim uğursuzluğum yüzünden daha 17 yaşında hayata veda etmiş.

— Peki bu olaydan sonra annen ne yaptı?

— Annem o gün beni dövmekten yorgun düştü ve sonunda yığılıp kaldı. İlk kalp krizini o gün geçirdi annem.

— ...

— Siz bile söyleyecek bir şey bulamadınız değil mi? Uğursuzum ben. Koskoca Meryem Hanım beni döverken yıkılıverdi yere. Bir süre ikimiz de yerde öylece yattık. Benim yüzüm gözüm mosmordu. İstesem de kalkamıyordum yerden. Ama aklım başımdaydı. Bir de baktım annem ölüyor. "Bırakayım ölsün," dedim içimden. Mehmet öldü, o da ölsün. Zaten onun ölmesini istemiyor muydum, keşke sen ölseydin diye bağıran ben değil miydim? Sonra bilmem neden kalkıp telefonun başına gittim. Biraz sonra ambulans geldi. İkimizi birden hastaneye götürdüler. Ayrı ayrı servislere yatırdılar ikimizi de. Sonra hastane polisi beni sorguya çekti. "Neler oldu sizin evde," diye. Çünkü sol kolum iki yerinden kırılmış ve bütün vücudum yara bere içindeymiş. Ben, "Arkadaşım kaza geçirip öldü, ben de üzüntüden ve heyecandan evin merdivenlerinden düştüm, annem de beni böyle görünce çok korktu, düşüp bayıldı," dedim.

— Bu senaryoyu nasıl yazdın?

— Bilmem, hemen oracıkta aklıma geliverdi işte.

— Yani anneni yasalara karşı korudun.

— Öyle mi yapmışım?

— Gerçeği söyleseydin annen yasalar karşısında cezalı duruma düşecekti.

— Annemi Allah affetsin.

— Sen affettin mi?

— Ben mi?

— Evet sen.

— Annem onu affetmemi benden hiç istemedi ki... Ona göre asıl suçlu hep bendim. Hastaneden çıktıktan sonra yıllarca hep yine beni suçladı. Mehmet'in ölümünden de, kendi geçirdiği kalp krizinden de beni sorumlu tuttu. "Dişi köpek kuyruk sallamasa, erkek köpek etrafında dolaşmaz," derdi.

— Peki bu arada baban ne yaptı?

— Hiç, hastaneye geldi gitti, doktorlarla görüştü. İkimize de en iyi şekilde bakılmasını sağladı ama bir gün bile bana o gün ne olduğunu sormadı.

— Neden sormuyor?

— Neler olduğunu tahmin etmiştir belki de. Annemin bizi nasıl dövdüğünü bilmez olur mu? Demek ki sormak işine gelmedi.

— Kardeşlerin ne yaptı?

— Onlar hastaneye gelmediler, daha doğrusu onları oraya getiren olmadı. Eve çıkınca onlar da soru sormadı. Annemden dayak yediğimi anladılar ama gerisi bir sır olarak kaldı. Mehmet'i de annemin neden hastalandığını da hiç konuşmadık.

— Demek böyle, o günden sonra bir daha okula da gitmedin öyle mi?

— Gitmedim, zaten kimse de "Neden gitmiyorsun?" demedi. En doğrusu bu gibi geldi onlara da. Herkes annemin Mehmet'e üzüldüğünden hastalandığını sandı. Sanırım benim için de öyle düşündüler. Mehmet'in ailesi ertesi yıl başka bir şehre taşındı. Yani kaybolup gittiler. Annem o günden sonra bir daha eski sağlığına kavuşamadı. İki kere ameliyat oldu. Hep ben baktım ona. Sonunda yine bir gün evde ikimiz yalnızken öldü annem.

— Çok acılı bir hikâye. Bu evde mi öldü annen?

— Evet, şimdi benim yattığım odada öldü. Babam bir daha o odaya girmek istemeyince mecburen orası benim odam oldu.

— Nasıl oldu annenin ölümü?

— Son ana kadar beni suçlamaktan vazgeçmedi. Yıllarca ona öyle dikkatli baktım ki ama hiçbiri işe yaramadı. Hani siz biraz önce bana sordunuz ya "Anneni affettin mi," diye.

— Evet sordum.

— Asıl o beni affetmedi. Son sözü ne oldu biliyor musunuz? "Pis uğursuz, senin yüzünden ölüyorum. Öbür tarafta iki elim yakanda olacak. Bunlar yanına kâr kalacak sanma sakın."

— Demek ölürken bile böyle dedi.

— Böyle dedi ya. Bugüne kadar intihar etmedimse, bunda annemin payı çoktur. Madem o benim yüzümden hastalanmıştı, ona bakmak da benim görevimdi. O ölünce de, öbür tarafa gitmekten korktum. Orada bile rahat vermeyeceğinden korktum hep. "İki elim yakanda," dedi bana.

— Bu iki ölümden de kendini mi sorumlu tutuyorsun?

— Sakın beni teselli etmeye çalışmayın. Benim aklım başımda, neyin doğru, neyin yanlış olduğunu biliyorum.

— Doktorlar insanları teselli etmez, sadece gerçekleri göstermeye çalışır Safiye. Elinde olsa Mehmet'in ölmesine izin verir miydin? Şimdi lütfen sen de gerçekleri söyle bana.

— Ah benim dertli başım. Onun yerine ben ölseydim keşke. Şu dünyadan bir pislik temizlenmiş olurdu.

— Yıllardır süren bitmez tükenmez yıkanmaların nedenini anlıyor musun şimdi?

— Yıkanmaların mı?

— Tabii ya. Ne kadar yıkarsan yıka, ne kendini temizleyebildin, ne de eşyalarını.

— İçim pis benim, hiçbir şey temizlemiyor beni.

— İçin pis değil, altın gibi bir kalbin var aslında.

— Gerçekten böyle mi düşünüyorsunuz?

— Evet, gerçekten böyle düşünüyorum. Mehmet'in ölümünde senin ne suçun var, üstelik belki de en az ailesi kadar üzüldün ona. Bu kötü bir rastlantı.

— Kader bu, kötü kader.

— Evet, ve bütün bunlar senin elinde değildi. Mehmet'in ölümünün senin kötü ya da uğursuz olmanla bir ilgisi yok.

— Dünyada beni seven, benim varlığımdan rahatsız olmayan bir tek kişi vardı, o da benim yüzümden öldü. Bu uğursuzluk değil mi sizce?

— Uğursuzluk ne biçim bir söz, çok anlamsız. Tanrı'nın yarattığı en üstün varlık olan insana "uğursuz" demek bence kimsenin haddine düşmemiş.

— Kızdınız siz. İnsan denen mahluku bu kadar çok mu seviyorsunuz?

— Seviyorum ya, günahıyla, sevabıyla seviyorum insanları.

— İlk günden beri benden nefret etmediğinizin farkındayım. Ne tuhaf, halbuki ne kadar pis olduğumu görüyorsunuz. Pislikten kokuyorum.

— Evet kokuyorsun.

— Yine de benden iğrenmediğinize göre, siz insanları gerçekten çok seviyorsunuz.

— Evet öyle.

— Bir insan günahıyla da sevilebilir mi?

— Günahsız insan var mıdır acaba? Hepimizin yaşamımız boyunca mutlaka yanlışları olmuştur.

— "Hatasız kul olmaz, hatamla sev beni." Bu şarkıyı biliyor musunuz?

— Orhan Gencebay söyler. Bilmez olur muyum. Bizim gençliğimizin şarkıları onlar.

— Ben bunlar sadece şarkılarda olur sanırdım. Siz demek hatalarına rağmen insanları sevebiliyorsunuz.

— Marifet bu zaten. Mükemmeli sevmek marifet değil ki...

— Bu taş bana, değil mi?

— Anladın demek, sana tabii. Keşke daha hoşgörülü olabilsen. Hem kendine hem de başkalarına karşı.

— Bana kimse hoşgörülü olmadı ki... Yasaklar, kurallar ve cezalarla yetiştim ben.

— Bak bunda haklısın. Annen hoşgörüsü hiç olmayan, çok katı, kuralcı bir kadınmış. Hep cezalandırmış seni ama farkında mısın, şimdi de aynı şeyi sen kendine yapıyorsun. Sürekli kendini yargılıyor ve cezalandırıyorsun. Yani anneni aratmıyorsun hani.

— Annem kadar katı mıyım yani?

— Bilmem belki de daha katısın.

— Annemin ölümüyle ilgili ne düşünüyorsunuz, bütün olan biteni anlattım size.

— Ne söylememi istiyorsun, annen senin yüzünden ölmüş mü dememem gerekiyor.

— Öyle değil mi?

— O gün seni dövmesini ona sen mi söyledin?

— Beni dövmek için o zaman haklı bir sebebi vardı.

— Neymiş o haklı sebep?

— Canım biliyorsunuz işte, bizi yolda Mehmet'le yan yana yakaladı.

— Bu çok büyük cezalar gerektiren bir suç mu sence?

— Değil mi, sizin kızınız böyle bir şey yapsa, kızmaz mıydınız?

— Bir erkek arkadaşı ile yolda beraber yürüdü diye mi?

— Ama Mehmet benden hoşlanıyordu.

— Ne kötülük var bunda, ilerde senin de bir kızın olursa, bunlara kızacak mısın?

— Ay benim kafam iyice karıştı. Demek bunlar suç sayılmayabilir, peki ama annem beni döverken, onu kışkırttım. Belki bir süre sonra yani yorulunca vazgeçecekti beni dövmekten.

— Neredeyse anneni haklı bulduğunu söyleyeceksin.

— Siz annemi haklı bulmadınız mı?

— Annen seni öldüresiye döverken onu nasıl haklı bulabilirim Safiye? İnsan çocuğunu böyle döver mi?

— Siz hiç çocuğunuzu dövdünüz mü?

— Ben mi, asla. Onlar benim canım, olabildiğince çok sevdim ben onları.

— Hiç hata yapmadılar mı?

— Mümkün mü böyle bir şey. Sence hata ne demek.

— Kurallara uymamak demek.

— Kim koyuyor bu kuralları?

— Bazen Tanrı bazen de toplum.

— Peki bu kurallar neden konuyor?

— Bilmem, hepsinin bir sebebi vardır herhalde.

— Haklısın, bu kurallar insanlar bir arada daha mutlu ve huzurlu yaşasın diye konuyor, yani aslında her şey insan için. Sen bu kuralları dayak yemeden, bu kadar ağır bir şekilde cezalandırılmadan öğrenemez miydin?

— Sizin çocuğunuz öğrendi mi?

— Sence öğrenmiş midir?

— Siz benim annemden o kadar farklısınız ki... Sizin çocuğunuz kimbilir nasıl mükemmel biridir.

— Bak yine yanıldın. Ben onların mükemmel değil, sağlıklı, mutlu ve huzurlu olmalarını istedim. Bunun için de en çok ihtiyaçları olan şey nedir biliyor musun?

— Hoşgörü galiba.

— Sen gerçekten zeki bir kadınsın. Bugüne kadar kimse sana hoşgörülü davranmadığı için, sen hayatta en çok ihtiyaç duyduğumuz şeyi öğrenememişsin ama vakit çok geç sayılmaz Safiye.

— Bilmem ki.

— Üstelik annenin ölümünden kendini sorumlu tutmanı doğru bulmuyorum. Bir kere annen seni fena halde döverken geçiriyor bu krizi.

— Ama tam da o sırada ben Mehmet yerine onun ölmesini istiyordum.

— Bundan doğal ne var. Bu kadar dayağı kim yese kızar, öfkelenir. Öfke nasıl bir duygudur biliyor musun?

— Bilmez olur muyum, bunu benden iyi kimse bilemez.

— Tarif et öyleyse.

— Nasıl tarif edeyim, insanı boğan, içine gülle gibi oturan bir duygu işte.

— Dışa yansımazsa dediğin doğru. Aslında öfke, karşı tarafa zarar verme isteğidir ve hemen bütün insanların hiç yabancısı olmadığı bir duygudur.

— Siz de öfkelenir misiniz?

— Ne biçim soru bu, tabii öfkelenirim, hem de sık sık.

— Yani siz de başkalarına zarar vermek istersiniz.

— Evet aynen öyle Safiye ama ben de senin gibi bu duyguyla bir şekilde başaçıkar, insanlara zarar vermem, sadece biraz söylenirim o kadar.

— Yani ben de sizin gibi mi yapıyorum?

— Evet, içinden annenin ölmesini isterken, yerinden kalkamazken, ambulans çağırıp duygularının tam tersini yapıyor ve annenin yaşamasını sağlıyorsun. Zamanında müdahale edilmeseydi belki de o gün ölecekti annen. Ayrıca polise verdiğin ifadeyle onu bu sefer de yasalar karşısında ceza almaktan kurtarıyorsun. Bu da yetmiyor, okula gitmeyip annene yıllarca bakıyor, hizmet ediyorsun. Daha ne yapsaydın yani?

— Bana öyle şeyler söylediniz ki... İşin tuhafı bütün bunları inanarak söylüyorsunuz. Sanki üzerimden bir yük kalktı, içim boşaldı. Size minnettarım Doktor Hanım. Bugün yine çok vaktinizi aldım. Benim gibi birine bu kadar zaman ayırmanız, böyle uğraşmanız öyle garibime gidiyor ki... Kendimi sizin yanınızda "önemli" hissediyorum. Bugüne kadar hiç hissetmediğim kadar önemli.

— Böyle düşünmen ne güzel. İlk defa olumlu bir şeyler çıkıyor ağzından. Hadi bakalım ben artık gideyim. İlk fırsatta yine geleceğim ama biraz daha temiz bir eve gelmek ve şu mutfak köşelerinden kurtulup temiz bir salonda oturmak isterim, ne dersin?

— Sizi çok iyi anlıyorum, elimden geleni yapacağım.

— Ama kendini çok yorma olur mu?

— Tamam Doktor Hanım, siz de çok yormayın kendinizi.

Safiye beni kapıya kadar uğurluyor.

Merdivenlerden inerken, çok acıklı bir filmden çıkmış gibi hissediyorum kendimi. Neler anlattı bu kız bana. Bu ne acımasızlık, bu ne vahşet... Kimse durup dururken bu hale gelmiyor. Zavallı Safiye. Nasıl bir anneden dünyaya geldiğimiz ne kadar önemli... İşte bu tam bir şans ve kısmet işi. Ailemizi kendimiz seçmiyoruz. Ama bu kadarına da pes doğrusu. Anlattıklarından öyle çok etkilendim ki, onu dinlerken ağlamamak için zor tuttum kendimi... Ben dinlerken ne hale geldim, bu kız nasıl dayanmış bu eziyete? Zaten dayanamamış, durumu içler acısı...

Hay Allah, çok etkilendim, biraz daha profesyonel olabilmeyi ne zaman öğreneceğim?

Binbir Gece Masalı – 1

İki gündür Bolu Gölköy'deydik. Gölköy'de Devlet Su İşleri'nin çok güzel bir konukevi var. Sevgili hocam Prof. Dr. Dikmen Arıbal bizim için bu hafta sonu orada yer ayırtmış. On beş kişilik bir grup olarak hafta sonunu orada geçirdik. Mevsim kış. İki gün boyunca hiç durmadan kar yağdı. Her taraf çam. Ortada harika bir göl var. Yeşil, mavi ve beyazın muhteşem kompozisyonunu seyretmeye doyamadık. Gölün rengi sürekli değişiyor. Griden maviye, yeşile, laciverte doğru ağır ağır akarken pırıl pırıl ışıldıyor, bazen de ağlamaya hazırlanan bir çocuğun gözleri gibi buğulanıyor. Bütün zarafetiyle göklere uzanan çamlar, bembeyaz karın altında, yatağından gelinliğinin eteklerini toplayarak kalkan yeni gelinlere benziyor.

Konukevinin müdürü İsmail Bey bizi kendi evimizdeymişiz gibi hissettirebilmek için elinden geleni yapıyor. Konukevinin tüm personeli son derece çalışkan ve güler yüzlü insanlar. Her taraf tertemiz, pırıl pırıl. Yemekler lezzetli, odalar sıcacık. İki gün nasıl geçti anlamadık. Grup da çok neşeli. Yirmi beş yıldır birlikteyiz hepsiyle, artık akrabadan yakın olduk. İnsanın bu kadar eski ve candan arkadaşları olması ne büyük şans. Hepimiz bunun değerini biliyoruz. Geçen yıllar daha kalabalıktık. Son bir yılda grup iki kayıp verdi. Bu yıl yanımızda değil, kalbimizde götürdük onları. Güzelliğin bu kadarı insanı hüzünlendiriyor. Dünya bu kadar güzelken bırakıp gitmek neden?

Pazartesi sabah yola çıkıyoruz. Harika bir hafta sonu geçirdikten sonra kendimi dinlenmiş ve enerjik hissediyorum.

Muayenehane sıcacık. Tuna her zamanki güler yüzüyle karşılıyor beni. Bir yandan paltomu çıkarırken bir yandan yaşadığım güzellikleri anlatıyorum ona.

— Siz yine iki arada bir derede bir şeyler yazmışsınızdır.

— Yazmaz olur muyum? Hele o manzarayı seyrederken kitaba alacağım bölümleri yazmak ne kadar keyifli oluyor bir bilsen.

— Arkadaşlarınız kızmadı mı? Bu ara onları çok ihmal ediyorsunuz?

— Kızmaz olurlar mı? "Yeter artık biraz da bizimle beraber ol," diye tutturdular.

— İyi iyi hem yazmış, hem dinlenmişsiniz. Çok iyi olmuş. Şimdi ben size bir de şekerli sabah kahvesi yaparım. İçmediniz değil mi?

— Hayır içmedim.

— Hazırsanız ilk hastamızı alalım mı?

— Hazırım. Kim geliyor?

— Efendim Ankara dışından geliyorlar. Karı-koca ikisi birden randevu aldı. Uzaktan geldikleri için zaman kısıtlaması olmasın diye üç seanslık randevuları var. Galiba sizinle konuşmak istedikleri önemli şeyler var.

— Tamam buyursunlar. Önce hangisi gelecek.

— Nihal Hanım'ı önce alacağım. Nihal Karahan.

Kapı hafifçe vuruluyor. Esmer, yeşil gözlü olağanüstü güzel bir hanım giriyor içeri. Çok şık. Parlament mavisi bir döpiyes var üzerinde. Yakasındaki pırlantalar ve elmaslarla süslü antika gül dalı göz alıyor. Uzun boylu, vücudu bir manken kadar güzel ve zarif. Doğanın o muhteşem güzelliklerinin ardından bir başka doğa mucizesi oturuyor karşımda. Hayranlıkla bakıyorum ona.

— Hoş geldiniz Nihal Hanım.

— Hoş bulduk efendim. Bizim oralardan size çok gelen olmuş. Onlardan aldık adresinizi. Eşim beni çok doktora götürdü ama bir türlü iyi olamadım.

Hayranlıkla baktığım bu doğa harikası, konuşmaya başlar başlamaz büyü bozuluyor. Bu kadın hiç konuşmadan oturmalı. Sesi görüntüsüne hiç uymuyor. İnsanların sesi, tonlaması, diksiyonu ne kadar önemli. Henüz hakkında hiçbir şey bilmiyorum ama eğitim ve kültür seviyesinin pek yüksek olmadığını hissediyorum. O hiç ara vermeden konuşmaya devam ediyor.

— Benim yıllardır içim sıkılıyor, her yanım uyuşuyor. Geceleri uyuyamıyorum. Elim ayağım titriyor, midem bulanıyor, hiçbir şey yiyemiyorum. Sık sık başım dönüyor, düşecek gibi oluyorum.

Sürekli sızlanan mızmız çocuklara benziyor. Hiç susmadan sürekli anlatıyor. Her tür hastalık onda. Belli ki mutsuz. Bu kadar güzel, bu kadar şık ve bakımlı, her halinden varlıklı bir aileye mensup biri olduğunu hissettiren bu kadın neden bu kadar mutsuz acaba? Anlattıkça anlıyorum ki evliliği iyi gitmiyor. Yine mi yoksul ailenin güzel kızı ile zengin ailenin on para etmez aptal oğlunun evlilik hikâyesini dinleyeceğim acaba?

— Ben orta halli bir ailenin kızıydım. Beş kardeştik. Babam sert, otoriter bir adamdır. Küçük bir memur maaşıyla büyüttü bizi. Annem ev hanımı. Bizi büyütüp adam edebilmek için saçını süpürge etti. Ben kız enstitüsü mezunuyum. Daha fazla okuyamadım. Diğer kardeşlerim benim kadar da okuyamadılar. Ailemin tek ümidi bendim, "Bu kız çok güzel, nasıl olsa iyi bir koca bulur ailemizi kurtarır," diyorlardı. Bu yüzden çok özen gösterirlerdi bana. Gerçekten de öyle oldu. Çok varlıklı bir aileye gelin oldum. İstanbul Hilton'da dillere destan bir düğünle evlendik. Balayımızı Avrupa'da geçirdik, sonra memlekete döndük. Koca bir köşkte oturuyorum. Eşim memleketin en tanınmış ailesinin oğlu. Köşkte hizmetçiler, uşaklar bana hizmet ediyor. Elimi sıcak sudan soğuk suya sürdürmediler. Düğünde çok değerli takılar taktılar.

Birkaç ay içinde hamile kaldım. Şimdi oğlum büyüdü, eşim başka çocuk istemedi. Annem, babam ve kardeşlerimin durumu iyi. Memleketteki bütün genç kızlar bana gıpta ediyor. Ama kadere bakın ki bu hastalık evlendiğim günden beri peşimi bırakmıyor. Şikâyetlerimin biri bitip biri başlıyor. Bazen durup dururken bayılıyorum. Herkes benim durumuma çok üzülüyor. Önce memleketteki doktorlar geldi eve, sonra civar illerdeki doktorlara başvurduk. O da olmayınca eşim beni İstanbul'da bir özel hastaneye yatırdı. Orada bir hafta kaldım. Her şeyi tek tek incelediler. Bir türlü teşhis koyamadılar. Psikiyatristler geldi Bir derdiniz var mı diye soruyorlar bana. Allah'a şükür hiçbir derdim yok. Bir sürü ilaçlar verdiler. İlaçlar beni iyice sersem etti, hiçbirinin bir faydası olmadı. Artık doktorlara da güvenim kalmadı. Pardon lafım size değil tabii. Sizi bizim memlekette iyi tanıyorlar, son olarak size geldik. İnşallah buradan eli boş dönmeyiz.

Gülümsüyor. Hiç hasta gibi bir hali yok, sanki sorun onun değil benim. Bana zor bir bilmece sormuş da, benim bunu bilemeyeceğimden o kadar emin ki, hınzır hınzır gülümsüyor bana. Aslında bu bilmeceyi çözmemi hiç istemiyor. Belli ki niyeti üzüm yemek değil bağcı dövmek. En zor hastalar işte bunlar. Gerçekten iyi olmak için gelen hastalarla çalışmak hem daha kolay hem de daha doyurucu. Doktor olduğunuzu hissediyorsunuz. Ama Nihal Hanım'ın amacı, bu hastalığı en iyi doktorların bile nasıl da anlayamadığı, tedavi edemediğini kanıtlayıp bu hastalıkla birlikte yıllarca kardeş kardeş yaşamak galiba. Benim asıl çözmem gereken problem, bu hastalıktan neden vazgeçmek istemediği. Üç seans randevu almakla çok iyi etmişler. Bilmeceyi çözebilmem için Nihal Hanım'ın bana pek ipucu vermeyeceği belli. Ben yine de deniyorum.

— Nihal Hanım evlilik nasıl gidiyor?

— Çok iyi. Her gün Allah'a şükrediyorum bana böyle bir kısmet verdiği için.

— Eşinizin ailesiyle ilişkileriniz nasıl?

— Çok iyi, çok seviyorlar beni. Tabii ben de onları.

— Bu hastalığın yaşadığınız olaylarla bir ilgisi var mı?

— Nasıl yani?

— Örneğin bir şeye kızınca ya da üzülünce artıyor mu?

— Beni üzmemeye herkes özen gösteriyor ama olur da kızar veya üzülürsem pat diye düşüp bayılıyorum. Eşim böyle zamanlarda çok üzülür ve telaşlanır. Kentin bütün doktorlarını başıma toplar. Sonra ben de çok üzülüyorum eşimi böyle telaşlandırdığım için ama ne yaparsınız, hastalık bu. Elimde değil ki. İnsan hasta olmayı ister mi?

İster tabii, istemez olur mu diyorum içimden. İşte ilk ipucu geldi. Kızınca ya da üzülünce pat diye düşüp bayılıyor. İnsan kendisi istemedikçe kızdı ya da üzüldü diye böyle pat diye bayılmaz. Ama ilgi çok fazla, kentin bütün doktorları eve çağrılıyor, herkesin ilgisi onun üzerinde. Özellikle eşi çok telaşlanıyor ve bu durum belli ki Nihal Hanım'ın çok hoşuna gidiyor.

— Ayılırken ağlama oluyor mu?

— Evet evet, saatlerce hıçkıra hıçkıra ağlıyorum. Böyle zamanlarda eşim sağ olsun başımdan hiç ayrılmaz, saçlarımı okşar, düzelmemi bekler.

— Demek bu hastalık yoruyor sizi Nihal Hanım?

— Evet çok halsiz kalıyorum.

— Nihal Hanım, bu tür psikolojik rahatsızlıklar pek nedensiz değildir. Sizce neden hastalandınız, bu konuda bir fikriniz var mı?

— Neden hastalandığımı bilsem burada ne işim var Doktor Hanım. Size anlattım işte.

Nihal Hanım direniyor. Neden hastalandığımı sakın bulmaya çalışma diyor bana.

— Peki Nihal Hanım, siz şimdi çıkın, eşinizi yollayın bana. Biraz da onunla konuşalım.

— Beni muayene etmeyecek misiniz?

— Hayır.

Nihal Hanım büyük bir hayal kırıklığı içinde çıkıyor odadan. Bende aradığını bulamadı. Muayene bile etmedim onu. Kendisiyle yeterince ilgilenmediğimi düşünüyor. Bilmiyor ki onu muayene ederek anlayabileceğim kolay bir çözüm bulmayı ben de ne çok isterdim. İlgilenmediğim konusuna gelince. Çok hem de çok ilgilenmeliyim seninle Nihal Hanım, aksi takdirde bana sorduğun bilmeceyi çözemem. Şimdi eşini bekliyorum. Bakalım bu dünya güzeli kadının nasıl bir kocası var. Bu kadar mutsuz olduğuna göre berbat bir adam olmalı.

Kapı hafifçe vuruluyor, uzun boylu, sarışın, açık renk gözlü Robert Redford'u andıran iyi giyimli, yakışıklı bir adam giriyor içeri. Sarı metal düğmeli siyah blazer ceket giymiş. Marka olduğu belli olan sarı, şık kravatın üzerindeki pırlanta taşlı iğne göz alıyor. Hafifçe başını eğerek selamlıyor beni.

— Efendim ben Nihal Hanım'ın eşi Zafer Karahan.

— Memnun oldum efendim, şöyle buyurun.

Hayda bu da nereden çıktı. Ben eciş bücüş, ufak tefek aptal görünüşlü berbat birini bekliyordum. Bilmeceyi çözmek sandığımdan da zor olacağa benziyor. Zafer Bey muntazam ütülü gri pantolonunu hafifçe çekerek karşımdaki koltuğa oturuyor. Eşinin aksine o kadar güzel ve yumuşak bir sesi var ki, daha ilk cümleden onun son derece eğitimli, kültürlü ve görgülü biri olduğunu hissediyorum.

— Zafer Bey kendi adınıza da randevu aldığınıza göre, burada bulunuşunuzun tek nedeni eşinizin hastalığı değil.

— Değil tabii efendim. Ben kendim bizzat sizinle görüşmek istedim, ama eşimle ilgili sorularınız olursa, onlara da memnuniyetle cevap veririm.

— Ne iş yapıyorsunuz Zafer Bey?

— Efendim ben yüksek makine mühendisiyim, şu anda memleketteki fabrikaları yönetiyorum.

Bu işte bir tuhaflık var ama anlayamadım. Böyle bir adamın eşi neden bu kadar mutsuz ve doyumsuz olsun ki. Ancak eşi ile aralarında ciddi bir eğitim ve kültür farkı var. Bu durum Zafer Bey için de ciddi bir sorun oluşturmaz mı?

— Zafer Bey eşinizle görüştük, çok güzel bir hanım.

— Öyledir efendim, eşim çok güzeldir.

— Ama bazı sorunları var galiba?

— Çok hasta, yıllardır gitmediğimiz doktor kalmadı. Tetkiklerin hepsi normal çıkıyor ama şikâyetleri hiç düzelmeden hatta artarak devam ediyor.

— Tetkikler normal olduğuna göre demek ki bedensel bir hastalık yok ama psikolojik sorunlarına bağlı ruhsal bir hastalık var. Bu tür hastalıklar nedensiz olmaz. Eşinize sordum, hiçbir sorunu olmadığını söyledi bana. Şimdi aynı soruyu size soruyorum. Neyi var Nihal Hanım'ın?

— Anadolu'da, bir eli yağda bir eli balda derler eşim gibilere.

— Evet ama ne yağ ne de bal yetmemiş ona. Bu konuda olabildiğince açık konuşmalısınız benimle.

Derin bir iç geçiriyor, yüzünü ağır bir hüzün bulutu kaplıyor Zafer Bey'in.

— Efendim nereden başlasam bilmem ki. Aslında uzaktan bakıldığında her şey o kadar güzel ki, ama işin aslı hiç de öyle değil.

— Eşiniz de mutsuz, siz de, öyle mi?

— Maalesef öyle ve bu yüzden ikimiz de hastayız.

— Eşiniz bu mutsuzluğunu hasta olarak, bayılarak ifade ediyor. Ya siz, siz nasıl ifade ediyorsunuz?

— O benden daha zayıf olduğu için bununla başaçıkamıyor. Benimse içimde bir kara bulut olarak hiç kıpırdamadan duruyor. Benden başka onu gören yok sanıyordum ama siz çok çabuk fark ettiniz bunu. Size ta en başından anlatmalıyım her şeyi. Ben böyle özel konuları kimseyle konuşmam. Zaten Türkiye'de pek yakın arkadaşım yok. Eşim, dostum, arkadaşım hepsi Almanya'da kaldı. Ben burada çok yalnızım.

— Evlilik de bu yalnızlığınızı giderememiş galiba?

— Sorun da o ya. Nihal de yalnız, ben de.

— Nasıl oldu bu evlilik?

— O sıralar ben aileme, özellikle de babama çok kızgındım. O öfkeyle ani bir karar aldım ama bunu anlayabilmeniz için size ailemi iyi tanıtmalıyım. Bu uzun hikâyeyi size anlatsam beni dinler misiniz?

— Memnuniyetle.

— Efendim ben aristokrat aileden gelen bir anne ile bürokrat aileden gelmiş bir babanın oğluyum. Anne tarafım Fatih Sultan Mehmet'e kadar uzanır. Büyük büyük dedemin dedesi savaşta çok yararlı işler yapınca, o zamanın padişahı Fatih Sultan Mehmet, kız kardeşini dedemle evlendirmiş. Dedem böylece Fatih'in eniştesi olmuş. Yüzyıllar sonra yine Anadolu beylerinden biri olan ve o zamanlar padişah adına yararlı işler yapan dedeme zamanın padişahı 4. Murat uçsuz bucaksız bir araziyi ödül olarak vermiş. Ben hatırlarım, çocukluğumda annemlere ait arazinin üzerinde bir uçtan bir uca trenle iki saatte gidilirdi. Annem işte böyle bir ailenin tek kızı.

Babamsa daha önce de söylediğim gibi bürokrat bir ailenin oğlu. Baba tarafından dedelerim Osmanlılar döneminde büyük vilayetlerde kadılık yapmış. Hepsi Avrupa'da tahsil terbiye görmüş insanlar. Babam 1930'larda Türkiye'den Almanya'ya yüksek tahsil görmeye gitmiş. Çok zeki bir insandır babam. Berlin Teknik Üniversitesi makine mühendisliği bölümünde okumaya gittiğinde hiç Almanca bilmiyormuş. O zaman Türkiye'de moda dil Fransızcaymış. Babam Fransızcayı hâlâ anadili gibi konuşur. Gerçi şimdi Almancası da öyle. İlk yılında Almancayı öğrenip sınıfını geçmiş. Üçüncü sınıfta ilk yirmi kişinin arasına girmiş ve sonunda okulu birincilikle bitirmiş. Yıllar sonra ben de aynı üniversitenin aynı bölümünde okudum. Hâlâ babamı tanıyan hocalar vardı ve babamın adı okul birincileri listesinde orada asılı duruyordu.

İşte o yıllarda inşaat mühendisliği diplomasını alıp orada kendisine yapılan onca iş teklifini geri çevirip Türkiye'ye geri dönmüş. Aile babama uygun kız ararken, Anadolu'da güzelliğiyle ünlü, padişah soyundan gelme annemi tavsiye etmişler. Aileler de bunu uygun bulmuş ve annemle babam kırk gün süren ihtişamlı bir düğünle evlenmişler.

Şimdi oturduğumuz ilin tam ortasında on dönüm arazi üzerine yapılmış iki köşk vardır. Bahçesinde Avrupa'dan özel olarak getirtilmiş çok kıymetli çamlar dikilidir. Ağaçlardan içerisi görünmez. Zamanında dedem yaptırmış o evleri. Ben Almanya'dan döndükten sonra ikisinin de dış görünümlerini hiç bozmadan restore ettirdim. Annem işte halayıklarıyla birlikte o eve gelin gelmiş. Aile oraya yerleşip iş kurmaya başlamış. Arka arkaya üç-dört fabrika birden kurulmuş. Babam Avrupa'da ne öğrendiyse memleketine bunları uygulamış. Bir yandan fabrikalar çalışıyor bir yandan da Avrupa'nın çeşitli ülkelerine ihracat yapılıyormuş.

Memleket kalkınmaya henüz yeni başlamış. Dedem çok akıllı ve ileri görüşlü bir adammış, İngiltere'ye tiftik ihraç edermiş. İngilizler ünlü kumaşlarını bu nadide tiftikten dokur, hem paralarını fazlasıyla öder hem de dedemi memnun edebilmek için ona değişik hediyeler gönderirlermiş. Örneğin o sıralar İngiltere'den bizim memlekete çok şık bir fayton gelmiş. İçi maroken kaplı, kulpları altından, peri masallarındaki gibi bir fayton. Dedem sokaklarda bu ihtişamlı faytonla gezerken memleket halkı hayran hayran onu seyredermiş. O zaman telefon filan yok. İlk telefon hattını dedem evle fabrika arasına kendi çektirmiş. Daha sonra ilk otomobil yine dedeme gelmiş. Dedem çok zevk sahibi bir adamdı. 120-130 yıl önce İstanbul'a bir büro açmış. Şişli'de bir irtibat bürosu. O büronun eşyaları o zaman Amerika'dan özel olarak getirtilmiş. Ünlü Saunder marka büro malzemeleri. Ben şimdi onları memleketteki köşkün üçüncü katında muhafaza ediyorum. O katta çok kıymetli, manevi değeri yüksek antika eşyalar duruyor. Affedersiniz çok konuştum galiba. Bu ayrıntılarla sizi sıkıyor muyum?

— Hayır, aksine zevkle dinliyorum sizi. Binbir gece masallarına benziyor anlattıklarınız.

— Haklısınız, bizim hayatımız masal gibidir. Bizim ailenin erkekleri çok sert tabiatlıdır. Dedem de öyleydi, babam da. Özellikle babam o kadar sert ve otoriter bir adamdı ki sadece biz değil bütün memleket çekinirdi ondan. Sokakta yürürken onu gören gençler, eğer sigara içiyorlarsa, korkudan yanan sigarayı yutarlardı. Bir tek anneme sökmezdi onun sertliği. Ne de olsa annem ağa kızı, babama hiç muhtaç olmadı. Bir gün bile babamın karşısında başını eğdiğini görmedik. Güzel kadındır annem. Hem güzel, hem becerikli, hem de sosyal. Memlekette çok sevilir ve sayılır. Babamsa asosyal, az konuşan ve her haliyle yanındakileri korkutan bir tabiata sahiptir. İnsanlarla lütfeder gibi konuşur. Ağzından her çıkan emirdir. Onun dediğine kimse karşı çıkamaz. Annemle babam evlendikten sonra babam işleri nedeniyle aileyi de yanına alarak İstanbul'a gitmiş. Çamlıca'da, içinde üç sarayın bulunduğu büyük bir orman vardır. En öndeki büyük sarayda son padişahlardan birinin eşi, ikinci sarayda biz, en arkadaki küçük sarayda da o zamanın ünlü bir işadamı otururdu.

Ben o sarayda doğmuşum. 6 yaşına kadar orada yaşadık. Oraları hayal meyal hatırlıyorum. Sarayın tavanı, tabanı ve duvarları masif meşe ağacından yapılmıştı. Bahçe masallardaki kadar güzel düzenlenmişti. Aklınıza gelen her tür çiçek vardı. Bayramlarda öndeki büyük sarayda oturan Hanım Sultan'ın elini öpmeye giderdik... Bizimle birlikte el öpmeye gelen birçok insan olurdu. Herkes önceden randevu alıp geleceğini bildirir, sonra ön kapıda beyaz elbiseli uşaklar tarafından karşılanır, büyük ve ihtişamlı saray kapısından tek tek içeri alınırdık. Her yanı birbirinden değerli yağlıboya tabloların asılı olduğu bir koridordan geçerek konukların kabul edildiği büyük salona girerdik. Hanım Sultan salonun tam ortasında, birkaç basamak merdivenle çıkılan kocaman bir koltukta otururdu. Orada bekleyen katip bizi, isimlerimizi yüksek sesle söyleyerek Hanım Sultan'a takdim eder, biz de saygıyla onun elini öper, bayramını kutlar, hediyelerimizi alır, daha sonra da baklavalarımızı yer ve bir başka kapıdan dışarı çıkarılırdık. Ben şimdi bile devlet protokolünde bu derece disiplini göremiyorum. Ne de olsa 600 yıllık bir cihan imparatorluğunun tecrübe ve görgüsünün son uzantılarıymış onlar.

Derin bir nefes alıyor, gözleri uzaklara dalmış. Ne güzel anlatıyor.

— Bir şey içer misiniz Zafer Bey?

— Hayır teşekkür ederim Doktor Hanım. Size anlatırken sanki o günlere geri döndüm. Ben o zamanlar çok küçüğüm. Babam işe giderken arkasından ağlardım. Sabahları beni oyalamak için büyük sarayın lalası çıkardı bahçeye. Hani şu Türk filmlerinde gördüğümüz arap dadılar var ya, işte onlardan biri. Hem korkar, hem de severdim onu. Ne günlerdi onlar. Ben 6-7 yaşlarındayken Şişli'deki daireye taşındık, çünkü sarayın kirası bizim ödeme gücümüzü zorlamaya başlamıştı. Kışları Şişli'de, okul kapandıktan sonra da Büyükada'daki yalıda otururduk. Okula kız kardeşimle birlikte giderdik. Kardeşim benden iki yaş küçüktür. Ben kişilik olarak ne kadar anneme benzemişsem, o da tıpkı babama benzer. Ben sosyal, konuşkan, mütevazı, güler yüzlü bir çocuktum. Babam bende ta o zamandan aradığını bulamadı. Benim sadece başarılı değil, en başarılı öğrenci olmamı isterdi, bense ortanın üzerine çıkamazdım. Aklım sokakta arkadaşlarımda kalırdı. İstanbul'un en değerli öğretmenleri bizim eve gelir, ne kadar istesem de hiç dışarı çıkamaz, masadan kalkamazdım.

İstanbul'un zengin mahallesinde, kalburüstü insanlarla birlikte yaşıyorduk. Komşularımızın hepsi Türkiye'nin önde gelen kişileriydi. O günlere ait ilginç anılarım vardır. Örneğin armatör bir ailenin benim yaşımda bir oğlu vardı, onunla çok yakın arkadaştık. Onun babası Avrupa ve Amerika ile çok yakın ilişki içinde olduğundan, Türkiye'de henüz hiç bulunmayan aletler, yenilikler önce onların evine gelirdi.

Bir gün onunla evlerinin salonunda oturmuş sohbet ediyorduk. Bana, "Bir dakika bak sana bir şey dinleteceğim," dedi. Sonra bir alet getirdi ortaya, bir de baktım benim sesim. Biraz önce ne konuştuysak, aynısını bana dinletiyor. Teyple o gün ilk tanışmamdı. Sonra ben de olanları ertesi gün okulda heyecanla arkadaşlarıma anlatmıştım. Dedem bize küçük paketlerde şamfıstığı alır, biz bunu kabuğunu kırarak yerdik. Onların evinde beş kiloluk kocaman kavanozlarda kabuğu soyulmuş iç fıstık bulunurdu. Bizim evde şamfıstığı önemli ve az bulunan bir yiyecek maddesi iken, onların evinde her zaman el altında bulunan herhangi bir yiyecekti. İşte o zaman bazı şeyler yavaş yavaş kafamın içinde netleşmeye başladı. Zaman zaman memleketteki evimize gittiğimizde halk ilk radyoyu, ilk buzdolabını, çamaşır makinesini bizim evimizde görürdü. Bunun, insanlar arasında önemli bir farklılık yarattığını ve bu imkânlara sahip kişilerin çok daha dikkatli, mütevazı, alçakgönüllü olmaları gerektiğini işte ta o zaman fark etmiştim. Ben babam gibi diktatör olmayacaktım.

Babamsa ısrarla benim kendisi gibi olmamı istiyor ve bana bu konuda çok sert ve acımasız davranıyordu. Bana karşı en ufak bir hoşgörüsü yoktu. Bir kez bile bana güler yüz ve şefkat göstermiyor, aksine ya hiç yokmuşum gibi davranıyor ya da kıyasıya eleştiriyordu beni. Liseye başladığım yıl aile memlekete taşınıp köşke yerleşmiş, bense yatılı okula verilmiştim. Babam liseyi iyi dereceyle bitirip Almanya'ya onun mezun olduğu okula gitmemi istiyordu. Benim zaten itiraz etme hakkım yoktu. Gerçekten de her şey onun istediği gibi oldu. Babam beni tren istasyonundan Almanya'ya uğurlamak üzere geldiğinde, ilk kez alnımdan öperek yolcu etti. Çok şaşırmış ve gururlanmıştım. Babam lütfetmiş ve beni alnımdan öpmüştü. Demek ki ben artık önemli biriydim.

Tam on yıl kaldım Almanya'da. Bu süre içinde Türkiye'ye hiç gelmedim. Hayatımda bir başka sayfa açılmıştı. Başımda bir otorite yoktu ve ben orada özgürce, istediğim gibi yaşayabilirdim. Okulu zamanında bitirdim. Babam gibi okul birincisi olmadım ama iyi bir dereceyle mezun oldum. Hocalarım çok sever ve sayardı beni. Pek çok arkadaş edindim ve okul bitince çok ciddi iş teklifleri aldım. Bir süre Wokswagen otomobil fabrikalarında müdür yardımcılığı yaptım. Daha sonra Almanların ünlü demir çelik fabrikalarından iş teklifi aldım. O sıralar o işyerinde pek çok Türk çalışıyordu. İdari kademelerden birinde kendileri gibi bir Türk'ün bulunduğunu bilmek onlara hem gurur hem de moral veriyordu. İşverenler beni çok seviyor ve başarılı buluyorlardı.

— Özel hayatınızdan hiç bahsetmiyorsunuz. Bir kız arkadaşınız yok muydu?

— Vardı. Önceleri sık sık kız arkadaş değiştiriyordum. Okulu bitireceğim yıl o girdi hayatıma. Beş yıl birlikte yaşadık. İkimiz de birbirimizi çok seviyor ve her konuda çok iyi anlaşıyorduk. O da üniversite mezunuydu. Hem güzel hem akıllı ve çok yönlü bir kızdı. Canım hiç memlekete dönmeyi istemiyordu. Orada başıma gelecekleri düşünmek bile korkutuyordu beni. On yılın sonunda askerlik yapmak üzere Türkiye'ye dönmek zorunda kaldım. Zaten babam da artık dönmem konusunda beni sıkıştırıyordu. Sonunda ülkeme döndüm. Babam beni karşılamak üzere Edirne'ye geldi. O zamanlar uçakla gelip gitmek gibi bir lüksümüz yoktu. Babam memleketten kalkıp şoförü ve bir arkadaşı ile lütfedip ta Edirne'ye beni karşılamaya gelmişti. Bu önemli bir olaydı. Daha da önemlisi babam ikinci kez bana sarılıp alnımdan öperek, "Hoş geldin oğlum," demişti. Zaten bu son oldu, babam o günden sonra bana bir daha dokunmadı.

Ben Ankara'da askerliğimi yaparken, Almanya'daki kız arkadaşım Türkiye'ye geldi. Ben durumu aileme açtım. Ailem dedimse, karar organı sadece ve sadece babam olduğu için gidip onunla konuştum.

"Kim bu kız?" dedi.

"Arkadaşım, onu seviyorum, o da beni seviyor, izin verin evlenelim," dedim.

"Ne özelliği var," diye sordu, ne diyeceğimi bilemedim. "Eğer evlenmek üzere bir Alman kızı getiriyorsan, bu ya bir prenses ya da Mercedes'in kızı olmalı, herhangi bir Alman kızıyla asla evlenemezsin," dedi.

Babama aynı soru bir kez daha sorulamaz, ısrar edilemezdi. Bunu çok iyi biliyordum. Annemle ve amcamla konuştum.

"Haklısın ama elimizden bir şey gelmez, biliyorsun o kimseyi dinlemez ve seni evlatlıktan reddeder ve hepimiz perişan oluruz. İyi düşün, sakın bir hata yapma," dediler.

Ankara'ya kız arkadaşımın yanına döndüm. Olanları ona da anlattım ve;

"Önemli değil, isterse beni evlatlıktan reddetsin, ben kararlıyım, evleneceğiz," dedim. Ama bu sefer de o itiraz etti.

"Evlensek bile bizi rahat bırakmazlar. Sonra sen de üzülürsün, ben de. En iyisi ben geri döneyim," dedi. Ne dedimse ikna edemedim ve Almanya'ya geri döndü.

Zafer Bey yine derin bir nefes alıyor, bu sefer gözlerinde nem var. Hüzünlü bir hikâye. Susup onu dinlemeye devam ediyorum.

— Zor günlerdi. Ankara'da yalnızdım. Bir tek çocukluk arkadaşım vardı. Sık sık onunla buluşuyorduk. Çok ağır bir çöküntü içindeydim, yenilmiştim. Babam yine dediğini yaptırmış, gözünü kırpmadan benim duygularımı hiçe saymıştı. Ya o ya ben demişti ve o kazanmıştı. Bunu bir türlü içime sindiremiyordum. Önümde birkaç seçenek vardı. Askerliğim biter bitmez Almanya'ya geri dönebilir ve ömrümün sonuna kadar orada yaşayabilirdim. Ama ben ailemin tek erkek çocuğuydum. Babamlar iki kardeştir. Amcamın çocuğu olmadığından bütün sülalenin geleceği bendim. Benim gitmem demek bütün ailenin vârissiz kalması demekti. Hem annem hem de amcam gitmemem için çok baskı yapıyordu.

O sıralar akşamları çocukluk arkadaşımla buluşur hep bunları konuşurduk. O da gitme diyordu. Bir akşam bir yandan yiyip bir yandan içkilerimizi yudumlarken;

"Madem hepiniz gitme diyorsunuz öyleyse bana hemen güzel bir kız bulun, evleneyim," dedim. Çünkü bir de babamın uygun gördüğü birisiyle evlenerek gururumu daha fazla ayaklar altına alamazdım.

"Buldum bile," dedi arkadaşım. Onların mahallede çok güzel bir kız varmış. "Sana göstereyim, beğenirsen hemen gider isteriz," dedi.

"Olur," dedim.

Kırk yıl düşünsem bir kere uzaktan gördüğüm bir kızla evleneceğim aklıma gelmezdi. Ama aynen böyle oldu. Nihal'i uzaktan gösterdi bana. Beğendim. Nihal zaten beğenilmeyecek kız değil. Benim niyetim babama inat bir an önce kendi ülkemden herhangi biriyle evlenmekti. Artık sevmek filan gibi bir isteğim hiç yoktu. Ondan sonra zaten kimseyi sevemezdim artık. Herhangi biriyle evlenip memlekete yerleşecektim, işler beni bekliyordu.

İşte bu ruh haliyle hemen o hafta Nihal'in ailesinden randevu alıp iki arkadaş akşam ziyaretlerine gittik. Ankara'nın orta halli ailelerinin oturduğu bir semtte, mütevazı bir apartman dairesinin kapısını çaldık. Elimizde kocaman bir çikolata paketi var. Aile biraz şaşkınlıkla karşıladı bizi, gözleri yanımızda bir aile büyüğü aradı. Nihal kahvelerimizi getirdikten hemen sonra ben;

"Allah'ın emriyle kızınızı istemeye geldim eğer siz de uygun görürseniz nüfus kâğıdını verin nikâh işlemlerini başlatalım," dedim. Bunun üzerine şaşkınlıkları biraz daha arttı.

Nihal'in babası biraz izin istedi, yanımdaki arkadaşımla başka bir odaya geçtiler. Orada arkadaşıma;

"Bu kimin nesi, kızımı geçindirebilir mi?" filan gibi sorular sormuş. Arkadaşım kapıda duran arabamı gösterip;

"O konuda merak etmeyin, sadece kızınızı değil sülalenizi geçindirir, aman vazgeçmeden kızı hemen verin," demiş. Bir de baktım, adamcağız elinde Nihal'in nüfus cüzdanıyla geri geldi.

Ertesi gün nikâh için gerekli resimleri çektirmek üzere yeniden evlerine geldim. İlk kez Nihal'le birlikte dışarı çıkıp yalnız kaldık. Ona Almanya'daki kız arkadaşımdan ve onunla neden ayrıldığımızdan söz ettim. Bunları başkasından duymasını istemedim.

"Seni sever miyim bilmiyorum ama onu çok seviyordum," dedim. Evlenir evlenmez memlekete gideceğimizi ve artık hep orada yaşayacağımızı, eğer bütün bunları kabul edebilirse benim onu çok beğendiğimi söyledim ve "Bir itirazın var mı?" diye sordum.

"Hayır bir itirazım yok, ben de sizi beğendim, teklifinizi kabul ediyorum," dedi.

Hemen nikâh gününü aldım ve bu haberi aileme telefonla bildirdim. Hiç itiraz etmediler. Nihal'in ailesi ile bizimkiler nikâh dairesinde bir araya geldiler. Bir tarafta bütün ihtişamıyla benim ailem, öbür tarafta Nihal'in mütevazı ailesi. Nikâh törenine pek çok bakan, meclis başkanı, ünlü işadamları ve medyatik birçok insan katıldı. Benim ailem nikâh şahitliğini bu ünlü siyasilerden birinin yapmasını istiyordu. Bense Ankara'daki arkadaşımın şahitlik yapmasını istedim. Şahit koltuğuna oturmak üzere arkadaşım gelince salonda buz gibi bir hava esti. Nikâhtan sonra diğer konuklar gibi ailem de bizi kutladı ve gitti. Ben Nihal'i aldım, şöyle arabayla bir Ankara turu yaptık ve götürüp evine bıraktım.

Biraz rahatlamıştım, çünkü babam dize gelmişti. Bana hiç itiraz etmeden kalkıp nikâhıma gelmiş, bizi kutlayıp geri dönmüştü.

— O gün bile öpmedi mi sizi?

— Hayır.

— Siz onun elini öptünüz mü?

— Hayır, el öptürmeyi sevmez babam. Herkes gibi elimizi sıktı, kutladı ve gitti. Ondan sonra düğüne kadar pek az görüştük Nihal'le. Bizimkiler nikâhtan sonra ciddi bir düğün hazırlığına girişti. Düğün için İstanbul Hilton Oteli uygun bulundu. Avrupa'ya gelinlikler ısmarlandı. Geline takılacak takılar özenle seçildi ve biz Nihal'le evlendik. Babam o gece çok neşeliydi. Konukların çoğu zaten onun davetlisiydi.

Düğünden hemen sonra Nihal'le Avrupa'ya balayına gittik. O güne kadar birbirimizi hemen hiç tanımıyorduk ama aynı yatağa girdiğimiz gün birbirimize hiç de uygun olmadığımızı dehşetle fark ettim. İlk günler bunun heyecanla ya da acemilikle ilgili olabileceğini düşündüm ama zaman geçtikçe bunun değişmeyeceğini büyük bir hüzün ve hayal kırıklığıyla hissettim. Karımın ne kadar güzel olduğunu görüyor, herkes gibi onu çok beğeniyor ama ona âşık olmayı bir türlü beceremiyordum. Başım büyük dertteydi. Karımla zaten hiçbir ortak noktamız yoktu. Benim ilgi duyduğum hiçbir şey onu ilgilendirmiyordu. Ne politika, ne siyaset, ne aktüalite ne de sanattan konuşabiliyorduk onunla. O bunun farkında bile değildi. İlk tanıdığı erkek bendim. Güzel bir kadın olduğunu biliyor, bu konuda kendine güveniyor, benim ilgisizliğimi ise yorumlayamıyordu.

Ailem ve tüm memleket onu el üzerinde tutuyor âdeta bir prenses muamelesi yapıyordu ama ilk günlerin hemen ardından gözlerinin mahzunlaşmaya başladığını görüyordum. Ne büyük bir hata yapmıştım. Hem kendi hayatımı mahvetmiştim hem de Nihal'inkini. Üstelik bu hatanın geri dönüşü yoktu. Onun her şeye rağmen bu evliliği sürdürmek istediğini, hatta beni sevdiğini hissediyordum. Ben de onu sevebilmeyi çok istiyordum ama duygularıma söz geçiremiyordum. Onu üzmeyi hiç istemiyor, hatta onu memnun edebilmek için elimden geleni yapıyor, bir dediğini iki etmiyordum.

Sabah erkenden evden çıkıp fabrikaya gidiyor, akşama kadar çalışıyor ve işten en geç ben çıkıyordum. Canım eve gitmek istemiyordu. Bir süre sonra babam eve geç gittiğimi fark etti ve beni yanına çağırdı.

"Neden eve geç gidiyorsun?" dedi.

"Çalışıyorum, işim bitmiyor," dedim.

"Yeni evli adam bu kadar çalışmaz, nasıl gidiyor evliliğin?" diye sordu.

"Pek iyi sayılmaz," dedim ve ilk kez o gün babamın gözlerinde yaş gördüm. Ağlıyordu babam.

"Seni ben yaktım," dedi. Ben de ağladım. Sonra, "Otur," dedi ve ilk kez benimle arkadaş gibi konuştu. "Aynı şeyi ben de yaşamıştım. Almanya'da çok sevdiğim bir kız arkadaşım vardı. Duygularımın değil, mantığımın sesini dinledim ve mutlu olamadım. Annen üstün özellikleri olan bir kadın ama biz başka dünyaların insanlarıyız. Şimdi de aynı şeyi sen yaşıyorsun. Önce kendimi, sonra da seni yaktım, affet beni," dedi. Hiç unutmuyorum o günü. Yapacak bir şey yoktu ama babamla aramızdaki buzlar biraz çözülmüştü.

O yıl Nihal hamile kaldı ve oğlum dünyaya geldi. Oğlumun doğumu ilişkilerimizi biraz daha yakınlaştırdı. Hiç olmazsa ikimizi de ilgilendiren ortak bir şeyimiz vardı artık. Ben durumu kabullenmiş, hiç şikâyet etmeden yaşayıp gidiyordum ama Nihal kabullenemedi. Yavaş yavaş hastalık belirtileri ortaya çıkmaya başladı. Sıkıntılar, uykusuzluklar, uyuşmalar ve sonunda bayılmalar. Onu hasta gördükçe kendimi suçluyor, ne yapacağımı şaşırıyordum. Gerisini Nihal size anlatmıştır. Doktorlar, hastaneler tetkikler... Ama hiçbirinden sonuç alamadık. İşte sonunda size geldik. Beni anlamadıkça Nihal'i anlayamazsınız diye düşündüm, onun için de hikâyeyi size ta en başından anlattım. Sizi sıktımsa özür dilerim.

— Yoo hayır, beni sıkmadınız, zevkle dinledim sizi ama hikâyeniz biraz hüzünlü.

— Ben alıştım artık bazı şeylere. Enerjimin büyük bir kısmını işim alıyor, ayrıca sanata ve edebiyata meraklıyım, çok okurum. Fabrikadan eve gelince yemek yer sonra da çalışma odama geçerim. Günün bence en zevkli saatleri odamda geçirdiğim bu saatlerdir. Ama Nihal bundan pek hoşlanmıyor, o istiyor ki hep beraber oturup sohbet edelim, gerçi bunu da deniyorum ama olmuyor. O da bu konuda hiç gayret etmedi. Okusun diye bir sürü kitap getirdim, hoşlanmadı. Ben de zorlamadım.

— Böylece aranızdaki ilişkiyi sürdüren tek şey Nihal Hanım'ın hastalığı oldu.

— Nasıl efendim, anlayamadım?

— Sadece eşiniz hastalandığında onunla ilgilendiniz, saçını okşadınız, doktor çağırdınız, hatırını sordunuz. Öyle değil mi?

— Aynen öyle. Hatta içimden gelmese bile bunu yapıyorum. O istiyor diye onu sürekli doktorlara götürüyorum. Bunu bir ilgi olarak kabul ediyor. Daha doğrusu doktora gitmeyi seviyor. Onun isteklerini yapmak, onu memnun etmek de benim hoşuma gidiyor çünkü onun için o kadar az şey yapabiliyorum ki. Bir de hasta olduğunda onunla ilgilenmezsem ondan çok ben üzülürüm.

— Yani eşinizin hasta olması sizin de işinize geliyor. Böylece onun için bir şeyler yapmış ve suçluluk duygularından kurtulmuş oluyorsunuz.

— Yani eşimi hasta olmaya teşvik ediyorum. Bunu mu söylüyorsunuz?

— Evet tam olarak onu söylüyorum.

— Ama ben onun hasta olmasını nasıl isterim?

— Eşinizin hasta ve mutsuz olmasını istemediğinizi biliyorum. Tam tersine siz onu hep mutlu ve memnun görmek istiyorsunuz. Bunun için de elinizden geleni yapıyorsunuz ama sonuç olarak eşiniz mutsuz ve doyumsuz. O yüzden de hastalanıyor. Siz de o hastalandığında ona daha çok ilgi ve şefkat göstererek içinizi rahatlatmaya çalışıyorsunuz.

— Buraya kadar size katılıyorum.

— Ancak eşiniz sizden en çok istediği şeyi yani şefkat, sevgi ve ilgiyi sadece hasta olduğu dönemlerde alabiliyor. Peki siz eşinizin yerinde olsanız bu hastalıktan vazgeçer misiniz?

— Şimdi anladım ne söylemeye çalıştığınızı.

— Böyle olunca da siz hastalığı teşvik ediyor olmuyor musunuz?

— Bu tam bir kısırdöngü olmuş. Peki nasıl çıkacağız bu işin içinden?

— Zafer Bey, eşinizin bu hastalıktan kurtulmasını gerçekten istiyorsanız onun hastalığıyla değil sağlıklı yönleriyle ilgilenin.

— Sağlıklı yönleri derken ne kastediyorsunuz?

— Bana Nihal Hanım'ın beğendiğiniz özelliklerini söyler misiniz lütfen.

— Nihal iyi bir ev hanımı ve mükemmel bir annedir. Ayrıca gördüğünüz gibi güzel bir kadındır, giyinmeyi, kuşanmayı bilir. Güler yüzlüdür. Herkes sever onu.

— Güzel, eşinizin bu olumlu özellikleri varken, neden onun en çok ihtiyacı olan ilginizi ona sadece hasta olduğu zaman gösteriyorsunuz?

— Hay Allah, bunu nasıl da düşünemedim ben. Halbuki onunla çok ilgilenirsem bu hastalığı daha çabuk atlatacağını düşünüyordum. Önce benim kendimi eğitmem gerekiyor. Kadıncağız hastalanmadıkça çalışma odasından çıkmadım. İnsan bazen ne kadar kör olabiliyor. Ben böyle yaptıkça, o daha sık hastalandı demek ki.

— Sizi odadan çıkarmanın tek yolu Nihal Hanım'ın hastalanması olmuş.

— Maalesef öyle olmuş. Bunu şimdiye kadar neden düşünemedim anlayamıyorum. Fakat diğer doktorlar bunu bana hiç söylemediler. Hepsi de eşinizle daha fazla ilgilenin dedi. Ben de Nihal hastalandıkça sabahlara kadar başında oturdum. Aklım sıra daha çok ilgilendim onunla. Meğer tam tersini yapmışım.

— Nihal Hanım'la hiç kavga ettiğiniz olur mu?

— O benimle kavga etmeyi çok ister ama kavga iki kişiyle yapılır. Ben buna izin vermem.

— Yani eşiniz sizinle kavga bile edemiyor, öyle mi?

— Bu kötü bir şey mi. Kavga etsek daha mı iyi?

— Zafer Bey kavga etmek bile iki kişi arasında bir iletişim yoludur. Siz buna bile izin vermeyerek aranızdaki ilişkiyi sıfıra indiriyorsunuz. Bu kadına verebileceğiniz en büyük ceza işte bu. Onu yalnızlığa mahkûm etmişsiniz. Bu kocaman yalnızlıktan bir tek hasta olarak kurtulabiliyor. Bunu şimdiye kadar gerçekten hiç görmediniz mi?

— Onu yalnız bıraktığımın farkındayım ama bunu yaparken kendimi pek suçladığım söylenemez. Onunla hiçbir ortak yönümüz yok. Bu konuda onun da bir çabasını görmüyorum. Onun kadar ben de yalnızım. İkimiz de bazı gerçekleri görmeli ve kabul etmeliyiz. Bu daha ne kadar böyle gider bilmiyorum. Çünkü sizin de fark ettiğiniz gibi sıkıldım artık. Bu eziyete daha fazla dayanamayacağım. Bu işe ciddi bir çözüm bulmalıyız. Onun için kalkıp geldim ya zaten. İyi ki de gelmişim. Söylediklerinizi dikkatle dinledim. Bizi iyi anladığınızı görüyorum. Tavsiyelerinize uyacağım. Şimdi izin verirseniz dersimi iyi öğrenmiş miyim diye kısa bir tekrar yapayım.

1- Eşimin sağlıklı yönlerini destekleyeceğim.

2- Hastalığına olan ilgimi azaltacağım.

3- Elimden geldiğince hasta olmadığı günler ona sevgi ve şefkat göstererek, onu hasta olmaya zorlamayacağım.

— Harika. Dersinizi çok iyi öğrenmişsiniz. Şimdi sıra öğrendiklerinizi uygulamaya geldi. Bir ay sonra uygulama sınavı için sizi tekrar bekliyorum.

— Size minnettar olurum Doktor Hanım. Şimdi eşimi tekrar görecek misiniz?

— Evet, onun da öğrenmesi gereken bazı şeyler var.

— İlaç verecek misiniz?

— Galiba versem iyi olacak. İlacın psikolojik etkisine ihtiyacımız var.

— Peki, siz nasıl isterseniz. Görüşmek üzere efendim.

Hafifçe eğilerek elimi sıkıp bana arkasını dönmeden dışarı çıkıyor. Saray terbiyesi aldığı ne kadar belli. Biraz sonra Nihal Hanım tekrar giriyor içeri, biraz sıkılmış bir hali var.

— Nihal Hanım buyurun, eşinizi beklerken sıkıldınız galiba?

— Yok, biz sekreterinizle sohbet ettik. Tuna Hanım'ı çok sevdim çok tatlı, cana yakın bir hanım. Ama merak ettim, eşim de mi hasta?

— Bunu da nereden çıkardınız?

— Sizinle böyle uzun, uzun ne konuştu merak ettim.

— Eşiniz bana hem kendisinden hem de sizden bahsetti.

— Benim için ne diyor?

— Sizi çok methetti bana. Eşim çok iyi bir ev hanımı ve mükemmel bir annedir diyor.

— Sahi mi? Ay çok şaştım doğrusu, bunları bana hiç söylemez.

— Eşiniz konuşmayı pek sevmiyor galiba?

— Öyle, onun için sizinle böyle uzun, uzun konuşunca hayret ettim. Evde bizimle hiç konuşmaz.

— Onun yapısı bu.

— Değişmez mi?

— Sanmıyorum, hani derler ya "Can çıkar, huy çıkmaz" diye. Ama iyi bir insan ve sizin hastalığınıza çok üzülüyor.

— Evet, hastalık deyince aklı gider, çok korkar.

— Baştan çok korkmuş ama tetkikler tamamen normal çıkınca biraz rahatlamış.

— Tetkikler normal ama, ben yine hastayım. Doktorlar hastalığımı bilemediler. Senin bir şeyin yok diyorlar. Ben mahsus mu hastayım diyorum yani?

— Bir şeyin yok diyen kim?

— Bazı doktorlar öyle dedi.

— Bedensel bir hastalığınız yok demek istemişlerdir. Ruhsal bir hastalığınız olduğu kesin.

— Yani ben ruh hastası mıyım? Aklım başımda benim.

— Deli değilim diyorsunuz, öyle mi?

— Sizce deli miyim Allah aşkına?

— Tabii ki deli değilsiniz. Ruhsal sorunu olan herkes deli değildir. Hepimizin böyle sorunları var. Çağdaş dünyada artık bu normal bir şey. Sizin de bu sorunlarınıza bağlı şikâyetleriniz oluyor. Bu psikolojik kaynaklı bir hastalık, onun için tetkikler normal çıkıyor. Ama tetkiklerin normal olması sizin hasta olmadığınızı göstermiyor.

— Yani siz nihayet bana teşhis koydunuz öyleyse.

— Evet.

— Nedir benim hastalığımın adı?

— Bu ad size bir şey ifade eder mi bilmiyorum. Latince bir adı var.

— Olsun söyleyin lütfen.

— Hastalığınızın adı "Conversiyon Reaksiyonu".

— Peki nasıl geçecek bu hastalık? Tedavisi var mı?

— Var evet. Her gün kırk beş dakika yürüyüş yapacaksınız. Yürüyüşler sabahları yapılsın. Günde 2,5 litre su içeceksiniz. Her gün sabah akşam duş alacaksınız. Önce sıcak sonra soğuk su ile. Ayrıca size iki kutu iğne veriyorum. Birinci kutu her gün kalçadan bir kere, ikinci kutu günaşırı yapılacak.

— Çok acıtır mı?

— Evet biraz acıtır ama dayanılamayacak kadar değildir. İğneleri acemi biri yapmasın. İki iğne karıştırılıp yapılacak. Biri beyaz biri kırmızıdır. Tecrübeli bir hemşire ne yapacağını bilir.

— Evet böyle bir hemşiremiz var. Her gün eve gelip iğneleri yapar. Bana bugüne kadar hep hap verdiler. Onlar hiç işe yaramadı. Hapları bırakayım mı?

— Evet bırakın.

— Ne zaman düzelirim?

— Hemen değil. İğneler ancak bitince fayda etmeye başlar. Keşke sizi hemen iyi edebilsem çünkü hastalık eşinizi de yormuş galiba.

— Yormuş mu?

— Canım bilirsiniz, erkekler hasta insanı pek sevmez. Üzülürsünüz diye size pek belli edememiş. Ne de olsa çok kibar ve nazik bir eşiniz var.

— Size öyle mi söyledi?

— Öyle bile söylese artık önemi yok çünkü nasıl olsa on beş-yirmi güne kadar düzeleceksiniz.

— Eh, inşallah.

— Bana sormak istediğiniz bir şey var mı?

— Bilmem ki, düzeleceğime hiç inanasım gelmiyor. Yine gelecek miyiz buraya?

— Evet, her ay bekliyorum sizi.

— Eşime de söylediniz mi?

— Söyledim.

— Getiririm dedi mi?

— Evet sizi her ay getirecek buraya.

— İyi öyleyse. Teşekkür ederim. Bir ay sonra görüşürüz.

— Güle güle Nihal Hanım, söylediklerimi sakın unutmayın.

— Tamam, hoşça kalın.

Elimi sıkıp çıkarken çok düşünceli bir hali var, kafası karmakarışık oldu. Bu hastalığı bırakmak istemiyor. Tutunduğu tek dalı elinden kayıp gidiyor. Zafer Bey eşine gerekli desteği vermezse bu hastalık gider, yerine daha ağırı gelir. Çok dikkatli olmam gerekiyor. Bu kadın bu cezayı hak etmemiş. Bakalım ona ne kadar destek olabileceğim?

"Sapık mıyım Ben?"

Karşımdaki kırmızı koltukta 23-24 yaşlarında genç biri oturuyor. Kadın mı erkek mi olduğunu ilk bakışta anlayamıyorum. Orta boylu, sarı benizli, kısa saçlı ve biraz kilolu. Kot pantolonun üzerine gri bir gömlek giymiş. Bol gömleği pantolonunun üzerine çıkarmış. Ayağında lastik ayakkabılar ve gözünde hafif renkli gözlükler var. Ağzı daha çok bir erkek ağzına benziyor ama sakalı yok. Sol kolunda siyah kayışlı büyücek bir saat var. Hafif kambur duruyor, muhtemelen bol gömleğin altındaki iri göğüslerinin görülmesini istemiyor. Tıpkı bir erkek gibi, bacaklarını iki yana hafifçe açarak oturuyor. Cinsel kimliğiyle ilgili bir sorunu olduğunu hemen fark ediyorum...

— Buyrun efendim hoş geldiniz. Adınızı alabilir miyim?

— Adım Halime, nüfusumda öyle yazar ama bana kısaca Halim derler.

Oldukça yüksek sesle ve hızlı konuşuyor. Sesini olduğundan daha kalın çıkarmaya gayret ediyor. Ona Halime Hanım diye hitap etsem, bundan hiç hoşlanmayacağı belli...

— Evet sizi dinliyorum. Nasıl yardımcı olabilirim?

— Rapor almak istiyorum. Ameliyat olacağım, psikiyatri raporu gerekiyormuş. Onun için geldim.

— Nedir sorun?

— Benim şu anda bir sorunum yok. Daha doğrusu ameliyat olabilirsem bir sorunum kalmayacak. Eğer rapor alamazsam işte o zaman her türlü sorun bende. Lütfen zorluk çıkarmadan verin şu raporu.

Demek cinsiyet değiştirmek istiyor. Belli ki ameliyatla erkek olmaya karar vermiş. O kadar kolay değil bu işler Halim diyorum içimden. Bir dokunuşta seni erkek yapamayız.

— Keşke size yardım edebilsem. Biraz kendinizden bahsetmeye ne dersiniz?

— Ben öyle sizli bizli konuşmalardan hoşlanmam. Bana Halim diyebilirsiniz.

— Peki Halim, eğer anlatırsan seni memnuniyetle dinlerim.

— Hah şimdi oldu, o zaman ben de size anlatırım. Aslında benim hayat hikâyem pek iç açıcı değildir ama madem istediniz ben de anlatayım. Ben Orta Anadolu'nun bir köyünde, yoksul bir ailenin üçüncü kızı olarak dünyaya gelmişim. Hem köylü, hem kız hem de ikinci kızdan sonra yine bir kız olarak doğmakla zaten baştan kaybetmişim. Ben üç yaşındayken annem "acaba bir erkek çocuk doğurabilir miyim" telaşıyla dördüncü çocuğunu doğururken ölmüş. Yani üç yaşında öksüz kalmışım. O sırada kasabada çocukları olmadığı için evlat edinmek üzere küçük çocuk arayan varlıklı bir aileye evlatlık olarak vermişler beni. Aile beni hemen nüfusuna geçirmiş ve bütün köy, "Vay be ne şanslı kızmış," demiş benim için.

— Demek şanslı demişler.

— O zaman öyle demişler, zaten bir daha kimse şanslı diyemedi bana. Bir sigara içebilir miyim?

— İçmezsen memnun olurum.

— Sizi mi kıracağım, içmeyiveririm. Üvey babam iki-üç kere hacca gitmiş. Kendisi keçi sakallı, sevimsiz biriydi. Beni evlat edinmeyi aslında o istememiş. Üvey annemin ısrarına dayanamamış ve "Ben sadece parasını veririm, gerisine karışmam," demiş. Çok dindar, sert mizaçlı, az konuşan bir adamdı. Çocukken tuvalete gitmek için bile ondan izin ister, oturduğum yerden kalkamaz, diğer çocuklar gibi oyun oynayamaz, evin içinde bile rahatça dolaşamaz, yine de o heriften dayak yemekten kurtulamazdım. O, insan kılığına girmiş şeytanın ta kendisiydi. Hep nefret ettim ondan.

— Üvey annen nasıl biriydi?

— Üvey annem saf, temiz, iyi yürekli bir kadındı ancak kocasından çok çekinir, onun sözünden çıkamazdı. Okula başladığımda eve bir dakika bile geç kalsam, hiçbir mazeret kabul edilmez, bir araba dayak yerdim o şeytandan. Küçücük yaşımda başımı örttürdü, uzun elbiseler, kalın siyah çoraplar giydirdiler bana. Kimseyle arkadaşlık edemez, herkes gibi sokakta oynayamazdım.

— Nasıl bir öğrenciydin?

— Derslerde hep başarılı oldum. Öğretmenlerle aram iyiydi ama teneffüslerde oğlanlarla top oynardım. Kızlarla oynamayı sevmezdim.

— Ev işlerinde annene yardım eder miydin?

— Hayır, ev işlerinden nefret ederdim, annem de zaten benden hiç yardım istemezdi. Ne çamaşır, ne bulaşık yıkattı bana. Onun yerine keçi sakallı herife yardım eder, odun kömür kırar, bozulan şeyleri tamir ederdim. Elim o tür işlere daha yatkındı. Annem sık sık bir başka şehirde oturan teyzemin yanına gider, on-on beş gün biz o şeytanla evde yalnız kalırdık. O zamanlar ben öğlen okuldan eve gelir, o herifin yemeğini hazırlar önüne koyardım. Ben işim biter bitmez hemen okula dönmek isterken, o benim karşısında oturmamı ister, okula geç bile kalsam uzun uzun beni süzer, bana çirkin çirkin bakardı. Çok rahatsız ederdi beni bu bakışlar. Korkardım. Bedenimin hatları belli olmasın diye bol, kocaman şeyler giyer, göğüslerim görünmesin diye kambur oturur, önüme bakardım. İşkence gibi bir şeydi işte. Sonraları sadece bakmakla kalmadı, o iğrenç ağzından salyalar akarak sataşmaya başladı bana. İşte o zaman ilk kez karşı geldim ona. Meğer o da benim bunu yapmamı beklermiş. Artık her seferinde daha beter dövmeye başladı beni. Ama bu dövmeler eskisi gibi değildi. Beni bir yandan dövüyor, bunu yaparken de bana sürtünüyordu. Sağımı solumu mıncıklayarak, bazen da ısırarak, bunlardan büyük bir cinsel haz aldığını hissediyordum. Henüz çok küçüktüm, regl bile olmamıştım.

Halim elleriyle yüzünü kapatıyor, ağladığının görülmesini istemiyor, ama anlattıkları o kadar hüzünlü ki, neredeyse ben de ağlayacağım. Ne talihsizlik.

— Pardon, o adam aklıma gelince bazen kendimi tutamıyorum.

— Rahat ol Halim, ağlamak çok insanca bir davranış.

— Sağ olun Doktor Hanım, işler bu hale gelince bir gün olanları anneme anlattım. Bu adamla beni yalnız bırakma dedim ama olmadı. Annemin ablasının yani teyzemin evde kalmış bir kızı vardı. Teyzem baştan beri beni hiç istememiş çünkü o şeytan kılıklı herifin çok parası vardı. Ben arada olmasam, bütün mal mülk, o herif ölünce önce anneme, ondan da çocuğu olmadığı için teyzeme ve evde kalmış kızına kalacaktı. Teyzem olanları bildiği halde, her sefer bir bahane bulup annemi yanına çağırırdı. Hem annemi benim aleyhime kışkırtır, hem de o şeytanla benim evde yalnız kalmamızı sağlardı. Düşünebiliyor musunuz, bütün yalvarmalarıma ve ağlamalarıma rağmen, annem yine de bizi yalnız bırakıp giderdi.

Ben artık 14-15 yaşlarına gelmiştim. Var gücümle çalışıyor, bir an önce kuvvetlenip o keçi sakallı herifle başa çıkabilmenin yolunu arıyordum. Sonunda bunu becerdim. Ben onu duvara savurduğum gün adam korktu benden. Lise ikinci sınıftaydım o zaman. Bir gün anneme, "Bu kızdan bize hayır gelmeyecek, hem bütün malımız mülkümüz bu serseme kalacak, hem de bize bakmayacak," deyip onu da kandırdı ve evden kovdu beni. Hemen arkasından da evlatlıktan reddetmek üzere mahkemeye başvurdular. Ben bir başıma sokakta kalınca önce öz babamın evine gittim. Babam yeniden evlenmişti ve üvey annem benim gelişimden hiç hoşlanmadı. On bir gün kalabildim orada. Sonra onlar da kovdu beni. Bu sefer dayımın evine sığındım. Bu arada mahkeme sürüyordu. Öğrendiğim kadarıyla beni evlatlıktan reddedebilmeleri için çok önemli ve yüz kızartıcı bir suç işlemem gerekiyormuş. Ancak ne hazindir ki, keçi sakal benim öz babamla anlaşmış. Ona yüklüce bir para vererek, onun mahkemede benim aleyhimde tanıklık yapmasını istemiş. Maalesef para benden önemli olduğundan öz babam keçi sakalın istediğini yaptı ve mahkemede aleyhimde tanıklık yaptı. Böylece aile beni nüfusundan sildirdi ve öz babama iade etti. Hatta o gün hâkim, "Bu kızı kimse istemiyor, ne olacak bu zavallının hali?" dedi.

Uzun bir nefes alıyor. Şimdi ikimiz de susuyoruz. Gerçekten de hüzünlü bir hikâye, anlattıklarından etkilenmemek mümkün değil. Bu nasıl öz baba böyle. Hem doğduğu gün çocuğu başkasına ver, sonra da en zor gününde ona yine ihanet et. Sonra yine hızlı hızlı anlatmaya devam ediyor.

— Bir süre dayımın yanında kaldım. Lise son sınıfa geçtiğim yıl, yani bu olaylardan bir yıl sonra hastalandım. Zaten zayıf, iştahsız bir kızdım. Doğru dürüst bakım yok, bir de üstüne bu üzüntüler, kimse tarafından istenmeme, reddedilme, aşağılanma, derken verem oldum. Beni İstanbul'da bir sanatoryuma gönderdiler. Üç ay yattım orada. İlk eşcinsel denemeler orada başladı. Sanatoryumdaki oda arkadaşımla birbirimizden hoşlandık. Ancak üç ayın sonunda, henüz tedavim tam bitmeden, hastaneye para ödenmediği için beni taburcu ettiler. Yine dayımın yanına döndüm. Dayımın karısı bu sefer hiç hoş karşılamadı beni. "Yeter artık kendine başka bir yer bul, biz senin ailen değiliz," dedi. Haklıydı, gerçekten de orası benim evim değildi ama ben nereye aittim? Bir sokak köpeği gibi hissediyordum kendimi. Yersiz yurtsuz ve sahipsiz. O civardaki kız yetiştirme yurduna başvurdum. Liseyi bitirene kadar beni orada konuk etmelerini istedim. Allah razı olsun, kabul ettiler ancak bir-iki ay sonra yine hastalandım. Bu sefer İstanbul'da bir başka sanatoryuma yolladılar beni. Üç ay da orada yattım. Geri döndüğümde zar zor o yıl okulu bitirebildim. Tam iş aramaya başlamıştım ki hastalık yine tekrar etti. Son olarak bir başka sanatoryumda aylarca yattım. İlaçlar kilo aldırdı bana ama bu sefer gerçekten iyileştim. Orada yatarken hep çıkınca ne yapacağımı, nereye gideceğimi düşünüyordum. Çünkü artık kız yetiştirme yurdu da kabul etmiyordu beni. Çıkacağıma yakın sağda solda iş aramaya başladım. Sonunda bir okula memur olarak aldılar beni. Kendime küçük bir ev tutup hastaneden çıktım. Nihayet benim de kendime ait bir evim vardı ve kimseye muhtaç değildim. Bu arada hemcinslerime duyduğum ilgi giderek artmaya başladı. Hem kızlardan çok hoşlanıyor, kendimi tam bir erkek gibi hissediyor, hem de çevrenin tepkisinden korkuyordum. Bir okulda çalışıyordum. Böyle hissettiğimi bilseler beni hemen okuldan atacaklarını biliyordum.

O sıralar aynı okulda benim gibi orada memur olarak çalışan bir delikanlı vardı. Israrla peşimden koşuyor ve onunla evlenmemi istiyordu. Çevremin baskısı ve eşcinsel olmaktan duyduğum korkular nedeniyle sonunda o delikanlıyla evlenmeye ve kendimi denemeye karar verdim. Biz nişanlandık. Nişanlılığımız süresince yani yedi-sekiz ay sadece önemli durumlarda el sıkıştık. Onun bana dokunmasına hiç izin vermedim. Onun iyi biri olduğunu biliyor, hatta insan olarak onu seviyordum ama bu karşı cinse duyduğum aşk ya da benzeri duygulara hiç benzemiyordu. Herkes gibi benim de bir yuvam, bir düzenim olsun istiyordum. Kendime her gün telkin yapıyor, ertesi gün nişanlıma biraz olsun yaklaşmaya karar veriyor ama bunu hiç başaramıyordum. Sonunda istemeye istemeye, korka korka evlendim onunla. Tahmin ettiğiniz gibi sonuç hiç de iyi olmadı. Her gece sabaha kadar kavga ediyor, sabah ikimiz de uykusuzluktan perişan okula gidiyorduk. Ona her seferinde, bu işe hazır olmadığımı, biraz daha beklemesi gerektiğini söylüyordum. Ama bunu hiçbir zaman yapamayacağımı ikimiz de biliyorduk. Ondan tiksinmeye, iğrenmeye başladım. Hiçbir erkeğin bana dokunmasına izin veremezdim artık, çünkü iyice anlamıştım ki ben içimde bir erkek ruhu taşıyordum. Ayrılalım dedim, kocam kabul etmedi. "Ben seni seviyorum, senden ayrılmam," dedi. "Doktora gidelim, ben kendim kalkamıyorum bu işlerin altından," dedim.

— O ne dedi.

— Ona da yanaşmadı. Biz böyle kavga dövüş yaşarken, okuldaki öğretmenlerden biriyle arkadaşlığım giderek gelişiyordu. O da benim gibiydi. Annesinden kız doğmuş ama kendini bildi bileli erkek gibi hissediyordu, hatta çok sevdiği bir de kız arkadaşı vardı, ona âşıktı. Birbirimizi çok iyi anlıyorduk. O da yıllar önce tıpkı benim gibi hem ailesinin baskısı, hem de bu işlerden kurtulabilir miyim ümidiyle kısa süren bir evlilik yapmış, hatta bir de çocuğu olmuş ama bir türlü kendini kadın gibi hissedemeyince ayrılmıştı. Dertlerimizi paylaşmak, biri tarafından anlaşıldığını hissetmek ikimize de iyi gelmişti. Biz Saliha ile artık gece gündüz birlikteydik. Saliha'nın iki odalı, küçük bir evi vardı ve bu evde sevgilisiyle birlikte yaşıyordu. Sevgilisi de çalışıyordu. Herkes onları birlikte yaşayan iki kız arkadaş sanıyordu. Ama Saliha bu durumdan pek memnun değildi.

— Neden?

— Çünkü o erkek gibi giyinmek ve tam bir erkek olmak istiyordu. Yaptığı iş ve toplum buna izin vermiyordu. Gerçi hep pantolon giyerdi ama daha ileri gidemiyordu. Hemen işten atılacağını biliyordu. Sonunda bir üniversite hastanesine başvurdu. Ameliyatla erkek olmak istediğini söyleyince onu uzun bir süre psikiyatri kliniğine yatırdılar. Oraya çok gitti geldi ama ameliyatına bir türlü izin çıkmadı. Sürekli biraz daha zaman istiyorlardı. Bu işin bu yolla çok uzayacağını anlayınca bir özel doktora başvurmaya karar verdik. Onun için de bu sefer ben geldim size. Saliha'yı hâlâ incelemeye devam ediyorlar. Eğer siz bana yardımcı olursanız o da gelecek. Lütfen Doktor Hanım geri çevirmeyin bizi. İnanın çok zor durumdayız. Hayatımı size anlattım. Bugüne kadar hiç yüzüm gülmedi, şansım hep ters gitti. Hiç olmazsa bundan sonra istediğim gibi yaşamama izin verin.

Halim'i dinlerken düşünüyordum 12-13 yaşından beri üvey babasının cinsel tacizine uğrayan, 15 yaşında sokağa atılan bir genç kız ne yapabilir? Ne kadar yalnız ve sahipsiz, üstelik veremli. Böyle kendi kaderiyle baş başa bırakılan kızlar genellikle kötü yola düşüyorlar. Ama o, bu çelimsiz, çaresiz hasta kız kolay teslim olmamış hayata, ama bir farkla, kız olup fahişe olacağına, erkek olmayı seçmiş. Erkek olursa hayatla mücadelenin daha kolay olduğunu görmüş. Hem böylece keçi sakallı üvey babasının tacizine uğrayan, o savunmasız küçük kızın hissettiklerinden, duyduğu tiksintiden sonsuza kadar kurtulmak için dişiliğini, kadınlığını ruhunun en derinlerine gömerek dayanılmaz acıları dindirmeyi denemiş. Bunun bir başka yolu var mıydı acaba? Hayatında iki önemli erkek figürü var. Biri öz babası –ki onu üç kuruşa satmış, doğduğu günden beri ona hiç sahip çıkmamış– biri de üvey babası, ona hem çocukluğunu hem genç kızlığını zehir etmiş. Bundan sonra onun bir erkeğe güvenebilmesi, sevebilmesi, âşık olabilmesi beklenebilir mi?

Acaba bugün kendisini bir kız gibi değil de erkek gibi hissetmesi sadece bu yaşadıklarına mı bağlı yoksa yapısal ve genetik bir sorunu mu var? Peki biz bu kızın yaralarını sarabilir miyiz? Ona yaşadıklarını unutturabilir miyiz? Yumuşacık, sıcacık bir anne, erkeğini seven bir eş haline getirebilir miyiz? Onu tıpkı bir kedi yavrusu gibi oradan oraya savuran hayat, bugün ona ne vaat ediyor? Benim böyle sustuğumu gören Halim yine konuşmaya başlıyor.

— Benim elime iğne iplik, çamaşır bulaşık değil kazma kürek yakışıyor. Benim vücudum elbiselerin, süslerin püslerin değil pantolonun gömleğin içinde huzur buluyor. Elbise giyersem yürüyemiyorum, bacaklarım birbirine dolaşıyor. Bana annelik yakışmaz. Anne dediğin yumuşacık, sevgi dolu olmalı. Kocam bana dokunacak diye ödüm kopuyor. O zaman kendimi eşcinsel gibi hissediyorum. Normal, sağlıklı bir erkeğe bir başka erkek dokununca ne hissederse, ben de öyle hissediyorum. Siz söyleyin ben neyim, erkek mi kadın mı, sapık mı manyak mı, neyim ben? Ben böyle olmayı istiyor muyum sanıyorsunuz? Kocamla niye evlendim? Acaba ben de herkes gibi olabilir miyim diye. Çok denedim, çok uğraştım. Herkesten çok ben isterim normal biri olmayı ama olmuyor işte, Allah kahretsin olmuyor. Böyle bir karar almak kolay mı sanıyorsunuz? Neden beni kimse anlamıyor? Daha ne anlatayım size?

Ah Halim diyorum içimden keşke sana yardım edebilsem. Senin sorunun galiba yapısal. Tıpta buna transseksüalizm deniyor. Homoseksüaliteden farklı bir durum. Bir homoseksüel kendi anatomik yapısından yani bedeninden memnundur. Karşı cins gibi giyinebilse de, bunu transseksüellerdeki gibi, daha doğal olmak için değil, cinsel yönden daha cazip görünebilmek için yaparlar. Ve böyle giyinseler bile kendilerini karşı cinsten biri gibi hissetmezler. Transseksüeller ise hiçbir zaman karşı cinsten biri gibi giyinmeyi seksüel cazibelerini arttırmak için yapmazlar. Kendini tam olarak karşı cinsten biri gibi hissettiği için öyle giyinir. Transseksüalizmin ilk belirtileri, Halim'in de anlattığı gibi, çok küçük yaşlarda başlar. Bu çocuklar gerek giyim kuşamlarında, gerekse oyun oynama gibi diğer davranışlarında karşı cins gibi davranır, bunun tersi istendiğinde ise çok huzursuz ve mutsuz olurlar. Ve bütün bu belirtiler 10 yaşından önce hatta nadiren 2 yaşında başlar. Bu çocuklarda genellikle anatomik ve fizyolojik bir bozukluk yoktur ve bunlar dıştan bakıldığında tamamen normaldir.

Bir transseksüelin asıl amacı cinsiyet değiştirmek ve ait olduğunu düşündüğü cinsiyetle kabul edilmek ve böyle yaşamaktır. Psikoterapi ve psikoanalizin bu hastalarda yetersiz kaldığı hatta tamamen başarısız olduğunu söyleyebiliriz. Ancak tedavi çok erken yaşta, örneğin 5 yaşlarında başlarsa sonuç alınabildiğine dair literatürde birkaç örnek vardır.

Bugünkü bilgilerimiz, psikoanalitik yaklaşımla bir transseksüeli anlamaya ve çözmeye yetmemektedir. Ancak tüm dünyada sanıldığından daha sık rastlanmakta, toplumsal ve kültürel baskılar nedeniyle pek çoğu kendilerini gizlemek zorunda kalmaktadır. Araştırmacılar kadın olmak isteyen yüz erkeğe karşılık, erkek olmak isteyen beş-altı kadın olduğunu bildirmektedir.

Bu hastalarda cerrahi tedavi yaygın olarak uygulanmakta ve erkeklerin penis ve testisleri alınarak vajinoplasti uygulanmakta, kadınlara ise önce meme ve rahim alınıp sonra da vagina kapatılarak suni bir penis oluşturulmaktadır. Bu arada her iki gruba da uzun süre hormon takviyesi yapılarak, yeni anatomik yapı oluşturulmaya çalışılmaktadır.

Bunları düşünürken yıllar önce Hacettepe Hastanesi'nde çalışırken gördüğüm bir başka kadın transseksüel geliyor aklıma. 25 yaşlarındaydı. Orta sosyo-kültürel düzeydeki bir ailenin kızıydı. Emlak komisyonculuğu gibi, o yıllarda ülkemizde daha çok erkekler tarafından yapılmakta olan bir işi başarıyla yürütüyordu. Erkek olmak istediğini, kendi bedeninden nefret ettiğini, bunun için her şeyi göze almaya hazır olduğunu söylüyordu. Bir gün göğüslerinde iki taraflı, oldukça derin bıçak kesiğiyle acile geldi. Buna neden olarak da, kadınlığın simgesi olan göğüslerine daha fazla tahammül edemediğini ve nefret ettiği bu organlarından kurtulmak amacıyla onları kestiğini söylüyordu. O hasta sonunda isteğine kavuştu ve ameliyatla erkek oldu.

— Neden cevap vermiyorsunuz Doktor Hanım, bir şey söylemeyecek misiniz?

— Tabii söyleyeceğim. Bir yandan seni dinliyor, bir yandan düşünüyordum. Biliyorsun, ameliyat geri dönüşü olmayan çok önemli bir karar. Senin çok zor bir hayatın olmuş. Eğer bugün kendini bir kadın gibi değil de bir erkek gibi hissediyorsan, bunda yaşadıklarının payı çok büyük.

— Benim hayatımın rezil olduğu bir gerçek ama ben kendimi bildim bileli hiç kız gibi hissetmedim ki. İlkokulda bile kızlar kendi aralarında oynarken ben oğlanlarla top oynar, evde anneme değil, dışarıda o keçi sakala yardım eder, odun kömür kırardım. Sizce ben sapık mıyım?

— Hayır, sapık değilsin.

— Peki ya homoseksüel?

— Homoseksüel de değilsin. Homoseksüel kendi cinsel kimliğinden yani kadınsa kadınlığından, erkekse erkekliğinden şikâyetçi değildir. O kendi cinsine ilgi duyar ve onlara hoş görünmek için giyim-kuşam ve hareketlerinde farklılaşma olur. Yani cinsiyet değiştirme gibi bir amacı hiç olmaz.

— Evet, homoseksüel değilim. Ben de kızlardan hoşlanıyorum ama onlar bana benim hemcinsim gibi gelmiyor. Tam tersi erkekleri hemcinsim gibi hissediyorum. Bir de ortalıkta kendilerini satan travesti mi diyorlar, hani kadın kılığına girmiş erkekler var. Ya onlar, onlar ne sizce?

— Karşı cins gibi giyinen insanlara transvesti denir ama farklı ülkelerde farklı isimler verilebiliyor. Bunların kimi homoseksüel kimi transseksüel kimi de tamamen normal olmasına rağmen yaşam koşullarının buralara ittiği gençler. Kendi aralarında bir dayanışma içinde ayakta durmaya çalışıyorlar. Tüm dünya artık bir 3. cinsin varlığını istese de istemese de kabul etme yolunda. Onların işi de kolay değil. Bu muhafazakâr, yaşlı dünyamıza yeni şeyleri kabul ettirmek kolay değil. Toplumun dışladığı insanların ayakta durması, kendini kabul ettirmesi zaman alıyor. Ama bizim gibi yeniliklere pek açık olmayan bir toplum bile bazı gerçekleri zor da olsa kabul edebiliyor. Biliyorsun çok ünlü bir sanatçımız topluma kendini önce erkek sonra da kadın olarak benimsetebildi. Ben de onun hayranlarından biriyim. Bu konuyu çok iyi bildiğim halde ilk günler ben bile yeni kimliğini kolay kabul edemedim ama şimdi onu yine büyük bir zevkle dinliyor ve cesaretinden dolayı kendisini kutluyorum.

— O da bir transseksüeldi demek.

— Evet, tipik bir transseksüel. Sanırım kadınların büyük beğenisini topladığı ilk zamanlarda o, kendisini erkek bedenine hapsedilmiş bir kadın gibi hissediyordu. Ne kadar zarifti o zamanlar. Hiçbir erkek o kadar zarif olamaz. Onun için kadınlar ona bayılırdı. Sonunda zincirlerini kırdı ve şimdi ruhu ile bedeni bir bütün olarak yaşıyor. Bir başka ünlü sanatçımız daha vardı. Türkiye'de hiç yapılmayanı yaptı. Erkek olmasına rağmen bir kadın gibi süslendi, giyindi, taktı takıştırdı ve bu haliyle halka kabul ettirdi kendini. O da çok büyük bir sanatçıydı.

Bizim halkımız gerçek sanatçıyı, hele bir de kendisine bu kadar saygılı olanı diğerlerinden ayırıyor. Toplumumuzun sağduyusu çok yüksek. İşte o büyük sanatçımız da eşcinsellere iyi bir örnekti yani kendi cinsel kimliğiyle ilgili bir sorunu yoktu. Ancak bunlar zor işler Halim. Onlar bu mücadelede galip geldiler ama kimbilir bunun bedeli ne kadar ağır oldu, neler yaşadılar neler çektiler ve ne kadar yalnız günleri oldu. Çünkü toplum halen cinsel kimlik bozukluğunu bir tür cinsel sapıklık gibi kabul ediyor ve böyle insanları ayıplıyor ve dışlıyor. Halbuki bu doğanın yaptığı bir hata. Ama toplumu karşına almak zor iş. Büyük cesaret ister.

Hadi bunu göze aldın diyelim, bir erkeğin bir kadına ya da bir kadının erkeğe dönüşmesi kolay mı sanıyorsun? Sihirli değnek dokundurarak olmuyor bu işler. Tanrı yapısı değil, kul yapısı. Örneğin senin erkek olabilmen için kaç türlü ameliyat geçirmen gerektiğinden haberin var mı? Göğüslerin tamamen alınacak, rahim ve yumurtalıklar alınacak, vagina kapatılacak sonra da penise benzer bir organ oluşturulmaya çalışılacak. Bunlar hayati tehlikesi olan çok büyük ameliyatlar. Aylarca hastanelerde yatacaksın Üstelik maliyeti de çok yüksek. Ve bütün bu işlemlerin sonunda hiçbir zaman gerçek bir erkek olamayacaksın. Şu anda anatomik açıdan tamamen normal bir kadın bedenine sahipsin. Bu sağlıklı bedenden vazgeçip erkeğe benzeyen ama her şeye rağmen ciddi eksikleri olan, kul yapısı, suni bir bedenin olacak. Toplum bunu hiç unutmayacak. Çok acı çekeceksin. Ne sen unutacaksın ne onlar. Alacağın karar işte bütün bunlara değmeli.

— Anlıyorum, aslında bütün bunlardan korkmuyor değilim ama bu halimle de kendimi sakat gibi hissediyorum. Sanki kaderim daha annemin karnında çizilmiş benim. Şans orada bile yardım etmemiş bana. Hatalı üretim yapmış. Kızsam kız, erkeksem erkek olabilseydim. Kendimi bir kız gibi hissedebilseydim ya da madem erkeğim diyorum benim de erkek gibi bir bedenim olsaydı ne olurdu. Kaderim baştan kötüymüş. Dünyaya defolu gelmişim.

— Transseksüalitenin gerçekten de genetik yapıda yanlış bir kodlama sonucu oluştuğu düşünülüyor. Yani defolu üretim derken bilimsel bir gerçeğe parmak basıyorsun. İnsanların çocuklukta yaşadığı olayların bu gerçeği pek az etkilediği düşünülüyor ancak senin hayatın ve yaşadıkların insanın aklına psikolojik sorunların sende çok daha önemli olabileceği fikrini getiriyor. Ben sana itiraz etmiyorum. Böyle bir rapor vermem de demiyorum. Sakın beni yanlış anlama ama az önce de söylediğim gibi bu çok önemli ve geri dönüşü olmayan bir karar. Zaten psikiyatri, hastalarına bu tür raporları bir görüşte vermez. Hastayı enine boyuna tanımak ister. Çünkü bazen insanlar çeşitli nedenlerle bu tür kararları çok ani alabiliyorlar. Bu onların gerçek kararı olmaktan çok tepkisel bir reaksiyon niteliği taşıyor. Ya da farklı ruhsal hastalıklarda hasta, şuramı beğenmiyorum, ameliyatla düzelttirirsem her şey yoluna girecek ve ben rahatlayacağım diye tutturuyor. Bizim görevimiz bu tür kararların sağlıklı ve gerçekçi olup olmadığını ayırabilmek. O nedenle acele etme, beni sıkıştırma. Hem sen hem ben bu kararın en doğru ve sağlıklı karar olduğundan emin olalım, ne dersin?

— Benimle bu kadar ilgileneceğinizi, bana bu kadar önem vereceğinizi düşünmemiştim. Madem siz öyle diyorsunuz, öyle olsun. Ne zaman isterseniz size yine gelmeye hazırım.

— Buna memnun oldum ancak lütfen amacın beni ikna etmek olmasın. Ben bu raporu sana şimdi de yazar veririm, ama konu o değil. Bu senin hayatın ve benim kadar sen de kendine ve gelecekteki hayatına önem ver, oldu mu?

— Tamam Doktor Hanım. Kendime önem vermeyi sayenizde öğrenmeye çalışacağım.

Ayağa kalkıp yine bir erkek edasıyla elimi sıkıp çabucak çıkıyor odadan. Birilerinin ona önem verdiğini hissetmek yabancısı olduğu bir duygu.

Halim'in sorunu üzerinde çok düşünüp çok dikkatli karar vermem gerekiyor çünkü tam doğruyu bulmalıyım; acaba yaşadığı bunca olumsuzluk nedeniyle mi kadınlığından vazgeçiyor, yoksa gerçekten yapısal bir sorunu mu var? Onu uzun uzun incelemeliyim çünkü bu işin geri dönüşü yok...

Binbir Gece Masalı – 2

Zafer Bey sözünü tuttu ve tam bir ay sonra Nihal Hanım'ı yine getirdi. Önce Zafer Bey giriyor içeri.

— Buyrunuz Zafer Bey, hoş geldiniz.

— Hoş bulduk Gülseren Hanım.

Zafer Bey yine her zamanki zarafetiyle elimi sıkıyor ve karşımdaki koltuğa oturmadan önce benim yerime oturmamı bekliyor. Dikkatli bakıldığında yüzünde yine hafif bir hüzün bulutu var.

— Nasılsınız, ne var ne yok?

— Sağ olun, sayenizde Nihal daha iyi. Bayılmalar ve diğer şikâyetler yavaş yavaş azalıyor. Sizin söylediklerinizi tam olarak uyguluyor. Ben de ona her gün soruyorum. Duşunu aldın mı, yürüyüşlerini yaptın mı, su içmeyi sakın unutma diye. Ona çok şık bir eşofman ve lastik ayakkabılar aldım. Benim bu ilgim hoşuna gidiyor. Birkaç kez bayıldı ama bu sefer doktor çağırmadım. Kısa sürede toparlandı. Ayrıca onu iki kez sinemaya götürdüm. Yaptığı yemekleri beğeniyor, yeni bir şey giyerse, "Çok yakışmış, güle güle giy," diyorum. Hatta geçen hafta kuaföre gidecekmiş, "Saçlarını biraz kestir istersen, kısa saç sana yakışıyor," dedim. Elimden gelenler bunlar. Daha başka ne yapabilirim bilmiyorum.

— Bunların hepsi de çok güzel. Böyle devam ederseniz Nihal Hanım'ın yakında bir şeyi kalmayacak.

— Bunu ben daha ne kadar devam ettireceğim?

— O sizin karınız. Sizin onu sevdiğinizi, ona önem verdiğinizi hissetmek istiyor. Bundan daha doğal ne var. Bunun süresi mi olur?

— Evet haklısınız, buna hep devam etmeliyim.

— Çok zor mu oluyor?

— Zor oluyor, aslında pek içimden gelmiyor.

— Size kalsa akşam işten eve gelince doğru odanıza girip hiç kimseyle konuşmayacak ve ilgilenmeyeceksiniz öyle mi?

— Galiba öyle.

— Bu yalnızlık daha ne kadar sürecek?

— Ben de bilmiyorum. Memlekette bir tek arkadaşım bile yok.

— Babanızla ilişkiler nasıl gidiyor?

— Pek iyi sayılmaz. On beş gün önce amcamı kaybettik. Amcam çocuğu olmadığı ve beni öz oğlu kadar sevdiğinden, bir süre önce beni evlat edinmişti. Amcam ölünce tüm mal varlığı bana kaldı. Böylece babamla artık ortak olduk. Bu onun pek hoşuna gitmedi. Oğluyla ortak olmak zoruna gitmiş olmalı. Fabrikalarla ilgili bir-iki önerim oldu. Daha doğrusu Almanya'da öğrendiklerimi burada uygulamak istedim ama izin vermedi. "Her şey eskisi gibi olacak, ben sağken ne dersem o olur," dedi.

— Siz ne yaptınız?

— Yıllardır ne yapıyorsam onu.

— O yüzden mi bugün biraz hüzünlü gördüm sizi.

— Biz hüzünle arkadaş olduk. Benden hiç ayrılmıyor desem yeridir.

— Sizin için yapabileceğim bir şey var mı?

— İlginize teşekkür ederim. Sizinle konuşmak bana iyi geliyor. Daha önce de söylediğim gibi uzun süredir bu kadar özel sorunlarımı kimseyle konuşmuyordum. Biraz daha hafiflemiş olarak çıkıyorum bu odadan.

— Eşinizle arkadaşlık etmeye ne dersiniz. Bakın o sizinle öyle ya da böyle ilişki kurmayı çok istiyor. Siz de çok yalnızsınız. Zorla ilgilenmek yerine bazı şeyleri paylaşın eşinizle. Bütün dünyaya kapılarınızı kapatmışsınız. Yalnızlık Tanrı'ya mahsustur. Deneyin lütfen, göreceksiniz ikinize de iyi gelecek.

— Yapabileceğimi pek sanmıyorum ama madem siz öyle diyorsunuz, deneyeceğim.

— Memnun oldum. Şimdi de eşinizi görebilir miyim?

— Tabii efendim. Ben izninizi rica edeyim. Tekrar teşekkür ederim, bir ay sonra görüşürüz.

Ayağa kalkıp önünü ilikliyor ve yine hiç arkasını dönmeden elimi sıkıp çıkıyor. Nihal Hanım yine çok şık. Saçları kısa kesilmiş. Kısa saçlar gerçekten de ona çok yakışmış, çok daha genç ve güzel olmuş.

— Hoş geldiniz Nihal Hanım, saçlarınızı kestirmişsiniz, yakışmış size.

— Zafer Bey öyle istedi, ben de kestirdim. O da çok beğendi.

— Ne güzel, nasılsınız?

— İyiyim Doktor Hanım, bayılmalarım seyrekleşmeye başladı. Henüz tam düzelmedim ama yavaş yavaş geçiyor, bu iğneler bana çok iyi geldi, gerçi çok canımı yakıyor ama yine de ben razıyım.

— Diğer önerilerime de uyuyor musunuz?

— Hepsine aynen uyuyorum. Zafer Bey tıpkı bir öğretmen gibi izliyor beni, sağ olsun çok ilgileniyor.

— Eşiniz sizinle hep böyle ilgilenir mi?

— Vallahi ne desem bilmem ki. Ona kalsa odasından hiç çıkmayacak ama son zamanlarda eskisi gibi değil. Birkaç kez sinemaya gittik, şimdiye kadar hiç gitmemiştik.

— Erkekler güler yüzlü ve sağlıklı hanımları çok severler. Siz düzeldikçe o da sizinle daha çok beraber olmak istiyor.

— İnşallah öyle olur. Aslında memlekette eş dost çok ama ne de olsa insanın kocasının yeri başka. Size benimle ilgili bir şey söyledi mi?

— Sizin düzelmeye başladığınızı o yüzden çok memnun olduğunu söylüyor. Bu hastalık yüzünden birbirimizden çok uzaklaşmışız meğer diyor.

— Hastalık yüzünden mi uzaklaşmışız?

— Öyle diyor eşiniz. Nihal düzeldikçe ilişkimiz de düzeliyor diyor.

— Demek öyle diyor. Ben onu hiç anlayamıyorum. Eskiden sadece hastalandığım zaman yanıma gelirdi.

— Sizin sağlığınız tabii ki onu çok ilgilendiriyor ama artık eskisi gibi hasta olmayacağınızı bilmek onu da rahatlatmış. Bana öyle geldi ki şimdi sizin her şeyinizle daha çok ilgileniyor.

— Doğru, sabahları yürüyüş yapayım diye bana eşofman ve spor ayakkabılar almış. Sık sık işyerinden telefonla arayıp su içmeyi unutma diyor. Eskiden yapmazdı bunları. Keşke hep böyle ilgilense benimle. Bazen varlığımı bile unutuyor gibi geliyor bana.

— Ama çok methediyor sizi.

— Öteki doktorlara, "Kocama söyleyin benimle biraz ilgilensin," demiştim. Onlar da söylemişler ama hiç faydası olmadı, üstelik kızdı bana, onun için size bir şey söylemedim. Siz ona ne dediniz ki bu kadar değişti?

— Çok mu değişti sahi?

— Değişti ya, keşke hep böyle olsa.

— İnşallah daha da değişecek. Siz şimdi yine benim önerilerime aynen uyun. Eşinizin yanında artık pek hastalıktan söz etmeyin. Erkekler mızmız kadınları sevmez. Neşeli ve mutlu görsün sizi.

— Tamam Doktor Hanım, hasta bile olsam onun yanında belli etmeyeceğim. Size nasıl teşekkür etsem bilmem ki.

— Rica ederim, benim için en büyük ödül sizi sağlıklı ve mutlu görebilmek. Bir ay sonra daha iyi bekliyorum sizi.

Nihal Hanım gülerek yanıma geliyor ve beni yanaklarımdan öperek vedalaşıyor. Keşke bir gün onu gerçekten mutlu görebilsem...

Panik – 3

Evet, işte Yaşar Bey yine karşımda. Ne kadar değişti bu adam. Lacivert, çizgili, harika birtakım var üzerinde. Kravatı göz alıyor. Artık eskisi gibi konuşurken terlemiyor. Gözlerinin içi gülüyor ve her zamanki gibi yine çok sempatik. Belli ki artık keyfi iyice yerine gelmiş.

— Merhaba Yaşar Bey. Şöyle buyurun. Ne var ne yok görmeyeli?

— İyilik, sağlık Doktor Hanım. Çok şükür sağlığım iyi. Siz nasılsınız?

— İyiyim, sağ olun.

— Allah sizi başımızdan eksik etmesin. Size ilk geldiğim günleri hatırlıyorum da ne berbat günlerdi onlar. Çok şükür artık düzeldim, ama bu sefer de bizim hanımın keyfi kaçtı.

— Hayırdır, nesi var eşinizin?

— Canım bir şey yok aslında ama ben iyileşince bizim düzen yine eskiye döndü.

— Nasıl yani?

— Ben hastayken korkudan yalnız dışarı çıkamıyordum. Yanımda ya ağabeyim olacaktı ya da eşim. İşe bile gitsem akşama kadar kırk kere arardım. Şehirlerarası seyahat hiç yapamıyordum. Yazları ben onu değil o beni tatile götürürdü. Sizin anlayacağınız iki yıl boyunca kadıncağız sadece benimle uğraştı. Düzelince yine eskisi gibi kendi başıma işlerin peşinden koşar oldum. O memleket senin bu memleket benim dolaşıyorum. İşler birikmiş. Ağabeyim sadece çok mecbur oldukça ilgilendi. O pek sevmez koşturmayı. Benim hanım iki yıldır benim hep yanında olmama alışmış, şimdi canı sıkılıyor. Beni ihmal ediyorsun deyip duruyor. Halbuki bu benim işimin icabı.

— Demek eşinizi kızdırdınız?

— Ee... olacak o kadar. Allah sağlık versin de çalışalım. Yakında eşim de alışacak buna. Zaten bu hastalık beni o kadar değiştirdi ki, kimseye kıyamıyorum.

— Siz zaten kimseye kıyamıyordunuz.

— Şimdi daha da yufka yürekli oldum. Eskiden olsa, eşim öyle yaptıkça ona kızar, söylenirdim, şimdi söylenmiyorum, onu anlamaya çalışıyorum. İki elim kanda olsa ona ayıracak zaman buluyorum. Her şey karşılıklı. Ben hastayken o benimle çok ilgilendi şimdi sıra bende. Ben onu üzer miyim hiç.

— Böyle düşünmeniz ne güzel. Peki, bakıyorum hastalıktan hiç söz etmiyorsunuz, tamamen atlattınız herhalde.

— Çok şükür, öyle sayılır. Dosyama bir bakar mısınız ben tedaviye başlayalı ne kadar olmuş?

— Sekiz ay olmuş. İlaçları ne yaptınız?

— Sizin talimatınızla geçen ay hepsini bıraktım. Sizin arada bir ihtiyaç duyarsanız alabilirsiniz diye verdiğiniz ilacı da hiç almadım, daha doğrusu gerek duymadım. Ama bakın, ilaç cebimde. O yanımda oldukça kendimi güvende hissediyorum.

— Demek hiç gerek olmadı.

— Ben ilaçsız yapamam sanıyordum. Nasıl oldu anlayamadım, hiç ihtiyaç duymadım. Sadece arada bir elim cebime gidiyor, ilaç yerinde duruyor mu diye kontrol ediyorum.

— Harika, bu iş bitmiş, peki halen korktuğunuz için yapamadığınız bir şey kaldı mı?

— Vallahi pek bir şey kalmadı. Yalnız her yere gidebiliyorum. Sadece henüz uçağa binemedim. Bir-iki kere niyetlendim vazgeçtim. Şoför beni her yere götürüyor. Ama yurtdışına çıkmadım.

— Neden?

— Aslında yurtdışına gitmem gerekiyor. Biraz çekiniyorum işte.

— Eskiden gider miydiniz?

— Gitmez olur muyum. Uçakla vızır vızır gezerdim.

— Peki şimdi neden gitmiyorsunuz?

— Dedim ya biraz çekiniyorum. Gerçi çok iyiyim ama uçakta bir şey oluverirse, yardım edecek kimse de yok.

— Nasıl bir yardım gerekiyor size?

— Tamam, tamam, kızmayın Doktor Hanım. Dediklerinizi unutmuş değilim.

— Ne demiştim söyleyin bakalım?

— Bu hastalık ne öldürür, ne deli eder. Ayrıca hiç yardım da gerekmez, kendiliğinden geçer demiştiniz.

— Başka?

— Yine de çok sıkışırsanız ilacı alın hiçbir şeyiniz kalmaz demiştiniz.

— Tamam, sınıfı geçtiniz, öyleyse uçağa binmek için neyi bekliyorsunuz?

— Bir an önce ona da binmeliyim, değil mi?

— Kesinlikle evet. Eğer şimdi binmezseniz, daha sonra bunu yapmanız çok zor olur. Daha doğrusu bu tedavi sırasında üstesinden gelemediğiniz şeyler varsa, bunlar ilelebet sizinle kalır. Hatırlarsanız ben sizden tedavinin ilk günlerinde hiçbir şey istemedim. Hiçbir gayret istemedim ama şimdi istiyorum. Hastalık sırasında edindiğiniz tüm alışkanlıklardan kurtulun, korkmayın, ilacınız yanınızda. En ufak bir endişede bile ilaç alabilirsiniz. Hatırlıyor musunuz bir ara bu ilaca alışmaktan korkuyordunuz?

— Hatırlıyorum tabii, aslında bu hastalıkla yaşamaktansa, ömür boyu ilaç almaya ben razıyım.

— Ama bakın biraz gayretle, ben alabilirsiniz dediğim halde hiç ilaca gerek duymamışsınız. Yakında cebinizde taşımayı da unutacaksınız.

— Siz ilk günler bana ilaç almayı unutacaksınız dediğinizde içimden size gülmüştüm. Ama gerçekten de sonra sonra ilacı almayı unutmaya başladım. Şimdi de cebimde taşımayı hiç unutmam sanıyorum ama madem siz öyle diyorsunuz demek ki onu da unutacağım günler gelecek.

— Ama şimdi biraz daha gayret etmeli ve hastalığın olabildiğince üzerine gitmelisiniz.

— Tamam, ilk fırsatta uçağa da bineceğim. Geçen gün yolda bizim özel kliniğin acilinde çalışan doktoru gördüm. Selamlaştık. "Nerelerdesiniz, artık bize uğramıyorsunuz," diyor doktor. "Size ne uğrayacağım, iyileştim artık ben," dedim. Çok şükür kurtuldum oralardan. Peki Doktor Hanım size son bir soru sormak istiyorum.

— Buyurun Yaşar Bey.

— Bu hastalık bir daha gelmez değil mi bana?

— Önemli olan bu hastalığın tekrar gelip gelmeyeceği değil. Siz eğer hastalığı tanır, ne yapmanız ve ne yapmamanız gerektiğini bilirseniz, bu sefer siz hastalıktan değil, hastalık sizden korkar.

— Evet evet, ben onu tanımaz mıyım, artık o benden korksun.

— Oldu bu iş. Size güveniyorum. Ama bir sorun olursa bilin ki ben hep buradayım.

— İşte bu bana yeter. Sağlıkla kalın Doktor Hanım. Bundan sonra inşallah sizi sadece ziyaret etmeye gelirim.

— Memnuniyetle Yaşar Bey, eşinize selamlar...

Ne tatlı adam bu Yaşar Bey. Hem çok zeki, yetenekli ve çalışkan biri, hem de bir insan ne kadar iyi olabilirse o kadar iyi. Yazık olmuş Yaşar Bey'in hasta olarak geçirdiği iki yıla...

Yaşar Bey odadan çıkar çıkmaz telaşla Tuna giriyor içeri.

— Doktor Hanım, Anadolu'dan bir hasta getirdiler, biraz ajite, salondaki diğer hastalarımız tedirgin oldular. Hemen onu göndereyim mi?

— Tabii Tuna, bekliyorum.

İki genç kız, koluna girdikleri bir delikanlıyla birlikte giriyorlar içeri. Orta boylu, esmer, 22-23 yaşlarında sempatik tavırları olan bu delikanlı hiç durmadan konuşuyor. Kızlar onu karşımdaki koltuğa büyük bir sevgi ve şefkatle oturtuyorlar. İkisinin de gözleri yaşlı. Delikanlı hiç ara vermeden ve ses tonu hiç değişmeden konuşmaya devam ediyor. O kadar hızlı konuşuyor ki, ne dediğini anlamak mümkün olmuyor. Kızlardan daha büyük olanı bana dönerek anlatmaya başlıyor;

— Doktor Hanım, biz Mehmet'in ablalarıyız. O bizim her şeyimiz, ne olur iyileştirin onu. O bunları hiç hak etmedi, melek gibi bir çocuktur. Ne hale geldi zavallı. Salondaki hastalar korktular ondan. Mehmet gibi bir çocuktan insanlar korkuyor. Ne olur kurtarın onu.

Şimdi ikisi birden ağlıyor. Kardeşlerine bu sevgi dolu yaklaşımlarından etkileniyorum. İçimde tanıdık bir sızı başlıyor. Erkek kardeşim Mustafa'yı bir operasyon nedeniyle hastaneye götürmüştük. O gün meslektaşlarımın yüzüne muhtemelen ben de böyle bakmış ve "Kurtarın onu," demiştim. Bu iki ablayı çok iyi anlıyorum galiba. Önce onları sakinleştirmeye çalışıyorum.

— Merak etmeyin kızlar, Mehmet çok kısa sürede eskisinden daha sağlıklı olacak.

Sesimdeki yumuşaklık ve şefkat beni bile hayrete düşürüyor. Ortam yumuşuyor. Kızlar ağlamaktan vazgeçiyorlar ama Mehmet hâlâ konuşuyor.

— Hadi şimdi anlatın bakalım, ne oldu Mehmet'e?

— Size en iyisi her şeyi baştan anlatalım. Babam biz bildik bileli hastaydı, ruh hastası. Bazen aylarca evden dışarı çıkmaz, çalışmaz, yemez, içmez, konuşmaz, sabahlara kadar uyumaz, evin içinde dolaşır durur; bazen de aylarca eve girmez, gezer, tozar, ne kadar paramız varsa hepsini harcar, hatta borçlanır, her önüne gelenle kavga eder, eve gelince de başta annem olmak üzere hepimizi sıra dayağından geçirirdi. Bu nedenle çok doktora gitti, hastanelerde yattı, ilaçlar kullandı ama ne yaptıysa bu hastalıktan kurtulamadı. Normal zamanlarında dünyanın en iyi babasıydı ama normal zamanı çok az olurdu. Zaten sonunda intihar etti, o da kurtuldu biz de. Aynı hastalık şimdi de Mehmet'te başladı. Babamın başına gelenler Mehmet'in de başına gelecek diye çok korkuyoruz. Bu hastalıktan kurtuluş yok mu Doktor Hanım?

— Demek babanızın hastalığı "Bipolar hastalık"mış. Maalesef bu hastalık sıklıkla genetik bir geçiş gösterebiliyor. O halde Mehmet'inki de muhtemelen aynı hastalık. Korkmayın, bu tedavisi mümkün olan bir hastalık ancak bu tedavi biraz uzun ve zahmetli.

— Zahmeti önemli değil Doktor Hanım, yeter ki kardeşimiz kurtulsun. Altımızdaki yatağı satar, yine bakarız ona. Bu çocuk aslında hasta olacak bir çocuk değildi ama iki yıl önce bir iş geldi başına. Mehmet dayımızın oğlu ile beraber sokakta gezerken, bir hiç yüzünden birileriyle kavgaya tutuşmuşlar. Bu kavgada dayımızın oğlu öldürüldü. Bu olay Mehmet'i çok üzdü. Öldürülen çocuğu Mehmet çok sever, her şeyini onunla paylaşırdı. Üstelik Ali'nin ölümünden insanlar Mehmet'i sorumlu tuttular.

— Neden?

— Cevdet'ti yeterince korumadı, yalnız bıraktı filan dediler. Çok yakın akrabalar arasında husumet oldu. Özellikle dayımın açık açık suçlamaları Mehmet'i kahretti. Bu olaydan sonra Mehmet aylarca konuşmadı, yemedi içmedi ve günlerce ağladı. Altı ay kadar sonra biraz toparlandı ve hemen askere gitti. Önceleri askerde iyiydi. Biz de Mehmet düzeldi diye seviniyorduk. Tam da o sırada annem hastalandı. "Beyninde ur var," dediler. Apar topar ameliyata aldılar annemi. Mehmet'e durumu haber verdik, o da askerden izin alıp geldi. Ameliyat iyi geçti, annem düzeldi diye Mehmet birliğine geri döndü. Ancak bir-iki gün sonra annem doktorların da hiç beklemediği bir anda ölüverdi. Hepimiz bir kez daha yıkıldık. Durumu Mehmet'e telefonla haber verdik. Çocuk şok oldu. Telefonu kapatınca ağlamaya, bağırmaya, dövünmeye başlamış. Bunu gören üstlerinden biri, belki de ne olduğunu bile anlamadan Mehmet'i fena halde dövmüş. Böyle bir şey nasıl olur, onu da anlayamadık. Yani sizin anlayacağınız, o ara talihsizlikler Mehmet'in peşini bırakmadı. O günden sonra

Mehmet bir daha kendine gelemedi. Askerliği zaten bitmek üzereydi. Teskereyi aldı ancak o günden sonra yemedi, içmedi, uyumadı ve sizin de gördüğünüz gibi hiç susmadı. On beş-yirmi günde yedi kilo verdi. Konuşmaktan sesi kısıldı.

Mehmet'e doğru dönüyorum. Koltuğun ucuna oturmuş bir yandan konuşup, bir yandan benim gözümün içine bakıyor. Şimdi ablaların ikisi birden onun hemen yanı başında saçlarını okşuyorlar. Mehmet hasta ama yalnız değil. Yalnız insanlarla dolu bu dünyada ne büyük zenginlik. Hafifçe gülümsüyorum Mehmet'e. O da bana gülümsüyor ama henüz beni dinleyemiyor. Sonra yeniden ablalara dönüp, onlarla konuşuyorum. Yapılması gerekenleri tek tek anlatıyorum onlara. Beni dinledikçe rahatladıklarını, gözlerindeki hüznün yerini umut pırıltılarına bırakmasından anlıyorum. Bana güvendiklerini hissediyorum. Kaybolan inançlarını yeniden yakalamak üzereler.

— Beni sık sık arayın, diyorum.

Ablalar Mehmet'i aralarına alıp ona sarılarak çıkıyorlar odadan. Telefonun tuşuna basıp Tuna'ya, ücret alırken biraz esnek davranmasını, ne verirlerse kabul etmesini söylüyorum. Bu sevgi seli varken eminim ki Mehmet herkesten daha çabuk iyileşecek.

Çöp Apartman – 8

Bir hafta sonra işte yine Nerimanların kapısını çalıyorum. Kapıyı Safiye açıyor, yüzünde hafif bir gülümseme var. "Hoş geldiniz Sevgili Öğretmenim," diye karşılıyor beni. Salonun açık olan kapısının önünde ayak silmek için kocaman beyaz bir havlu serili. Salonun temizlendiğini hemen anlıyorum. İçerisi mis gibi, tertemiz kokuyor. Kimbilir ne çok uğraştı burayı temizlemek için. Aslında salon aydınlık bir yermiş. Camların ve perdelerin pisliğinden içeri ışık girmezmiş meğer. Ne yapacağımı şaşırıyorum. Bir yandan bu gelişme beni çok mutlu ediyor, bir yandan da şimdi bu temiz salona girip giremeyeceğimi bilemiyorum.

— Safiye ellerine sağlık, nasıl da parlamış salon, ama şimdi ben ne yapmam gerektiğini bilemedim. Temizlendiğine göre içeri girmek yasaktır herhalde.

— Maalesef öyle, şimdi siz girseniz bile ben giremem. Çünkü ben bu halde oraya girersem, bütün salonu yeni baştan temizlemem gerekir. Biraz daha zaman lazım. Şimdiden sizinle birlikte salonda keyif kahvesi içeceğimiz günlerin hayalini kuruyorum.

— Tamam, ne yapalım biraz daha bekleriz. Zor oldu mu temizlemen?

— Gülben'le birlikte yorulduk biraz, ama yine de eskiye göre çok daha kolay temizledik.

— Şimdi nereler kaldı?

— Sadece mutfakla salon temiz, gerisi duruyor çünkü biz temizlenmeden oraları temizlemenin bir faydası yok. Biz girip çıktıkça her yer kirleniyor zaten.

— Peki siz ne zaman temizleneceksiniz?

— Bilmem ki, onu kendi başımıza becerebilir miyiz acaba?

— Ha, şimdi anladım, benim yanında olmamı istiyorsun, hadi öyleyse, Gülben nerede?

— Banyoyu ovuyor.

— Demek kararlısınız. Güzel. Ayağıma bir terlik ver de bir an önce başlayalım şu işe.

Kafasını kaldırdığında gözlerinde iki damla yaş görüyorum. Aslında bunun onlar için ne kadar önemli olduğunu biliyorum. Bu kızların asıl amacı temiz, çok temiz, en temiz olabilmek, o yüzden aylardır banyoya girip yıkanamıyorlar. Ya bir şeyi eksik bırakır da, tam olarak temizlenemezlerse... O yüzden banyoya ya hiç giremiyorlar, ya da girerlerse çıkamıyorlar. Demek artık vakit geldi. Safiye korkudan ve heyecandan ağlıyor. Ben de heyecanlanıyorum. İnşallah her şey yolunda gider de, Safiye zamanında çıkabilir banyodan. Safiye önde, ben arkada banyonun yolunu tutuyoruz. Gülben gülerek karşılıyor beni. Banyo pırıl pırıl olmuş. Her taraf sabun ve temizlik maddesi kokuyor. Kimbilir kaç saattir ovuyor buraları. Tezgâhın üzerine yedi-sekiz kalıp sabun, lifler, keseler ve şampuanlar hazırlanmış. Safiye her zamanki gibi benim kahvemi yapıyor, yine mutfağın önündeki sandalyemde oturuyorum.

— Ne dersiniz Doktor Hanım, sizce becerebilecek miyim bu işi?

— Tabii becereceksin, geç bile kaldın, baksana salon ne güzel olmuş.

— Banyoya son girdiğimde vücudumda soyulmadık deri kalmamış ve ben buna rağmen sekiz-on saat çıkamamıştım banyodan. Özellikle abdest almaktan çok korkuyorum. Hep yanlış oldu gibi geliyor ve her seferinde başa dönüyorum.

— Bütün bunlar yoğun bir sıkıntı, güvensizlik ve moral bozukluğuyla ilgiliydi, şimdi gayet iyisin, merak etme, herkes gibi yıkanıp çıkacaksın sen de. Hadi şimdi gir banyoya. Ben burada oturuyorum, bir sorun olursa seslen, hemen gelirim.

— Öyle diyorsunuz ha... Tamam, gidiyorum. Allah'ım bana yardım et...

Safiye dua ederek banyonun yolunu tutuyor. Gülben başında duracak. Biraz sonra Gülben siyah, büyük bir çöp torbasıyla çıkıyor dışarı. Sanırım bunlar Safiye'nin üzerinden çıkanlar. İçerden gelen su sesini duyuyorum. Bir saatten fazla zaman geçiyor, hâlâ dışarı çıkan yok. Merak ediyorum. Biraz sonra Gülben banyodan başını dışarı uzatıyor, yüzünde endişeli bir ifade var.

— Doktor Hanım biraz gelseniz, ben onu durduramıyorum.

Aceleyle banyoya giriyorum. Safiye küvetin içine oturmuş, saçlarını çamaşır ovar gibi ovuyor. Hafifçe inlediğini duyuyorum. Her yer köpük içinde. Demek bir saattir durmadan saçlarını yıkıyor. Yerde boş duran şampuan şişelerini görünce canım sıkılıyor.

— Ne o Safiye, şampuan üreticilerini zengin etmeye karar verdin galiba. Yeter artık, bak tertemiz olmuş saçların. Hadi şimdi durula bakalım saçlarını.

Çok mu eziyet ediyorum acaba bu kıza? Henüz banyoya girecek kadar iyi değil de, benim hatırım için mi bu eziyete katlanıyor, bunu bilemiyorum. Durmayacak galiba. Saçlar yıkanmaktan kimbilir ne hale geldi. Endişelenmeye başlıyorum. Sanki bütün hırsını saçlarından alıyor. Birden duruyor ve saçlarının köpüklerini duruluyor aceleyle. Sonra eline keseyi alıyor, küvetin kenarına oturup keselenmeye başlıyor. Cildi zaten sıcaktan yumuşamış, sanki deri değiştiriyor. Bir süre sonra cildi önce kızarıyor, sonra da soyulmaya başlıyor. Devam ederse bütün vücudu yara içinde kalacak.

— Bu da oldu. Artık çıkacak kir kalmadı. Bir kere de sabunlan, ondan sonra çıkabilirsin.

Yine duruyor. Yavaşça başını bana doğru çeviriyor. Yüzü zaten ıslak olduğundan, bu sefer ağlayıp ağlamadığını anlayamıyorum. Sonra lifi eline alıyor, iyice köpürtüp bütün vücudunda hızla gezdirmeye başlıyor. Tekrar tekrar sabunluyor vücudunu. 1, 2, 3, 4, 5.

— Yeter artık Safiye, her tarafın tertemiz oldu. Biraz daha devam edersen yine derilerin soyulacak, hadi çık artık.

— Henüz temiz olmadım ki...

Sesi hırçın ve öfkeli.

— Hayır, aksine tertemiz oldun, ben bundan eminim, hadi şimdi abdestini de al ve çık.

— Abdeste başlarsam sizce bunu bitirebilir miyim?

— Tabii bitireceksin, ben buradayım ve her şeyi tam yaptığını görüyorum.

Yüksek sesle saymaya başlıyor, ben de onunla birlikte sayıyorum. İkimizin sesi de heyecanlı. O sırada yanımda duran Gülben'i görüyorum. O da heyecanlı ve o da bizimle birlikte sayıyor. Şimdi artık üç kişilik bir koro oluşturduk. Safiye önce ağzına üç kere, sonra burnuna üç kere, abdest bitene kadar hiç durmadan sayıyoruz. Sonra Safiye'nin sesi çınlıyor banyoda;

— Aman Tanrım, sonunda temizlendim, şükürler olsun sana.

Hep birlikte gülüyoruz şimdi, Safiye hem ağlıyor hem gülüyor. Önceden hazırladığı havlusunu uzatıyorum ona. Minnet dolu bakışlar var gözlerinde. Saatime bakıyorum, Safiye banyoya gireli iki saate yakın olmuş. "Sıra Gülben'de," diyorum. "Siz merak etmeyin, onun başında ben duracağım. Bugün o da yıkanacak, siz çok yoruldunuz, artık bizi merak etmeyin," diyor Safiye. Bir süre yine mutfağın önünde Gülben'le oturuyoruz. Biraz sonra Safiye geliyor yanımıza. Pembe beyaz çiçekli bir elbise giymiş, ne esmeri, pembe beyaz bir kız Safiye, tıpkı üzerindeki elbise gibi. Mutfağa girerken sadece terliklerini değiştiriyor, artık üzerine önlük giymiyor. Sevinçten gözlerinin içi gülüyor. "Oldu bu iş galiba," diyorum içimden. Benim de üzerimden bir yük kalkıyor sanki. O gün üçümüz ilk kez başka şeylerden konuşuyoruz. Safiye sözü hiç bize bırakmıyor, hem konuşuyor, hem gülüyor.

Cinini Çıkardım – 7

Rezzan bir yıldır bana düzenli olarak geliyor. Hayatı oldukça düzenli bir biçimde devam ediyor. Annesi altı ay önce evde yalnız olduğu bir gün, önce evdeki bütün ilaçları alıp sonra da havagazını açarak intihar etti. Eşi onu bulduğunda çoktan ölmüştü. Geriye kısa bir mektup bırakmış. "Afet beni çağırıyor, biraz da onun yanında olmam gerekiyor. Beni anlayacağınızı umarım."

Rezzan bu ölümü benim tahmin ettiğimden daha hafif atlattı. Çünkü "o adam"dan başka dünyadaki hiçbir şey onu pek fazla ilgilendirmiyor. Hem o, hem de babası, sanki Nevin Hanım'ın böyle yapacağını yıllardır biliyorlarmış gibi, hiç şaşırmadılar. Aynen Afet'te olduğu gibi kısa sürede hayatları normale döndü. Şimdi eve yine eski yardımcıları gelmeye devam ediyor. Temizlik ve yemek ona ait. Alışverişi yine baba yapıyor ve baba eskisi gibi akşamları TV seyrederken, Rezzan da odasında bir yandan radyosunu dinleyip bir yandan da kitabını okuyor. Hâlâ hiç arkadaşı yok. Ancak annesi öldükten sonra teyzesinin kızıyla daha yakınlaştılar. Artık hafta sonları birlikte dolaşıyor, yemek yiyor, bazen de birlikte sinemaya gidiyorlar. Bu yaz, beraber tatil yapma planları var. O da bekâr, birkaç yıl önce eşinden ayrılmış ve çocuğu yok. Rezzan bazen ondan öğrendiği kek ve börek tariflerini evde uyguluyor. Baba bunlardan çok memnun. Çünkü eşi hayattayken, kilo almasınlar diye, bu tür yiyecekleri yasaklamış. Yıllardır ne kek, ne de börek yiyorlarmış. Ama bunun dışında evde değişen pek bir şey yok. Annenin kurduğu düzen devam ediyor. Yeni alınan giysiler yıkanmadan giyilmiyor, çok mecbur kalınmadıkça eve yeni bir şey alınmıyor ve hiçbir şeyin yeri değişmiyor.

İşte Rezzan karşımdaki koltuğa oturmuş, son bir ayda yaşadıklarını benimle tartışmaya hazırlanıyor. Annesinin ölümünden bir daha hiç bahsetmedi. Yine temiz, şık ve bakımlı.

— Merhaba Rezzan, yine bugün çok şıksın.

— Teşekkür ederim Doktor Hanım. Elimden geldiği kadar kendime özen gösteriyorum. Böyle olunca moralim daha iyi oluyor. Ne de olsa ben çalışan bir kızım, her zaman bakımlı olmam gerekiyor.

— Haklısın Rezzan. Bence de böylesi çok iyi. Başka ne var ne yok?

— Bizim adam nihayet gidiyor Ankara'dan. Biliyorsunuz geçen ay evlendi. Bir öğretmen hanımla evlenmiş. Dilerim mutlu olur.

— Bunu gerçekten istiyor musun?

— İnanın bunda samimiyim. Madem beni çok istediği halde alamadı, bari bu kızla mutlu olsun ama ben istesem de bunun mümkün olmadığını biliyorum. Onun aklı bende. Evlendiği için ona kızacağımı sanıyor. Her akşam şarkılarda benden özür diliyor, beni affet diye yalvarıp duruyor. Halbuki ben ona kızmıyorum. Başka bir çaresi yok ki, bunu biliyorum. Şimdi bir başka ilde eşi ile yaşayacak. Daha fazla beni görmeye tahammül edemedi galiba. Haklı adam. Yıllardır göz veremi oldu. Ben giyinip kuşanıp gidiyorum, aklı bende kaldı. Belki her gün beni görmezse daha rahat eder. Eminim bunun için gidiyor Ankara'dan. Ama yanılıyor. Aklı sıra "Göz görmezse gönül katlanır," diyor ama beni unutması mümkün değil. Bunu ikimiz de biliyoruz.

— Ya sen, o gidince daha rahat edecek misin?

— Bilmem, benim için fark etmez. Ha burada, ha başka yerde. Zaten biz bir araya gelmiyoruz ki.

— Yani onun Ankara'dan ayrılması seni üzmeyecek.

— Benim için değişen bir şey yok ama o çok üzülüyor. Yandı adam, çıra gibi yandı. Bazen bu özleme dayanamayıp intihar etmesinden korkuyorum.

— Hiç sanmıyorum böyle bir şey yapacağını. Sevmek çok güzel bir duygu, olsa olsa insanı mutlu eder.

— Öyle ya. Sevmek hiç sevmemekten her zaman daha iyi. Biliyorsunuz teyzemin kızı ile hafta sonları beraber geziyoruz. Onun bir sevgilisi yok. Ne o seviyor ne de onu seven var. Hayatı o kadar boş ki. İyi ki ben öyle değilim. Sizin direktifleriniz doğrultusunda ben ona bile bunları anlatmıyorum. O zannediyor ki, benim de bir sevgilim, sevenim yok. Öyle bomboş yaşıyorum bu hayatı. Bilmiyor ki, dünyanın belki de en büyük aşkını ben yaşıyorum. Geçen hafta doğum günümdü benim. Sabaha kadar bütün radyolar benim doğum günümü kutladı. O gece ben de sabaha kadar uyumadım. Kapının önünden geçen arabaların kornaları hiç susmadı. Bazen bu adama kızıyorum. Evlenip gidiyor ama benim kızdığımı anlayınca nasıl paniğe kapılıyor, ben ona küseceğim diye nasıl korkuyor bir bilseniz. Adam ne biçim âşık oldu bana. Aşk dediğin en çok kırk gün sürer diyor bazıları. Bir de gelip bizi görsünler. Kırk gün mü yoksa kırk yıl mı sürer artık ben de bilmiyorum.

— Sahi bu aşk o kadar sürecek mi?

— Sürecek Doktor Hanım sürecek. Biz ölsek de bu aşk bitmeyecek. Bu adam normal biri değil ki. Normal insanların aşkı bitiyor. Ben de pek normal sayılmam.

— Sen de pek normal sayılmazsın ha?

— Sayılmam tabii, bir buçuk yıldır size geliyor ve hâlâ ilaç kullanıyorum. Bir şeyim yok madem, neden bana ilaç veriyorsunuz?

— Bir şeyin yok demedim ki ben.

— Evet ama, bazı sorunlarım olduğunun farkındayım.

— Ne gibi sorunların var sence?

— Aslında bu soruyu benim size sormam gerekiyor ama sormayacağım. Sorunlarıma gelince, ne kadar yalnız olduğumu görmüyor musunuz?

— Evet, yalnız olduğunu biliyorum.

— Neden yalnızım? Güzel mi değilim?

— Güzel bir kızsın sen.

— Param mı yok, işim mi yok, aklım mı yok? Aslında hepsi fazlasıyla var ama ben ilişki kurmayı beceremiyorum. İnsanlar benden bucak bucak kaçıyor. Dairedeki çaycı bile gelip giderken herkesle sohbet ediyor da bir beni atlıyor. Negatif elektrik yayıyorum çevreme. İnsanlar benim yanımda huzursuz oluyorlar. Onlar gibi gülemiyorum, espri yapamıyorum, havadan sudan konuşamıyorum. Kasılıp kalıyorum. Galiba bu ilaçları da bunun için alıyorum. Ben diğer insanlardan farklıyım. Onların her davranışını dikkatle izliyor ve yorumluyorum. Her şeyden alınıyorum. Bir türlü onlar gibi rahat olamıyorum. İşte bu adam bütün bunlara rağmen onlardan birini değil, beni sevdi. Bunu hiç kimse küçümseyemez. Belki de bendeki bu farkları sevdi artık o kadarını bilemiyorum. Ama ona olan saygım giderek artıyor. Baştan çok hata yaptı, benim de onu sevebileceğim hiç aklına gelmediği için böyle yaptı. Bunlar için artık onu suçlamıyorum. Olan oldu bir kere. Belki de en doğrusu buydu. Geceleri eve gidip de radyomu açınca dünyanın en mutlu insanı oluyorum. Böyle bir aşkı kimbilir kaç milyon kadın hayal ediyor ama bulamıyor.

— Galiba haklısın, kadınlar aşka erkeklerden daha çok önem veriyorlar.

— Bu, onların hayal bile edemediği kadar büyük bir aşk. Diğer kadınlar eminim ki bunu hayal bile edemiyorlar. Kaç kadın için radyolar her akşam bıkmadan usanmadan böyle aşk şarkıları çalıyor? Kaç kadın için bütün arabalar sanki sözleşmiş gibi, sabaha kadar korna çalıyor? Kaç kadını gittiği her yerde insanlar özel olarak karşılıyor ve ağırlıyorlar?

— Bak bu son dediğini ben bilmiyorum.

— Teyzemin kızı ile geçen gün yemeğe gittik. Şef garson belli ki tembihli, bizi nasıl ağırlayacağını bilemedi. Teyzemin kızı da şaştı bu işe. Hep buraya gelelim. Servis çok iyi diyor. İçimden güldüm. Ayol bu adam varken biz nereye gitsek, bizi herkes kapılarda karşılayacak. Ne güzel değil mi?

— Güzel ya. Peki sizin oraya gideceğinizi nereden biliyor?

— O kadarını bilemem ama sadece garsonlar değil, restoranda çalınacak müzik bile önceden ayarlanmıştı. Bana orada bile ilan-ı aşk etti. Tabii bunu benden başka anlayan yok. Teyzemin kızı bile hiçbir şeyin farkında değil. Çok zeki, akıllı bir adam. İşini biliyor. Giderse gitsin. Hiçbir şeyin değişmeyeceğini biliyorum artık. Ama aklı burada kalacak. Beni elinden kaçıracağından korkuyor. Ne de olsa güzel ve alımlı bir kızım ben. Üstelik her gün takıp takıştırıp öyle çıkıyorum sokağa. Bizim işyeri çok kalabalık. Bir sürü erkek var. Herkesten kıskanıyor beni. İçimden gülüyorum. Beni kıskanmasına hiç gerek yok aslında. Ben kafayı kaldırıp kimseye bakmıyorum ki. Bunu o da biliyor ama ne olsa erkek. Kendine söz geçiremiyor. Özellikle regli günlerimde bana olan tutkusu daha da artıyor. Bir saniye peşimi bırakmıyor benim.

— O günlerin ne farkı var sence?

— O günlerde kadınlar daha istekli olur diye duymuştum bir zamanlar. Herhalde bu istek bana yanlış yaptıracak diye korkuyor?

— Nasıl bir yanlış?

— Canım önüme gelenle beraber oluveririm filan zannediyor. Benim öyle bir kız olmadığımı biliyor ve bana çok güveniyor ama erkek işte. Çok kıskanç. Elinde olsa benim giydiklerime bile karışacak ama o kadar da değil. Ben özgür bir kızım. Ne istersem onu giyerim.

— Sen aslında çok düzgün ve dikkatli giyiniyorsun. Hiç aşırı bir şey görmedim sende.

— Tabii canım, ben bunları bilirim ama âşığın gözü kör olurmuş.

Yine de kendinden bile kıskanıyor beni. Biliyor musunuz artık mastürbasyon yapmıyorum.

— Neden?

— Yapmıyorum işte. Onu üzmek istemiyorum. Buna bile üzülüyor. Dedim ya beni bazen benden kıskanıyor bu adam.

— Aldığın ilaçların da cinsel istekleri azaltıcı etkisi vardır.

— Yok canım, bu ilaçlardan değil.

— Peki Rezzan. Bu adamın gitmesine biraz canın sıkılmış galiba ama anladığım kadarıyla onun buradan gitmesi ilişkinizi etkilemeyecek. O zaman mesele yok.

— Evet, kesinlikle etkilemeyecek. Aşkımız sonsuza kadar sürecek. Bundan hiç şüpheniz olmasın.

— Benim için önemli olan senin sağlığın ve mutluluğun. Bu adam kadar, sen de ondan vazgeçmek istemiyorsun. Onun gitmesi, istesen senin için iyi bir fırsat olurdu. Onu hayatından çıkarırdın ama bunu istemiyorsun.

— Ben değil, asıl vazgeçmeyen o. Bunu neden anlamak istemiyorsunuz?

— Anlıyorum, hiçbir şeye karşı çıkmıyorum. Dedim ya, benim için önemli olan o adam değil, sensin. Senin sağlığın ve mutluluğun. Madem bu adamın varlığı seni mutlu ediyor, benim buna bir itirazım olamaz. Ayrıca artık onun sana bir zararı olmadığını görüyorum, hatta seni mutlu bile ediyor.

— Öyle mutluyum ki, bunu size anlatamam. Karşı çıkmanızdan korkuyorum çünkü bu aşkı konuşabildiğim tek kişi sizsiniz. Eğer karşı çıkarsanız çok zor durumda ve çok yalnız kalırım. Lütfen beni anlamaya çalışın.

— Dedim ya, buna bir itirazım yok benim. Seni sağlıklı ve mutlu gördüğüm sürece mesele yok. Ve seni çok iyi görüyorum. İşler nasıl gidiyor?

— Bildiğiniz gibi, sorun yok. Bana verilen işleri eksiksiz yapıyorum.

— Baban nasıl?

— İyi, televizyonun başından ayrılmıyor.

— Senin pasta, börek işleri ne âlemde, yine böyle şeyler yapıyor musun?

— Her hafta yeni bir şeyin tarifini alıp evde deniyorum. Babam yaptıklarımı çok beğeniyor. "Sen meğer çok iyi bir aşçıymışsın," diyor. Şimdi de örgü örmeyi öğreniyorum. Annemin örgü sepetinde bir sürü yün var.

— Kim öğretiyor?

— Teyzemin kızı tabii ki.

— Ya kitaplar ne âlemde?

— Merak etmeyin, kitap okumayı ihmal etmiyorum. Artık ayda bir kitap bitiriyorum. Yeni aldığım kitapları önümüzdeki ay size getireceğim, bakalım beğenecek misiniz?

— Memnun olurum, geçen seferkiler çok güzeldi, eminim yeni getireceklerin de güzeldir.

— Ben artık gideyim. Teyzemin kızı beni bekliyor. Bugün yine birlikte yemek yiyip sinemaya gideceğiz. Önümüzdeki ay görüşürüz Doktor Hanım, hoşça kalın.

— Güle güle Rezzan, seni yine böyle mutlu görmek istiyorum.

Rezzan yine hafifçe gülümseyerek odadan çıkıyor. Demek bu aşk ölene kadar sürecek ve ondan asla vazgeçmeyeceksin. Benim karşı çıkmamdan nasıl da korkuyorsun. Merak etme Rezzan sen istemedikçe ben bu aşka hiç karşı çıkmayacağım. Yeter ki sen mutlu hisset kendini. Belki de bir gün artık bu aşka ihtiyacın kalmayacak, kimbilir?

Rezzan'ın tedavisi halen devam ediyor. Bir yandan anneden gelen genetik yatkınlık, bir yandan hasta bir anne ile birlikte yaşanan çocukluk ve gençlik yılları, Rezzan'ı "şizofreni" gibi, psikiyatrinin en ağır hastalığının pençesine düşürmüş. Ama o, bir şekilde hayata tutunmaya çalışıyor. İşinde çok başarılı olmasa da, şimdilik bir sorunu yok. Kafasında yaşattığı aşk bütün hızıyla devam ediyor. Yine o adam tarafından çok seviliyor ve yine bütün dünya ona bu aşkla ilgili mesajlar veriyor ancak bu konu artık sadece ikimiz arasında konuşuluyor. Dışarıdan bakıldığında onun hasta olduğu kolay anlaşılmıyor. Sadece içe dönük, az konuşan, arkadaşı olmayan, yalnız bir genç kız. Temiz ve bakımlı.

Düşünüyorum da, çok değil, elli yıl önce olsaydı, Rezzan bundan sonraki yaşamını muhtemelen tam bir akıl hastası olarak sürdürecekti. Tıp'taki, özellikle psikiyatri bilimindeki olağanüstü gelişmeler ve her gün bir yenisi piyasaya çıkan tedavi edici gücü çok yüksek ilaçların bundaki payını inkâr edemeyiz.

Ama hâlâ radyolar, televizyonlar ve kornalar her gün ona sevgilisinden gelen mesajları iletmeye devam ediyor.

Binbir Gece Masalı – 3

Zafer Bey aylarca getirdi eşini. Birkaç ay sonra Nihal Hanım'ın tüm şikâyetleri sona erdi. Yavaş, yavaş birbirleriyle arkadaş olmayı öğrendiler. Her ikisi de aradıklarını birbirlerinde tam olarak bulamasalar bile oğullarının varlığı, çevrenin desteği ve kendi gayretleriyle bir arada yaşamayı öğrendiler. Zafer Bey her yıl iki-üç aylığına Almanya'ya eski arkadaşlarını görmeye ve memleketteki ne hiç benzemeyen bir hayatı yaşamaya gidiyor, dönüşünde yine kaldığı yerden buradaki yaşama devam ediyor. Bu seyahatlerde bir yıllık enerji depoluyor.

Nihal Hanım ise sürekli hasta bir kadın olmaktan çıktı ve daha mutlu bir kadın oldu. Giderek geliştirdi kendini, memleket onun o da memleketin bir parçası oldu. Şimdi onu herkes daha çok seviyor, güler yüzü, cana yakınlığı, mütevazı kişiliğiyle arayanı soranı her geçen gün artıyor Nihal Hanım'ın.

Zafer Bey'in babası kardeşinin ölümünden kısa bir süre sonra İstanbul'daki işleri bahane edip oraya yerleşti. Eşi ve kızı hâlâ Zafer Bey'lerin yanı başındaki köşkte oturuyor. O sadece arada bir ailesini görmeye geliyor. İstanbul'da koca bir otel yaptırmış, en çok da onunla ilgileniyormuş. İstanbul'un göbeğinde dört yıldızlı dokuz katlı lüks bir otel. Halen orada kalıyor ve otelin işletmeciliğini yapıyor. Aile bu durumdan hiç de şikâyetçi sayılmaz. Zafer Bey'in tek kız kardeşi üniversiteyi bitirdikten sonra memlekete dönüp fabrikalardan birinde sorumlu müdür olarak çalışmaya başlamış.

Zafer Bey bu kez de babası Vahit Bey'in hastalığı nedeniyle aradı beni. Bir-iki gün sonra randevu alıp babası ile birlikte geldiler, önce Zafer Bey giriyor içeri,

— Hoş geldiniz Zafer Bey, nasılsınız?

— Teşekkürler Gülseren Hanım, iyiyiz demeyi çok isterdim ama maalesef bu sefer de babam hastalandı.

— Buyrun oturun Zafer Bey, önce biraz sizi dinlesem iyi olacak.

— Sağ olun efendim, size babamdan daha önce de bahsetmiştim, çok sert tabiatlı bir adamdır. Ama çok zeki, yetenekli ve çalışkandır. 1930'ların Türkiye'sinden Almanya gibi bir ülkeye gidip eğitim almak, üstelik iyi dil bilmediği halde okulu birincilikle bitirmek kolay şeyler değil. O zaman Ankara ya da İstanbul gibi büyük şehirlere yerleşip devletle çalışmak yerine bizim küçük kentimize dönüp orada fabrikalar, işyerleri açmış. Şimdi kentimizde yüzlerce insan onun kurduğu işyerlerinde çalışır. Memleketine çok hizmet etmiş, insanlardan çok dua almıştır. O kimseye yaklaşmaz ama herkes çok sever ve sayar onu.

Babama bu yıl bir haller oldu. Önce hiç olmadığı kadar çok para harcamaya başladı. Âdeta herkese para dağıttı. Ben fabrikadan malları kamyona yükleyip İstanbul'a, ona yolluyorum ama bunların parası bir türlü bana dönmüyordu. Ancak hepimiz ondan çok çekindiğimiz için kimse babama bunun hesabını soramıyordu. Bir süre sonra durum aniden değişti. Bu sefer de otelden hiç dışarı çıkmaz, yemez içmez uyumaz olmuş. Otel personeli durumu bana haber verince, kalkıp İstanbul'a yanına gittim. Bana garip şeyler söyledi. "Aç kalacağız, el âleme muhtaç olacağız, çok hata yaptım, bunların bedelini nasıl ödeyeceğim?" gibi.

Bunların hiçbiri doğru değil. O ara çok para harcadı ama biz öyle kolay kolay yıkılmayız. Durumumuz hâlâ çok iyi ama bunu babama bir türlü anlatamadım. Zaten o kimseyi dinlemez. "Siz hastasınız, birlikte memlekete dönelim," dedim, kabul etmedi. Doktora götürmek istedim, beni fena halde azarladı. Mecburen geri döndüm. Bir süre sonra İstanbul'daki oteli yok pahasına sattığını duydum. Durup dururken koca oteli kimseye haber vermeden, hem de mafyaya satmış. Buna hiçbirimiz bir anlam veremedik ve ben yine İstanbul'a yanına gittim. Bu sefer onu daha da kötüleşmiş buldum. "Sizi Nihal'i iyileştiren doktora götüreceğim," dedim. Pek fazla itiraz etmedi, zaten itiraz edecek gücü de kalmamıştı, birlikte geldik. Zor ayakta duruyor, çökmüş, zayıflamış. Babamı böyle görmek çok zoruma gitti. Onu da iyi edersiniz değil mi?

Zafer Bey'in sesi neredeyse ağlamaklı çıkıyor.

— Merak etmeyin Zafer Bey, umarım kısa sürede düzelir babanız. İsterseniz şimdi onu alalım içeri, ben size daha sonra bilgi veririm.

— Minnettar olurum efendim. İzninizle...

Zafer Bey gözlerindeki nemi silerek çıkıyor. Babasının hastalığından çok etkilenmiş, halbuki ona ne kadar kızgındı. Bu hep böyledir.

İnsanlar en büyük düşkünlüğü en çok kızdıkları insana gösterirler. Ah bu bilinçdışının bitmez tükenmez oyunları. Hem kızıyor hem de bundan ne biçim suçluyor kendini. Ama bir yandan da gurur duyuyor babasıyla. Ne de olsa pek çok şeyini ona borçlu. Herkesin bu çok korktuğu, çekindiği adamı merak ediyorum doğrusu. Masamın arkasında ayakta bekliyorum onu. Koridorun ucundan Vahit Bey görünüyor. Zayıf, uzun boylu, 74 yaşına rağmen hâlâ son derece yakışıklı görünümüyle yavaş yavaş odama doğru geliyor. Dimdik yürüyebilmek için çok çaba sarf ettiğini hissediyorum. İçeri girince elleri iki yanında uzun uzun inceliyor beni. Aman Tanrım o ne sert bakışlar. Hafifçe ürperdiğimi hissediyorum. Sonra sağ elini yavaşça bana doğru uzatıyor;

— Ben Vahit Karahan...

Yüzünün ifadesi hiç değişmeden elimi sertçe sıkıyor. Buyurun diyerek oturmasını işaret ediyorum. Ben oturmadan oturmuyor. Sonra yine ifadesiz bir şekilde bakmaya devam ediyor... Buraya gelmekle iyi edip etmediği konusundaki tereddüdü belli ki devam ediyor.

— Sizi biraz tanıyabilir miyim Vahit Bey?

— Zafer anlatmıştır.

Sesi gökgürültüsünü andırıyor. Bu adam hastayken bile korkutuyor insanı. Sağlıklı halini merak ettim doğrusu. Üstelik bana hiç de dostça bakmıyor. Sanki "Ne soracaksan sor da, bir an önce gideyim," der gibi bir hali var.

— Evet oğlunuz sizden çok bahsetti bana.

— İyi öyleyse, her şeyi biliyorsunuz demektir.

— Bir şeyler bildiğim doğru ama her şeyi bildiğim söylenemez. Çok sert mizaçlı olduğunuzu, konuşmayı pek sevmediğinizi ve son günlerde hasta olduğunuzu anlattı. Zaten bütün bunları şu anda görüyorum. Gerçekten çok sert bir görünümünüz var ve benimle konuşmaya hiç istekli görünmüyorsunuz. Ama konuşmazsak size pek fazla yardımcı olamam.

— Bana zaten yardımcı olabileceğinizi sanmıyorum. Ayrıca yardım filan da istemiyorum. Zafer'in hatırı için geldim buraya.

Yüzü o kadar kederli ve hüzünlü ki, belki de buna keder bile denemez. Sanki çoktan ölmüş gibi. Hiç yaşam belirtisi kalmamış. Üstelik ne hasta olduğunun bilincinde ne de düzelme umudu var. İşte depresyon dediğimiz hastalık, bu kadar güçlü. Koca bir çınarı bile ağına düşürmüş, yavaş yavaş boğup öldürüyor. O kadar ümitsiz ki, çektiği acıdan bile şikâyet edemiyor. İçim sızlıyor. Vahit Bey'e ne yapıp edip yardım etmeliyim. Sesimi iyice yumuşatarak konuşmaya başlıyorum.

— Vahit Bey, anladığım kadarıyla ağır bir depresyonunuz var. Zor ve ıstıraplı bir hastalıktır bu. Önce insanların umutlarını kırar, yaşama sevincini yok eder. Sonra yavaş yavaş ruhsal çöküntü başlar. Ağır bir karamsarlık, olumsuz duygu ve düşünceler egemen olur. Kişi her konuda pişmanlık ve suçluluk hisseder. Kendine olan saygısı biter. Uykular bozulur, iştah kesilir, zaman bir türlü geçmez ve ağır bir iç sıkıntısıyla birlikte kişi ölmek ve bu ıstıraptan bir an önce kurtulmak ister. Bütün bunlar sizde de var mı?

Beni dikkatle dinliyor ve yavaşça bakışlarını yere doğru çeviriyor, bir süre öylece kalıyor. Sonra hiç yüzüme bakmadan ve kısık bir sesle konuşmaya başlıyor.

— Hayatımın sonuna geldim. Artık bir an önce ölmek istiyorum. Lütfen beni rahat bırakın.

— Vahit Bey, amacım sizi rahatsız etmek değil, tam tersine sizi biraz olsun rahatlatabilmek.

— Olmayacak duaya âmin demem ben.

— Demek o kadar umutsuzsunuz?

— ...

— Depresyon geçiren herkes böyle düşünür. Geçmişte yaptığı en küçük hataları bile büyütür.

— En küçük hataları ha!... Siz ne biliyorsunuz ki, bilmediğiniz çok şey var.

— Hepimiz hata yapabiliriz. Acaba siz çok mu abartıyorsunuz bu hataları?

— Beni hiç anlamadığınız belli. Çok günah işledim. Şimdi bu günahların cezasını çekme vakti geldi. Maalesef bu ceza bitmeden Tanrı ölmeme bile izin vermeyecek. Sizin yapabileceğiniz bir şey yok. Onun için boş yere yormayın kendinizi.

— Ben doktorum ve görevim bana gelen hastaları elimden geldiğince iyileştirmeye çalışmak ve sizin hasta olduğunuzdan hiç şüphem yok. İşin kötüsü siz iyileşmeden buna inanmayacaksınız. Zaten bu gün bana inanmanızı ya da güvenmenizi beklemiyorum sizden. Ama biraz konuşun benimle.

— Ben zaten konuşmayı pek sevmem.

— Belli oluyor. Bu kadar aksi ve sert bir adamı yakınları neden bu kadar çok seviyor acaba?

— Seviyorlar mı?

— Zafer Bey sizin hastalığınızı bana anlatırken neredeyse ağlayacaktı.

— Zafer'in hayatını mahvettim. Siz biraz önce buna küçük hata dediniz. Onun Nihal'le neden evlendiğini ve şimdi ne kadar mutsuz olduğunu biliyor musunuz? Affetmiyorum kendimi.

— Ama bunlar çok geçmişte kalmış. Zafer Bey'in şimdilerde mutsuz olduğu da söylenemez. Sizin hastalığınız ise yeni.

— Eğer hemen ölmem mümkün olsa, bunu istiyorum artık. Daha fazla yaşarsam kimbilir daha ne yanlışlar yapacağım. Tanrı'ya inancım olmasa ve intihar etmenin günah olduğunu bilmesem, şimdiye kadar çoktan kendimi öldürürdüm. Ama Tanrı günahlarımın bedelini bu dünyada ödememi istiyor, bu yüzden öldürmüyor beni.

— Ne zamandan beri kendinizi bu kadar günahkâr hissediyorsunuz?

— Hep öyleydim ama birkaç aydır bu düşünceler netleşti.

— Uykularınız nasıl?

— Yatınca bir-iki saat dalıyorum, sonra yüreğimde acayip bir yanmayla uyanıyorum. İçim cayır cayır yanıyor. En zoru bu işte.

— Bu sıkıntı ve yanma ne kadar sürüyor?

— Hiç geçmiyor ama akşama doğru biraz hafifliyor.

— Bu yoğun karamsarlık da son aylarda mı başladı?

— Bunların hepsi gerçek. İşleri de berbat ettim. Bu gidişle yakında aç kalacağız. Bütün aile benim yüzümden perişan olacak. Halbuki onların bir suçu yok. Benim günahlarımın bedelini onların ödemesini istemiyorum.

— Oteli bunun için mi sattınız?

— Evet, satmam gerekiyordu. O oteli işletecek, yönetecek gücüm kalmadı. Bir an önce elden çıkardım.

— Bu hastalık insanı yanıltır. İnsanlar depresyonda doğru karar alamaz. Yargılama ve karar verme sistemleri bozulur.

— Ömür boyu yanlış yaptım ben. Ama bugüne kadar kimse cesaret edip söyleyemedi bunu bana.

— Ben geçmişteki yanlışları kastetmedim. Eğer yanlış aramaya kalkarsak hepimizin geçmişinde yanlışlar vardır. Bu oteli eğer isterseniz geri alabiliriz. Çünkü hastayken verdiğiniz bir karar bu. Yasalar önünde bu karar geçersizdir. Size bunu belgeleyen bir rapor verebilirim. Ama önce şu hastalığı tedavi edelim.

— Bu, hastalık mastalık değil. Beni telkin yoluyla etkileyebileceğinizi sanıyorsanız yanılıyorsunuz.

— Sizi hiçbir konuda ikna etmeye çalışmıyorum. Zaten bunu yapamayacağımı biliyorum. Sadece hasta olduğunuzu kabul etmenizi istiyorum. Çünkü size ilaç vereceğim. Ancak bu ilaçları çok düzenli kullanırsanız iyileşebilirsiniz. Yoksa telkinle bu iş olmaz.

— Ne işe yarayacak ilaç, benim düşüncelerimi mi değiştirecek?

— Vahit Bey, siz Almanya'da eğitim gördünüz değil mi?

— Evet.

— Müspet ilim okuduğunuza göre beni anlayacağınızı umuyorum. Bu hastalıkta, beyin hücrelerindeki enzim sistemlerinde bazı değişiklikler oluyor. Denge bozuluyor. Bu ilaçlarla, bozulan enzim dengelerini düzeltmeye çalışıyoruz. O yüzden ilaçlar hemen etkili olmuyor. İlk günlerde hastada hiçbir düzelme görülmüyor. Ne zaman bu denge değişmeye başlarsa ancak o zaman hastanın şikâyetlerinde bir azalma başlıyor ve giderek hastalık tamamen düzeliyor. Antibiyotikler gibi yani. Biliyorsunuz onlar da ilk alındığında etkili olmaz.

— Siz benim hasta olduğumdan emin misiniz?

— Evet eminim. Daha önce hiç benzer bir hastalık geçirdiniz mi?

— Hayır ama babamda vardı galiba.

— Nasıl bir şeydi babanızınki?

— Bazen aylarca eve kapanır, yemez, içmez, konuşmaz, bütün dünyaya küserdi. Bazen de çok neşeli ve konuşkan olurdu. Hesapsız para harcardı o zaman.

— Bipolar hastalık.(*) Demek size de oradan intikal etti.

— Aynı hastalık mı yani?

— Öyle görünüyor. Sizde de sanırım bu ağır karamsar ve sıkıntılı dönemden önce çok aktif, neşeli ve hareketli bir dönem olmuş.

— Çok iyiydim o zaman.

— Manik hastalık deriz ona. Depresyonun tam tersidir. Dünyayı tozpembe gösterir insana, yaşama sevinci artar, enerji hiç bitmez. Çabuk kızar, çabuk ikna olur, çok güler, çok konuşur ve çok para harcar bu hastalar. Depresyon gibi çok ağır ve ıstıraplı bir hastalık geçiren insanlara Tanrı'nın bir lütfu gibidir. Ancak kişi çoğu zaman bu coş-

---

(*) Bipolar hastalık: Nöbetler halinde gelen, depresif nöbette durgunluk, manik nöbette taşkınlık yapan bir hastalık.

kuyla kontrolü kaybeder ve başı dertten kurtulmaz. Güzel ama tehlikeli bir hastalıktır.

— Güzel ha?

— Hastalığın güzeli mi olur diyeceksiniz ama dünyada insanı mutlu eden tek hastalık budur işte. Ancak insan bu dönemde o kadar cesur olur ki maddi manevi çok zarara girer.

— Babam gibi.

— Evet hem babanız hem de siz.

— Ben birkaç ay önce ömrüm boyunca hiç olmadığım kadar iyi hissetmiştim kendimi.

— Öyledir, bu hastalıkta insan kendini çok iyi hissettiği için doktoru ve tedaviyi kesinlikle reddeder. Böyle hoş bir anım var, anlatsam dinler misiniz?

— Memnuniyetle.

Benimle az da olsa ilişki kurmaya başladı bunu iyi kullanmalıyım.

— Yıllar önce yan dairemde iki avukat çalışırdı. Birisi benim çok eski bir dostum ve saygı duyduğum bir ağabeyimdi, hatta bu muayenehaneyi bana o bulmuştu. Ben sabah saat on birde gelip akşam geç saatlere kadar çalıştığım için onlarla pek karşılaşmazdık. Bir ara yan dairede bir hareket başladı. Akşamları ben çıkarken Ankara'nın ünlü restoranlarının beyaz smokinli garsonları, ellerinde kocaman tepsilerle büroya yemek taşıyor, ünlü sanatçıların biri girip biri çıkıyordu. Müzik ve kahkaha sesleri benim muayenehaneme kadar geliyordu.

Bir gün, o da eski dostum olan Kemal Bey bana gelip biraz konuşmak istediğini söyledi. "Memnuniyetle," dedim. Karşılıklı birer kahve içerken, "Aman Gülseren, benim ortağa bir şeyler oldu, adam aniden değişti. Aslında çok iyi, ciddi ve saygılı bir insandır ama son günlerde sanki kontrolden çıktı, belki kahkahaları buraya kadar geliyordur. Çok varlıklı bir adamdır ama bu harcamaya dağ dayanmaz. Ankara'da ne kadar eşi dostu varsa, hepsi her gün bizim bürodalar. Washington Restoran yemek taşımaktan yoruldu. Kendisi müziği çok sever. Sanatçıların biri gelip biri gidiyor. Ailesini de tanırım, çok iyi insanlardır. Geçen gün kızı gizlice beni aradı, 'Babama bir şeyler oldu, evde terör estiriyor, ne olur yardım edin, biz artık başa çıkamıyoruz,' dedi. Benim de aklıma sen geldin. Böyle bir hastalık olur mu? Ben bir punduna getirsem, onu da alıp sana bir kahve içmeye gelsek, bizi kabul eder misin?" dedi. "Tabii, beklerim," dedim. Ertesi gün Cevdet Bey'i de alıp geldi. Bu odada üçümüz kahve içip sohbet ettik. Bu hastalar çok tatlı olur, pozitif enerji yayarlar etrafa. Cevdet Bey'in kahkahalarını hâlâ unutamıyorum. Salonda bekleyen hastalar bile şaştılar bu işe, çünkü doktor muayenehanelerinde olsa olsa ağlanır. Böyle gülene, hele kahkaha atana pek rastlanmaz.

Büyük bir TIR filosu varmış Cevdet Bey'in. Benimle tanıştığı o gün, son TIR da satılmak üzereymiş. Halbuki o TIR'ları alabilmek için yıllarını vermiş. Köy Enstitüsü mezunuyken, bir yandan öğretmenlik yapmış, bir yandan da hukuk okumuş, hayatı bin bir mücadeleyle geçmiş, sıfırdan buralara gelmiş ve bir hastalıkla hepsini kaybetmiş. Tabii kendisi hasta olduğunu kesinlikle kabul etmiyordu ama ilaç vermek istediğimi duyunca, "Sizi mi kıracağım Doktor Hanım, verin ilaçları içeyim, sizin elinizden zehir olsa içerim," diyor ve yine kahkahalarla gülüyordu. Sonradan çok daha iyi dost olduk Cevdet Bey'le. Ailesini de tanıdım, mükemmel insanlar. Kızı hâlâ yakın dostumdur. Bu hastalığın bir daha tekrar etmemesi için ömür boyu ilaç alması gerekiyordu. Depresyona girdiği dönemler altı ay evden çıkmaz, çalışmaz ve bu ıstırabı tek başına çekermiş. Bir süre ilaçlarını aldı ama sonra iyi olduğuna güvenip bırakıvermiş ilacı. O hastalığını unuttu ama hastalık onu unutmadı. Bu yüzden her şeyini kaybetti, hayatını bile. Çok iyi insandı, Allah rahmet etsin.

— Demek öldü ha... Bu hastalık öldürür mü insanı?

— O, hastalıktan değil, hastayken yaptığı hatalar yüzünden öldü. Çok severdim kendisini. Dünyanın en aksi, en tatlı ve iyi kalpli insanıydı.

— Aksi miydi?

— Aksiydi.

— Benim gibi mi yani?

— Evet sizin gibi.

— İnsan hem aksi hem de iyi olabilir mi?

— Neden olmasın?

— Benim için aksi dedikleri kesin ama iyi diyen çıkar mı bilmiyorum.

— Böyle ağır bir depresyondayken kendinizi sevmenizi ve beğenmenizi beklemiyorum ama ben sizin çok zeki, çalışkan, başarılı biri olduğunuzu, pek çok insanın elinden tuttuğunuzu biliyorum. Şimdi yine sizi teselli ettiğimi sanacaksınız, en iyisi ben sizin ilaçlarınızı yazayım.

— Size saygısızlık etmek istemiyorum, işinizi iyi yaptığınız belli.

Bu odaya girerken bir-iki dakika sonra çıkmayı planlıyordum. Zafer istedi diye geldim buraya. Hasta iyi olmak istemiyorsa doktor ne yapsın. İnanın Hanımefendi ben artık yaşamak istemiyorum. Kimseyi üzmek ve yük olmak istemem. Ama göğsümün üzerinde öyle bir sıkıntı var ki, işte buna dayanamıyorum. Bunu geçirebilir misiniz?

— Tabii Vahit Bey, o sıkıntıyı hemen alacağım sizden, rahatça uyuyacaksınız ama biraz önce de söylediğim gibi hastalığın tamamen geçmesi en az bir ayımızı alır. Bir ay sonra yine bekliyorum sizi.

— Bu sıkıntıyı geçirebilirseniz size minnettar olurum.

Vahit Bey ayağa kalkıyor, önünü ilikliyor ve başıyla beni hafifçe selamlayarak tıpkı Zafer Bey gibi bana arkasını dönmeden odadan çıkıyor. Bu ailenin nezaketi bir başka. Sonra Zafer Bey giriyor içeri, endişeli gözlerle bakıyor bana.

— Babamın içerde bu kadar kalacağını sanmıyordum. Konuştu mu sizinle?

— Konuştu, merak etmeyin babanız düzelecek. Ancak gerçekten çok hasta, bu ara onu yalnız bırakmayın.

— Bırakmayız, itiraz etse de onu memlekete götüreceğim. İntihar etmesinden endişeleniyorsunuz değil mi?

— Her depresyonda bu risk vardır.

— Ne zaman düzelir?

— Bir ay içinde. Sıkıntısı ilaçlardan hemen sonra azalır, uykuları düzelir ve iştah artmaya başlar. Şu otel işiyle de ilgilenin, ben babanızın durumunu bildirir bir rapor yazacağım, hemen mahkemeye başvurursanız satış iptal edilebilir.

— Öyle mi, memnun oldum ama babamın sağlığı her şeyden önemli. Serttir filan ama o bizim atamız, ona çok şey borçluyuz.

— Biliyorum, ilaçların tarifeleri burada yazılı, bir ay sonra yine bekliyorum, bir sorun olursa arayın beni.

— Tamam efendim, her şey için teşekkürler, tam bir ay sonra yine getireceğim babamı.

— Güle güle, Nihal Hanım'a selamlar.

Bir ay sonra baba-oğul yine geldiler. Bu sefer içeri önce Vahit Bey girdi. Eskiye göre çok daha iyi görünüyordu. Depresyonun o tahammül edilmez sıkıntısı kaybolmuş, yavaş yavaş hayata geri dönmeye başlamıştı. Hafifçe tebessüm ederek elimi sıkıp karşımdaki koltuğa oturdu ve konuşmaya başladı. Sesi daha yumuşak ve dostçaydı.

— Size minnettarım Doktor Hanım, o korkunç sıkıntıdan kurtardınız beni. Aslında size sadece Zafer'in hatırı için gelmiştim, iyi olacağıma hiç inancım yoktu ama siz bana hastalığımla ilgili bilgi verirken kafamda bir şimşek çaktı. Bana komşunuz Cevdet Bey'i anlatmıştınız, hatırladınız mı? Siz tam olarak benim babamı anlatıyordunuz bana. Babam yıllarca çekti bu hastalığı. Bazen aylarca evden çıkmaz, konuşmaz, sanki bitkisel hayata girerdi. Sonra bir sabah sanki hiçbir şey olmamış gibi kaldığı yerden hayata başlar, bazen de aylarca eve barka uğramaz, barlardan, pavyonlardan çıkmaz, neyimiz var neyimiz yok har vurur harman savururdu. O zaman ev halkı, başta annem olmak üzere ne yapacağımızı şaşırır ama yine de dayak yemekten kendimizi kurtaramazdık. Önceleri bunun hastalık olduğunu bilmez, babamın huyu böyle sanırdık. Sonra sonra anladık ki bu bir hastalık çünkü babam hasta değilken bambaşka biriydi. İlkbahar gelecek diye ödümüz kopardı. Eğer ilkbaharı atlatabilirsek, o sene hastalanmazdı. O zamanlar pek bir çaresi yoktu bu hastalığın.

O gün siz bana Cevdet Bey'i anlatırken babamın hastalığını anlattığınızı fark ettim. Demek aynı hastalık biraz geç de olsa bende de başlamış. İşte o zaman hasta olduğuma inandım. Sizin verdiğiniz ilaçlarla durumum düzeldikçe, bu inancım daha da arttı. Ben yıllarca babamdan nefret ettim; bizi perişan etti, malımızı mülkümüzü dağıttı, bize yakışmayacak şeyler yaptı diye. Gerçi bugünümüzü ona borçluyuz. O devirde beni Almanya'larda okuttu ama yine de çok eziyet etti bize. Kendim hastalanınca onu nihayet anladım. Yıllarca boş yere kızmışım babama. Meğer ne çok ıstırap çekmiş zavallı...

— Yani yıllardır içinizden çıkmayan bu soruna çözüm oldu bu hastalık, öyle mi?

— Öyle ya, yıllar sonra içimden babamla barıştım. Sayenizde oldu bütün bunlar.

Bundan sonra Vahit Bey sık sık geldi bana. Hastalığı sırasında çok ucuza mafyaya kaptırdığı oteli mahkeme kanalıyla geri aldı... Çok sert kişiliğine rağmen, çok güçlü duygulara sahipti. Ancak bu çok zengin iç dünyasını kimselerle paylaşamamıştı. Son gelişinde bana şöyle diyordu;

— Ömür boyu çok çalıştım ve çok para kazandım. Hem ülkeme hem de memleketime hizmet ettim. Dünyada parayla satın alınamayacak şeyler varmış. Hastalığım bana geç de olsa çok şey öğretti.

Keşke aileme ve yakınlarıma daha çok vakit ayırsaydım. Para kazanmak kadar gönül de kazansaydım.

Sanata, özellikle şiire çok meraklıydı. Yine bir gün Attila İlhan'ın "Ben Sana Mecburum" adlı şiirinden şu dizeleri okumuştu.

"Sevmek kimi zaman rezilce korkuludur
İnsan bir akşam üstü ansızın yorulur
Tutsak ustura ağzında yaşamaktan
Kimi zaman ellerini kırar tutkusu
Birkaç hayat çıkarır yaşamasından
Hangi kapıyı çalsa kimi zaman
Arkasında yalnızlığın hınzır uğultusu..."

Yalnızdı Vahit Bey, çok yalnız.

— Ne eşime ne de çocuklarıma bir gün olsun sevgi ve şefkat gösterdim. Yakınımdaki insanlar yüzümün güldüğünü görmediler. Hepsini mutsuz ettim, sadece korktular benden. Ben de zaten bunu istiyordum, ama bunu yaparken asıl kendimi cezalandırdığımı fark edemedim. Herkesin korktuğu, kimsenin yaklaşmaya cesaret edemediği yapayalnız bir adam olup çıktım. Beni çoktan çıkarmışlar hayatlarından. Ölmeden unutulmuşum, unutturmuşum kendimi. Onlara kızmaya hakkım yok.

Vahit Bey bana gönderdiği son tebrik kartının köşesine ise şunları yazmıştı:

"Korkacak bir şey yok,
Hesap tamam,
Sıram geldi artık,
Biliyorum...
Kendimi hazırladım,
Ağlamıyorum,
Hatta gülüyorum..."

Sonra basit bir grip, zatürreye döndü ve üç gün içinde kaybettik Vahit Bey'i. Ölürken eşi ve çocukları başucundaydı. O, büyük adamdı. Doğdu, çalıştı, kazandı, başardı ve öldü. Son günlerinde kendisiyle yüzleşmeyi becerebilen nadir insanlardandı. Yanlışlarını görmüş, ölüme hazırlamıştı kendini. "Koca bir çınar devrildi," dedim içimden...

Çöp Apartman – 9

Son görüşmemizden üç gün sonra Safiye ve Gülben, hastaneye babalarını ziyarete gittiler. Bundan iki-üç gün sonra da babaları öldü. Bu arada kızlarla sık sık telefonda görüştük. Babalarını kaybetmek her birini ayrı ayrı çok üzdü, günlerce, haftalarca ağladılar. Ancak bütün bunlara rağmen hiçbiri tedaviyi aksatmadı ve ilaçlarını düzenli olarak kullandılar. Aradan üç aydan fazla bir zaman geçti ve bugün Safiye ilk kez muayenehaneme beni ziyarete geliyor.

— Safiye Hanım'ı içeri alabilir miyim efendim?

— Tabii Tuna, buyursun, bekliyorum.

Kapı sertçe vuruluyor ve Safiye kapıdan başını uzatıyor, elinde koca bir buket çiçek ve bir sürü paket var.

— Hoş geldin Safiye, seni gördüğüme çok memnun oldum.

— Ben de Doktor Hanım, aslında hiçbirimiz unutmadık sizi, en acılı günlerimizde bile sık sık kulaklarınızı çınlattık. Bunları size getirdim. Siz her şeyin en iyisine layıksınız ama çam sakızı çoban armağanı işte.

— Teşekkür ederim Safiye, her zamanki gibi çok naziksin. Bu ne güzel güller. O kocaman pakette de çikolata var galiba.

— Ağız tadı olsun diye getirdim. Sizin çikolata sevdiğinizi biliyorum. Bu da çok basit bir kazak. Ben ördüm, beğenip giyerseniz çok mutlu olurum.

— Demek sen ördün, sanki makineden çıkmış gibi, ne kadar düzgün örmüşsün. Böyle marifetlerin olduğunu bilmiyordum. Eline sağlık, zevkle giyerim hem de.

— Güle güle giyin. Yıllardır böyle şeyler yapmıyordum, sayenizde yeniden başladım. Özellikle babamı kaybettiğimiz günlerde öyle iyi geldi ki.

— Tekrar başınız sağ olsun Safiye.

— Sizler sağ olun Doktor Hanım. Hastaneye gitmekte üç gün daha gecikseymişiz, babamı göremeyecekmişiz. Ucu ucuna yetişmişiz ona. Üçümüzü birden başında görünce ne kadar sevindi bilseniz. İlk kez bizimle uzun uzun konuştu. Sanki ölmek için bizi beklemiş adamcağız.

— Ne dedi size?

— Bizimle hep gurur duyduğunu, annemden sonra ona çok iyi baktığımızı, bizi çok sevdiğini söyledi.

— Demek sizi ne kadar çok sevdiğini sonunda söyledi.

— En sonunda söyledi. Bize tekrar tekrar teşekkür etti. "Siz iyi kızlarsınız, kendinize iyi bakın, birbirinizi kırmayın," dedi.

— Ne güzel şeyler söylemiş size.

— "Ben iyi bir baba sayılmam, bunları çok daha önceden söylemem gerekirdi ama olmadı işte," dedi. "Sıkıntıdan hasta oldunuz, biliyorum, bari bundan sonra mutlu olun," dedi bize. Biz üç gün üst üste hastaneye gittik, zaten üçüncü gün de öldü. Babamdan hiç beklemediğimiz şeyleri duyduk. Önce siz, sonra da babam çok şaşırttınız bizi.

— Ben de mi şaşırttım?

— Tabii ya. Sizi tanıyana kadar kimse bize böyle önem vermedi, ilgi göstermedi. Başkası sizi saymazsa siz de kendinizi saymayı öğrenemiyorsunuz. Siz bize kendimizi saymayı, önem vermeyi öğrettiniz. Sonra da babam yaptı aynı şeyi. Şansımız değişti galiba dedik. Bizi iyi eden sadece kullandığımız ilaçlar değil, inanın bana. Meğer susuz kalmış toprak gibiymişiz, çatır çatır çatlamışız. Önce siz, sonra da babam su verdiniz bize. Ama geç bulduk, çabuk kaybettik. Babamdan gördüğümüz şefkat üç gün sürdü. Olsun, insana üç gün bile yetiyor. En azından artık, erkek olmadığımız için babamın bizden nefret etmediğini öğrendik.

— Bak buna çok memnun oldum.

— Babam ölünce şaşkına döndük, ne yapacağımızı şaşırdık. Sanki şu koca dünyada yapayalnız ve sahipsiz kalıvermişiz gibi geldi bize. Aslında bir sürü akrabamız var bizim ama hiçbiriyle yıllardır görüşmüyoruz ki. Annem hepsinin ayağını kesmiş. Sonradan babam da onlara yakınlık göstermeyince, koptuk hepsinden. İlk şaşkınlığı atlatınca aklımız başımıza geldi. "Babamız için son görevimizi en iyi şekilde yapmalıyız," dedik. Hepimiz elimizden geleni yaptık. Babama layık bir cenaze töreni, sonra helvası, duası, mevlid, hiçbir şeyi eksik etmedik. Birçok insan başsağlığına geldi. Her birini tek tek ağırladık, sofralar kurduk, yemekler verdik. Babamın canına değsin.

— Allah kabul etsin Safiye, çok iyi etmişsiniz ama bütün bunları nasıl yapabildiğinize ben bile şaştım doğrusu.

— Sadece siz mi, biz de kendimize şaştık, bunları nasıl yaptık diye ama Allah kuvvet veriyor insana.

— Demek sizin eve birçok insan girdi çıktı ha?

— Evet, yıllardır ilk kez bizim eve misafir geldi ve biz bundan rahatsız olmadık.

— Şimdi Neriman'ın işi geldi aklıma, hani onu istemeye gelmişlerdi, şimdi senin buraya gelirken getirdiğin gibi, çiçekleri, şekerleri ellerinde, hatırladın mı?

— Ah hatırlamaz olur muyum, ne gündü ama. İnsanları neredeyse kovmaktan beter ettik. Zaten ondan sonra sağlığımız iyice bozuldu ya.

— Neden o kadar çok etkilenmiştiniz o olaydan?

— O zaman neden olduğunu ben de tam bilmiyordum ama sanki hepimiz paniğe kapılmıştık, babam bile. Sonra tutturduk kadın ellerini yıkamadı diye.

— Aslında bahane arıyordunuz, değil mi?

— Bahane arıyorduk. Şimdi anlıyorum bunu. Neriman evden gidiverecek diye ödümüz koptu ama paniğe kapılmakta haklıymışız. Babam hastaneye yatıp da Neriman mecburen onun başında kalınca ne hale geldiğimizi gördünüz işte. Kendimize bakamayacak hale gelmiştik. Zavallı kız, bizim yüzümüzden hem işinden oldu hem de bizim gibi evde kaldı.

— Sahi siz evde mi kaldınız?

— Kaldık ya, bu saatten sonra kim alır bizi.

— Bundan öncesi için söylüyorsan haklısın, ama bundan sonrasını bilemiyorum çünkü ne kadar değiştiğinin bilmem farkında mısın?

— Sağ olun Doktor Hanım, sadece ben değil, hepimiz çok değiştik. Artık birbirimizle konuşuyor, dertleşiyoruz. Cadı Safiye gitti, anne Safiye geri geldi. Ben eskiden de evin annesiydim, yine öyle oldum. Kızların her şeyiyle ilgileniyorum. Evde iş bölümü yaptık. Neriman dışarı işlerine bakıyor. Veraset işleriyle hep o uğraştı. Bankalar, ödemeler, alışveriş onun işi. Gülben evin genel temizliğine bakıyor. Her sabah erkenden kalkıp bütün evi silip süpürüyor.

— Her gün mü?

— Evet her gün.

— Her gün bütün ev baştan aşağı yeniden silinip süpürülüyor ha?

— Bu normal değil mi?

— Bilmem, sizin ev her gün kirleniyor mu?

— Kirleniyordur herhalde, ne de olsa toz olur. Buraya geldiğimden beri etrafa bakıyorum. Muayenehanenizi çok beğendim. Hem çok temiz hem de çok zevkli döşemişsiniz.

— Beğendiğine sevindim.

— Bu kadar temiz olduğuna göre, siz de burayı her gün temizletiyorsunuz sanırım.

— Evet, benim çalıştığım her gün temizleniyor ama buraya akşama kadar kaç kişi gelip gidiyor biliyor musun?

— Çok girip çıkan var haklısınız.

— Peki sizin eve kimler geliyor?

— Artık gelen yok, başsağlığı ziyaretleri bitti.

— Ama ev kirlenmese bile her gün siliniyor.

— Şimdilik evet ama bu uyarınızı kafamın bir kenarına yazıyorum.

— Peki sen ne yapıyorsun?

— Ben öncelikle mutfaktan sorumluyum. Yemek yapıyorum ve genel olarak evin disiplinini sağlıyorum. Siz bize ilk geldiğinizde hatırlarsınız, bakımsızlıktan bir deri bir kemik kalmıştık. Şimdi çok şükür kendimize bakıyor ve bol bol yemek yiyoruz. Çok kilo aldık, kalori hesabı yapıyorum. Öyle her şeyi yemek yok. Ben önlerine ne koyarsam onu yiyorlar. Öyle her istedikleri saatte yatıp kalkmak yok. Belli bir saatte yatıyor ve aynı saatte kalkıyoruz.

— Yani yine bütün ipleri aldın eline.

— Biraz öyle galiba. Ama kötü bir şey yapmıyorum ki... Onların sağlığı için.

— Bir dakika, bunu onlara yutturabilirsin belki ama bana da mı?

— Ne yani, doğru değil mi sizce?

— Elinde olsa bütün dünyayı kontrol edeceksin değil mi Safiye?

— İçinizden yine bana cadı diyorsunuz değil mi?

— Neden içimden diyecekmişim, sen tam bir cadısın, ayol şu kızları artık rahat bıraksan da istedikleri gibi yaşasalar.

— Bırakmıyorum değil mi? Ne bileyim, sanki bensiz yanlış yapacaklar gibi geliyor bana, haklısınız, kazık kadar kız oldular artık.

— Ama sen onlara hâlâ güvenmiyorsun.

— Güvenmemek değil bu, ikisinin de yanlış yapmayacaklarını çok iyi biliyorum ama hep daha iyi olsunlar istiyorum.

— Ve en doğruyu da hep sen bilirsin öyle mi?

— Doktor Hanım, çok değiştim ben, siz bir de benim eski halimi görseydiniz. Bu kadar sıkıştırmayın beni, böyle giderse zamanla kimbilir ne hale geleceğim.

— Bak bunda haklısın, bazen çok üzerine geliyorum ama ne yapalım bırak da ben bari uğraşayım seninle. Başka ne tür kuralları var sizin evin?

— Banyo yapmanın, çamaşır yıkamanın, her şeyin bir kuralı var işte.

— Çamaşırlar yine eskisi gibi mi yıkanıyor yoksa?

— Yok canım, olur mu, o zamanlar zaten akşama kadar bir parçayı ancak yıkayabiliyorduk. Şimdi herkes çamaşırını iki su yıkıyorsa, biz dört su yıkıyoruz.

— Bu nasıl oluyor?

— Önce leğende bir su elimizde yıkıyoruz, sonra bir saat deterjanlı suda bekletiyoruz, sonra da iki su makine yıkıyor.

— Bir makine çamaşır kaç saatte yıkanabiliyor?

— Çok sayılmaz, sabah başlasak, öğlene bitiyor.

— Demek çok sayılmaz, bence az da sayılmaz, peki zamanla daha kısa sürede bu işlerin altından kalkabileceğinizi umuyorum.

— İnşallah Doktor Hanım.

— Haftada kaç kere banyo yapıyorsunuz?

— Haftada iki gün yıkanıyoruz. Artık kimse kimsenin başında durmuyor. Hepimiz yalnız yıkanabiliyoruz.

— Güzel, peki mutfakta işler nasıl gidiyor, fasulyeleri yine tek tek sabunluyor musun?

— Hayır hayır, tek tek değil, geniş bir kabın içinde üç su yıkayıp pişiriyorum.

— Yine sular idaresinden "su saatiniz bozuk," diye geliyorlar mı?

— Yok, eskisi gibi değil, bize su parası yine çok geliyor ama artık saat bozuk diye tutturmuyorlar.

— Gelelim şu çöp meselesine, onu ne yaptınız?

— Ah hiç sormayın, o iş benim de çok canımı sıkıyor. Şimdi artık çöp biriktirmiyoruz, olanı atıyoruz. Zaten Gülben düzeldiği için eskisi kadar çok çöp birikmiyor evde ama eskileri atmayı henüz beceremedik.

— Neden?

— Bu işin üstesinden nasıl geleceğimizi bilemedik. Onların içinde atılmaması gereken bir şey yoktur değil mi Doktor Hanım?

— Safiye bu ne biçim bir soru, yıllardır torbaların içinde bekleyen o çöplerin içinde önemli ve atılmaması gereken bir şey olamaz artık.

— Aslında öyle olduğunu ben de biliyorum ama bir kere daha size sorayım dedim. Ne de olsa o zamanlar çok hastaydım ben ve iyi kontrol etmemiş olabilirim.

— Sen, en hasta günlerinde bile aklını, mantığını hiç kaybetmedin ki. Şimdi onlardan nasıl kurtulacağımızı düşünelim istersen.

— Haklısınız, bir kamyon bulalım, bir gece sabaha kadar taşısın torbaları diyorum. Ücreti neyse fazlasını öderiz. Yanında iki de hamal getirsin.

— İyi düşünmüşsün, zaten sen hep en doğrusunu düşünürsün.

— Ay, dalga geçmeyin benimle ne olur.

— Tamam tamam, kızları susturmuşsun, bari bırak da arada bir ben konuşayım.

— Sizin söyledikleriniz hiç batmıyor bana. Keşke herkes sizin gibi olsa. Eh, artık gideyim, vaktim doldu galiba, dışarıda bekleyenler var. Her şey için tekrar teşekkür ederim Doktor Hanım.

— Güle güle Safiye, kızlara çok selam söyle. Yine bekliyorum seni.

Safiye açık yeşil gömleğinin yakasını düzelterek çıkıyor odadan. Kıyafeti son derece zarif, üstelik biraz kilo almak daha da güzelleştirmiş onu.

Kırık Hayatlar

Bu sabah evden erken çıktım. Hava o kadar güzel ki, işe yürüyerek gitmeye karar verdim. Ankara'ya nihayet bahar gelmiş. Güneş pırıl pırıl. Tabiat uyanmış. Ağaçlara bir telaş gelmiş. Ne uzun bir kıştı. Aylardır çırılçıplaktı zavallılar. Şimdi hepsi birden giyinecekler. Ağır ağır, her birine hayran hayran bakarak yürüyorum. Çok dikkatli bakıyorum. Çünkü kış bitince her sabah aynı yoldan yürüyerek giderim muayenehaneye ve bir gün sonra her biri ne kadar çiçek açmış fark ederim. Tabiatı, ağaçları ve çiçekleri çok sevmeme rağmen hiçbirinin adını bilmem. Kimi insan bakınca tanır. Ben isimlerini bilmem. Ama severim onları. Bazen dokunmak, okşamak gelir içimden. Hatay Sokağı'nın üzerinde hepsinden farklı bir ağaç vardır. Dallarını öyle güzel uzatır ki sağa sola. En çok ona bakarım. Tembeldir. Çıplaklıktan en geç o kurtulur. Ağır ağır morarır. Mor çiçekler, sanki özel olarak elde yapılıp üzerine monte edilmiş gibidir. Yaza doğru yeşillenmeye başlar. Dallarının birazı mor birazı yeşil olur. O ağaç tam yeşile dönünce bilirim ki artık bahar bitti, yaz geldi. İçimden dua ederim, bir dahaki baharı görebilmek için.

Büklüm Sokak'tan işte bu duygularla ağır ağır yürürken bir apartmanın alçak duvarlarının üzerine oturmuş üç erkek dikkatimi çekiyor. Ortada genç, çok genç bir delikanlı, iki tarafında babası olabilecek yaşta iki erkek. Onlardan biri delikanlının beyaz gömleğinin yakasından tutmuş sarsıyor çocuğu. Bir şeyin hesabını soruyorlar ondan. Çocuğun yüzü kıpkırmızı, gözleri büyümüş. Hani derler ya, kesseniz kanı akmayacak. Sonra o adam elinin tersiyle şiddetli bir tokat atıyor çocuğa. Onda hiç tepki yok. Sokak ortasında 18-19 yaşlarında bir delikanlı muhtemelen babasından tokat yiyor. Çocuk artık şimdi gerilmiş bir yay gibi. Ölebilir de öldürebilir de. Titriyor. Hani hızlı giden bir araba, önüne aniden çıkan bir şeye çarpmamak için acı bir fren yapar ya. İşte aynen öyle. Lastiklerini yakarak ortalığı çınlatan bir sesle fren yapıyor o çocuk. Tepki göstermemek, bir şeyler yapmamak için kendini nasıl zor zaptettiğini görüyorum. Yanındaki o iki adamsa bunun hiç farkında değil. O çocuğun şu anda ne kadar yaralandığını, bunu ömrü boyu nasıl unutmayacağını, bu yüzden hem kendine hem başkalarına ne büyük zararlar vereceğini anlamaya hiç niyetli görünmüyorlar.

Belli ki delikanlı, babaya ters gelen bir şey yapmış. Belki bir gönül işi, belki başka bir şey. Hesap soruyor oğluna. Çocuğun canını ne kadar yakabilir, gururunu ne kadar kırabilirse, o kadar iyi eğittiğini düşünecek. Ya da kendi öfkesinden o kadar çabuk kurtulacak. İnsan kendi çocuğuna nasıl böyle kıyabilir. Belki ona da böyle kıymışlar. Ağaçlar henüz yeni büyürken, narin bir fidanken köküne kezzap dökmek gibi bir şey bu. Bu çocuk bundan sonra kendine nasıl güvenecek nasıl saygı duyacak. Toplum içinde utanmadan sıkılmadan nasıl var olacak.

O kadar üzülüyorum ki, yanlış olduğunu bildiğim halde yavaşça yaklaşıyorum yanlarına. Üçü birden bana bakıyorlar. Adamların bakışı hiç de hoş değil. "Sana ne" der gibi. Muhtemelen bana da tepki göstermeye hazırlanıyorlar. Öyleyse pek yumuşak davranmamalıyım. Hatta olabildiğince otoriter bir tavır gerekiyor. Zaten sigaradan iyice bozulmuş sesimi biraz yükselterek ve daha da kalınlaştırarak konuşmaya başlıyorum.

— Neyi oluyorsunuz bu gencin?

— Babasıyım.

— Ben de amcası.

— Demek babası ve amcası. Kaç yaşındasın sen delikanlı.

— 17.

— Daha çok gençsin. İnsan gençken daha kolay hata yapabilir. Ben doktorum. Ruh doktoruyum. Gördüklerim hoşuma gitmedi. Üzüldüm. Hiçbir şey olmamış gibi yürüyüp gidemedim. Çocuklarımıza daha saygılı ve şefkatli olmalıyız. 17 yaşında bir delikanlıyı, hem de sokak ortasında tokatlayamazsınız.

— Siz onun ne yaptığını biliyor musunuz?

— Adam mı öldürdü?

— Hayır.

— Hırsızlık mı yaptı?

— Hayır.

— Ne yaptığını öğrenmek istemiyorum. Siz gençliğinizde hata yapmadınız mı? Onun bir daha yanlış yapmasını istemiyorsanız ona böyle unutamayacağı cezalar vermeyin, gururunu kırmayın. Utandırmayın çocuğu. Göreceksiniz daha iyi olacak. Ne dersin delikanlı?

Çocuk kıpkırmızı yüzüyle bir an yan gözle bakıyor bana. Bu bakıştaki minneti hissediyorum.

— Gönül işi mi yoksa?

Başını belli belirsiz hafifçe sallıyor. Tekrar babaya dönüyorum. Onu rahatlatmazsam delikanlıyı kurtarmış olmayacağım.

— Beyefendi, affedersiniz. Çok müdahaleci davrandığımın farkındayım. Nezaket gösterip beni hoş karşıladınız. Annelik işte. Benim de bu yaşta bir oğlum var. Birden o geldi aklıma. Ben ona hiç kıyamam. Eminim siz de delikanlıyı çok seviyorsunuz ama babalar, annelerden biraz daha farklı oluyor. Eminim her zaman böyle yapmıyorsunuz.

— Yok canım. Hep böyle yapmam tabii.

— İnşallah bir daha bunu hiç yapmazsınız. Ne de olsa o sizin oğlunuz. Aslında çok iyi bir çocuğa benziyor. Öyle midir?

— İyidir. Arada böyle haylazlıkları var işte.

— Olur o kadar. Gençlik dedim ya. Unutmayın oğlunuz ilerde adam olsun istiyorsanız ona saygılı ve şefkatli davranmalı, hoşgörülü olmalısınız.

— Siz televizyona çıkıyor musunuz?

— Çıkıyorum ya. Orada her gün anlatıyorum bunları.

— Sizi hatırladım.

— Demek beni dinlediniz ama söylediklerimin tam tersini yapıyorsunuz. Bir daha böyle yapmak yok. Konuşun oğlunuzla. Ama bir daha asla böyle yapmayın.

Şimdi üçü de ayağa kalkmışlar. Önce delikanlının elini sıkıyorum. Onu önemsediğimi belli etmeye çalışıyorum. Benim delikanlıya gösterdiğim saygı babasını ve amcasını etkilesin istiyorum. Onların elini sıkarken ikisi de hafifçe eğiliyorlar. Televizyona çıkıyor oluşum bana duydukları saygıyı arttırdı. Halbuki son zamanlarda televizyona filan çıktığım yok. Beni hatırladıkları da palavra. Benim ses tonum ve yaklaşım biçimim öyle düşünmelerine neden oldu. Bu durum benim de işime geldi. Böylece onlar üzerinde daha etkili olabildim. Arkamdan öylece bakıyorlar. Başlarından bir kova soğuk su dökülmüş gibi oldu ve sorgu bitti. Benim de istediğim buydu zaten.

Tekrar kaldığım yerden yürümeye devam ediyorum. Hatay Sokak'taki tembel ağaçta henüz hareket yok. Demek ki yaza daha çok var. Karşıya geçiyorum. Taksi durağındaki şoförlerle selamlaşıyoruz. Apartmanın arkasındaki küçücük dükkânın sahibi anahtarcı ve çırağı her zamanki gibi kapının oralarda dolaşıyorlar. Onlara da günaydın deyip giriyorum içeri. Allah'tan asansör çalışıyor, aksi halde yedi kat merdiven çıkmak hiç işime gelmiyor.

Tuna yine güler yüzüyle karşılıyor beni. Hastalar benden önce gelip oturmuşlar bile. Ben üzerimdeki paltoyu çıkarırken Tuna hızlı hızlı konuşmaya başlıyor. Arayanlar, ilaç yazmamı isteyenler, muhasebecilerin istekleri, yeni faturalar. Randevulardaki sıkışıklık. Mutlak bugün görmem gereken hastalar.

Bütün bunları çabucak halletmemiz gerekiyor çünkü randevuları kaydırırsak sonra çok zor durumda kalıyoruz.

— Tamam Tuna, gerisini sonra hallederiz. Sen hemen hastayı içeri al.

— Kahve içtiniz mi?

— Hayır içmedim.

— Tamam, hemen yapıyorum kahvenizi. Bu arada hastayı gönderiyorum. Reyhan Hanım, bize ilk kez geliyor. Çok zarif bir hanım.

— Peki canım, al içeri

Uzun boylu, çok güzel, balık etinde bir hanım giriyor içeri. Kumral saçlarına sarı röfleler yaptırmış. Giyiminden, saçlarından ve tırnaklarındaki kırmızı ojelerden, kendine özen gösterdiği belli oluyor. Ama yüz hatları çok gergin. En ufak bir dokunuşta boşalmaya hazır bir zemberek gibi.

— Hoş geldiniz.

Zarif bir hareketle elimi sıkıp karşımdaki koltuğa oturuyor. Sonra aceleyle çantasını açıp bir paket kâğıt mendil çıkarıyor. Bir yandan onunla oynarken, ben daha ağzımı açamadan sular seller gibi anlatmaya başlıyor.

— Benim bir komşum size geliyor. Ondan aldım adresinizi. Benim öyle ciddi bir hastalığım filan yok. Ama sizinle bazı şeyler konuşmaya geldim. Bunları beni anlayacak birisiyle konuşmam gerekiyor. Aksi halde gerçekten hasta olacağım. Hayatım iyi gitmiyor. Başıma gelenleri hiç hak etmiyorum.

Gözlerinden yaşlar süzülmeye başlıyor. Oturur oturmaz kâğıt mendili neden hazırladığını şimdi anlıyorum. Devam ediyor konuşmaya.

— Tabii siz beni tanımıyorsunuz. Şimdi kendimi methetmek gibi olacak ama ben gerçekten de dört dörtlük bir kadınım. Çok temiz, tertipli ve becerikli bir ev hanımıyım. Çok güzel yemek yaparım. İki çocuğum var. Onlara da iyi bakarım. Güler yüzlüyümdür. Akşamları kocamı dört gözle bekler ve onu kapıda karşılarım. Tertemiz giyinir, makyajımı yapar beklerim onu. Etrafında pervane olurum. Sofrasını kurar, kahvesini yapar, meyvesini bile soyar eline veririm. Geceleri öyle diğer hanımlar gibi pijamalarla filan girmem yatağa. Bir sürü açık saçık birbirinden güzel geceliğim vardır. Ama ne yaparsam yapayım, hiçbiri makbule geçmiyor. Kocamın ilgisini çekemiyorum. Beni artık sevmiyor galiba. Bu gidişle ona hiç yaranamayacağım.

Yeniden ağlamaya başlıyor. Eğer gerçekten söylediği gibiyse, bu adam ne istiyor acaba? Fakat son söylediği kelime dikkatimi çekiyor. "Bu adama yaranamayacağım galiba." Yaranmak da nereden çıkıyor?

— Peki o ne istiyor?

— Ne istediği belli değil ki. Bir anlasam ne istediğini. O bizi istemiyor. Bizden sıkılıyor. Eve gelmesin de, gerisi önemli değil.

— Eve gelmiyor mu?

— Herkes gibi işinden çıkınca doğru eve gelmez. Hep bahaneler uydurur. Yok şuraya uğrayacağım, yok işim uzadı. Adamın eve gelirken ayakları ters gidiyor. Kırk yılda bir eve zamanında gelse, "Bizimle biraz ilgilen, hiç olmazsa arabayla şöyle bir dolaştır," derim, onu da yapmaz.

— Neden?

— Neden olacak, yorgunmuş, ben onu hiç anlamıyormuşum. Biz akşama kadar onu bekliyoruz. İstiyoruz ki eve gelince bizimle biraz ilgilensin, gülelim, oynayalım, ama nerde. Suratını asıp oturur. Onun bu ilgisizliği sinirlerimi iyice bozdu. Ondan şüphelenmeye başladım. Aklıma kötü kötü şeyler gelmeye başladı.

— Nasıl yani?

— Bir başka kadın. Cüzdanını, ceplerini ve cep telefonunu karıştırmaya başladım. Cep telefonunda bir sürü acayip mesaj bulmayayım mı? İyice çıldırdım. Artık kavgasız günümüz kalmadı. Ev savaş alanına döndü. Kocam her şeyi inkâr ediyor. Benim adım "deli"ye çıktı. "Düş yakamdan, bıktım artık, bırak beni, uğraşacak başka bir şey bul kendine," diyor. Sonunda suçlu ben oldum. Beni bu hale o getirdi, size her şeyi anlattım. Haklı değil miyim Allah aşkına? Ne olur doğruyu söyleyin bana?

— Size haklısınız desem, sorun hallolacak mı?

— Olsun, hiç olmazsa içim rahatlar. Siz benim yerimde olsanız ne yapardınız?

— Henüz bilmiyorum. Anlamak istediğim bazı şeyler daha var. Yani sonuç olarak eşin sana kızgın ve seni istemiyor, öyle mi?

— Öyle, beni istemiyor.

— Ya sen?

— Doktor Hanım ben kocamı seviyorum. Asla onsuz yaşayamam.

— Ve o da bunu biliyor.

— Biliyor tabii, her gün söylüyorum. Eskiden o da beni severdi. Ama şimdi beni sürekli aşağılıyor. Hiçbir şeyimi beğenmiyor. Sanki o beyefendi, ben de halayık. O böyle yaptıkça benim ona düşkünlüğüm artıyor.

— Sen böyle yaptıkça o da senden uzaklaşıyor.

— Sonunda ruh sağlığım bozuldu. Evhamlar, korkular başladı bende. Her an bayılacak ölecek gibi hissediyorum kendimi. İçimde sürekli bir sıkıntı ve korku var. Aklıma hep kötü şeyler geliyor. Kocamı sürekli yanımda istiyorum. Ama o yanımdayken sürekli ona saldırıyorum. Sen bana şunu yaptın, sen bana bunu yaptın. Hiç rahat vermiyorum adama.

— O da senden kaçıyor.

— Öyle oluyor. Benden uzak duruyor. O uzak durdukça benim öfkem artıyor. Ah Doktor Hanım ben bunları hiç hak etmedim. Elimden geldiğince mükemmel bir kadın olmaya çalıştım. Benim ödülüm bu olmamalıydı. Hem sağlığımı kaybettim, hem kocamı. İşte bu adaletsizliğe çıldırıyorum.

— Bana biraz çocukluğundan ve ailenden bahseder misin?

— Orta halli bir ailenin kızıyım. Babam memurdu. Sessiz, sakin bir adamdı. Ama içki içerdi. Annemle bu yüzden çok kavgaları olurdu. Biz üç kardeştik. Bir ablam bir de erkek kardeşim var.

— Nasıldı ilişkileriniz?

— Eh işte. Ablam ilk çocuk. Aramızda dört yaş vardır. Her şeyin iyisi ona alınırdı. Benden önce genç kız olduğu için, onun daha şık olmasını isterlerdi. Çünkü iyi bir koca bulması gerekiyordu. Annemle ablamın arası çok iyiydi. İkisi arkadaş gibi oturur konuşur, dertleşirlerdi. Tabii ben o zaman daha küçüktüm. Aralarına almazlardı beni. Ben de hep ağlar, huysuzluk ederdim. Erkek kardeşim evin en küçüğü olduğu için hep hoş görülürdü. Yani sizin anlayacağınız çocukluğumda da hep hakkımı yediler.

— Ortanca çocuk olmak biraz zordur. Birinci ve sonuncu çocuklar her zaman daha avantajlıdır. Demek o zaman da hakkını yediler.

— Öyle oldu. Beni başlarından savmaya çalışırlardı. O zaman da kimseye yaranamazdım.

— Demek sen hep yaranmak istedin.

— Ama insanlar nankör, kimseye yaranamadım işte.

— Yaranmak ne demek biliyor musun?

— Biliyorum tabii, yaranmak beğenilmek, sevilmek filan.

— Tam öyle değil, beğenilmek, sevilmek ve kabul edilebilmek için fazladan bir çaba harcamak, gereğinden fazlasını yapmak galiba. Neden sen hep yaranmaya çalışıyorsun? Bak hem ailene hem kocana aynı şeyi yapıyorsun.

— Yaptığım halde olmuyor. Bir de yapmasam ne olurdu bilmem ki.

— Sahi öyle yapmasan ne olurdu. Gel beraber düşünelim.

Bir an duruyor. Belli ki kafası karıştı. Ona hiç beklemediği bir şey sordum.

— Vallahi bunu hiç düşünmemiştim. Ben hep iyi yaptım sanıyorum. Sizce daha iyi olmak suç mu? Mükemmel olmaya çalışmakla yanlış mı yapmışım yani?

— Bana kızdın mı?

— Yok kızmadım. Ben size derdimi anlatmaya geldim.

— Ben de sana haksızlık ediyorum. Tıpkı onlar gibi.

— Siz doktorsunuz. Bana niye haksızlık edesiniz?

— Niyetim sana haksızlık etmek değil tabii. Ama anlamanı istediğim bazı şeyler var. Demek, sen herkes gibi içinden geleni yaparsan seni kimse sevmez ve kabul etmez.

— Sizce de öyle değil mi? Bu kadar gayret ettiğim halde sonuca baksanıza?

— Tamam ama önce şu konuda anlaşalım. Senin doğal halini insanlar sevmez ve kabul etmez öyle mi?

— Öyle herhalde.

— ...

— Ben bunu böyle düşünmemiştim. Onun için mi böyle herkese yaranmaya çalışıyorum.

— Bunu araştıralım. Herkese mi yaranmaya çalışıyorsun?

— Galiba. Arkadaşlarım, komşularım, kayınvalidem...

— Nasıldır kayınvalidenle ilişkilerin?

— Çok iyidir. Eşimin bütün sülalesi çok sever beni.

— Neden?

— Neden olacak, böyle gelini kim sevmez ki. Yedirir içirir ve çok hürmet ederim onlara.

— Bu konuda da aşırıya kaçar mısın?

— Galiba. Şimdi düşünüyorum da. Kayınvalidem ağzına geleni söyler bana. Kızlarına bile daha saygılıdır. Çekinir onlardan.

— Ama senden çekinmez.

— Hiç çekinmez benden.

— Çünkü ne yaparsa yapsın senin ona yaranmaya çalışacağını biliyor.

— Öyle de oluyor zaten. Hiç sözünü sakınmaz.

— Ya annen baban.

— Babam öldü. Annemle en çok ben ilgilenirim. Maddi manevi elim üzerindedir. Evinin işini yapar, misafirini ben ağırlarım. Sürekli hediyeler alırım. Ama o yine de öteki çocuklarını daha çok sever. Halbuki onlar benim yaptığımın yarısını yapmazlar. Onlara hiçbir şey söyleyemez. Her türlü sitemi banadır.

— Bu son duruma, kocanla arandaki sorunlarına ne diyor annen?

— Ne diyecek, beni suçluyor. "Senin lafın sözün hiç bitmez. Bıktırdın adamı," diyor. Düşünün öz annem bile böyle diyor.

— Ne demek o. Gerçekten mızmız bir kadın mısın sen?

— Şu anda öyleyim galiba. Ama beni bu hale onlar getirdi.

— Nasıl bir çocuktun, o zaman da mızmız mıydın?

— Ben hatırlamıyorum ama annem öyle diyor.

— Mızmız ne demek?

— Canım işte sürekli mızırdayan demek.

— Mızırdamak, şikâyet etmek mi?

— Evet.

— Sürekli sitem eden, şikâyet eden biri ha?

— Sizce ben öyle biri miyim?

— Ben seni yeni tanıyorum. Bu soruyu bence sen cevaplandır.

— Öyle galiba. Yahu sonunda yine suçlu ben oldum.

— Mızmız, sürekli şikâyet eden, sitem eden biri ile beraber olmak hoşuna gider mi?

— Gitmez. Onların da hoşuna gitmiyor zaten. İşleri bitince bucak bucak kaçıyorlar benden. Ama beni bu hale onlar getirdi, neden anlamıyorsunuz?

— Çok iyi anlıyorum. Seni de suçluyor değilim. Sadece bazı şeyleri asıl senin anlamanı istiyorum. Şimdi başka bir soru daha. Senin yerinde bir başkası olsa, o da aynen senin gibi mi yapardı?

— Evet, başka çare yok ki.

— Yok mu? Senin yerinde ben olsam mesela, bana da bunları yapabilirler mi?

— Siz mi, size yapamazlar.

— Neden?

— Siz yaptırmazsınız ki.

— Aramızda ne fark var?

— Siz... Canım doktorsunuz.

— Doktorlara böyle yapılmaz mı? Başka ne fark var?

— Siz onlara yaranmaya filan çalışmazsınız ki.

— Kötü mü olur.

— Yoo, niye kötü olsun. İşlerine gelirse!...

Karşılıklı gülüyoruz.

— Ay güldürdünüz beni. Epeydir gülmemiştim.

— Gülmek sana yakışıyor. Zaten çok hoş bir hanımsın.

— Neye yaramış benim güzelliğim. Kader güldürmüyor beni.

— Yapma Reyhan, hâlâ buna kader mi diyorsun. Seni dört dörtlük donatıp yollamışlar dünyaya. Sen böyle yapar, aklını hiç kullanmaz, kendini hiç sevmez ve beğenmezsen kader ne yapsın.

— İş yok bende.

— Evet haklısın. İş yok sende. Böyle gidersen yazık olacak sana.

— Yazık olacak ha. Dost acı söylermiş. Ama olsun açık konuşuyorsunuz benimle. Demek ben bir yerlerde hata yapıyorum. Biraz anlıyorum galiba.

— İstersen şu işi baştan alalım. Şimdi akşam kocan eve geliyor. Kapıyı çalıyor, açıyorsun. Sonrasını anlat bakalım bana.

— Önceyi mi anlatayım sonrayı mı?

— İkisini de anlat.

— Önceleri yani ilk evlendiğimiz zamanlar giyinir, süslenir, yemekleri hazırlar, evi temizler, sofrayı bile kurar onu beklerdim.

— Sonra?

— O gelince aslında bunlara memnun olurdu. Sarılır öperdim

onu. Ama o pek konuşmayı sevmez. Bense benimle konuşsun, bana bir şeyler anlatsın, iltifat etsin filan isterdim. Önceleri sorun buradan çıkardı.

— O ne isterdi?

— O yemeğini yesin sonra biraz gazete, biraz TV. Sonra da yatmak isterdi.

— Ne iş yapıyor eşin?

— Bankacı. Ama çok çalışıyor.

— Yani eve gerçekten yorgun geliyor.

— Evet yoruluyor ama yine de istese benimle ilgilenebilir.

— Seninle ilgilenmek ne demek?

— Canım söyledim ya işte. Benimle konuşsun.

— Ne konuşsun?

— İşyerinde olanları anlatsın, benim halimi hatırımı sorsun. Şaka yapsın.

— O zaman da sitem eder miydin ona?

— Ederdim. Küserdim hatta. Bazen ağlardım.

— Yani mızmızlanırdın.

— Galiba.

— Sonra kocanın her şeyini karıştırmaya başladın.

— Karıştırdım.

— Şimdilerde nasıl oluyor?

— Kapıdan girer girmez başlıyorum konuşmaya.

— Dır dır dır ha.

— Maalesef öyle. Sürekli suçluyorum onu. "Senin yüzünden bu hallere geldim, kıymetimi bilmedin, ne yapsam yaranamadım sana. Bir de üstüne üstlük aldattın beni," diyorum.

— Bu kadarcık mı?

— Yine dalga geçiyorsunuz benimle. Aslında gerçeğini konuşmak gerekirse bu kadarcık değil. Bütün gece hiç susmuyorum. Sürekli sitem ediyorum.

— Yatakta neler oluyor?

— Yatana kadar dünyayı başına yıktığım için zaten çoktan küsmüş oluyoruz birbirimize.

— Ertesi akşam yine aynı şey ha.

— Evet. Böyle giderse beni boşayacak. Onun için geldim ya size.

— Bir de evhamlar sıkıntılar filan var dedin.

— Var ya. Zaten kavga etmezsek acillere gidiyoruz.

— Neden?

— Bana fenalık geliyor. Bayılıyorum. Korkuyor adamcağız bana bir şey olacak diye. Kaptığı gibi götürüyor beni.

— Kaç zamandır bu iş böyle sürüyor?

— Vallahi epeyce oldu. Birkaç yıl.

— Reyhan senin kocan çok iyi adammış, bunca zaman bu eziyete katlandığına göre.

— Dalga geçmeyin benimle Doktor Hanım.

— Ben çok ciddiyim. Bir başkası çoktan bırakır giderdi seni.

— Aslında o da gidecek de, çocuklar yüzünden gidemiyor. Ayrıca iyi adamdır benim kocam.

— Baştan beri çok düşmüşsün kocanın üzerine.

— Evet, çok sevdim onu.

— Bunun sevmekle bir ilgisi yok, aranızdaki dengeyi bozmuşsun.

— Ne dengesi?

— O efendi, sense köle olmuşsun. Ama bu rolü ona veren sensin. Her hareketinle sen efendisin, ben senin kölenim demişsin ona. Sonra da köle, efendisinden sürekli sevgi dilenmiş.

— Evet bütün istediğim bir yudum sevgiydi.

— Halbuki sen ona ihtiyacı olan sevgiyi, ilgiyi ve şefkati o hiç istemeden hep fazlasıyla vermişsin.

— Hâlâ veriyorum.

— Efendiler kölelerini fazla şımartmak istemezler.

— Aynen öyle oldu. "Yediğin önünde, yemediğin arkanda. Daha ne istiyorsun?" der bana.

— Yani sen çantada keklik, o bulunmaz Hint kumaşı.

— Ne güzel söylediniz. Gerçekten de öyle sanıyor kendini.

— O öyle sanmıyormuş. Sen onun öyle sanmasını sağlamışsın.

— Doğru ya.

— Sen ne yaparsan yap ben seni severim. Yeter ki sen beni sev demişsin ona.

— Öyle dedim. Öyle hissettim.

— O da mesajı almış ve senin gösterdiğin yolda yürümüş. Şimdi buna kader mi diyelim yani?

— Allah Allah!...

— Çocukluğumuz hepimiz için önemlidir. Çünkü bize verilen ya da bir şekilde bizim üstlendiğimiz ilk rol neyse fark etmeden ömrümüzün sonuna kadar hep o rolü oynarız. Bu bazen iyi bir roldür. Ama eğer seninki gibi kötü bir rolse, bunu kaderimiz sanır ve ömür boyu kadere isyan ederiz. Ama gördüğün gibi bu senin benimsediğin bir rol. Asla kader değil.

— Yani istesem değiştirebilirim.

— Tabii. Üstelik bunu değiştirmek aslında hiç de zor değildir. Bunun iki kuralı vardır:

1. Önce hayattaki beğenilmeyen bu rolü tanımak, fark etmek, anlamak. 2. Bunu değiştirmeyi gerçekten çok istemek. Şimdi sen birinci kuralı hallettin yani rolünü tanıdın ve anladın. Sıra geldi ikinci kurala. Bunu yapmayı gerçekten istiyor musun?

— İstemez olur muyum Doktor Hanım. Bu uğurda her türlü mücadeleye hazırım. Ben tembel bir kadın değilim. Biraz önce "sende iş yok dediniz" bana. Ama öyle olmayacak. Bu sefer aklımı kullanacağım. Zaten size gelmekle en büyük akıllılığı yapmışım. Yakınlarım, arkadaşlarım, "Ne işin var senin ruh doktorunda, sen deli misin?" diyorlardı. "Sana ilaç verip gönderecek. İlaç senin hangi sorununu çözer." Ama ben kendi kararımı verdim ve size geldim. Benim gözlerimi açtınız. Sevgi ve şefkat dilenen o kadın olmayacağım artık. Çocukluğundaki mızmız, doyumsuz, kendini bir türlü sevdirememiş, kabul ettirememiş Reyhan'ın o talihsiz rolünü terk edeceğim. Onurlu, gururlu, sağlam ve daha cesur bir kadını oynayacağım. Aslında pek öyle değilim biliyorsunuz. Ama olsun. Bundan sonra bu gerçeği sadece ben bileceğim. Her ne pahasına olursa olsun bir daha o mızmız Reyhan'ı kimse görmeyecek. Bundan daha mutsuz olamam ya.

— Harika, bravo sana. Kim demiş sende iş yok diye. Başaracağından hiç kuşkum yok. Görüyorum ki bunu gerçekten istiyorsun.

O günden sonra Reyhan Hanım tekrar tekrar geldi bana. Yeni rolüne ısınabilmek için çok çalışması gerekti. İşte son gelişinde söylediklerinden birkaç cümle:

— Bugün artık size teşekkür etmeye geldim Gülseren Hanım. Siz benim kaderimi değiştirdiniz. Ben artık başka bir Reyhan oldum. Eşimle ilişkilerimiz o kadar değişti ki bazen içimden gülmek geliyor. O artık bir efendi değil, çünkü kölesini kaybetti. Kölesiz efendilik olmuyormuş. O günden sonra eşim benden tek bir sitem duymadı. O dırdırlar yok artık. Akşam kocam eve gelince, onu yine güler yüzle karşılıyorum, her hizmetini yapıyorum ama ondan sevgi ve ilgi dilenmiyorum. O konuşmazsa ben de konuşmuyorum, yorgunsa, buna saygı gösteriyorum. Eskisi gibi çok üzerine düşmüyorum, özel şeylerini karıştırmıyorum. Şimdi artık o benim halimi hatırımı sorar oldu. Beni eskisinden çok sevdiğini hissediyorum çünkü artık bir yerlerde oyalanmadan, erkenden eve geliyor... Evimi, çocuklarımı ve kocamı ihmal etmiyorum ama artık benim de kendime ait bir hayatım var. Bir yardım derneğinin en aktif üyesiyim. Yeni yeni arkadaşlar edindim. Yapmak istediğim daha pek çok şey var. Vakit yetmiyor. Keyifliyim, mutluyum, yaşamayı seviyorum ve en önemlisi eski korkularımdan kurtuldum. Kocamı seviyorum ama onu kaybetmekten eskisi kadar korkmuyorum. O da beni kaybetmek istemiyor ama hayat bu. Günün birinde ayrılmamız gerekirse ona da itirazım olmaz.

Anneme yine gidiyorum. Elimden geldiği kadar yardımcı olmaya çalışıyorum. Ancak kendi hayatımdan pek fedakârlık yapmadan yani abartmadan yapılan yardımlar bunlar. Kayınvalideme gelince; ben insanları kırmayı sevmem. Ona yine saygıda kusur etmiyorum ama ilişkilerimiz daha mesafeli. Eskiden yaptığımın yarısını yapıyorum ama o, artık bana teşekkür ediyor, "En sevdiğim gelinim sensin," diyor. Almadan vermek Tanrı'ya mahsusmuş. Karşılıksız vermeler bitti artık.

Uzun lafın kısası kimseye yaranmaya çalışmıyorum. Çok değiştiğimin farkındayım. İlk zamanlar çok acemilik çektim çünkü bütün bunlar içimden gelmiyordu. Böyle olması gerektiği için yapıyordum. Şimdi öyle değil. Galiba bu halimi benimsedim artık. Daha doğrusu insanlar benim bu halimi öyle çok desteklediler ki, buna ben de şaştım kaldım. Ve görüyorum ki bu Reyhan çok daha değerli ve itibarlı oldu. Korkularım azaldıkça yeni rolüme daha çabuk ısındım.

Onurlu, gururlu, sağlam ve cesur bir kadını oynarken, bir de baktım ki gerçekten öyle olmuşum. Geçmiş yıllara acıyorum şimdi. Meğer böyle yaşamak ne güzelmiş. Şimdi sitem etme sırası başkalarında. En çok da kocam sitem ederse gülüyorum. Ve hoşlanmıyorum bana sitem edilmesinden.

O artık;
Mükemmel değil,
Mızmız değil,
Fedakâr değil,
Mutsuz hiç değil...

Çöp Apartman -10

Üç yıldır Safiye, Gülben ve Neriman'la olan dostluğumuz devam ediyor. Babalarının ölümünden bir yıl sonra bir gece yarısı Birlik Mahallesi'ndeki eski bir apartmanın önüne iki kamyon yanaştı. Sabah gün ağarana kadar Mamak çöplüğüne kamyonların biri gidip biri geldi. O günden sonra mahalleye çok kötü bir koku yayıldı. İnsanlar bu kokunun Mamak'taki çöplükten geldiğini, bazen rüzgârın yönüyle ilgili olarak bu kokunun arttığını düşündüler, ancak bir süre sonra koku kayboldu ve bir daha rüzgâr hiç öyle esmedi. Zaten çok geçmeden apartman bir müteahhite verildi ve yok olup gitti. Kızlar Birlik Mahallesi'ndeki evlerinden bir başka semtte satın aldıkları yepyeni bir apartman dairesine taşındılar. Yeni evlerine eski eşyaların hiçbirini götürmediler. Eşyalar kimsesiz yaşlıların barındığı bir yurda bağışlandı. Yeni ev, yeni eşyalar kızların moralini çok yükseltti. Artık geleceğe çok daha umutla bakmaya başladılar. Birbirleri ile ilişkileri ise daha da yumuşadı. Her biri bana düzenli olarak gelmeye devam ediyor. İşte şimdi karşımdaki kırmızı koltukta Neriman oturuyor.

— Hoş geldin Neriman, nasılsın?

— Sağ olun Gülseren Hanım, çok şükür artık iyiyiz.

— Bakıyorum artık siyahlar, lacivertler giymiyorsun.

— Aman bıkmıştım o renklerden. Bundan sonra mecbur kalmadıkça hiç koyu renk bir şey giymeyeceğim. Bazen eski günler rüyalarıma giriyor, ertesi gün kendime gelemiyorum.

— Neyse onlar artık geride kaldı, anlat bakalım şimdi neler oluyor?

— Size bir sürprizim var, bakalım vereceğim habere ne diyeceksiniz?

— Merak ettim, ne oldu?

— Ben evleniyorum.

— Aman ne güzel, şu senin eski göz ağrısı ile mi?

— Evet, biliyorsunuz beni aramaktan hiç vazgeçmedi. Bu ısrarı hem benim hem de ablalarımın ona olan güvenini arttırdı. Sonunda geçen hafta yine annesini, babasını alıp bize geldi ve bu sefer beni Safiye ablamdan istediler.

— Ne dedi Safiye?

— Siz Safiye ablamı o kadar değiştirdiniz ki, artık o bizim ablamız değil, annemiz. Misafirlerimizi nasıl karşıladı, nasıl ağırladı bir bilseniz. Onlar da şaşırıp kalmıştır bu işe. Neyse sonunda herkes memnun, en çok da buna seviniyorum.

— Evlilik ne zaman?

— Hemen inşallah. Onun kendine ait dayalı döşeli bir evi var zaten, o evi biraz elden geçirip nikâh hazırlıklarını tamamlar tamamlamaz evleneceğiz.

— Safiye öyle kolay bırakmaz seni, kimbilir neler vardır kafasında.

— Var var. Harıl harıl bana çeyiz hazırlıyor. Her şeyi en ince ayrıntısına kadar o düşünüyor. Her gün birlikte alışverişe çıkıyoruz. Dolaşmaktan ayaklarımıza karasular indi. Biliyorsunuz her şeyi beğenmez. Şimdi sıra gelinliğime geldi. Ankara'da ne kadar ünlü modaevi varsa hepsine gittik ama daha karar veremedik.

— Kayınvaliden de sizinle geliyor mu?

— Yok, hiçbir şeye karışmıyor kadıncağız. Ama hele biz karar verelim, onu da götürüp göstereceğiz.

— Evin yakın mı sizinkilere?

— Pek uzak sayılmaz, yürüyüş mesafesinde, yani aynı semtteyiz.

— Hayırlı olsun Neriman, dilerim mutlu olursun. Sağlığın nasıl?

— İyi, biliyorsunuz uzun süredir ilaç almıyorum ama bir şikâyetim yok, sadece ben gidince kızlar ne yapacak onu merak ediyorum.

— Artık kızların merak edilecek bir yanı kalmadı. Sensiz de ayaklarının üzerinde durabiliyorlar öyle değil mi?

— Aslında bu doğru. Safiye ablam çok sağlam basıyor, cadı gibi maşallah. Evin her şeyi ondan soruluyor. Eskiden dışarı çıkmayı pek sevmiyordu, şimdi içeri girmiyor neredeyse. Gülben her zamanki gibi sessiz ve uysal. Ablam ne derse yapıyor. Keşke bir gün o da evlenebilse.

— İnşallah o da olur. Sen evliliğe adapte olabilecek misin, nişanlın nasıl biri?

— Çok iyi bir insan, rahat, uyumlu, evcil biri. Çok çalışkan, işine çok düşkün. Sabahtan akşam geç saatlere kadar çalışır. İçkisi, kumarı yok. Sigara bile içmez. Maç hastası. Bütün maçları seyreder. Koyu Galatasaraylı. Bazen maça gider. Televizyondaki bütün spor programlarını seyreder. Yalnız biraz dağınık.

— Eyvah, yandı çocuk desene.

— Aslında o mu yandı, ben mi, bilmiyorum. O dağıtacak, ben toplayacağım.

— Ya sen de annen gibi yaparsan, adama evinde rahat vermezsen diye endişe ediyorum.

— Hiç kendime ait bir evim ve düzenim olmadığı için, ne yapacağımı ben de tam bilmiyorum.

— Aman Neriman, şimdiden bunlar aklında olsun, bir şey nasıl başlarsa öyle gider. Sizin evdeki katı düzeni kendi evine taşıma sakın. İnsanın evi rahat ettiği, huzur bulduğu yerdir. Biz dünyaya sürekli ev temizlemeye gelmedik. Temizlik bizi rahat ettiriyor, daha mutlu, huzurlu ve sağlıklı olmamızı sağlıyorsa güzeldir. Sadece iş olsun, âdet yerini bulsun diye sakın kendini yorma. Yorgun kadın gergin ve sinirli olur. Halbuki erkekler evde güler yüzlü, hayatından memnun bir kadın görmeyi isterler. Şimdiden evliliğinde ne tür sorunlarla karşılaşacağını görür gibi oluyorum. Eşinin her şeyine karışma, onu değiştirmeye, kendi düzenine uydurmaya kalkışma.

— Haklısınız Gülseren Hanım. Beni ne kadar iyi tanıyorsunuz. Dediklerinizi hiç unutmayacağım. Benim nikâh şahidim olur musunuz?

— Nikâh şahidi mi? Bunu istediğinden emin misin, çünkü ruh doktorlarından çekinir insanlar. Bazen yıllardır bana gelen hastalarım, toplum içinde bana selam vermek istemezler. Ben senin nikâh şahidin olmaktan gurur duyarım ama istersen yine de bunu biraz düşün.

— Biz buna ablalarımla birlikte karar verdik. Aslında nişanlım ve ailesi size geldiğimizi bilmiyor, bilseler ne düşünürlerdi kimbilir?

— Bilmiyorlarsa benim şahitlik etmem yanlış olmaz mı?

— Olsun, yakın bir ahbabımız deriz.

— Olmaz Neriman, gönüller beraber olsun, biz nasıl olsa hep

beraberiz. Ben sonuna kadar yanınızdayım, ne zaman ihtiyacınız olursa beklerim. Kızlara benden çok selamlar. Seni şimdiden kutluyorum.

— Sağ olun Gülseren Hanım, varlığınızı bilmek bile bize güven veriyor, hoşça kalın.

Neriman'ı yanaklarından öperek uğurluyorum. Mutlu olmak onun hakkı.

Binbir Gece Masalı – 4

Dün, on iki yıldır oturduğum Bestekâr Sokak'taki evimizden taşındık. Artık oralar çok kalabalık oldu, özellikle arabaları park etmek çok büyük sorun oldu. Şimdiki evim muayenehaneme çok uzak ama sessiz, sakin ve ferah. Mekânda ferahlık çok önemli. Üstelik çocukluğumda yıllarca aynı apartmanda oturduğumuz sevgili arkadaşım Taylan'la yine aynı apartmanda bir araya geldik. Bu da yeni evin cazibesini biraz daha artırıyor. Ev henüz yerleşmiş sayılmaz ama ben bu karışıklıklara alışkınım, muayenehanemdeki odama girince her şeyi unutur, dünyayla ilişkimi keserim zaten.

Bu sabah da Tuna her zamanki yaşama heyecanıyla karşılıyor beni;

— Hoş geldiniz Gülseren Hanım, nasıl oldu ev, çok yoruldunuz mu?

— İyi iyi, yavaş yavaş yerleşeceğiz artık. Tabii biraz yorulduk ama olur o kadar. Sen nasılsın?

— İyiyim çok şükür. Zafer Bey bekliyor, kahvenizi içtiniz mi?

— İçtim canım, Elma Dağı'nı seyrederek kahve içmek güzel oluyormuş.

— Aman ne iyi, yeni evi sevmeye başlamışsınız. Hazırsanız Zafer Bey'i göndereyim mi?

— Tamam Tuna, hazırım.

Zafer Bey kapıyı hafifçe vurarak giriyor içeri. Biraz heyecanlı ve telaşlı bir hali var.

— Merhaba Zafer Bey, nasılsınız, hangi rüzgâr attı sizi buraya?

— Sormayın Gülseren Hanım, bu ara o kadar daraldım ki, birisiyle konuşmazsam çatlayacağım. Biliyorsunuz memlekette benim pek arkadaşım yok. Onları küçümsediğimi filan sanmayın sakın, hepsi de çok iyi insanlar ama arkadaşlık etmek için insan biraz olsun kendi seviyesini arıyor. Uzun süredir Almanya'ya da gitmiyorum. Çok yalnız kaldım. Öyle şeyler oldu ki bunu birisiyle paylaşmak istedim.

Ankara'ya bir iş için gelmiştim aklıma siz geldiniz, hemen bir randevu alıp koşarak geldim.

— İyi etmişsiniz Zafer Bey, memnun oldum. Umarım kötü bir şey yoktur.

— Eh işte, buna iyi mi kötü mü demek gerekir bilemiyorum artık.

— Size bir kahve ikram edebilir miyim?

— Zahmet olmazsa çok memnun olurum.

— Sade miydi?

— Evet, lütfen.

Telefonu kaldırıp Tuna'dan Zafer Bey'e kahve rica ediyorum...

— Evet, buyurun Zafer Bey şimdi sizi dinliyorum.

— Babamı kaybettikten sonra bir süre kendimizi toparlayamadık. Onu kaybetmek hepimizi çok etkiledi. Yıllardır bizden uzakta yaşadı ama yine de onun varlığını bilmek bile bize güven veriyordu. Çok ilginç bir adamdı babam. Belki de "Son İmparator". Ondan izinsiz hiç kimse İstanbul'a yanına gidemezdi. Ancak o çağırırsa gidilebilirdi. Her konuda dokunulmazlığı vardı. Yıllardır bu sisteme alıştığımız için bize normalmiş gibi gelirdi. O aklına esip memlekete geldiği zaman bir imparator gibi karşılanırdı. Tüm memleket geleceğini önceden bilir, siyah Cadillac arabasını herkes tanır ve saatler öncesinden yollara dökülüp onu beklerlerdi.

İnanır mısınız o köşkteyken çocuk bile ağlamaz, insanlar öksürmeye çekinirdi. Garip bir otoritesi vardı. Zaten her zaman temiz ve bakımlı olan köşk, o geleceği zaman tekrar tekrar temizlenir, bahçıvanlar bahçede fazladan bir ot bile bırakmaz, belki güleceksiniz memleketin sokakları, dükkânların önleri süpürülür, yıkanır ve herkes en düzgün kıyafetlerini giyerek dolaşırdı.

O gelince bütün aile birlikte yemek yerdik. Onun sandalyesini çekip oturtmak benim görevimdi. O oturana kadar kimse yerine oturamaz, o başlamadan yemeğe başlanmaz ve o kalkmadan kesinlikle sofradan kalkılmazdı. Yemeklerde iki kadeh kırmızı şarap içerdi. Onun şarabı özel olarak yurtdışından getirtilir ve onunla birlikte biz de ikişer kadeh kırmızı şarap içerdik. Sadece şarabından ilk yudumu almadan önce kadehini kaldırırken kafasını da kaldırıp tam karşısında oturan annemin yüzüne bakar ve "Sağlığınıza ve şerefinize," der, yemek boyunca bir daha konuşmazdı. Hizmetkârlar servis yaparken korkudan ve heyecandan her zamankinden daha çok hata yapar, elleri ayakları birbirine dolaşır ama o, yapılan hata ne kadar büyük olursa olsun hiç tepki göstermezdi.

Bazen siyah Cadillac arabasına biner, şehri dolaşır, tek tek dükkân sahiplerine kısaca hal hatır sorar, bir ihtiyaçları varsa şoförüne bir bir not ettirir ve kendisinden istenen hiçbir şeyi unutmaz ve onların sorunlarını ne pahasına olursa olsun çözerdi. Fabrikada, o yokken kimsenin girmediği bir odası vardır. Oraya oturur, kendisiyle görüşmek isteyenleri orada kabul eder, içeri titreyerek giren personel, gözleri parlayarak dışarı çıkardı. İnsanları memnun etmeyi severdi. Hiç hak yemez, hak yiyeni de asla affetmezdi. Biri, babama göre yanlış yapmışsa, onun tası tarağı toplayıp orayı terk etmekten başka çaresi yoktu. Küçücük bir mesele için bile bir avukat ordusunu seferber eder ama haksızlığı düzeltirdi. Eğer yargının halledemeyeceği bir işse onu da başka türlü çözerdi. Adamlarından biri haksızlık yapanın kapısını çalar; "Beni Vahit Bey gönderdi, şu iş şöyle olsun, diyor," dedirtirdi. Başka bir şeye gerek kalmaz derhal gereken yapılırdı.

Benim dedemin dedesi Bursa kadısıymış. Kan mı çekiyor nedir, babamda da böyle bir özellik vardı. Ne kendine ne de başkalarına haksızlık yapılmasına, ne pahasına olursa olsun izin vermezdi. Biliyorsunuz beni çok üzdü, hayatımın seyrini, belki de kaderimi değiştirdi. Ama doğru bildiğinden hiç şaşmayan biriydi o. Uzun yıllar hep çok kızdım ona. Geceler boyunca düşündüm ve çok acı çektim. Düşündükçe buldum bazı şeyleri. Bir kere benden üstündü. Babası ile rekabet eden bir erkeğin bunu kabul etmesi çok zor. Ama beni çok yıpratsa da gerçek buydu. Hani tuttuğunu koparır derler ya, onun tutup da koparamadığı hiçbir şey olmadı. Hem akıllı, hem çalışkan hem de güçlüydü. O babası ile girdiği mücadeleyi kazanmış bense kaybetmiştim.

Dedem son zamanlarında çok sayardı babamı. Babam da Almanya'da birine âşık olmuş ama buna kendi kararıyla belki de benden daha çok acı çekerek bitirmişti. Bense bu kararı kendim verememiş, babama da karşı koyamamış, yenilgiyi içime sindiremeyince de ona duyduğum öfkeyle kendi hayatımı mahvetmiştim. Sadece güzel olduğu için hiç tanımadığım biriyle evlenmiş ve kendi mutsuzluğumu kendim hazırlamıştım. Belki de deniyordu beni. Benim gücümü, direnme yeteneğimi deniyordu. Çünkü Nihal'le evlenmeme hiç müdahale etmedi ve benim mutsuz olduğumu fark ettiğinde, yüzündeki ıstırabı ve gözündeki yaşları hiç unutmadım. Biliyorum kendini suçladı. Ve bu yüzden öldüğü güne kadar kendini hiç affetmedi.

— Siz affettiniz mi onu?

— Ben onu çoktan affettim. Çünkü bunun bedelini benim kadar o da ödedi. Öldüğü gün bunu söyledim ona. Üzülme artık, bak aslan gibi bir oğlum var. Belki kendi yoluma gitseydim bu huzuru bulamazdım dedim. Yine iki damla yaş gördüm gözünde. Her neyse, ölüm hepimiz için. Ama bu sefer giden bir İmparator'du. Tüm memleket eller üzerinde uğurladı onu. Sanki o bizi uzaktan seyrediyormuş gibi yine herkes resmi giyinmişti ve yine çıt çıkmıyordu. Öksürmedi bile halk. Elleri iki yanlarında asker gibi selamladılar onu. Annem bile...

— Anneniz nasıl?

— O da babama yakışanı yaptı, gözünden bir damla yaş akmadı. En güzel elbiselerini giydi. Siyah ve şık. Herkes gibi elleri iki yanda o da selamladı babamı. Hepimiz biliyorduk ki, o, böyle istiyordu... Tek bir çelenk kondu üzerine. "Güle Güle Büyük Baba" yazılıydı üzerinde. Kız kardeşim koydu çelengi. En çok onu severdi. En çok da o etkilendi zaten.

— Ah nihayet kahveniz geldi. Ne oldu Tuna, kahve Yemen'den mi geldi yoksa?

— Özür dilerim. O kadar çok arayan oldu ki, telefonlardan kahveye bakamadım.

— Zahmet oldu Tuna Hanım, ellerinize sağlık.

— Afiyet olsun efendim. Başka bir arzunuz var mıydı?

— Hayır, teşekkür ederiz.

— Evet Zafer Bey, anlattıklarınız ne kadar hüzünlü. Son konuşmamızda Vahit Bey bana da bahsetmişti. Yaptığı hatalardan çok pişmanlık duyuyordu. Ölmeden önce bunları konuşabildiğinize çok memnun oldum doğrusu. Özellikle sizin onu affettiğinizi duymak, eminim çok rahatlatmıştır onu.

— Demek sizinle konuştu bunları... Onu size getirmekle ne kadar iyi etmişim. Hastalığından kurtulmak bir yana, ilk kez birine içini açtı ve uzun uzun konuştu. Buna öyle ihtiyacı vardı ki. Size son geldiği gün bana bunun için özel olarak teşekkür etti, biliyor musunuz. Sizi çok sevdi ve bir o kadar da saygı duydu. İşte böyle Gülseren Hanım.

Kahvesinden uzun bir yudum aldıktan sonra tekrar anlatmaya başlıyor Zafer Bey.

— Aradan bir süre geçtikten sonra babamın ölümüyle ilgili hukuki işlemleri yaptırmam gerekti. Memleketteki işlerim bitince, İstanbul'daki otelle ilgilenmek, veraset ve intikal işlemlerini yaptırmak üzere oraya gittim. Geleceğimi oradaki müdürlere bildirdiğimden, beni havaalanında karşıladılar. Birlikte otele gittik. Kısa bir hoşbeşten sonra müdürler;

"Size bildirmemiz gereken önemli şeyler var Zafer Bey," dediler.

"Buyurun sizi dinliyorum," dedim.

"Otel artık sizin değil, Vahit Bey bunu ölümünden önce size bildirmemizi yasakladı, biz de o yüzden size bildiremedik," dediler.

Ne kadar şaşırdığımı tahmin edersiniz.

"Peki kime ve neden sattı oteli," dedim.

"Satmadı, Nurhayat Hanım'a devretti," dediler. Şaşkınlığım bir kat daha arttı.

"Peki kim bu Nurhayat Hanım?" dedim.

"Rahmetli Vahit Bey'in on sekiz yıllık hanım arkadaşı," demezler mi! Az kalsın düşüp bayılacaktım. Yani bizim Nihal'den beter oldum.

"Nasıl oldu bu iş," dedim.

Meğer ölümünden bir ay önce devretmiş oteli. Sanki öleceğini biliyor gibi hepsiyle tek tek helalleşip öyle ayrılmış otelden. Sonra kasayı açıp bana siyah deri kaplı kocaman bir defter getirdiler. "Ben ölünce bunu Zafer'e verin," demiş. İçinde yıllardır yaptığı bütün özel harcamalar kendi el yazısıyla kayıtlıydı ve sık sık Nurhayat Hanım'ın adı geçiyordu. En sonunda da, "Bana yıllardır hayat arkadaşı olan Nurhayat Hanım'a kendi isteğim ve irademle bu oteli devrediyorum. Yasalar önünde hiçbir hakkı olmadığından bu onun Tanrı huzurundaki gerçek haklarıdır," diye yazıyordu.

On sekiz gün değil, on sekiz ay değil, tam on sekiz yıl. Hiçbirimizin ruhu duymadan devam eden gerçek bir ilişki. İnanamadım bir türlü. Zira yıllardır İstanbul'a babamdan habersiz kimse gidemezdi. Görevli personel bile önce ondan izin alır, neden gelmek zorunda olduğunu bildirir, babam izin verirse giderdi. Aileden ise zaten kolay kolay kimse gitmezdi. Hepimiz ondan çok çekindiğimizden kimse böyle şeylerin hesabını ona soramazdı.

Defterde yıllardır Nurhayat Hanım'a verilen milyonlar kayıtlıydı. O yıllarda böyle paralara en iyi yerlerde daire alınırdı. Belli ki babam o hanımı çok lüks yaşatmış.

"Nasıl bir hanım bu Nurhayat," diye sordum. Telefon numarasını verdiler. Arayın ve bana bağlayın dedim.

"Sizinle konuşmayı kabul edeceğini sanmıyoruz," dediler ama

ben çok ısrar edince bağladılar. Telefondaki hanıma kendimi tanıttım ve kendisiyle tanışmak istediğimi söyleyip otele davet ettim. Kabul etmedi. Adresinizi verin ben geleyim dedim, onu da kabul etmedi. Israrlarım üzerine sonunda Bağdat Caddesi'ndeki Divan Pastanesi'nde buluşmayı kabul etti.

Müdürlerden biriyle Divan'a gittik. Bende bir heyecan başladı. On sekiz yıldır babamla birlikte yaşayan bu esrarengiz kadınla tanışacak olmak heyecanlandırdı beni. Nurhayat Hanım tam saatinde geldi. Hiç böyle birini beklemiyordum. Tahminimden çok daha genç ve güzeldi. Yaşı babamın değil, benim sevgilim olmaya daha müsaitti. İstanbul'da doğup büyümüş bilgili, görgülü, eğitimli, kültürlü son derece zarif, tam bir İstanbul hanımefendisiydi.

Ben Vahit Bey'in oğluyum diyerek kendimi tanıttım. Soğuk, mesafeli ve gergindi.

"Ne istiyorsunuz benden?" diye sordu. Şaşırdım. Sadece onu tanımak, neler olup bittiğini öğrenmek istiyordum, o kadar. O ise belli ki ondan oteli geri istememden korkuyordu.

"Biz on sekiz yıldır babanızla birlikte yaşıyoruz. Hiçbir maddi güvencem olmadığından rahmetli babanız oteli benim üzerime devretti. Bunu ondan ben istemiş değilim. Ölümünden sonra kimseye muhtaç olmamı istemedi. Sanki öleceğini biliyor gibiydi. Benimle helalleşti ve işlemler biter bitmez de gitti. Şu anda onun sayesinde çok rahat yaşıyorum. Bu otel zaten benim hakkımdı," dedi.

"Tabii hanımefendi, babam öyle uygun gördükten sonra bu benim için de uygundur. Ben sadece sizinle tanışmak için geldim. Babamın ağzından her çıkan bizim için emirdir. Güle güle kullanın oteli," dedim. Bu sefer de o şaşırdı;

"Kusura bakmayın, ben galiba biraz önyargılı davrandım, sizin oteli geri almak için geldiğinizi sandım. Babanız da böyle düşünüyordu, hep çekinirdi sizden," dedi.

Demek ki babam yaşadıklarından dolayı kendini suçladı ve bu yüzden de benim bunlara kızacağımı düşündü, öyle değil mi Gülseren Hanım?

— Haklısınız, bana da öyle geldi.

— Bakın sizden ne çok şey öğrenmişim! Sonra da telefonda bana yeteri kadar nazik davranmadığı için özür diledi ve;

"Neden terslendiğimi şimdi anlamışsınızdır herhalde. Aslında gıyabınızda sizi ve tüm ailenizi çok iyi tanıyorum. Yediğiniz yemekten, evinizin iç düzenine, bahçedeki mavi çam ve ladinlerinize, alışkanlıklarınıza kadar her şeyinizi biliyorum. Babanız sürekli sizleri anlatırdı bana," dedi.

"Bir ihtiyacınız olursa emrinizdeyim," dedim. Nurhayat Hanım çok memnun oldu.

"Bu babanızın oteli, sakın unutmayın," dedi. Birbirimize gülümseyerek vedalaştık.

Tarif edemeyeceğim kadar tuhaf duygular sardı içimi. Bir süre hiç konuşmadan Bağdat Caddesi'nde bizim müdürle bir aşağı bir yukarı yürüdük. Sonra memlekete dönünce bütün bunları annemle kız kardeşime nasıl anlatacağımı kara kara düşünmeye başladım. Aslında söylememe gibi bir hakkım olsa, inanın hiç söylemeyecektim. Ama ortada ciddi bir durum var. Her ikisi de oteli bizim sanıyorlar ve babamdan dolayı orada yasal hakları var. Siyah kaplı defteri de alıp doğruca annemin köşküne gittim. Annemle kız kardeşime onlarla özel bir konu hakkında görüşmek istediğimi söyledim, kapıları kapattırdım, her ikisine de vaktiyle sizin verdiğiniz rahatlatıcı ilaçlardan birer tane verdikten sonra konuyu açtım. Olanları tek tek anlattım ve kara kaplı defteri anneme uzattım. Hiç tepki vermeden defteri tek tek inceledi. Ben hâlâ evde kıyametler kopacağını, annemin ayılıp bayılacağını bekliyorum. İlk tepki kız kardeşimden geldi. Ancak annem her zamanki asaletiyle hemen onu susturdu ve;

"Bu olay bu odada kalacak. Kimse bunları duymayacak, aksini yapan karşısında beni bulur. Babanız her ne yapmışsa doğrusunu yapmıştır. Otel o kadına helal olsun. Paraya ihtiyacınız varsa ben buradayım. Kimse Nurhayat Hanım'dan bir şey talep etmeyecek. Bu konu bir daha açılmamak üzere kapanmıştır," diyerek ayağa kalktı. Ve gerçekten de her şey onun istediği gibi oldu. O konu bir daha hiç açılmadı. Böyle bir şey hiç yaşanmamış gibi üzerine bir sünger çekildi ve bitti.

Bir şaşkınlık da orada yaşadım. Annemi tanıdığımı sanıyordum ama yanılmışım. O, tanıdığımdan daha mükemmel bir kadınmış.

— Anneniz padişah soyundan gelme, aristokrat bir hanım. Aldatılmanın, sevilmemenin ıstırabını sizinle bile paylaşmayı gururuna yedirememiş olmalı. Bu davranışa hayran olmamak mümkün değil doğrusu.

— Çok haklısınız, hiç tepki vermedi, böyle bir şey olmamış gibi davrandı ama babamın kaybından sonra yüzüne çöken hüzün tabakası iyice koyulaştı. Bizim aile, acılarını paylaşmayı bilmiyor.

— Acılar dostlarla paylaşıldıkça küçülür, sevinçler paylaşıldıkça büyürmüş. Asaletin de bir bedeli var, değil mi?

— Olmaz mı? Keşke bir gün annemi de getirebilsem size. Düşünsenize, o, güzelliği dillere destan, ünlü bir ağa kızı. Ne güzellik, ne asalet, ne para, hiçbiri mutlu olmak için yetmiyormuş insana. Babamın mezarını sık sık ziyarete gideriz. Her gittiğimizde başında dua eden, fatiha okuyan biri vardır mutlaka. Annem yanına bizi istemez, bir süre yalnız oturur mezarın başında. Uzaktan bakarız, konuşur onunla. Sağlığında bile bu kadar konuşmadı babamla. Sonra bize işaret eder, birlikte yıkar, parlatırız mezarı. Çiçekleri sular, hiç konuşmadan eve döneriz.

— Nihal Hanım'ın bunlardan haberi var mı?

— Hayır yok. Sadece ben, annem ve kız kardeşim arasında kaldı bu sır. Nihal de bu ara rahatsız. Birkaç doktora gittik, pek çok tahlil istediler. Şimdi onun sonuçlarını bekliyoruz.

— Nasıl bir rahatsızlık?

— Cildiyeciler bakıyor. Sanki bir gerilme oluyor, sertleşiyor cildi.

— İnşallah sonuç iyi çıkar.

— İnşallah efendim.

— Oğlunuz nasıl?

— Oğlum iyi maşallah, biliyorsunuz okulu dedesi gibi dereceyle bitirdi. Yakışıklı, uzun boylu, aslan gibi bir delikanlı oldu. Büyüdükçe dedesine daha çok benziyor. İşte böyle Gülseren Hanım. Ben çok vaktinizi aldım. Babaannem, "Konuşmak insanın zehrini alır," derdi. Sizinle konuşunca, içimdekileri ifade edince sanki hafifliyorum. Beni dinlediğiniz için teşekkürler. Hoşça kalın.

— Güle güle Zafer Bey, her zaman beklerim.

Birkaç ay sonra Zafer Bey eşi Nihal Hanım'la yine geldi. Nihal Hanım'ın hastalığına teşhis konmuş, tedavisi yapılıyormuş. Sebebi belli olmayan, ilerleyici ve tam olarak tedavi edilemeyen, ancak ilerlemesi durdurulabilen bir cilt hastalığı. O yüzüne bakmaya kıyamadığınız Nihal Hanım ne hale gelmiş tarif edemem.

Zafer Bey şimdi eşi ve oğlu ile birlikte huzurlu bir yaşam sürüyor. Oğlu dedesi gibi çok başarılı. Tüm aile gurur duyuyor onunla...

Çöp Apartman – 11 (3 yıl sonra)

Neriman evlenir evlenmez hamile kaldı ve nur topu gibi bir oğlan doğurdu. Çocuğa "Can" adını koydular, çünkü artık bu çocuğu hepsi de canı gibi seviyor. Can şimdi 2,5 yaşında ve Safiye çocuğa çok düşkün. Her gün ya o Nerimanlara gidiyor ya da Neriman'ın çocuğu getirmesini istiyor. Onun her şeyiyle yakından ilgileniyor ve âdeta üzerine titriyor. Çocuğa yedirilecek gıdalar defalarca yıkanıyor, oyun oynadığı yerler dezenfekte ediliyor. Can'ın en ufak bir hastalığında ortalık ayağa kalkıyor ve eve doktorun biri gidip biri geliyor. Çocuk hem muhteşem bir sevgi selinde büyüyor, hem de ona çok katı bir disiplin uygulanıyor.

Can'ın babası oldukça rahat biri, bütün bunlardan pek hoşlanmıyor ama onu dinleyen kim. Benim yaptığım büyük baskılarla, Safiye, Neriman'ın kocasına pek ilişmiyor. Ona kalsa damat beyin her hareketi yanlış ya da eksik. Çocuğuyla yeterince ilgilenmiyor, ona kötü örnek oluyor, sürekli maç seyrediyor diye sızlanıp duruyor. Hatta bu yüzden Neriman'a da sık sık sert çıkışları oluyor. Onu, çocuğuna yeterince özen göstermemekle, kocasına çekidüzen vermemekle suçluyor. Ben her seferinde devreye giriyor ve Safiye'yi onlardan uzak tutmaya çalışıyorum. Neriman aslında çok iyi bir anne ve mükemmel bir ev hanımı. Hem kocasını hem de ablalarını kırmadan idare etmeye çalışıyor.

Can en çok Safiye teyzesini seviyor. Onun yanında çok mutlu, çünkü Safiye çocukla gerçekten çok ilgileniyor ama nasıl oturması gerektiğinden, nasıl yemek yemesi gerektiğine kadar onun her şeyin en doğrusunu yapmasını istiyor. Zaman zaman çok yorulsalar da uflayıp puflasalar da genel olarak herkes hayatından memnun. Can hepsinin yaşam amacı haline geldi.

Bu arada apartman komşularından birinin erkek kardeşi Gülben'e talip oldu. İki yıl önce eşini kaybetmiş, çocuğu olmayan ve Gülben'den dokuz yaş büyük, halde kabzımal, yakışıklı, varlıklı bir adammış. Safiye bu evliliğe onay vermekte biraz zorlandıysa da, Gülben'in ve Neriman'ın baskısıyla sonunda o da evet dedi ve Gülben bu adamla sade bir törenle evlendi.

Onun evden ayrılışı Safiye'yi pek etkilemedi, hatta Gülben'in de kendine ait bir düzeni, bir ailesi olmasından memnun oldu. Yalnız kalışına da aldırmadı çünkü artık onun hayatında Can vardı ve Can onun her şeyiydi. Bütün amacı onu mükemmel bir insan olarak yetiştirmek ve onunla gurur duymaktı.

Gülben evlendikten üç ay sonra bir gün eşi onu bana getirdi. Bu tam bir tesadüftü çünkü adamcağız bizim yıllardır tanıştığımızı bilmiyordu ve benim adımı yakın bir arkadaşından duymuştu. Tuna, Gülben'in yeni soyadını bilmediğinden, randevu defterindeki ismi tanımamış ancak yıllardır bir psikiyatri muayenehanesinde sekreter olarak çalışmanın verdiği tecrübeyle, eşine hiçbir şey belli etmemiş ve onları sanki ilk kez görüyormuş gibi davranmıştı.

— Doktor Hanım, Gülben yanında yakışıklı bir adamla geldi ama beni hiç tanımıyormuş gibi davranınca durumu anladım. Kocası bize önceden geldiğini bilmiyor galiba. Şimdi onları alacağım içeri.

— Aferin sana Tuna, demek Gülben de buraya geleceklerini bilmiyordu, bize haber vermediğine göre.

— Herhalde öyle oldu, aman iyi ki bir pot kırmadım. İkisini birlikte mi alayım içeri?

— Öyle yap.

Gerçekten de uzun boylu, iriyarı, yakışıklı bir adam giriyor içeri. Yanında biraz utangaç, hiç yüzüme bakmadan karşımdaki koltuğa oturan Gülben var. Ayağa kalkıp "Hoş geldiniz," diyorum. Adam hemen konuşmaya başlıyor.

— Doktor Hanım, yakın bir arkadaşımdan öğrendim adınızı. Onlar size çok hasta getirmişler. Bu benim karım. Adı Gülben. Üç ay önce evlendik. Ben ilk eşimi iki yıl önce kanserden kaybettim. İyi bir evliliğimiz vardı ama çocuğumuz olmadı. Karım bunu çok büyüttü. Yıllarca kafasına taktı. Gitmediğimiz doktor kalmadı ama ne yapalım Allah vermedi işte. Karım sonunda üzüntüden kanser oldu, iki yıl önce de öldü. Çok üzüldüm tabii ama ölenle ölünmüyor. Üç ay önce aileler araya girdi ve Gülben'le evlendik. Allah için hakkını yemek istemem temiz, tertipli, düzenli bir ev hanımı. Sessiz, sakin, az konuşan bir insan. Çok güzel yemek yapıyor, ama bütün bunların yanında bir kötü huyu var ki, buna ben dayanamam.

— Neymiş Gülben Hanım'ın kötü huyu?

— Aslında biraz anlatayım, sonra ben çıkıp sizi yalnız bırakacağım. Kendisi çok titiz. Akşam yorgun argın eve geliyorum ama karım beni içeri almıyor. Neymiş efendim, dışarının pisliğini eve getiriyormuşum. Kapının önünde beni baştan aşağı soyuyor. Ben ilk günler nasıl olsa düzelir diye pek ses çıkarmadım ama ben öyle pek sıkıntıya gelemem. Canım sıkılmaya başladı. O temiz de biz pis miyiz yani? Ben de severim temizliği. Bir giydiğim gömleği bir daha giymem. Sık sık yıkanırım. Ellerimi sabunlamadan sofraya oturmam, ter kokan insanları hiç sevmem ama bu kadarı da fazla. Kendisine bunu defalarca söyledim ama bir faydası olmadı. Bağırıp çağırmak da istemiyorum, üzülüyor, ağlıyor sonra. Benim lafım bir kulağından girip öbüründen çıkıyor. Bu bir hastalık galiba, onun için aldım size getirdim. İnşallah kurtarırsınız bizi bu dertten.

— İnşallah efendim.

— Adım Selami, size kendimi tanıtmayı unuttum. Şimdi ben çıkıyorum, ikiniz konuşun, ne zaman isterseniz onu yine size getiririm.

— Tamam Selami Bey, ben eşinize ne düşündüğümü söyleyeceğim.

Selami Bey saygılı bir şekilde eğilerek elimi sıkıyor ve odadan çıkıyor. Külhanbeyvari bir havası var. O çıkınca Gülben başlıyor gülmeye.

— Ayol, şu hale bakın, korkudan kalbim duracak sandım. "Seni doktora götüreceğim," dedi. Ben ne bileyim, beni size getireceğini. Başka birine gideceğiz sandım.

— Keşke bana daha önce geldiğini söyleseydin kocana.

— Aman Doktor Hanım söyler miyim hiç, aman ne olur siz de hiç bahsetmeyin bundan. Benim ve ailemin buraya geldiğini kimsenin bilmesini istemiyorum. İçeri ilk girdiğimizde Tuna Hanım işi belli edecek diye ödüm koptu.

— Neden korkuyorsun bundan bu kadar?

— Geçmişimiz o kadar kirli ki, kocam bunları duysa zaten beni almazdı. Yıllarca yatağını ıslatan, çöplerin içinde yaşayan birini kim ister ki...

— Her şeyi bilmese de olur ama buraya titizliğin nedeniyle geldiğini bari bilse iyi olacaktı. Her neyse, şimdi söyle bakalım, neler oluyor sizin evde?

— Canım ne olacak, Selami size her şeyi anlattı zaten. Haklı değil miyim Allah aşkına? Ne olur yani dışarı elbiseleriyle içeri girmese.

— Gülben ne söylediğinin farkında mısın? Annenin babana yaptıklarını şimdi sen kocana yapıyorsun ve üstelik bunun bir hastalık olduğunu ve kocanın bundan ne kadar rahatsız olduğunu kabul etmek istemiyorsun. Bak kocan çok iyi bir adama benziyor, seni seviyor ve beğeniyor ama o babana pek benzemiyor. Bunları sen ne kadar ısrar edersen et, kabul etmez, sonra yuvan bozulur.

— Ama başka türlü de benim içime sinmiyor. Ben artık eskisi gibi hasta değilim. Her işimi yapıyorum, çamaşırımı, bulaşığımı yıkıyorum. Evim tertemiz. Ona çeşit çeşit yemekler yapıyorum. Ne olur o da biraz bana saygılı olsa?

— Gülben bunun saygıyla ne ilgisi var. Ondan istediğin normal bir şey değil ki.

— Size söyleyemediği başka bir şey daha var. Ben çıkınca sen söyle diye tembih etti bana.

— Neymiş o?

— Ben de nasıl söylesem bilmem ki, utanıyorum işte.

— Cinsel bir sorun mu?

— Evet.

— Ne var bunda utanacak. Sen artık evli bir hanımsın. Bana ilk geldiğin günü hatırlıyor musun, o zaman da gece işemelerini bana söylemekte ne kadar güçlük çekmiştin.

— Hatırlamaz olur muyum hiç. Kocamla ilişkiden sonra bütün çarşafları değiştiriyorum. Onun hemen yıkanmasını ve bütün çamaşırlarını değiştirmesini istiyorum. Tabii ben de öyle yapıyorum.

— Peki o ne diyor?

— O, ilişkiden sonra sabaha kadar öyle yatıp sabah işe giderken yıkanıp çamaşırlarını değiştirmek istiyor. "Ben gidince ne yaparsan yap, çarşafları değiştir, kendin yıkan ama beni huzursuz etme," diyor.

— Haklı galiba.

— Siz de hep ona hak veriyorsunuz. Şimdi artık ben korkudan böyle bir ilişki hiç istemiyorum, bana yanaşacak diye ödüm kopuyor. Akşama kadar zaten evde yorgunluktan canım çıkıyor, bir de gece kalk yıkan, çarşafları değiştir, bütün bunlar zor geliyor bana.

— Bak sana bile yaptıkların fazla geliyor.

— İyi ama başka türlüsünü de ben istemiyorum. Aslında bana kalsa hiç cinsel ilişki istemiyorum.

— Neden Gülben?

— Aklımı bu işlere veremiyorum, benim aklım iş bitince değişecek çarşaflarda, yıkanmada, temizlenmede kalıyor.

— Demek temizlik, yine hayattaki her şeyin önüne geçti. Yaşamın bundan başka anlamı yok mu Gülben?

— Her şeyin tertemiz olduğunu bilirsem, sıra başka şeylere de gelecek ama hiçbir zaman tüm dünya temiz olamıyor ki…

— Bunun olamayacağını sen de biliyorsun. Ne zaman sen de herkes gibi olmayı ve yaşamayı isteyeceksin?

— Bundan pek ümidim yok.

— Hâlâ bir arkadaşın, eşin dostun yok mu?

— Yok. Eşimin akrabaları gelip gitmek istiyorlar ama ben hiçbirine fazla yüz vermiyorum. Hoşlanmıyorum evime sık sık misafir gelmesinden. Aklım hep temizlikte kalıyor. Onlar gidince bütün evi baştan silip süpürmek kolay mı?

— Peki sen onlara gitmiyor musun?

— Ben de gitmiyorum, hem onlarla oturup kalkmaktan zevk almıyorum hem de ben gidersem, onlar da gelir.

— Halbuki sen kimseyi istemiyorsun, peki Safiye ile Neriman gidip geliyorlar mı?

— Onlar geliyor, ben de onlara gidiyorum.

— Bu yaptıklarına onlar ne diyor?

— Neriman söylenip duruyor, "Ben senin kocanın yerinde olsam, bir dakika durmaz, boşarım seni," diyor.

— Safiye ne diyor?

— Anneme çektin sen diyor.

— Sen ne diyorsun?

— Öyle oldu, ne yapalım, bazı şeyler elde değil.

— Yani seni insanların, özellikle kocanın böyle kabul etmesini istiyorsun.

— …

— Ya etmezse?

— Bilmem ki…

— Peki böyle kabul edilmek yerine iyi olmayı, herkes gibi yaşamayı neden istemiyorsun?

— Dedim ya ümidim yok.

— Bunun adı ümitsizlik değil Gülben, tembellik ve inatçılık. Sen istemedikçe ben sana bir şey yapamam. Sana sadece bol şans diliyorum.

— Bana ilaç bile vermeyecek misiniz?

— Versem alacak mısın?

— Bilmem ki...

— İlk gelişinde de böyle demiş ve verdiğim ilacı almamıştın. Peki Gülben, fikrini değiştirirsen beklerim.

— Tamam Doktor Hanım, ne olur bana kızmayın.

— Bu senin hayatın, ben karışamam ki...

— Peki Doktor Hanım, hadi ben gideyim, hoşça kalın.

Gülben elimi sıkıp çıkıyor odadan. Değişmemeye, düzelmemeye nasıl da direniyor. Bu evlilik belli ki böyle yürümeyecek. Demek bu şansı bile kullanmak istemiyor. Ortanca çocuk olmak, bazı insanları ne kadar güvensiz, kararsız ve umutsuz yapıyor, hayatla mücadele etmekten nasıl da korkutuyor...

Kader Kurbanları

Şimdi Hayal Hanım girecek içeri. Yeni hasta galiba. Adını ilk kez görüyorum defterde.

— Tuna hazırım. Hayal Hanım gelebilir.

Ufak tefek, sarı benizli, saçları omuzlarına dökülmüş, kumral, genç bir hanım giriyor içeri. Yüzüne bakınca kirli, pasaklı bir izlenim veriyor insana. Boyası eskimiş dağınık saçları sanki hiç taranmamış gibi ve yüzünü gözünü kapatmış, görülmek, tanınmak istemiyormuş gibi. Elini sıkmak için ayağa kalkıyorum, ürküyor benden. Sonra şaşırmış gibi elimi aceleyle sıkıp karşımdaki koltuğun ucuna ilişiyor. Hiç yüzüme bakmıyor. Sonra elini cebine sokarak küçük, buruşuk bir kâğıt çıkarıp bana uzatıyor. Kâğıtta benim adım ve adresim yazılı. Altında kocaman harflerle ELMAS yazıyor. Yazıyı yazan belli ki yazı yazmaya hiç alışkın değil. Kargacık burgacık, eğri büğrü yazmış. Bir şey anlamıyorum.

— Elmas Abla yolladı beni diyor. O kadar alçak sesle konuşuyor ki duymakta zorluk çekiyorum.

— Kim bu Elmas Abla, hatırlayamadım.

— Hani şu yıllar önce size gelen Elmas Abla.

— ...

— Hatırlamazsınız tabii. Boşverin siz onu. Benim çok sıkıntım var. Siz bunu geçirin yeter.

Sesi sertleşiyor. Hem hırçın hem sitemkâr. Ama bana neden sitem ettiğini anlayamıyorum.

— Sizi biraz tanıyabilir miyim?

— Beni tanıyıp da ne yapacaksınız? Dışarda beklerken yeteri kadar sıkıldım zaten. Bana ilacımı yazın ben gideyim.

— Buraya sadece ilaç yazdırmaya mı geldiniz?

— Evet!

— Bana neden kızdığınızı tam anlayamadım. Sizi beklettim diye mi?

— Biz beklemeye alışkınız!

— Siz her zaman böyle öfkeli misiniz?

— Son günlerde hep böyleyim. Ama hayal kırıklığına uğrattınız beni.

— Neden. Elmas Abla'yı hatırlayamadım diye mi?

— Halbuki o sizi hiç unutmadı. Her gün adınızı anıp dua eder size. Benim adımı söyle yeter. Beni iyi tanır demişti bana. Ama siz onu hatırlamadınız bile.

— Hayal Hanım ben hastalarımı kolay unutmam. Demek bunun için kızdınız bana. Neydi soyadı Elmas'ın?

— Elmas Tokoğlu.

— Ha şu Elmas.

— O Elmas ya. Siz onun hayatını kurtarmışsınız.

— Ah canım. Bana geldiğinde hamileydi. Çok dövmüşler zavallıyı. Üst üste birkaç ameliyat geçirmesi gerekmişti. Ama, bebeğini kaybetti.

— Hatta anestezisini eşiniz vermiş. Özel hastanede baktırmışsınız. Ölümden dönmüş kadın.

— Çok yıllar geçti aradan. Nasıl şimdi, iyi mi bari?

— İyi iyi. Ankara'da bir ev açtı. Kurtuldu genelevden. Ben şimdi onun yanında çalışıyorum. Eskiye göre çok rahat. Beni kurtardı, belki seni de kurtarır diye yolladı beni size.

Sesi yumuşuyor. Barıştık galiba. Elmas çok tatlı bir kadındı. Tombul, beyaz tenli, güler yüzlü, sapsarı boyalı saçlı, yuvarlacık bir kadın. Çok çileli bir hayatı olmuş, hem ruhen hem bedenen çok yıpranmıştı. Tek hayali kendine ait bir ev açıp çalışmak ve çalıştırmaktı. Demek ki hayalleri gerçek olmuş. Ve Hayal onun yanında çalıştığına göre, o da bir hayat kadını. Bana asıl öfkesi işte bu yüzden. Onu küçümseyeceğimi, aşağılayacağımı sanıyor.

Hacettepe Acil'de çalıştığım günlerde Elmas olayına benzer bir anım geliyor aklıma. İhtisasa yeni başlamış çok genç bir doktordum o zaman. Bir gece acil servisin camları kırıldı. Dışarıda birileri kavga ediyor, bir kadın çığlık çığlığa bağırıyordu. Hastane polisi olaya müdahale etmiş ve sonunda yediği dayaklardan her yanı kan içinde bir kadını içeri almışlardı. Kadını herkes itip kakıyordu. Polislerden biri, "Otur orda," diyor, hemşireler ise, "Sakın oturma, her yeri berbat edeceksin," diye bağırıyorlardı. Zavallı ne yapacağını şaşırmıştı. Tam ben ona yaklaşmak üzereydim ki aniden kilodunu indirip acil servisin ortasına, herkesin gözü önünde işedi. Sonra da bağırmaya küfretmeye başladı. Acil servis bir anda karıştı. Şimdi herkes bağırıyordu. Kadın neredeyse bir de hastanede dayak yiyecekti.

Bir anlık şaşkınlığın ardından bu sefer ben bağırmaya başladım.

"Çekilin, bana bırakın. Susun, susun dedim size. Sedye getirin çabuk."

Ben sesimin bu kadar gür olduğunu o güne kadar bilmiyordum. Şimdi herkes susmuş bana bakıyordu. Kadıncağızın yanına gittim ve koluna girdim

"Geçmiş olsun Hanımefendi. İzin verin size yardım edeyim. Tuvalete gitmek istediğinizi söyleseydiniz biz sizi götürürdük. Ama önemli değil. Arkadaşlar şimdi orayı temizler. Üzülmeyin siz. Hadi gelin benimle."

Bütün görevliler şaşkın şaşkın yüzüme bakıyordu. Ama en çok şaşıran Canan Hanım'dı. Sonra sedye geldi. O gece sabaha kadar onunla uğraştım. Üç-dört gün yattı acilde. Yaraları sarılmış, bir ünite kan verilmiş ve sonunda taburcu olacak hale gelmişti. Canan Hanım orada yattığı üç gün boyunca hiç konuşmamıştı benimle. Bazen gözlerinde yaş görüyordum. Hemşireler, "Bir teşekkür bile etmiyor, bunlar nankör olur," diyorlardı. Hepsi de benden daha tecrübeliydi. Benim hastalara gösterdiğim şefkati acemiliğime veriyorlardı. Taburcu olacağı gün Canan Hanım yanıma geldi ve konuşmaya başladı;

"Sen benim ne olduğumu biliyorsun. Ben adi bir orospuyum. Ama sen bana insan muamelesi yaptın. Önceleri alay ediyorsun sandım. Ama sonra içinden gelerek yaptığını anladım. İyi olmadı. Bir daha bizim gibilere böyle yapma. Bak bana... İnsan olmaya tam alışıyordum ki beni taburcu ediyorsun. Belli ki insan evladısın. İçimi yaktın sen benim. Yaramı kanattın. Ne diyeyim. Allah razı olsun."

Sonra da ağlayarak boynuma sarıldı. Kendi kendine konuşarak dönüp gitti.

Ben onun kanayan yaralarını sarmış, o bana, "yaralarımı kanattın," demişti. Arkasından öylece bakakalmıştım Canan Hanım'ın. İşte onlarla böyle tanışmıştım. Saygı görmeye, insan muamelesine hiç alışkın değiller. Bizzat kendileri, kendilerini öyle aşağılıyorlar ki.

Hayat kadınlığı dünyanın en eski, en zor ve en tehlikeli mesleği. Demek Hayal de bu çıkmaz sokağın yolcusu. Ben bunları düşünürken Hayal biraz daha rahatlamış olarak karşımda oturuyor.

— Biraz önce bir ilaçtan bahsettin. Nedir o?

Cebinden bir ilaç şişesi çıkarıp uzatıyor.

— İşte bu.

— Bunu ne kadar alıyorsun?

— Kafama göre işte. Bazen üç-dört tane birden alıyorum.

— Ne zamandan beri?

— Bir-iki yıldır.

— Kim verdi bunu sana?

— İskenderun'da bir doktor.

— Bunu uyuşturucu niyetine alıyorsun demek.

— Öyle.

— Benim de sana bu ilacı yazmamı istiyorsun.

— Yazmaz mısınız?

— Madem seni Elmas yollamış, anlat bakalım. Seninle ilgili her şeyi bilmek istiyorum.

— Amaan Doktor Hanım, benim hikâyem uzun. Hem galiba yolun sonuna geldim ben. Sizin vaktinizi almak istemem.

— Elmas sana ne dedi?

— Git ona anlat, belki bir çare bulur, dedi.

— İyi ya. Hadi öyleyse.

— Ah Doktor Hanım nerden başlasam bilmem ki? Ben çok iyi bir ailenin kızıyım. Babam hâkim. Annem öğretmen. Biz iki kız kardeştik. Ben büyüğüm. Babam huysuz bir adamdır. Kızınca, hele içkiliyse çok hırpalardı bizi, özellikle de beni. Annem zavallı, sessiz, hakkını koruyamayan biriydi. Halbuki okumuş, öğretmen olmuş. Kendi parasını kazanıyor. Ben babamdan çok anneme kızardım. Hep onunla kavga ederdik. Ben senin gibi ezdirmeyeceğim kendimi derdim. O zamanlar aklım bir karış havadaydı. Kolay zannediyordum hayatı.

Okulu sevmezdim. Tembel bir öğrenciydim. Hele ders çalışmak deyince ödüm kopardı. Laf olsun diye gider gelirdim okula. Her veli görüşmesinden sonra evde kıyamet kopar, babam ya döver ya bir sürü küfrederdi. Buna rağmen birkaç kere sınıfta kaldım. Bu işler zorla olmuyor.

O ara birine âşık oldum. Zaten sık sık âşık olurdum. Onunla gezip tozmaya başladık, okulu iyice astım. Sonunda ailem duydu. "Ben evleneceğim," diye tutturdum. Babam çok dövdü, annem çok ağladı ama hiçbiri fayda etmedi. Söyledikleri bir kulağımdan girdi öbür kulağımdan çıktı. Başaçıkamadılar benimle. "Vermezseniz kaçarım," dedim. Ne yapıp edip o evden kurtulmak istiyordum. Sonunda beni o çocuğa vermeye mecbur kaldılar.

Okuldan ayrıldım ve evlendim. Düğün dernek yapıldı. Ben evden, anamdan babamdan kurtuldum ama gittiğim yerde de yapamadım. Kocam işsiz güçsüz, serserinin biriydi. Beş-altı ay sonra bu sefer de oradan kaçıp eve geri döndüm. "Biz sana dememiş miydik," dediler. "Haklısınız, bundan sonra sizin sözünüzden çıkmayacağım," dedim. Babam muameleleri yaptı hemen boşandık. Ama ben yine sıkıldım. Okul yok, arkadaş yok, yapacak bir şey yok. Babam "Sen dulsun, otur evinde, adın çıkar," diyor. Her şey yasak. Onu giyme, bunu takma, dışarı çıkma. Baskılar arttıkça benim sıkıntım da arttı.

Ben yine birine âşık oldum. Ama bu sefer aileme söyleyemedim. Çünkü o da düzgün biri değildi. Ne tahsili vardı, ne de işi. Zaten pek dışarı çıkamadığım için doğru dürüst tanımıyordum bile onu. Birkaç kere gizli saklı buluştuktan sonra, "Hadi kaçalım," dedi bana. Ben de kabul ettim. Çünkü evdeki o sıkıcı hayata dayanamıyordum. Halbuki bana eskiye göre daha iyi davranıyorlardı. Dayak filan yemiyordum.

Kız kardeşim bana hiç benzemez. O okula gider, dersini çalışır ve evde hiçbir şeye karışmaz, bana kızardı. Aynı evde yetiştik ama o beyaz, ben siyah doğmuşum. Anamın babamın suçu olsa, o da benim gibi olurdu. Demek ki benim içimde varmış böyle olmak. Ben dayanıksızım. Hemen sıkılıveriyorum.

Sonunda kaçtım evden. Beni İstanbul'a götürdü. Bir-iki ay bir gecekonduda oturduk. Para bitene kadar her şey iyi gitti. Hadi nikâh dedim, sonra yaparız, hele bir iş güç tutalım dedi. O da serserinin tekiydi. Karşıma doğru dürüst biri çıkmadı ki. Derken bari sen çalış, ben iş bulamıyorum dedi. Akşamları eve arkadaş getirmeye başladı. İçki sofraları kuruluyor, yeniyor, içiliyor, gecenin sonunda o gidiyor, ben getirdiği arkadaşı ile evde yalnız kalıyordum. Bir zaman bu böylece sürüp gitti. Meğer adam beni satarmış. O zaman cahilim 19-20 yaşındayım. Aklım her şeye ermiyor. Ne olduğunu anladığımda ise iş işten geçmişti.

O yıl beni Diyarbakır genelevine sattı. Birkaç yıl orada çalıştım. Sonra İskenderun'a geldim. İki yıl da orada çalıştım. Çok kötü şeyler yaşadım. Posam çıktı. Ruhum hastalandı. Sıkıntılarım dayanılmaz oldu. Siz bilmezsiniz bizim halimizi. Hele erkeklerin "Hayvanat bahçesinde maymun seyreder" gibi genelev camlarından içeri bakışları vardır ki, yaşamayan bunu anlamaz. Onlar baktıkça ben arı sokmuş gibi olurdum. Genelev patronlarıyla aram açıldı. Kimse beni çalıştırmak istemedi. Sürekli ayılıp bayılan, ağlayan, sıkılan bir orospu kimsenin işine yaramaz. İşte o sıralar doktorlara gitmeye başladım. Halimi anlattım ama sizin gibi beni dinleyen olmadı. Oralar küçük yer. Herkes birbirini tanır. Herkes parasını verir, doktora gider, iyi olur gelir. Ama doktorlar parasıyla bile bakmazlar bize. Baştan savarlar. Kimi de hemen oracıkta sizinle yatmak ister. Bayanlar hoşlanmaz bizden. Kimi iğrenir, kimi aşağılar.

— Sözünü kesmek istemedim Hayal, ama sizler de doktorlara hatta herkese karşı çok önyargılısınız. İçeri girer girmez bana nasıl da öfkeli olduğunu unuttun mu? Seninle dostça bir ilişki kurabilmek için çok uğraşmam gerekti. Sana kalsa belki beni de böyle suçlayacaktın.

— Orasını bilemem. Bizler feleğin tokadını yemişiz bir kere. Damga var alnımızda. Toplum bizi istemiyor. Dışlıyor. Biz bunları biliyoruz. Aptal değiliz!

— Yine mi kızdın?

— Size değil. Aslında kendimize kızarız biz. Bir de utanmadan "aptal değiliz" diyorum. Bundan âlâ aptallık olur mu? Sen evini barkını, düzenini, aileni terk et sonra da el âleme kız. Biz ne Tanrı yanında ne de kul yanında makbul insanlarız. Size de yalan söyleyecek değilim ya. Hani filmlerde filan "Bu yola düştü, zavallı," derler. Kimse bu yola istemese düşmez. İşte size anlattım. Kardeşim namusuyla oturdu evde, ben böyle oldum.

— Seni hiç arayıp sormadı mı ailen?

— Yok, ne arayan oldu, ne soran. Babam istese beni eli ile koymuş gibi bulurdu. Ama istemedi. Haklı adam. Benim hangi yolun yolcusu olduğum taa o zamandan belliydi. Beni bulup da ne yapsın. Başını belaya mı soksun. Zaten ben de artık ailemle yapamam. Yüzlerine bakacak halim mi kaldı? Bilirsiniz hayat kadınları çok dayak yer. Ben dayak yemeye babamın evinde başladım. Hâlâ da devam ediyor.

— Kız kardeşini de döver miydi baban?

— Pek dövmezdi. O beni dövmeyi severdi.

— Sen de sever miydin dayak yemeyi.

— O nasıl soru Doktor Hanım. Dayak yemek sevilir mi? Ben manyak mıyım?

— Estağfurullah. Ama hayatın boyunca dayak yemen sence bir tesadüf mü yoksa bunda senin payın da var mı?

— Huyum kötü benim. Tahammülsüzüm. Ondan herhalde.

— Doğru, tahammülsüzsün, başka?

— Başkası da mı var?

— Bazı insanlar dayak yiyince rahatlar. Sende de böyle oluyor mu?

— Galiba oluyor. Bir tek o zaman içimdeki sıkıntı biraz azalıyor. Uyuşturucunun yerini tutuyor.

— Gördün mü bak, sürekli dayak yemen pek tesadüf değilmiş.

— Karşımdakinin damarına bastığım çok oluyor.

— Seni dövsün diye.

— Onlar da sağ olsunlar beni hiç kırmıyorlar.

— Taa baştan beri böyle belki de.

— Demek ki öyle. Babam kardeşimi değil beni döverdi. Şimdi de adamlar aynı şeyi yapıyor.

— Bir kadın dayak yiyince neden rahatlar, hiç düşündün mü?

— Bilmem ki.

— Dayak bir çeşit ceza. Ceza kimi rahatlatır?

— Suçluyu.

— Kim demiş sana aptal diye. Zeki bir kadınsın. Evet ceza suçluyu rahatlatır. Demek sen kendini içinden hep suçladın. Suçluluk duygularından kurtulmak için de hayatın boyunca cezalandırdın kendini. Uyuşturucuların seni öldüreceğini biliyorsun. Onlar sana hem suçlarını unutturuyor hem de seni ölüme her geçen gün biraz daha yaklaştırarak cezalandırıyor.

— Geçimsiz, huysuz, lanet biri oldum. Sonra doktorun biri bu ilacı verdi bana. Üç-dört tane alınca biraz rahatlıyorum. Ama ilacı bulamazsam beter oluyorum. Sonunda İskenderun'daki işimden de attılar beni.

İşte şimdi Elmas Abla'nın yanındayım. Halime acıdı da aldı beni. Ama çalışamıyorum. Bu sıkıntı beni öldürecek. Siz buna bir çare bulabilir misiniz?

— Senin şartların galiba bu sıkıntıyı artırıyor. Başka bir çare yok mu, başka bir iş yapamaz mısın?

— Yok be Doktor Hanım. Orospuluk yapamayan başka ne iş yapabilir ki?

— Hani zor iş diyordun?

— Hem zor hem kolay. Gururun, insanlığın yok olduysa kolay.

— Demek ki senin henüz yok olmamış.

— Benim gururum batsın. Tanımadığı adamın altına yatan kadında gurur mu kalır. İğreniyorum kendimden. Ama ben anamdan orospu doğmuşum. Kardeşim gibi değilim ben. Çocukluğumdan beri ailem başa çıkamadı benimle. Onlar ak dediyse ben kara dedim. Gözüm hep erkeklerdeydi. Çocukken sürekli hayal kurardım. En sevdiğim iş buydu. Çok yakışıklı bir sevgilim olacak, bana tapacak, benim için deli divane olacak. Bana evler, arabalar, mücevherler alacak...

— Ya sonra.

— Onunla evleneceğiz. O beni hep mutlu edecek.

— Peki ya sen? Sen ona ne vereceksin?

— Kendimi.

— Yapma Hayal, yine sattın kendini.

— Olsun, hiç olmazsa ucuza gitmemişiz. Şimdi yirmi-otuz milyona satıyorum. Değerim bu kadarmış. Yakında onu da vermeyecekler. Şu halime baksanıza. Sonunda biliyorum, su testisi su yolunda kırılacak. Bir gün birinin elinde kalacağım. Aslında ölümden korkuyorum sanmayın; ölümü beklemeyi sevmiyorum. İçimin sıkıntısı en çok da bundan. Siz benim bu sıkıntımı geçirin. Bana büyük iyilik etmiş olursunuz.

O günden sonra çok uğraştım Hayal'le. Uyuşturucuları bırakmak için hiç gayret etmedi. Hep kolayı seçti. Hayatla nasıl hiç mücadele etmediyse sağlığını kazanmak için de hiç uğraşmadı. Bir yandan alkol, bir yandan dozu giderek artan uyuşturucular... Elmas'ın desteği de yetmedi. Sonunda oradan da ayrıldı. O henüz 26 yaşında ve ölüm kollarını açmış onu bekliyor. Sadece ne zaman, nerede ve kimin elinden belli değil...

Çöp Apartman – 12

Bugün yılbaşı. Ömrümüzden bir yıl daha uçup gitti. Uçup gitti diyorum çünkü yıllara, aylara, günlere bir telaş geldi. Ben hayatı giderek sevdikçe, zaman daha da hızlı akar oldu. Bütün dünya yeni yılı heyecanla karşılamaya hazırlanıyor. Sokaklar kalabalık. Herkes bir yerlere koşturuyor. Akşam olmuş. Ben yine sabahtan beri muayenehanemdeyim. Son hastayı da gördükten sonra çıkıp bu telaşlı kalabalığın arasında yürümek istiyorum.

— Tuna kim geliyor?

— Yeni bir hasta efendim, hemen gönderiyorum.

Kapı açılıyor, içeri tanıdık biri giriyor. Bu yakışıklı adamı sanki bir yerlerden tanıyorum. Biraz daha dikkatli bakınca tanıyorum onu. Bu bizim Gülben'in kocası Selami.

— Buyrun efendim, hoşgeldiniz.

— Merhaba Doktor Hanım, beni belki hatırlamazsınız. Üç-dört yıl önce size eşimi getirmiştim.

— Hatırlamaz olur muyum Selami Bey. Nasılsınız, Gülben Hanım nasıl?

— Aman efendim demek eşimin ve benim adımı bile unutmadınız. Sağ olun, sağlığınıza duacıyız. Ben bugün size başka bir hasta getirdim. Bir arkadaşımın eşi. Aniden hastalandı. Bugün yılbaşı, yarın sizi bulamayız. Onun için hemen alıp geldik. Böyle bir günde bu saatlere kadar çalışıyorsunuz demek?

— Tabii çalışıyorum, hem de zevkle. Siz çalışmadınız mı bugün?

— Çalışmaz olur muyuz? Bizim için tatil matil olmaz, her zaman işimizin başındayız. Allah sağlık verdikçe de çalışmaya devam edeceğiz.

— Ben de öyle. Şu sizin hastaya geçmeden önce Gülben Hanım'ı sormak istiyorum. Bana bir daha gelmediniz, nasıl gidiyor evlilik?

— İyi iyi, bir sorunumuz yok çok şükür.

— Peki ne oldu eşinizin titizliklerine, siz mi alıştınız yoksa?

— Yok canım, olur mu öyle şey. Ben o zaman da size söylemiştim, öyle fazla sıkıntıya gelemem diye. Hani baştan kötülük olmasın, ben elimden geleni yapayım dedim ama baktım olmadı, kendi yöntemlerimi kullandım.

— Neymiş sizin yöntemleriniz?

— Şimdi bunları anlatmak ayıp olacak ama madem sordunuz anlatayım. Sizden geldikten sonra baktım ki bizim hanımın iyi olmaya hiç niyeti yok. O beni kendine uydurmaya çalışıyor. Fena halde canım sıkıldı. Bu evlilik dediğin çocuk oyuncağı değil ki, onu al, ötekini boşa. Hanımı eve bırakıp çıktım. O gün çok yağmur vardı, o yağmurun altında sokak sokak gezdim. Bir yandan yürüyor, bir yandan, "Ne olacak bizim halimiz," diye düşünüyordum. Eve geldim ama yağmur tepemden girdi, tırnağımdan çıktı. Sucuk gibi ıslandım. Ayağımda bir karış çamur. Gülben açtı kapıyı. Eliyle kapıyı tutuyor ki, ben öyle içeri girmeyeyim diye. Onu şöyle bir ittim kenara, doğru yatak odasına gittim. O çamurlu ayakkabılarımla girdim yatağa, onu da kolundan çektim, attım yatağa. Yatak yorgan, çamur içinde kaldı. "Hadi bakalım, şimdi kalk bu yataktan da göreyim," dedim. Korktu, şaşırdı kaldı. Hani ufak tefek de değiliz ki, Karamürsel sepeti sandı desem. Bir daha ben izin vermeden hiçbir şey yıkanmayacak, sen bile dedim. Gık diyemedi. Ağladıkça çamuru sürdüm her yere. Sonunda ben de insanım Doktor Hanım, iyilikten anlamadı. Ona bıraksam, ikimize de hayatı zehir edecek. İyi ki de bırakmamışım, bak şimdi o da mutlu bende.

— Demek artık ikiniz de mutlusunuz.

— Tabii ya. Ya boşayacağım ya da bazı şeylere uyacak. O istedi ki ben ona uyayım. Doğru dürüst bir şey istese canım kurban. O günden sonra korkudan bir şey yapamadı. Bir-iki kere söylenecek oldu, yine çamurladım her yanı. Baktı ki benimle başa çıkamayacak, yavaş yavaş eski huylarını bıraktı. Sonra akrabalarım eve gelince hiç yüzlerine bakmazmış. Baktım, kimseyi istemiyor, ona kalsa akşama kadar evi kazıyacak. Bir gün de onun için kıyameti kopardım. "Bundan sonra sen onlara gideceksin, onlar sana gelecek, dır dır istemem," dedim. Şimdi bizimkilerin hepsi de seviyor Gülben'i. Kendi aralarında altın günü filan yapıyorlar. Ben anlamam o işlerden. Ne isterse alıyorum. Bir eli yağda, bir eli balda. Kavga gürültü bitti. Siz şimdi içinizden kızıyorsunuz bana ama ben kötü bir adam değilim. 15 yaşında değilim ki, bu saatten sonra değişeyim. O da anladı huyumu, hiç üzerime gelmiyor. Şimdi bakıyorum o da memnun. İlk günler hiç yüzü gülmüyordu. Şimdi yüzünde güller açıyor.

— Demek böyle Selami Bey?

— İşte böyle Doktor Hanım. Ben biraz önce de söyledim ya, size bir arkadaşımın eşini getirdim.

O gün Selami Bey giderken ne düşüneceğimi bilemedim. Şimdiye kadar hiç böyle bir tedavi yöntemi duymamış, görmemiştim. Üstelik bu tür hastalıklarda, hastanın üzerine gidildikçe, biliyorum ki sıkıntı artar. Demek eşinin otoritesi Gülben'e iyi geldi. Çünkü yıllardır evde ya annesinin ya da Safiye'nin ağır baskısı altında yaşamış. Bana ilk geldiğinde de kendi başına tedaviyi kabul etmemiş, Safiye'nin devreye girmesinden sonra ilaçlarını düzenli kullanmış ve çabucak iyileşmişti. Selami Bey bilmeden en doğrusunu yapmış galiba.

Geçen gün Neriman, Safiye ve Can muayenehaneye uğradılar. Can 6 yaşına gelmiş. Bu yıl okula başlayacakmış. Safiye artık günde dört-beş saat kimsesiz çocukların kaldığı bir yuvada "gönüllü anne" olarak çalışmaya başlamış. Akşamları da hem Can'a hem de yeni çocuklarına kazaklar, hırkalar örüyormuş. Can'a düşkünlüğü hâlâ devam ediyor. Neriman kocası ile mutlu. Gülben artık onlardan çok kocasının akrabaları ile beraber geçiriyormuş günlerini.

Çöp apartman yıkıldı, yerine kocaman bir bina yapıldı. Şimdi o binanın içinde yüzlerce çocuk eğitim görüyor. Bazen oradan geçerken durup bakıyorum, çocuk sesleri, kuş cıvıltısı gibi Ankara'nın sisli havasına karışıp gidiyor ve hayat devam ediyor...

Biraz da Beni Tanımak İster misiniz?

Annem ve babam Çorum'un İskilip ilçesinde doğup büyümüşler. Bizim hayatımız hep Ankara'da geçti ama kökümüzü hiç unutmadık. İskilip, tarihi ve tabiat güzelliklerini bir arada barındıran şirin bir Anadolu kentidir. Tarihi kale ve Yivlik kayası birçok şiire ve öyküye konu olmuş, 19. yüzyılda Avrupalı gezginlerin gravürlerine işlenmiştir. Daha sonra da ünlü sanatçı Bedri Rahmi Eyüboğlu'nun resimlerini süslemişlerdir. Şehrin evleri en az Safranbolu evleri kadar güzeldir. İnsanları sıcak, cana yakın ve konukseverdir. Hanımlarının güzelliği ve becerikliliği ise dillere destandır. Hangisinin kapısını çalsanız, çarşıdan hiçbir şey almadan size mükellef bir ziyafet sofrası hazırlar. Kendileri yemekten çok yedirmeyi, ikram etmeyi severler.

Babam küçük yaşta İskilip'ten ayrılmış ve devlet memuru olarak işe başlayınca, daha önceden sokakta oyun oynarken görüp pek beğendiği, iki örgü saçlı küçük kız Nezahat'i Allah'ın emriyle ailesinden istemiş ve sevgili annem henüz 15 yaşında bir çocukken Ankara'ya gelin gelmiş. Muhtemelen yaşının çok küçük olması nedeniyle iki yıl çocuğu olmamış. İkinci yılın sonunda annem hamile olduğundan şüphelenince, babamla birlikte, zamanın ünlü jinekologlarından birine gitmişler. Doktor Hanım annemi muayene ettikten sonra;

"Hamile değilsiniz, hemen ameliyat olmanız gerekiyor çünkü karnınızda ur var," demiş.

Doktor Hanım'ın bu önerisi, henüz 17 yaşındaki annemi çok korkutmuş ve hem doktorun, hem de babamın baskılarına karşı koyup hemen ertesi gün memleketi İskilip'e, ailesinin yanına gelmiş. Orada annemin karnı giderek büyümüş ve sonunda ben doğmuşum. Bir yıl sonra kız kardeşim Yükselen ve dört yıl sonra da en küçüğümüz Mustafa dünyaya gelmiş.

Çocukluğum sevgi dolu bir ortamda geçti. Babam bize hiç el kaldırmadığı gibi, azarlamadı bile. Çok temiz kalpli, yardımsever ve nazikti. Özellikle hanımlar bayılırdı babama. Uzun boylu, yakışıklı, sosyal bir insandı. Lacivert takım elbiseler giyer, her sabah ayna karşısında uzun uzun kravatını bağlardı. Annem onun gömleklerini özel olarak yıkar ve ütüler, pantolonlarındaki keskin çizgi hiç bozulmaz, siyah ayakkabıları en çamurlu kış günlerinde bile pırıl pırıl parlardı. Haftada iki-üç gün akşam yemeklerinde iki duble rakısını içer, o günler daha neşeli olur ve hepimizle şakalaşırdı. Bizlere sevginin yanı sıra, küçük yaştan itibaren saygı da gösterir, onun yanında kendimizi "önemli" hissetmemizi sağlardı.

Sevgili anneme gelince; onun için ne söylemeli, ne yazmalıyım acaba? Antrenörlerin sporculara gösterdiği itina ve titizlikle yetiştirdi bizi. Onun sözlüğünde "yapamam, beceremem" gibi sözcükler yoktur. "İnsan isterse her koşulda her şey yapılır. Geri çekilmek, vazgeçmek yok. Bütün mesele yeteri kadar isteyip istemediğinizdir. Ağzınızın ucuyla değil, yüreğinizle istemelisiniz," derdi. Hayata asılmayı, koşarken düşmemeyi, düşersen korkmamayı, kalkınca başını dik tutmayı öğretti bize.

Okulda başarılı bir öğrenciydim ama önce canım ne istiyorsa onu yapar, kalan zamanda ders çalışırdım. Gezmeyi tozmayı, arkadaşlarımla vakit geçirmeyi çok severdim. Böyle olunca da genellikle ders çalışmaya çok az zaman kalır ve bu sürede ben de o kitapları âdeta yerdim. Annem, nasıl olsa iki arada, bir derede çalışacağımı bildiği için, bu konuda bana hiç karışmazdı. Hatta ertesi gün önemli bir sınavım dahi olsa, evimize misafir gelmişse önce onlarla bir süre oturmamı, gerekli ikramı yapmamı ister, ancak ondan sonra odama çekilmeme izin verirdi.

TED Ankara Koleji'nde okuyordum. O zamanlar hafif batı müziği dinlemek moda, Türk müziği dinlemek ise demodeydi. Ailem bunu fark edince, bizim evde her akşam Türk müziği dinlenir oldu. Babam zaten Zeki Müren, Müzeyyen Senar, Münir Nurettin Selçuk gibi ünlü sanatçıları dinlemeye bayılırdı. Bizi de yanına oturtur birlikte söylerdik. Böylece Türk Müziği tutkum o zamanlar başladı.

Sonra Ankara Üniversitesi Tıp Fakültesi'ne girdim. Henüz ikinci sınıftaydım, bir gün radyodan, sınavla spiker alınacağına dair bir anons duydum. Babam düzgün konuşmanın bir sanat olduğunu söylerdi. Şansımı denemeye karar verip sınava girdim, kazandım. TRT, bize uzun bir eğitim verdi ve önce radyoda, daha sonra da yeni kurulan TRT televizyonunda spiker olarak çalışmaya başladım. Yayınlar akşam altıda başlar on ikide biterdi. Ben sabah okula gider, akşamüstü koşarak televizyona yetişirdim. Dersler çok ağırdı. Çoğu dersin öğrenciye uygun kitabı bile yoktu. Ya derste hocanın anlattıklarından not tutardık ya da saman kâğıda basılı teksir dağıtılırdı. Benim ders çalışmak için zamanım çok azdı. Televizyonda yayınların hemen tamamı canlıydı, yani o anda stüdyoda yapılırdı. Ben hem anons spikeri, hem her şey spikeriydim. Yani eğitim programlarından müzik ve eğlence programlarına kadar her tür programı ben sunardım. Çok keyifli ve eğlenceli bir işti. Her gün hayranı olduğum pek çok sanatçıyla tanışırdım. Bir gün TV rejisörlerinden Erşan Başbuğ genç bir kız getirdi stüdyoya. "Henüz 17 yaşında ama çok güzel sesi var," dedi ve Nilüfer'i Türkiye'ye ilk kez ben sundum.

Şefleri Muzaffer İlkar yönetiminde Türk müziği korosu gelirdi sık sık. Henüz sınavı yeni kazanıp TRT'ye girmiş genç yetenekler vardı koroda. Yine ben her birini ilk kez tanıttım seyircilere. Kimler mi vardı koroda? Muazzez Abacı, Seçil Heper, Samime Sanay, Ela Altın, Hülya Sözer ve isimlerini sayamadığım daha pek çok sanatçı. Programlara Erol Evgin, Emel Sayın, Ajda Pekkan, Ahmet Özhan, Özdemir Erdoğan, Barış Manço gibi pek çok sanatçı gelirdi.

Canlı yayınlar sırasında stüdyoda fareler dolaşır ya da rahmetli Zafer Cilasun haber okurken çaycı gelip masasına çay bırakır, ışıklar devrilir, kameralar bozulur, kameraların önünden birileri geçerdi. TV çekimlerine henüz alışkın olmayan sanatçılar olmadık hatalar yapar, biz, bir avuç genç bütün bunlarla başaçıkmaya çalışırdık. Programcılar bana çok güvenir, özellikle müzik ve eğlence programlarında elime yazılı bir metin vermeye bile üşenir, "Sen idare ediver," der geçerlerdi. Ben tek tek sanatçılarla tanışır, kim olduklarını, ne söyleyeceklerini bizzat kendilerinden öğrenir, bunları ezberler ve sürekli bozulan kameraların önünde oradan oraya koşturur dururdum. Bazen klasik Türk müziği güftelerini okumakta zorlanırdım. O zaman işinin ehli saz üstatlarından biri beni stüdyonun bir kenarına çeker, ders verirdi.

TRT o zamanlar spikeriyle zaten çok ilgilenir, konservatuvardan hocalar getirtir, günlerce ders verdirtir ve ardından da sınava alırdı. Sınavlarda başarısız olanlar hemen yayından çekilir ve hep çok az sayıda spiker bütün programları üstlenmek zorunda kalırdı. İki okulda birden okuyor gibiydim, kendime hemen hiç zamanım kalmıyordu. Yani uzun lafın kısası, bırakın gezip tozmayı, ders bile çalışamıyordum. TRT o zamanlar haftada dört gün yayın yapardı. Nöbetçi olduğum akşamlar kitaplarımı da yanımda götürür, anons aralarında eğer başka bir işim yoksa kitaplarımı çıkarır, o gümbürtüde ders çalışırdım. Bazen kendimi o kadar kaptırırdım ki, reji odasından gelen çığlıklarla aklım başıma gelir, kitaplarımı anons masasının altına gizler ve kameralara döner, konuşurdum.

Pazar günleri genellikle evde olur ve o günü olabildiğince ders çalışarak geçirirdim. Yine bir pazar günü patoloji dersine çalışmaya karar verdim. Bu dersin de öğrenciye uygun kitabı olmadığından, derslerde saman kâğıtlara basılı teksirler dağıtılmış ve ben de bu teksirlerin her birini odamın bir köşesine atmıştım. O gün, her biri bir yerlere fırlatılmış bu teksirleri tek tek toplamaya başladım. Çalışma masamın yanında, yerde, üst üste dizdiğim teksirlerin boyu, bir de baktım masamın boyuna gelmiş. Gördüğüm manzara karşısında paniğe kapıldım. Henüz bir kere bile okumamıştım onları ve sınava on-on beş günlük bir zaman vardı. Bu kadar kısa sürede bütün bunları öğrenmeme imkân yoktu. Ben odamın kapısında şaşkın şaşkın masamın boyundaki dev teksir yığınına bakarken annem geldi yanıma;

"Ne yapıyorsun?" dedi.

Teksirleri gösterdim;

"Ders çalışacaktım ama vazgeçtim, nasıl olsa bu kadar kısa sürede bunu beceremem, en iyisi yaza kalsın," dedim.

Yüzüme dik dik baktı;

"Beceremem ne demek? Becerenler senden daha mı akıllı? Sen elinden geleni yap, elinden geleni yaptığına önce sen inan, gerekirse hiç uyuma ama sakın vazgeçme. Bir kere vazgeçersen sonra hep vazgeçersin. Sene kaybetmen, okulu bir yıl geç bitirmen önemli değil. Sen elinden geleni yap ki, kendi gözünden düşmeyesin," dedi.

Günlerce ben de uyumadım o da. Bana sık sık kahve yapar, sonra da falıma bakardı.

"Bak, burada görüyorum, sekiz alacaksın bu sınavdan."

Tıpkı bir antrenör gibi moral verirdi bana. O sınavdan gerçekten de sekiz aldım. O beni yine pencerede bekliyordu. Geçemesem de önemli değildi artık, ben elimden geleni yapmıştım.

O yaz okullar tatil olduktan sonra TRT'den yıllık iznimi alıp her yaz olduğu gibi Erdek'e ailece tatile gittik. Bir sabah, gazetelere bakarken bir gazetenin ilavesine tam sayfa basılmış resimlerimi gördüm. Altında da, "Televizyonun ünlü spikerlerinden Gülseren Kavas

(Henüz Budayıcıoğlu değildim) gittiği gece kulübünde muhabirimize şöyle dedi, böyle dedi. Fotoğraflarda da görüldüğü gibi, o gece çok içkiliydi vs." yazıyordu. Okurken bir an bayılacağımı sandım. Üstelik muhabire TRT'yle ilgili konuşmuşum ve anlaşılacağı gibi söylediklerim hiç de hoş şeyler değil. İnsanlar bu resimleri görünce ne diyecek ona mı yanayım, yoksa TRT'den hemen beni atacaklar ona mı yanayım? Önce bu resimlerin nerede çekilmiş olduğunu hatırlayamadım. Çünkü gece kulübüne filan gidecek vaktim zaten yoktu.

Sonra hatırladım. Altı-yedi ay önce bir akşam TRT Arı Stüdyosu'nda Türk müziği korosunun konseri vardı ve sunucusu bendim. Muazzez Abacı hayranı iki okul arkadaşım benden konser davetiyesi istemiş ve onlar da izlemişti bu konseri. Yayın bitiminde korodaki sanatçılar bir gece kulübüne gidiyorlardı ve beni de davet ettiler. Ben gitmek istemediğimden değil, ertesi gün erken kalkmak zorunda olduğumdan, her zamanki gibi bu daveti de reddetmiştim ancak Muazzez Abacı'ya hayran iki erkek arkadaşımın ısrarlarıyla o gece daveti kabul ettim ve hep birlikte gece kulübüne gittik. Bir süre biz üç arkadaş birlikte oturduk, onlar çok beğendikleri sanatçıları yakından gördüler ancak sabah derslere yetişmemiz gerektiğinden yarım saat sonra oradan çıktık ve evlerimize geldik. Demek bu resimler o gece çekilmişti. Halbuki bana bir şey soran olmamıştı. Flaşlar patlıyordu ama o kadar sanatçı varken benim resimlerimin çekilebileceği hiç aklıma gelmemişti. İçki meselesine gelince, yakınlarım bilir, içki içemem, bütün gece bir kadeh içki önümde durur ama bir türlü bitmez.

Ben olayın şokundan henüz çıkamamıştım ki telefon çaldı; "TRT'den sizi arıyorlar," dediler.

"Eyvah," dedim içimden. Ellerim titreyerek telefonu aldım, sekreter kız;

"TRT Genel Müdürü Musa Öğün Paşa arıyor," dedi.

Korkum bir kat daha arttı. Hem de genel müdürün bizzat kendisi arıyordu beni. Demek durum tahmin ettiğimden de kötüydü. Zor duyulur bir sesle;

"Efendim?" dedim.

"Gülseren, kızım, nasıl gidiyor tatil?"

"Sağ olun efendim, iyi gidiyor."

"Gazeteleri okudun mu?"

"Maalesef okudum efendim, çok üzgünüm, ne diyeceğimi bilemiyorum."

"Bir şey deme. Üzülmeyesin diye ben bizzat arıyorum. Olay hukuk müşavirliğimize intikal etti. Onlar gerekeni yapacaklar. Maddi ve manevi tazminat davası açtırıyorum. Belki sana para bile kazandırabilirim. Sen ilgilenme bu işlerle. Üzülmeni gerektirecek bir şey yok. Biz seni tanıyoruz. Hadi iyi tatiller sana."

Önce kulaklarıma inanamadım. Rüya mı görüyordum acaba? Başı kötü, sonu iyi biten bir rüya. Bir yıl önce Musa Öğün Paşa TRT'ye genel müdür olmuştu. Kendisiyle hiç tanışmamıştım ama herkes gibi ben de hoşlanmıyordum ondan. O gelince her şey değişmişti. Disiplin istiyordu. Giyimimize kuşamımıza bile karışıyordu. Rahatımız bozulmuş, keyfimiz kaçmıştı. İşe zamanında gelinecek, erkekler mutlaka kravat takacak, buranın resmi bir kurum olduğu unutulmayacak... O, iş başına geldiği günden itibaren Türkiye'nin birçok yerinde yeni istasyonlar kuruluyor, teknolojik olarak her şey yenileniyor ve gelişiyordu ama bunlar bizi ilgilendirmiyordu. "Herkesi işten atacak, kendi adamlarını getirecekmiş," diye bir söylenti kulaktan kulağa dolaşıyor, geceleri sık sık denetime geleceği söylentileri hepimizi korkutuyordu. Genel müdür olalı bir yıl geçmesine rağmen hâlâ kimse işten atılmamıştı ama olsun, bir kere kafamızda mimlemiştik onu. Kendisiyle hiç tanışmamıştık ama işte o kötü adam ben üzülmeyeyim diye bizzat kendisi arıyordu, sadece ekranlardan tanıdığı beni.

Bu olaydan iki yıl sonra, o gece kulübüne birlikte gittiğimiz erkek arkadaşlarımdan biri olan Aydın'la evlendim. Ben evlendikten üç ay sonra TRT benim adıma açtığı davayı kazandı. Gazete hem tekzip yazısı yayınladı hem de bana yüklü bir tazminat ödedi. Bu parayla eşimle birlikte Kıbrıs'ta güzel bir tatil yaptık. Yıllar, yıllar sonra bir gün muayenehaneme yaşlı bir adam geldi.

"Kızım, geceleri uyuyamıyorum, eşim sizin adınızı duymuş, onun için geldim size. Acaba bunun bir çaresi var mı?"

"Adınız neydi efendim?"

"Musa Öğün."

Musa Öğün ha, benim hiç unutamadığım, kendimi hep borçlu ve minnettar hissettiğim Musa Paşa şimdi karşımda oturuyordu.

"... Demek siz Musa Paşa'sınız. Aman Paşam, siz zahmet etmeseydiniz, ben size gelirdim. Size ödenecek büyük bir borcum var benim. Ben borçlu kalmayı sevmem. Bana bu fırsatı verdiği için Ulu Tanrı'ya minnettarım."

"Anlayamadım kızım, biz sizinle tanışıyor muyuz?"

"Hayır Paşam, aslında hiç tanışmadık ama ben sizi hiç unutmadım. Ben TRT'nin eski spikerlerinden Gülseren Kavas'ım. Şimdi hatırladınız mı beni?"

"Ha, şu gazetecilerin uğraştığı kız. Hatırlamaz olur muyum ama buraya gelirken senin o kız olduğunu bilmiyordum. Ne güzel bir tesadüf."

"Evet Paşam, gerçekten çok hoş bir tesadüf. Sizin o zaman bana sahip çıkışınızı hiç unutamadım."

"Bundan doğal ne var kızım, bir genel müdür personeline sahip çıkamıyorsa o koltukta hiç oturmasın. Sadece sana değil, o kurumda çalışan herkese sahip çıkmak benim görevimdi zaten. Şimdi sen beni uyutabilecek misin, onu söyle bana..."

Musa Paşa'yla dostluğumuz hâlâ sürüyor. Artık baba-kız gibi olduk. Sağlığı izin verirse mutlaka muayenehaneme uğrar ve karşılıklı kahvelerimizi içer, eski günleri anarız. Onunla sohbet etmek gerçekten büyük keyif. Uyku sorunu kalmadı. "Ödeştik," diyor bana. Daha uzun yıllar sağlıklı bir yaşam diliyorum kendisine.

Kız kardeşim Yükselen çok erken evlendi. Ben Tıp Fakültesi son sınıfta çocuk stajı yaparken, o doğum yapmak üzere Adana'dan Ankara'ya geldi. Okul, televizyon ve uzun süredir çok özlediğim kardeşimin bizim evde kalışı, bana ders çalışmak için hiç fırsat bırakmadı. Sonunda üç gün süren çok sancılı bir dönemden sonra, benim sınavımdan bir gece önce yeğenim Damla dünyaya geldi. Üç gündür hiç uyumamıştım. Hem yorgun hem de heyecanlıydım ve birkaç saat sonra sınava girmem gerekiyordu. Ama maalesef bu sınava hazırlanamamıştım.

"En iyisi sınava girmemek," dedim anneme.

Annem;

"Hemen yüzünü yıka, kendine çekidüzen ver ve geç kalmadan sınava git. Eğer başaramazsan bunda utanılacak bir şey yok. Bu sefer de elinden gelen bu. Merak etme, kendi gözünden düşmezsin, ama kaçmak yok," dedi.

Neredeyse sürünerek gittim sınava. Bizim grubumuz on sekiz kişiydi. Sınav sözlü yapılıyordu. Öğrenciler beşer kişilik gruplar halinde içeri alınıyor ve beş hocanın karşısında ter döküyorlardı. Herkes gergin ve heyecanlıydı. Bende heyecan yoktu çünkü bu sınavı geçemeyeceğimi zaten biliyordum. Bir köşeye, kaloriferin hemen yanına ilişmiş, yorgunluk ve uykusuzluktan yarı baygın, sıramın gelmesini bekliyordum. Girenler uzun süre içeride kalıyor ve yüzleri allak bullak bir halde dışarı çıkıyorlar ve kimse geçemiyordu. Bizim on sekiz kişilik grupta üç kız vardı. İki Kıbrıslı kız ve bir de ben. Kıbrıslı kızlar aynı yurtta kalır ve birlikte çalışırlardı. Sınav öncesi yanıma oturdular ve çalıştıklarını tekrar etmeye başladılar. Biri soruyor, öteki bülbül gibi cevap veriyordu. Ben de uyur uyanık onları dinliyordum. Sonunda sıra bana geldi ve beş kişi içeri girdik. Ben sıranın en sonundayım. Hocalar sıranın başındaki arkadaşıma ilk soruyu sordular, cevap yok. Sonra aynı soru diğerlerine soruldu, onlardan da cevap yok. Ancak sıra bana gelince hoca yüzüme dikkatlice bakıp;

"Sen televizyonda akşamları seyrettiğimiz kıza ne kadar benziyorsun, o musun yoksa?" dedi.

Utana sıkıla cevap verdim;

"Evet efendim."

"Yani sen hem çalışıp hem okuyorsun ha? Yanındaki koca adamları gördün işte. Dünyadan haberleri yok. Söyle bakalım kızım, sen biliyor musun sorunun cevabını?"

Bilmemi istiyordu. Tam, "bilmiyorum, iyi hazırlanamadım bu sınava," demeye hazırlanırken, hoca soruyu tekrar etti. Ben ilk seferinde soruyu dinlememiştim bile. Bu, biraz önce Kıbrıslı kızların birbirlerine sorduğu sorulardan biriydi ve ben cevabı çok iyi biliyordum. Bülbül gibi anlatmaya başladım hocaya, kendim bile şaşarak. Şaşıran sadece ben değildim. Arkadaşlarım da şaşkın şaşkın bakıyorlardı yüzüme, çünkü bu sınava iyi hazırlanamadığımı hepsi biliyordu. O sırada hocanın sesi çınladı odada;

"Hepiniz utanmalısınız. Kocaman adamlarsınız, bakın arkadaşınız hem çalışıyor, hem okuyor ve sizlerden çok daha iyi hazırlanmış sınava."

O zaman bende bir sıkıntı başladı. İşin aslı hiç de öyle değildi, üstelik bundan sonraki sorulara cevap verip veremeyeceğimden de emin değildim. "Keşke hiç cevap vermeseydim," dedim içimden. Hocalar bu arada benimle sohbet etmeye başladılar. Onlarla gülerek konuşuyordum ama içim kan ağlıyordu. Derken yeni sorular geldi ve ben, neredeyse tüm bilmem gerekenleri oracıkta uyuklarken öğreniverdiğimi fark ettim. Hocalar elimi sıkıp beni kutlayarak uğurladılar sınavdan. Dışarı çıkmaz koşmaya başladım. Bir an önce oradan uzaklaşmam gerekiyordu çünkü bu sınavı geçemeyen arkadaşlarıma (eşim Aydın da dahil) bunları anlatmam zor olacaktı.

Annem evde beni bekliyordu. Olanları ona büyük bir coşku ve heyecanla anlattım.

"Ne şans, değil mi anne?"

"Ne şansı kızım, bu sınavı geçmek en çok senin hakkındı. Kaç gündür hiç uyumadığının farkında mısın? Sen elinden geleni yaptın, orada uyuklarken bile beynini öğrenmeye açık tuttun. Vazgeçmedin ve bunun sonucu aldın. Hadi şimdi uyu artık, iyi bir uykuyu hak ettin."

Ne tatlı uykulardı onlar ve ne tatlı kadındır benim annem...

Tıp Fakültesi'nden mezun olduktan sonra sınıf arkadaşım Aydın'la evlendim. Aydın'la yıllarca gerçekten sadece arkadaşlık ettik. Çok yakışıklı bir adam olduğundan, kızlar hiç peşini bırakmazdı. Okul bitince ne olduğunu anlayamadan evlendik. Zaten yıllardır arkadaş olduğumuzdan birbirimizi çok iyi tanıyorduk. İkimiz de bir sürprizle karşılaşmadık ve arkadaşlığımız halen sürüp gidiyor. Birbirimizi her zaman sever, sayar ve çok güveniriz.

O yıl Hacettepe Üniversitesi Tıp Fakültesi Psikiyatri Bölümü'nde ihtisasa başladım ve yıllarca çok severek çalıştığım TRT'den ayrıldım. Dört yıl sonra uzman oldum ve üniversitede öğretim görevlisi olarak çalışmaya devam ettim. Bu arada psikiyatri eğitimimde bana çok emek veren sevgili hocalarım Prof. Dr. Leyla Zileli ve Prof. Dr. Orhan Öztürk'e teşekkürlerimi sunmak isterim.

Size mesleğe ilk başladığım yıllara ait bir anımı nakletmek istiyorum. Ben o zamanlar üniversitede asistandım. Sevgili babam akciğer kanseri teşhisiyle, hastanenin bir başka bölümünde yatıyordu. Her fırsatta babamın yanına gidiyor ve her seferinde biraz daha yıkılmış olarak kendi bölümüme dönüyordum. Biliyordum, babam ölüyordu. Henüz 57 yaşındaydı ve kadere boyun eğmekten başka bir çare kalmamıştı. Ben ailenin ilk çocuğuydum ve doktordum. Tüm yakınlarım benim gözlerimde bir umut ışığı arıyordu... Ben ise henüz çok gençtim ve çaresizlik içinde kıvranıyor, bu acıya dayanamıyordum.

Yine bir gün babamın yanına çıktım. Durumu giderek kötüleşiyordu. Hiç şikâyet etmeden bana gülümsüyordu babam. Bir süre öylece el ele hiç konuşmadan oturduk ve sonra yeniden kendi bölümüme döndüm. Hastalarım beni bekliyordu. Benim işim insanlara ümit vermekti ama o gün verecek hiçbir şeyim yoktu. Masamın başına oturdum, gözlerimdeki yaşı sildim, derken yaşlı bir hanım girdi içeri. Dosyasını açtım, daha önceki bilgilere şöyle bir göz attıktan sonra sordum;

"Buyrun efendim sizi dinliyorum, neyiniz var?"

Yaşlı kadın bana baktı, ben ona baktım, bir süre ikimiz de konuşmadık. Sonra;

"Önce istersen sen anlat kızım, benimki o kadar önemli değil, senin neyin var?" dedi.

Ağlamaya başladım. O zamana kadar hep içim yanmış, bazen gözlerim dolmuş ama hiç doyasıya ağlamamıştım. Çünkü ben güya güçlü bir kadındım ve hep güçlü görünen bu kadının halini hatırını sormak en yakınlarımın bile aklına gelmemişti. O gün psikiyatri polikliniğinin muayene odasında roller değişmiş, yaşlı teyze beni dinlemeye başlamıştı. Bana o kadar yakın ve şefkatli davranıyordu ki, duygularını, acılarını kimselere açamayan ben, bülbül kesilmiş, hem ağlıyor hem anlatıyordum. O da başladı ağlamaya. Sonra o yumuşak ve sevgi dolu sesiyle uzun uzun konuştu benimle. Rahatlamış, hafiflemiştim. Yozgatlı Teyze bana sarıldıktan sonra bir başka güne randevu alıp gitti. Ertesi gün babamı kaybettim ama artık acıya daha dayanıklıydım. Yozgatlı Teyze'den çok şey öğrenmiştim. Okuma yazması bile yoktu ama insandı o. Fark eden ve hisseden, içi sevgi dolu bir insan. Bana iyi bir ruh doktorunun nasıl olması gerektiğini öğretti. Hiç unutmadım onu. Şimdi eğer hastalarım beni seviyor, sayıyor ve güveniyorsa, hiç konuşmayan bile benimle saatlerce en gizli sırlarını paylaşabiliyorsa, bunda onun payı çoktur.

Daha sonra Üniversiteden ayrıldım ve serbest çalışmaya başladım. Doktor olabilmenin birinci kuralı insanı sevmektir. Ben insanı sadece sevmiyorum, ona hayranım. Yeni bir insan tanımak, yeni bir şeyler keşfetmek gibidir benim için. O renksiz, sıradan gibi görünen nice insanlarda ne renkler, ne derinlikler bulabilmişimdir.

Yine bir gün muayenehaneme yaşlı bir hanım geldi. Adını ve mesleğini söyleyince hemen hatırladım onu. İşte yıllar önce anneme "Hamile değilsiniz, karnınızda ur var, bu uru hemen almalıyız," diyen Doktor Hanım'dı karşımda oturan. "Annem yıllar önce sizin hastanızmış," dedim, anneme selamlarını söyledi. "Siz beni neredeyse ur diye alacakmışsınız" demedim ona. Ölene kadar zaman zaman bana gelmeye devam etti. Hepimiz insanız , hata yapabiliriz. Kendisini tanıdıkça hayran oldum bu yaşlı Doktor Hanım'a. Sonra kızlarıyla tanıştık. Mükemmel yetiştirilmiş iki hanım. Şimdi küçük kızı en yakın arkadaşlarımdan biri.

Benim de iki çocuğum var. Yağmur ve Hasan. Her ikisi de Bilkent Üniversitesi'nden mezun oldu. Bana göre Yağmur dünyanın en güzel kızı, o bir prenses. 2000 yılında ailemize yeni bir üye daha katıldı, Yağmur'un kızı Zeynep Su. Ailemizin küçük prensesi.

Hasan'a gelince; yıllar önce henüz okula yeni başlamış, TED Koleji birinci sınıf öğrencisi. Ben de o yıllarda TV'de on beş günde bir yayınlanan "İnsan ve Dünyası" adlı bir program yapıyorum ve o haftanın konusu "Okuldan Kaçan Çocuklar"dı. Programın yayınlandığı akşam Hasan'ın öğretmeni aradı;

"TV'de sizin programı seyrediyordum, aklıma geldi. Hasan bu gün yine okuldan kaçtı, haberiniz olsun."

Öğretmen programı seyrederken çok gülmüştür herhalde.

Hasan ilk yıllar okula gitmeyi de ders çalışmayı da pek sevmezdi. Yarıyıl karneleri baştan sona zayıf gelir, "Siz merak etmeyin, ben sınıfı geçerim" der, gerçekten de sözünü tutar ve yıl sonunda sınıfını geçerdi. Ona hiç baskı yapmadık, hep güvendik. O da sözünü tuttu ve bu yıl hiç sene kaybetmeden üniversiteden mezun oldu. Yağmur'da hiç alışkın olmadığımız için uykularımızın kaçtığı çok oldu ama şimdi düşünüyorum da, ona güvenmekle doğru yapmışız.

Hasan'dan hiç ümidi olmayan öğretmenleri sonradan, kendi çocuklarının sorunları için bana geldiler. Hepsine de çocuklarına güvenmelerini ve onlara saygılı olmalarını önerdim. Biz büyükler kendimize saygı beklerken, bazen aynı saygıyı çocuklarımıza göstermeyi ihmal ediyoruz. Şimdi bu yazdıklarımı Hasan bilgisayara geçiriyor. Bakalım bunları okurken ne diyecek?... Bu arada Hasan'ın yakışıklı, ağırbaşlı, düzenli ve disiplinli bir genç olduğunu da ifade edeyim ki, yazılar geri dönmesin!

Hasan'ın bilgisayara yüklediği bu yazılar önce Yağmur'un denetiminden geçiyor. Yazdıklarımı büyük bir dikkatle ve tek tek okuyor, düzeltilmesi gereken yerler varsa bunları düzeltirken bazen okuduklarından çok etkilenip gözünde yaş görüyorum kızımın. Böyle iki çocuğa sahip olduğum için ne kadar şanslı olduğumun farkındayım ve Tanrı'ya bunun için teşekkür etmeyi hiç ihmal etmiyorum. Eşim Aydın ise çok şikâyetçi bu kitaptan. "Zaten akşama kadar yoksun, bir de bu işi çıkardın başımıza. Hiç mi yüzünü görmeyeceğiz, gel biraz otur yanıma," diye söylenip duruyor. Yazmak gerçekten çok zamanını alıyor insanın. Sadece Aydın'ı değil, hayatı ihmal ettim bu yüzden.

Serbest çalışmaya başladığımdan beri salı, perşembe ve pazar günleri çalışmam. O günler bana aittir. Boş günlerimde haftada bir kere anneme giderim. Yükselen ve bazen Yağmur'da gelir, saatlerce konuşur, sohbet eder ve annemin güzel yemeklerini âdeta kapışırız. Haftada bir kere arkadaşlarımla buluşurum. Hepsiyle dostluğumuz çok eskidir. Artık akraba gibi olduk ve birbirimizi görmeden yapamıyoruz.

En büyük lüksümüz Aydın'la haftada bir kez gittiğimiz sinemalardır. Önce dışarıda yemek yer, sonra da ellerimize patlamış mısırlarımızı alır, keyifle film seyrederiz. İkimiz de okumaya çok meraklı olduğumuzdan, yatmadan önce mutlaka bir süre kitap okur, okuduklarımızı birbirimize anlatır, öyle uyuruz. Fırsat buldukça seyahat ederiz. Gezmeyi, yeni yerler, yeni insanlar görmeyi ikimiz de çok severiz. Ama çok uzun süre evden uzak kalmak, ikimizin de hoşuna gitmez. İnsanın en huzur duyduğu yer galiba evi...

Yazları fırsat buldukça Didim'deki yazlık evimize gideriz. Didim'in denizine bir kere girdiyseniz, bir daha başka yerde denize girmek istemezsiniz. Suyun rengi bile değişiktir orada. Rüzgar karadan denize doğru estiği için, deniz ne kadar kirlenirse kirlensin, sabaha tertemiz bulursunuz yine. Tam bizim memlekete göre yani.

Muayenehanem benim için kutsal bir tapınak, bir mabet gibidir. Çünkü oraya her gün doğanın en müstesna, en donanımlı varlığı olan insanlar gelir.

Tanrıyı göklerde aramak neden?
Tanrı, her insanın yüreğinde zaten.

Sınırlarını tanımlayamadığımız bu koskoca evrende var olan bunca güzellikler ve mucizeleri görebilen, merak eden, fark eden ve anlayan tek canlı insandır. Biz insanlar olmasaydık, her şey ne kadar anlamsız olurdu hiç düşündünüz mü? İşte bu yüzden ben insanı hep çok güzel ve ilginç bulmuşumdur. İnsan olarak dünyaya gelmenin ve yaşamanın değerini fark edemeyenlere ise her zaman şaşarım. Hem insan denen bu muhteşem varlığa bu kadar hayranlık duyup hem de işin bu çok sevdiğin varlığı tanımak, araştırmak, anlamak ve ona yardım edebilmek olunca bu mesleğin tadına doyum olmuyor.

Muayenehaneye gelen insanlar doktoru hep zinde, güler yüzlü, sağlıklı görmek ister ve yakın ilgi bekler. Doktorun derdi ya da sorunu olmamalıdır. Ben otuz dokuz ateşle o masada oturduğumu, dişimde inanılmaz ağrılar varken gülebildiğimi, eşim geçirdiği kalp krizi nedeniyle hastanede yatarken, önceden randevu alıp çok uzaklardan gelen hastalara içim titreyerek baktığım günleri bilirim. Kimse beni zorlamıyor ama kendi koyduğum kurallarım var. İşimi hafife alamam. İnsanlara verdiğim sözü tutmalıyım.

Bazen sahne sanatçısı gibi hissederim kendimi. Seyircilerin huzuruna çıkan bir sanatçı sahneye nasıl hazırlanıyorsa, ben de aynı titizlikle hazırlanır ve öyle çıkarım hastalarımın karşısına. O nedenle haftanın belli günlerinde çalışmam. Her gün bu yoğunlukta çalışırsam hem performansım düşer, hem de kendime ayıracak hiç zamanım kalmadığından hastalara ilgim azalır. O masaya oturduğum andan itibaren kendi dünyamla ve sorunlarımla ilişkim kesilir. Hasta olmaya bile hakkım yoktur artık. Sabah on birde girdiğim o odadan, akşam geç saatlere kadar çıkamam. İnsanların biri girer, biri çıkar. Heyecanlı, ilginç, çoğu zaman da hüzünlü bir film seyrediyor gibi hissederim kendimi. Ya da ünlü ressamların birbirinden çarpıcı sergilerini gezerim onlarla. İç dünyalarından yükselen nice senfoniler, semailer, türküler, şiirler, ilahiler dinletirler bana. Ben yıllardır bu güzellikleri dinlemeye doyamadım.

Çalışma yaşamım boyunca deneyimlerimi oluşturan binlerce hayat hikâyesi var. Bunların içinden yazmak üzere hangilerini seçeceğime karar vermek pek kolay olmadı. Bence herkesin hayatı başlı başına bir roman zaten. Bu kitapta, insanların iç dünyalarının en gizli kalmış köşelerinde, en sevdiklerine ve en yakınlarına bile söylemeye cesaret edemedikleri olayların arasında sizlerle birlikte bir gezinti yaptık. İnsan denen muhteşem varlığın yine kendisi gibi muhteşem iç dünyasının kapağını aralayıp içindekilere birlikte baktık. Gönüllerinin, yüreklerinin derinliklerindeki gizli kalmış sırları, kısaca "madalyonu" açtım ve içini gösterdim sizlere. Eğer beğenirseniz, bu hayat hikâyelerinden örnekler vermeye devam edeceğim.

Ve son olarak bu kitabın oluşmasında desteklerini esirgemeyen, beni her zaman yüreklendiren, yazdıklarımı zaman ayırıp okuyan, yaşamlarında bana özel bir yer veren çok sevgili hastalarıma içten teşekkürlerimi sunuyorum.

Bu kitabın bir politik mesajı varsa, o da sevgi ve hoşgörü çağrısıdır.

Bir kez gönül yıktın ise
Bu kıldığın namaz değil
Yetmiş iki millet dahi
Elin yüzün yumaz değil

Bir gönülü yaptın ise
Er eteğin tuttun ise
Bir kez hayır ettin ise
Binde bir ise az değil.

YUNUS EMRE

Okur Mektupları

Yazıma annemle başlamak istiyorum. Kitap 20 Ağustos 2004 günü çıktı piyasaya. 20 Ağustos annemin tam 75. doğum günüydü. Her yıl anneme, onu sevindirebileceğini düşündüğüm ufak tefek hediyeler alırım doğum günlerinde. 75. yıl hediyesi *Madalyonun İçi*'ydi. Kızı tarafından kendisine ithaf edilen kitap, çok hoş bir tesadüfle tam da o gün geldi eline. Sevgili anneciğim, pek iyi görmeyen gözleriyle, tam üç günde okuyup bitirdi kitabı ve aradan tam bir buçuk yıl geçmesine rağmen, *Madalyonun İçi* hâlâ başucunda, Kuran-ı Kerim'in hemen yanında durur ve her iki kitap da hiç elinden düşmez.

Bu kitap yayınlandıktan kısa bir süre sonra, ilk baskısı tükendi. Çünkü özellikle üzerinde adımı gören hastalarım onu hemen almış, bir çırpıda okumuşlardı. Kimi kitapta kendini aramış, kimi de yıllardır tanıdığı doktorunun neler yazdığını merak etmişti. Kitabı okuyan kişilerin pek çoğu mektupla, telefonla veya bizzat yanıma gelerek bana ulaştı. Kimi beni tanımak istiyor, kimi ise zaten yıllardır tanıdığı doktorunu kutlamak veya bir şeyler sormak istiyordu. Her birinin gözlerinde, bana bakarken çevreye yayılan bir yumuşaklık, bir sevecenlik, bir ışık, bir pozitif enerji vardı. Her birinin kullandığı kelimeler farklı olsa da ortak içerik şuydu: "Mesajı aldım, ondan bende de var..." Aramızda "sevgi ortaklığı, sevgi zinciri" kurulmuştu ve bu zincir kitapla birlikte giderek uzuyordu.

Sıra, kitapları imzalatmaya gelmişti. Muayenehanem günlerce, bizzat gelip kitaplarını imzalatmak isteyenlerle dolup taştı. Bana kitaptaki hikâyelerle ilgili sorular soruyor, kitabı çok kolay okuduklarını söylüyor, yazmaya devam etmemi istiyorlardı. Bana gösterdikleri ilgi ve destek nedeniyle, her birine buradan ayrı ayrı teşekkür ediyorum.

Birinci hayalim olan kitap yayınlandıktan sonra sıra ikinci hayalimi gerçekleştirmeye gelmişti. Amacım, ülkemizde yaşayan her kesimden insanın, hastane koridorlarında dolaşmadan, en iyi ve en kaliteli hizmeti alabileceği özel bir psikiyatri merkezi kurmaktı. T.C. Sağlık Bakanlığı'nın da desteğiyle, 2005 yılı Mayıs ayında "Özel MADALYON Psikiyatri Merkezi" Ankara'nın Çankaya ilçesinde kuruldu ve şimdilik sadece kamu çalışanları ve emeklilerine ücretsiz hizmet vermeye başladı. Şimdi artık her gün pek çok kişi merkezimizden ücretsiz yararlanabiliyor. Hedefim, en kısa sürede Bağ-Kur ve SSK'lıların da merkezimizin her tür hizmetinden ücretsiz yararlanmalarını sağlamak.

Beş doktorla kurulan "Özel MADALYON Psikiyatri Merkezi"nde, şu anda on beş doktor ve psikolog görev yapıyor. İlk fırsatta bu hizmeti, İstanbul başta olmak üzere, ülkemizin her yerine götürmeye çalışacağım.

"MADALYON"a gelen kişilerin sayısı arttıkça, yazacak hayat hikâyeleri de artıyor. Şimdi ikinci kitabın hazırlıklarına başladım. Bu kitapta "aşk"ı yazacağım. Benim hastalarımda ne aşklar varmış, yazarken ben bile yeniden etkileniyorum. Umarım ikinci kitabımı da beğenirsiniz.

Bu arada, acemisi olduğum yazı hayatında bana büyük destek veren Sayın Ömer Erduran'ın şahsında Remzi Kitabevi'ne ve büyük bir dikkat ve sabırla yazılarımı inceleyen sevgili editörüm Yasemin Aktaş'a gecikmiş teşekkürlerimi sunuyorum.

Madalyonun İçi yayınlandıktan sonra okurlardan ve hastalarımdan aldığım mektuplardan bazılarını sizlerle paylaşmak istiyorum.

Saygılarımla,
Psikiyatr Dr. Gülseren Budayıcıoğlu

Hoş geldin yerli "Yalom",

Bir ay önce Remzi Kitabevi, sessiz sedasız bir kitap yayınladı. *Madalyonun İçi* adlı bu yapıt, dinamik psikoterapiler alanında deneyimli, birikimli ve özgün yaklaşımları olan, ancak akademik çevrelerde pek tanınmayan Ankaralı bir ruh hekiminin kaleminden çıktı. Sevgili can dostum ve meslektaşım Dr. Gülseren BUDAYICIOĞLU, yıllardır beklediğim böylesi bir kitabı her nasılsa sonunda çıkarabildi. Kişisel, mesleki deneyimlerinden seçip bizlere sunduğu "vaka öykülerini", "Bir Psikiyatrın Not Defterinden" türü bir alçakgönüllü tutumla bizlerle paylaşıyor.

Kitabı estetik, mesleki, bilimsel kaygılarla değerlendirmek, başka bir yazımın konusu olacak. Ancak hemen, ilk elden düşüncelerimi belirtmem gerekirse, bu kitap bir edebiyat yapıtı. İnsan ilişkilerindeki sorunlara ve insanın içsel yaşantılarına, değerler dünyalarına odaklanmayı meslek olarak seçmiş bir uzmanın, bunu nasıl bir estetik duyarlılıkla başarabildiğini maalesef Türk dilinde sıkça görebilmiş değiliz. Tam da bu noktada Yalom gibi ünlü bir psikoterapistin son on yılda Türk okuru tarafından da büyük bir beğeni ile okunduğunu hatırlamamız gerekir. Yalom'un öyküleri ne denli ilginç, çarpıcı olsa da, dünyada bu denli popüler olmasını sağlayan şeyin, kullandığı dil olduğu kanısındayım. Ayrıca Türkçe çevirilerinin de bir o kadar başarılı olduğu göz önünde tutulursa, Yalom'u psikiyatriye meraklı olanların dışındaki genel aydın okurun büyük bir ilgiyle bağırlarına basmaları daha kolay anlaşılır. Ne tesadüf ki, Yalom'u Türkçe'ye kazandıran Remzi Kitabevi'nin, "artık yeter, piyasa doydu Yalom'a, artık bizden de bir Yalom çıksın" arayışı içinde iken, sevgili Gülseren'i keşfettikleri anlaşılıyor.

Böyle bir kitabı, Türkiye'de sayıları binleri aşan ruh sağlığı profesyonelleri içinde bir tek Gülseren başarabilirdi. Bu kanıya nasıl vardığımı isterseniz kısaca anlatayım.

Yıl 1973. Hacettepe Psikiyatri Kliniği o dönemin en çağdaş psikiyatri hizmetlerinin verildiği modern bir klinik. Hocalarımızın hemen hepsi yurtdışında, çoğu da Amerika'da dinamik psikiyatri ve psikoterapi eğitimi görmüş, seçkin, genç psikiyatri uzmanları. Geleneksel ve tanımlayıcı psikiyatrinin İstanbul ve Ankara'da hüküm sürdüğü yıllar. Mazhar Osman, Faruk Bayülken, İhsan Şükrü Aksel ve onların en parlak tilmizi Ayhan Songar gibi karizmatik psikiyatri devlerinin İstanbul'da sürdürdükleri Avrupa yönelimli ruh hekimliği yürürlükte iken, Ankara'da hocaların hocası Rasim Adasal'ın neredeyse tek başına otorite olarak ruh sağlığı alanını kuşattığı 1960'lı yılların sonlarında, bizim Hacettepe'yi kuran hocalarımızın başlattığı tıbbi devrim, özellikle de psikiyatri eğitiminde neredeyse tartışılmaz bir ekol olarak, meslektaşlarımızın kıskanç bakışları içinde giderek devleşmektedir.

Bizler 1970'li yıllarda böylesi bir dinamik, canlı, görülmemiş bir biçimde demokratik bir eğitim ve kültür ortamında yetişmekteyiz.

Ankara tıp mezunu bir bayan asistan olarak aramıza katılan sevgili Gülseren'in, başta asistan ve hatta hoca takımının bazıları tarafından biraz istihza ile karşılandığını hatırlıyorum. Öğrencilik yıllarında TRT'de başarılı bir spiker olarak tüm Türkiye'nin tanıdığı, gösterişli, diksiyonu mükemmel, kendinden emin duruşu ve kılık kıyafeti ile sıradışı bu arkadaşı benimsemekte, biz Hacettepe kökenli arkadaşların bir hayli zorlandığımızı itiraf etmeliyim.

Yetiştiği tıp ekolünün neredeyse tam karşıtı bir anlayış içinde çalışan bu klinikte kısa zamanda kendisini kabul ettirip sevdirmesi, doğrusu her babayiğidin başaracağı iş değildi. Uzmanlık sonrası akademik kadroya geçebilmek için birbirleriyle kıyasıya yarışan on kadar uzman arkadaş içinde, sessiz sedasız ve göze batar bir hırs sergilemeden hocaların tümünün beğenisini ve sevgisini kazanan bu sıcak, doğal, cin gibi zeki arkadaşımızı epeyce kıskandığımızı hatırlıyorum. Her birimizin doçentlik hazırlıkları bütün hızıyla sürerken, ne olduğunu anlamadığımız bir biçimde Gülseren'in üniversiteyi bırakmaya ve serbest olarak çalışmaya karar verdiğini öğrendik. Kimimiz şaşırdı ve kızdı, kimimiz en büyük rakip ayrıldı diye sevindi. Ben de bu kadar özgüveni yüksek, değerli bir meslektaşımı yitirmekten hem üzüldüm, hem de imrenmeyle karışık bir şekilde kıskandım onu. O kendini ne sanıyordu? Hocalarımızın tümünün, tam gün çalışmayı ilke olarak benimsediği ve piyasaya çıkmanın hor görüldüğü bir dönemde bu işi nasıl başaracaktı? İlgi ve merakla izlemeye başladım. Nasılsa bir gün ayağı sürçecek ve el aman dileyip yuvaya gururu kırılmış bir biçimde geri dönecekti. Ya da meslek etiğini hiçe sayarak çok kazanma yoluna gidecekti. Ama bunların hiçbiri olmadı. Yıllardır hakkında şaibeli hiçbir olaya tanık olmadık. Ayrıldıktan sonra üniversiteden hiçbir konuda yardım ve destek istemedi. Üstelik Ankara'nın en çok kazanan, en ünlü ve en çok sevilen ruh hekimi olmayı da başardı.

Bu başarının sırrını her zaman merak etmişimdir.

Ben de 1990'lı yıllarda, Hacettepe Üniversitesi'nde öğretim üyesiyken, yarı özerk bir biçimde çalışmak ve gerçek rüştümü kanıtlamak sevdasına düştüm ve muayenehane açmaya karar verdim. Bu kararı yürekten destekleyen tek dostum Gülseren oldu.

Serbest çalışmanın inceliklerini bana inanılmaz sevecen bir üslupla anlattığı özel görüşmelerimizi hiçbir zaman unutamam.

Yaptığı işe bu kadar saygı ve sevgi ile bağlı, insan sıcaklığı hiç tükenmeyen, insandan bahsederken gözleri bu kadar pırıl pırıl ışıldayan meslektaşlarımın çok olduğunu söyleyemem. Onun bunları bir gün yazacağını biliyordum ve bunu bütün yüreğimle destekliyordum ama böyle bir edebi yapıt beklemiyordum doğrusu. Yine şaşırttın bizi Gülseren.

Bütün aydınların, Türkiye'de her kesimin ve özellikle psikiyatri asistanlığı yapan genç arkadaşlarımızın mutlaka okuması gereken bir kitap.

Ellerin dert görmesin sevgili arkadaşım.

Türkçeye böyle dolu dolu, sıcak, doğal, anlamlı bir edebiyat yapıtı kazandırdığın için AŞKOLSUN SANA...

Profesör Doktor Cengiz Güleç
03.09.2004

Doktor Hanım,

Kitabınızın iklimi olsaydı bu sonbahar olurdu. Derin bir hüzün insanı kendi girdabına kapıveriyor. Hüzün, aradığını bulamamak veya bulduğunu yitirmekten doğuyor. "Hastalarınızda" ve "sizde" hüzün hissettim.

Bir "deliniz" olarak, kitabınızda yer alan hastalarınız ve sizinle ilgili bir psikoanaliz de benim yapmama izin verir misiniz?

Siz hiç hastalarınızla "ortak" bir şeyleri ruhunuzda paylaştığınızı düşündünüz mü? Kaç hayatı yaşıyorsunuz doktor hanım? Kaç hayata ortak oluyorsunuz? Kaç insan ile ortaklık kuruyorsunuz ve böyle bir şey nasıl olabiliyor? Şaşkınım. Bu kadar çok ve çeşitli insanla ortak olabilmek, onların hayatını paylaşabilmek, nasıl bir insana özgü olabilir? İnsanlığın bütün duygu ve düşünce repertuarına sahip olabilmek ile. Bu çok şaşırtıcı. Nasıl bir ruhsal zenginlik bu? Ve bu zenginlik, aynı zamanda, nasıl bu kadar zengin bir biçimde söze dökülebilir? Buna da şaşkınım.

Kitabınızın siz dahil bir tür "Memleketimden İnsan Manzaraları" olduğunu hiç düşündünüz mü? Kitabınızı okurken, sizi hiç tanımamış olsaydım bile, sizi tanıyacağımı anladım. Tıpkı öykülerini anlattığınız hastaları hiç görmediğim halde hissettiğim gibi. Bence gerçekten bilmek, hissetmek ile aynı şeydir. Sizin literatürünüzde "empati" denen şey, Türkçesiyle "eşduyum" veya "duygudaşlık".

Kitabınızda insanlarla inanılması son derece güç bir biçimde empati yapabildiğinizi gördüm. Bir insanla empati yapabilmek için, o insanda hissettiğimiz her ne ise "o şeyin" kendisinin, ona empati yapan kişinin ruhunda bulunması gerekir. Bu nedenle sizin bütün o hastalarınızla empati yapabildiğinizi, onları en derinden hissettiğinizi görünce, onlarda hissettiğiniz "şeyden" sizde de bulunduğunu düşünmek yanlış olur mu? Bu nedenle herkeste, hepimizde "ortak" bir şeyler olmasa birbirimizi anlayabilir miydik? Duygudaş olamamak, eninde sonunda duygusuz olmak demek değil midir? Öyleyse hepimiz "deli" miyiz? Yoksa yalnızca "insan" mıyız? O yüzden kitabınızdaki insanlar ve siz ortaksınız. Hepimiz ortağız.

Kitabınızdaki ortak tema nedir? Tek kelimeyle ARAYIŞ. Yaşamlarına anlam arayan insanlar. Anlam, ancak anlamsızlığın boşluğu varsa aranır. Anlam, yaşam artık anlamını yitirmişse aranır.

Huzur arayan insanlar: Huzur, rahatı bozulmuş, bir tedirgin dünyada en çok ihtiyaç duyulan duygu değil midir?

Güven arayan insanlar: Güven, insanın en çok kendi yazgısının denetimini yitirdiği zamanlarda, yazgının kaprisli fırtınalarında alabora olduğumuzda aranmaz mı?

Aşk arayan insanlar: Aşk, en çok sınırlı olduğumuzu hissettiğimiz, sevmek ve sevilmeyi bilmeyi unuttuğumuz zamanlarda eksikliği hissedilen bir özlem değil mi?

Aidiyet arayan insanlar: Ait olmak, ölümlülüğünü bilen insanın uzayda başıboş sürüklenen bir kaya parçası gibi boşlukta yaşarken, bir büyük güzelliğin parçası olmayı araması değil mi?

Ve insanlığını arayan insanlar: İnsan, insanlığını en çok yitirdiği, kendisini tutsak hissettirecek kadar maddileşen bir dünyada, özünde sonsuzluğu özleyen insanın, kendini araması değil midir?

İnsan, bugün şiddetle bir anlam, huzur, güven, aşk, aidiyet ve insanlık arıyor.

Hepimiz ortağız.

Çünkü hepimiz insanız.

Bir fırtınaya tutulduk, çıkış arıyoruz.

Siz ise iyi ki varsınız. Yaşamımıza ışık, renk ve sevgi saçıyorsunuz.

Bize kendimizi, unuttuğumuz insanlığımızı gösteriyorsunuz.

Bugün, en çok buna ihtiyacımız var...

Bir "DELİNİZ"

Sevgili Gülseren Hanım,

Kitabınızı büyük bir zevk ve bir o kadar da heyecanla okudum. Öncelikle sizi kutluyorum. Böylece, hiç bilmediğim bir özelliğinizi daha öğrendim. Ne kadar güzel yazmışsınız kitabı. Akşamüstü başladığım kitap, ertesi sabah bitti. Ve ben elimi yüzümü yıkadım, kahvaltı bile edemeden işe gitmek üzere yollara düştüm Kitap güzeldi, sürükleyiciydi, çok temiz bir Türkçe ve akıcı bir üslup kullanılmıştı. Ama okurken bir türlü elimden bırakamayışımın bir başka nedeni daha vardı. İsterseniz bunları, tıpkı sizin yaptığınız gibi, biraz ballandıra ballandıra anlatayım.

O hafta sonu, öğlene doğru evden çıkmış, birkaç arkadaşımla birlikte Akmerkez'de dolaşmıştık. Akşamüstü evlerimize dönmek üzere vedalaştıktan sonra, ben bir "kitap kurdu" olarak, Akmerkez'deki Remzi Kitabevi'ne girmiş, yeni çıkan kitaplara bakıyordum. Bilirsiniz, psikolojik içerikli kitaplara ne kadar meraklı olduğumu...

Madalyonun İçi diye bir kitap aldım elime. Üzerinde "Bir Psikiyatrın Not Defterinden" yazıyordu. Bu cümle, kitaba olan ilgimi daha da arttırdı. Kitabın önünü arkasını karıştırırken, birden en üstte yazar adınızı gördüm...

Şeytan görsem o kadar ürkmezdim. Bir anda dizlerimin bağı çözüldü, bayılacağımı zannettim. Benim bu halim çevredekilerin de dikkatini çekmiş olacak ki, hemen beni bir sandalyeye oturtup elime bir bardak su tutuşturdular. Buz gibi suyu içince biraz aklım başıma geldi ama, elimdeki kitabı kimseler alamıyordu benden. Hemen aceleyle çıktım kitapçıdan. O gün Allah'tan arabayla gelmemişim oralara, çünkü o kafayla asla araba filan kullanamazdım. Hemen bir taksi çevirdim ve atladım içine. Şoför de daha yüzüme bakar bakmaz, "Geçmiş olsun abla," demez mi!... Düşünün artık sizin yüzünüzden ne hallere geldiğimi. Benim ev nere, Akmerkez nere... Çaresiz vereceğiz artık taksiye ne tutarsa. Şoföre bizim evin adresini verdim ama, kafam hep kitapta. Akşam olmuş, alaca karanlıkta, takside kitabı rahat okuyamıyorum. Trafik bir türlü akmıyor ve ben eve bir türlü ulaşamıyorum. Neyse sonunda evime gelebildim. Taksiden iner inmez benim eve doğru koştuğumu görünce şoför içinden muhakkak, "Bu kızın çok çişi gelmiş," demiştir. Ne derse desin, o anda dünyadaki hiçbir şey, beni elimdeki kitabın içindekiler kadar ilgilendirmiyordu.

Eve girer girmez, ayakkabılarımı ayağımdan fırlattım, salondaki ayaklı lambayı açıp yanındaki koltuğa çöktüm. Ama bende yürek Selanik. "Beni garanti yazmıştır," diyorum içimden. Ve kendimi kitapta bulacağımı düşündükçe, içimin titremesi daha da artıyor. Şoförün tahminlerinin aksine, bir kere bile tuvalete gitmeden bitirdim kitabı. Ben çıkmadım içinden... Önce tatlı bir huzur yayıldı bütün vücuduma. Diken diken olan tüylerim, yavaş yavaş başlarını eğdi. Kalbim yavaşladı, omuzlarım düştü. Sonra bir baktım, çok ağlamışım. Artık kitapta okuduklarım mı beni ağlattı, bazılarında kendime mi ağladım, yoksa okudukça nefesinizi çok yakınımda hissetmek mi beni bu kadar çok ağlattı bilmiyorum. Sonra aklım başıma geldikçe, bütün vücudumun tutulduğunu fark ettim. Her yanım kaskatı kesilmiş, sabaha kadar hiç kıpırdamadan oturmaktan.

Elimi yüzümü yıkayıp işe gitmek üzere çıktım evden. Her zaman ki gibi karşıya geçmek için vapura bindim. Güverteye çıktım, kenardaki yerlerden birine oturdum. Bir sigara yaktım. Bu sefer daha çok efkâr bastı. Kendimi kitapta bulamadığım için her yanıma yayılan huzur, yavaş yavaş terk etti beni. "Herkesi yazmış da beni neden atlamış Gülseren Hanım," demeye başladım. Hiçbirimizi teşhir etmeyeceğinizi çok iyi biliyor olmama rağmen, bir an için, içine düştüğüm durumdan, önce kendim utandım. Sonra size kızmaya başladım. Ben diğerlerinden daha az mı önemliydim sizin için yoksa? Yani açık açık bu sefer de kitaptakileri kıskandım. Benim hikâyem de yakışırdı doğrusu kitaba. Beni kim bilir ne güzel anlatırdınız orada. Birlikte geçirdiğimiz onca yılı, dökülen gözyaşlarını, çekilen acıları, her yerde hep arananın bir türlü bulunamayışını, kadını erkekte, erkeği kadında ararken sapılan çıkmaz sokakları, bir de sizin ağzınızdan okumak hem çok keyifli, hem de çok hüzünlü olurdu doğrusu.

Yakında, hem de çok yakında yine geleceğim Ankara'ya... Sizi görmeye... Hep siz bana sorarsınız, bu sefer de ben size soracağım, "Ben neden yokum" diye... Şimdiden o şen kahkahanızı duyar gibiyim. Ve "Bir daha ki sefere yazayım da gör," deyişinizi...

Bütün bu yaşadıklarımı, kendime bile itiraf etmeye korkarken, sizinle nasıl da paylaştım... Kitapta adınızı görünce nasıl da ürktüm ve şimdi de neden yazılmadığımın hesabını sormaya geldi sıra... Meğer ben nerelerden, nerelere gelmişim...

Biliyorsunuz ben, sizin karşınızda hep iyi bir öğrenci oldum. Neden yazılmadığımın cevabını da buldum sonunda, vapurun çevresinde uçuşan martılara bakarken. Benim hikâyem daha bitmedi. Kim bilir, daha bitmemiş ne hikâyeler var sizde. Benim hikâyemin de mutlu bir sonu olabilir mi, bilmiyorum ama iyi bildiğim bir şey var. Ben dünyanın neresinde olursam olayım, aylarca sizin sesinizi duymasam bile, biliyorum ki, siz oradasınız.

VE BEN YALNIZ DEĞİLİM.
ELİNİZE SAĞLIK.
İYİ Kİ VARSINIZ.

Saygı ve Sevgiyle, A. G.

Sevgili Doktor Hanım,

Kitabınızı okudum. Biliyor musunuz ben şimdiye kadar hiç kitap okumamıştım. Hele *Madalyonun İçi* gibi kalın bir kitabı okuyabileceğimi hiç tahmin etmiyordum. Öyle çok kalın, resimsiz kitaplardan sıkılırım ben. Ama kitabı sizin yazdığınızı anlayınca okuma cesaretini gösterdim. Tam üç günde bitirdim. Okurken hep ağladım. Çok acıklı yazmışsınız. Okurken kitabın bitmesini hiç istemedim. Hiç kitap okumayan ben bile bunu istemedim. Yani çabuk bitsin istemedim ama bitti.

Ben size geçen yıl gelmiştim. Benim hastalığımı da yazmışsınız kitapta. O kızın şikâyetleri benimkine çok benziyor. Ben de küçükken çok dayak yedim annemden. Ama artık hasta değilim. Üniversiteye giremedim ama olsun. İngilizce kursuna gidiyorum. O bitince bilgisayar kursuna gideceğim. Sizin kitabınızı arkadaşlarıma verdim. Hepsi de okudu ve çok beğendi. Okurken onlar da ağlamışlar. Şimdi artık şehirli kızlar gibi biz de kitap okuyacağız. Sizin kitabınıza benzer kitapların isimlerini bana yazar mısınız? Biz hangi kitabı alacağımızı bilemedik.

Başka kitap yazacak mısınız? Bizim oradaki kitapçıya tembih ettik. Başka yazarsanız bize haber verecek. Bizim orada bir teyze var. Her şeyi yıkamaktan elleri bileğine kadar kireç kaymağına batmış gibi bembeyazdır. Kızlarla o teyzeye gittik. Sizden bahsettik. Oğulları onu size getirecek.

Ben belki bu yaz evlenirim. Babam isteyenlerden birine verecek beni. Düğünüme gelir misiniz? Ben evlensem bile yine de kitap okuyacağım. Çocuklarım olursa, onlara da okutacağım.

Ellerinizden öperim.

E. K.

Sevgili Gülseren Hanım,

Kitabınızı okudum. Yıllardır okumayı kendine hobi edinmiş biri olarak, bu kitabı ne kadar zevkle okuduğumu bilmenizi istiyorum. Eğer çok zamanınızı almazsam, kitapta bulduklarımı, hissettiklerimi sizinle paylaşmak istiyorum.

Öncelikle gerçekten çok titizlikle hazırlanmış bu kitap. Dildeki ustalığınızı özellikle vurgulamak istiyorum. Yazarlar genellikle ilk kitaplarında özgün dil kullanmakta zorlanırlar. Siz bu konuda tam bir profesyonel gibi davranmış ve son derece akıcı ve kendine has, size ve tarzınıza çok uyan dili bulmuşsunuz. Kitabı okurken sanki siz hep benimleydiniz. Kitap bitene kadar yanı başımda beklediniz. Dünyaya sizin gözlerinizle baktım. Ve şimdiye kadar görmeyi bir türlü beceremediğim, büyülü bir dünya gösterdiniz bana. İnsanlar hayatlarına bu gözlerle baksalar, her şey ne kadar değişik olurdu...

Her ne kadar kitabın üzerine "Bir Psikiyatrın Not Defterinden" yazmış olsanız bile, bilmem farkında mısınız, bu tam bir felsefe kitabı. Hayat felsefesini bu kadar yalın, bu kadar düz, bu kadar net ve bu kadar güzel anlatan başka bir felsefe kitabı okumadım ben. Kitapta ne felsefi terimlere, ne görkemli Latince kelimelere yer vermeden bunu nasıl yapabildiğinize inanın hâlâ şaşıyorum. "Hümanizm" ve "Mistizm" iç içe girmiş bu kitapta.

Kitabı okurken, sizinle kaç yıldır birbirimizi tanıdığımızı düşündüm. Tam yirmi yıl olmuş. Yirmi yıldır hayatımın bir yerlerinde olmuşsunuz. Eğer sizi tanımamış olsaydım, yaşadığım onca acıya nasıl katlanır, şimdi bulunduğum yerlere gelebilir miydim, bilmiyorum. Bir kanun adamı olarak, suçluları yolladığım yerde mi okurdum bu kitabı, düşünmek bile istemiyorum. Bu zaman dilimi içinde, sizinle çok şey paylaştık. Bazen bana hiçbir şey söylemeden yok ettiniz öfkelerimi, kinlerimi, tutkularımı. Öyle günler oldu ki, yanınıza gelmekten korktum. Soracaklarınızdan, söyleyeceklerinizden korktum. Ama yirmi yıldır ne sordunuz, ne söylediniz bunları. Sadece beni ılık bir suyun içine koydunuz, bu suyun içinde yok oldu pislikler.

Kitabı okurken kendimi yine o ılık suyun içindeymişim gibi hissettim. Sizinle uzun bir seansta birlikteymişiz gibi geldi bana. Son kalan kırıntılar da yok olunca, artık bazı şeyleri konuşmaktan korkmayabileceğimi fark ettim. Biraz geç, yirmi yıl kadar geç, ama olsun, yakında bunları konuşmak üzere yine geleceğim size. Terapinin son kalan kısmı, böylece kitabınızla gerçekleşti. O ılık suyun, derin bir sevgi, şefkat, hoşgörü ve ince bir hüzün demetinden oluştuğunu gördüm.

Bilime ne kadar meraklı olduğunuzu, hatta pek çok bilimsel kitabı zevk aldığınız için okuduğunuzu biliyorum. Bilimle mistizmin inanılmaz bir harmonisi vardı kitabınızda. Bu iki zıt kardeşi nasıl bir araya getirebildiğinize şaşmamak mümkün değil. Bunu ancak her ikisini de çok yakından tanıyan biri yapabilir. Bu da yetmez, ancak o ılık suda yaklaşabilirler birbirlerine.

O nedenle *Madalyonun İçi* psikiyatrik sorunları olan insanların hayat hikâyelerinin yer aldığı herhangi bir kitap gibi görülürse, çok yazık olur. Son yıllarda piyasa çıkan en kaliteli felsefe kitabı o. Çok kitap okuyan biri olarak, bu yorumu yapabilme yetkisine sahibim gibi geliyor bana. Her kitap, okuyana göre, yoruma göre, kişinin algılama tarzına göre değişik yorumlanabilir. Ama *Madalyonun İçi* her şeyi o kadar basit, o kadar net ve o kadar güzel koymuş ki ortaya, sayenizde onu her okuyan, sanıyorum benim hissettiğim şeyleri hissedecektir. Yaşamın insanlara sunduğu sevinçle karışık hüznünü.

Sizi bir kere daha kutluyor, yeni kitaplarınızı bekliyorum.

Saygılarımla, S. U.

Sayın Gülseren Budayıcıoğlu,

Sizinle tanışma mutluluğuna maalesef eremedim. Her ne kadar siz beni tanımıyor olsanız bile, kitabınızı okuyunca, ben de sizi tanımış gibi oldum. Ben Erzurum'da yaşayan, otuz yedi yaşında bir ev hanımıyım. Üç çocuğum var. Ortaokulu bitirdikten hemen sonra evlendim ve şimdi boyum kadar çocuklarım oldu. Eğer okuma fırsatım olsaydı muhakkak ben de psikolog olurdum çünkü psikolojiyi çok seviyorum. Pek kitap okumam çünkü ev işleri ve çocuklar zamanımın çoğunu alıyor. Ama içimde ukde kaldı. Komşumun kızı sizin kitabınızı almış, çok beğenmiş. Bana da çok methetti. Sonra ben de okudum. Belki de kitap okumaya alışkın biri olmadığım için, kitabın içindeki hikâyeleri sizin yazdığınız sırayla değil, hikâyeleri arka arkaya okudum. Çünkü diğer hikâyeye geçince, bir öncekinin nerede kaldığını unutuyordum. Bir de çok merak ediyordum neler olduğunu.

Her hikâye bitince okumaya biraz ara verdim. Neden mi, çünkü kitap bitecek diye korktum. O kitap hiç bitmesin, evde işim bitince, çocuklar eve gelmeden her gün kitabı okumak istedim. Sıra son hikâyeye gelince hüzünlendim. Hele son sayfalar hiç bitsin istemedim. Sanki kitabın bağımlısı oldum.

Komşumuzun kızına başka yazdığınız kitap var mı diye sordum. Yokmuş. Tam ben okumaya alışmışken, kitap bitti.

Ankara'da olsaydım ve çok param olsaydı, size her gün gelmek isterdim. Kimbilir neler anlatırdım size. Filmlerde insanların psikoloğa gittiği sahneleri hep seyreder ve benim de keşke bir doktorum olsa derdim. Siz benim hayalimdeki doktorsunuz. Kocama bile anlatamadığım, beni çok ağlatan şeyleri belki size anlatır ve rahatlardım. "Depresyon" hastalığını ben de geçirmişim. Kitaptan öğrendim. Dünyada acı çeken tek kişi ben değilmişim. Dertler olsa da dünya yine de güzelmiş.

"Çöp Apartmanı" okurken, bir de "Kelebeğin Ömrü"nde çok ağladım. O kızlar şimdi iyi mi? Tekrar kitap yazın ama bu sefer daha uzun olsun. Böyle çabuk bitmesin.

Eğer Ankara'ya gelirsem muhakkak sizi bulacağım. Keşke kitabın arkasına resminizi koysaydınız. Nasıl bir kadın olduğunuzu merak ettim. Ama sizi daha tanımadan çok sevdim.

Ellerinizden öperim.

Kitabı çok beğenen bir okuyucunuz, F. Y.